国家社会科学基金项目成果

后现代视阈下莫言小说与海外接受研究

聂英杰 著

哈尔滨工程大学出版社
Harbin Engineering University Press

内 容 简 介

本书以后现代主义文艺理论和叙事学作为理论基础，从小说文本出发，统整性地归纳莫言小说创作的叙述革命和语言实验，从叙述技巧、语言风格和审美质素三个方面解析莫言小说的后现代特征，并探究其在海外接受及被悦纳的原因，进而探讨"莫言现象"对中国当代文学的启示，以期为莫言小说研究增添新气象，为中国当代小说创作与研究提供参考，为中国文学走向世界提供启发和借鉴。

本书可作为高等院校教学与科研用书，亦可作为文学爱好者自学读物。

图书在版编目(CIP)数据

后现代视阈下莫言小说与海外接受研究 / 聂英杰著. — 哈尔滨：哈尔滨工程大学出版社，2022.5
ISBN 978-7-5661-3432-5

Ⅰ. ①后… Ⅱ. ①聂… Ⅲ. ①莫言－小说研究 Ⅳ. ①I207.42

中国版本图书馆 CIP 数据核字(2022)第 062361 号

后现代视阈下莫言小说与海外接受研究
HOUXIANDAI SHIYU XIA MOYAN XIAOSHUO YU HAIWAI JIESHOU YANJIU

选题策划 包国印
责任编辑 李 暖
封面设计 李海波

出版发行 哈尔滨工程大学出版社
社 址 哈尔滨市南岗区南通大街 145 号
邮政编码 150001
发行电话 0451-82519328
传 真 0451-82519699
经 销 新华书店
印 刷 哈尔滨市石桥印务有限公司
开 本 787 mm×960 mm 1/16
印 张 20
字 数 421 千字
版 次 2022 年 5 月第 1 版
印 次 2022 年 5 月第 1 次印刷
定 价 60.00 元
http://www.hrbeupress.com
E-mail:heupress@hrbeu.edu.cn

前　言

莫言自20世纪80年代登上文坛以来,就以其素朴温情的创作格调赢得了文坛前辈的称赞。1985年开始,先后发表的《透明的红萝卜》《爆炸》《球状闪电》《红高粱》《丰乳肥臀》《檀香刑》《生死疲劳》等作品以其先锋前卫的书写技巧和雄奇瑰丽的叙事风格引起了学界的广泛关注。特别是2012年诺贝尔文学奖的获得,使其吸引了更多研究者的目光。

综观国内对莫言小说的评论和研究,视角大体可分为四类:

(1)民间性

陈思和在《莫言近年小说创作的民间叙述》中指出,莫言对民间心态的艺术风格追求是自觉的、理性的。王光东在《复苏民间想象的传统和力量——由莫言的〈生死疲劳〉说起》中指出莫言通过独特的民间艺术想象,传统地构建文学世界。

(2)生命意识

韩琛在《历史的挽歌与生命的绝唱——论莫言长篇新作〈檀香刑〉》中认为,莫言的《檀香刑》以民间传奇的采风者角度,观察、叙述和再现中国北方田野上的传奇生命形态。严晓蓉在《苦难母题下对生命的深度思考——论莫言小说的主题取向》中提出,从对原始生命力的高扬到对生命、对人性的深度挖掘,莫言的创作一直保持着对人、对生命的深切关怀。

(3)民族性

张文革在《从〈生死疲劳〉看莫言创作的民族风格》中认为,莫言的《生死疲劳》从结构、人物到语言无不体现其作品的民族风格。王苗苗、曹顺庆在《民族的寓言:莫言的〈蛙〉与库切的〈耻〉中的冲突与融合》中指出,莫言的《蛙》是一部典型的"民族寓言"。

(4)世界性

雷达在《莫言——中国传统与世界新潮的浑融》中认为,莫言并没有对西方或拉美先锋小说下过什么"读破万卷书"的功夫,他不过按照自己的兴趣,选择几本,或细读,或浏览而已,后者居多。关键在于,他的胃口特别好,消化能力特别强,他能将他邦的血肉,最新潮最尖锐的审美质素吃下去、消融掉,转化成自己的能量。

他有独异的灵性，善于用灵性激活历史，激活记忆。严锋的《感觉的世界谱系：重新发现莫言的现代性》从世界性和跨媒体角度解析莫言的感觉空间。

伴随莫言小说在世界范围内的广泛传播和频繁获奖，国外对莫言小说研究也全面升温，对莫言创作的研究大体可分为四类：

(1)讨论莫言小说对五四小说的延续传承

杜迈克(Duke Michael)在《20世纪80年代莫言小说中的过去、现在和未来》中提出，莫言小说主题与五四小说中农民形象的延续关系。

葛浩文(Goldblatt Howard)在《莫言的"阴郁的"禁食》中讨论"吃人"问题的同时，对官员的腐败生活进行了揭露。杨晓滨的《酒国：奢华的衰退》和岳刚的《从吃人到吃肉：莫言的酒国》继续探讨"吃人"问题。

(2)生死观

陈建国在《幻想逻辑：出没于当代文学想象中的鬼魂》中从莫言的《战友重逢》出发，从鬼魂出没场景研究小说生死问题。

(3)历史空间

王德威(Wang David Der)在《莫言的文学世界》中通过《红高粱》《天堂蒜薹之歌》《十三步》《酒国》《丰乳肥臀》五部小说分析了莫言小说的历史空间。

(4)比较研究

M·托马斯·英奇(Inge，Thomas M)在《莫言和福克纳：影响和汇合》中，分析了《民间音乐》《大风》《白狗秋千架》的艺术特色，说明了福克纳对莫言的影响，并指出了莫言写作与福克纳技法及精神上的相似性，同时肯定了莫言写作的个性特征。陶文琉(Dao Van Luu)在《以〈丰乳肥臀〉为例论莫言小说对越南文学的影响》中，探究了莫言对越南作家陈清河、阮玉姿、杜黄耀的重大影响。

综上可见，林林总总的莫言创作研究虽然百花齐放、百家争鸣，但仍有规律和脉络可循。总体来说，20世纪80年代学界主要从魔幻现实主义、感觉、印象等西方流行的世界性批评术语解读莫言小说；20世纪90年代，对莫言的研究集中于"民间"范式；进入21世纪，对莫言小说的研究则较多集中于民族性和生命意识，以及荒诞与狂欢、复调与对话等语言实验上。

目前学界对莫言小说的研究可谓角度繁多、方兴未艾，但鲜有对莫言小说中延异、后设、混杂、冗余等后现代叙事和语言特征的统整性研究。

鉴于此，笔者意欲展开后现代视阈下的莫言小说及海外接受研究，理由有三：

其一，就社会历史进程而言，伴随着信息技术的迅猛发展，人们的生活方式和思维方式亦发生相应变化，信息的联结与组合使偶然与无序成为人们的日常经验，就此而言，全球已进入后现代阶段；

其二，就文化变迁而言，文化产业出现了平面化、快餐化、碎片化倾向，每一个生命个体都或多或少地面临主体性的失落和理性被颠覆两大困境，而后现代语境下的文学艺术集继承与反叛于一身，以独特的姿态彰显着自身的存在，对后现代文学的研究是我们无论如何都绕不开的时代课题；

其三，莫言作为我国当代文坛上最具有代表性的作家之一，其作品无论在品质还是数量方面，皆已成熟到可以作为单一对象加以探究，而莫言小说何以同时被东方和西方读者接受与悦纳，并摘得诺贝尔文学奖，与他作品呈现的后现代质素不无关联。

西方文艺思潮自 20 世纪末进入我国以来，便在文学领域引起了强烈反响，其影响波及作家的创作观念、叙事风格、书写技巧与审美追求。本书引入后现代批评理论，以莫言自 1985 年至 2020 年的小说作品为研究对象，立足于小说文本，对其后现代写作实验做出系统性的归纳与分析，探究叙事技巧、语言实验和审美质素，稽考莫言小说被海外悦纳的原因，解析“莫言现象”对中国当代文学的启示，力争给莫言小说研究增添新气象，为中国当代小说创作与研究提供参考，为中国文学走向世界带来启发和借鉴。

出于对中国当代文学的由衷热爱，笔者不揣冒昧，撰写此书，纰漏之处，烦请广大读者批评指正。在本书撰写过程中，笔者参考借鉴了一些专家学者的观点，在此谨致深切谢意。本书付梓之际，谨向国家社会科学基金资助表示由衷感谢，向出版社编辑同人谨致谢忱。

著　者

2022 年 4 月

目　　录

第一章　后现代主义文学内涵与特征 …… 1

一、"后现代"溯源 …… 2

二、"后现代":从争鸣到正名 …… 7

三、后现代主义文学的学理基础 …… 18

四、后现代主义文学的艺术特征 …… 41

第二章　莫言小说与后现代主义渊源 …… 50

一、后现代与中国文化的渊源 …… 50

二、后现代与中国现代化语境 …… 52

三、中国后现代文学特征 …… 54

四、莫言小说创作概观 …… 58

五、莫言小说的后现代特征 …… 62

第三章　莫言小说的叙事革命 …… 71

一、叙事策略 …… 71

二、叙事技巧 …… 86

第四章　莫言小说的语言实验 …… 139

一、语言狂欢 …… 139

二、语言游戏 …… 153

第五章　莫言小说的审美质素 …… 173

一、亦真亦幻 …… 173

二、延异 …… 203

三、黑色幽默 …… 214

四、怪诞 …… 216

五、新感觉 …… 218

第六章　莫言小说海外接受 …… 232
一、莫言小说海外接受的后现代因素 …… 232
二、莫言小说海外译介与接受概观 …… 234
三、从获奖看海外接受 …… 244
四、海外热评作品 …… 249
五、海外读者视野中的莫言小说特质 …… 255
第七章　莫言现象对中国当代文学的启示 …… 262
一、创作理念 …… 262
二、书写策略 …… 283
三、审美征象 …… 303

第一章 后现代主义文学内涵与特征

"后现代"(postmodern)这一概念最早见于19世纪70年代,[①]20世纪四五十年代以后,这一概念在历史学、文学、哲学、文化、艺术等各领域遍地开花,蔚为大观。自20世纪中叶以来,思想文化领域对"后现代"概念、范畴及特征的论争从未停止,时至今日,此类论争仍然方兴未艾。尽管对这一概念和特征的理解众说纷纭,见仁见智,却始终不曾妨碍"后现代"的蓬勃生长。直到今天,它仍然具有相当强的生命力,并以其独特而鲜明的个性特征和时代症候而备受关注。

"后现代"这一术语来源于西方,其词根本源是"现代"(Modern)。西方世界,"现代"在时间上,通常用来指代17—19世纪;在理念上,通常是指从文艺复兴至启蒙运动过程中西方世界的主流思想,其核心是理性主义;[②]就文明进程而言,侧重指代工业文明。而"后"作为前缀,既指顺序,"后现代"继"现代"而来,[③]也指理念,"后现代"是对"现代"的承继与超越。就文明进程而言,"后现代"用来指代继"现代"工业社会之后的后工业社会、[④]信息社会或新的社会形态。"后现代"这一

① 据赫金斯(Higgins Dick)在"*A Dialectic of Centuries: Note toward a Theory of the New Art*"(1978)中所述,英国画家约翰·瓦特金斯·查普曼(John Watkins Chapman)约在1870年即已使用"后现代"一词,描述比法国印象派画家更为现代性的绘画作品。这一考据比美国后现代文学批评家伊哈布·哈桑(伊哈布·哈桑认为,"后现代"作为一个术语,最早出现于西班牙学者费德里科·德·奥尼斯1934年编辑出版的《西班牙和拉美诗歌选集:1882—1932》)对"后现代"的考证约提前64年。盛宁在《人文困惑与反思:西方后现代主义思潮批判》中指出,在文学研究方面,著名批评家欧文·豪和哈利·列文曾于1959和1960年使用该术语。

② 美国思想家丹尼尔·贝尔(Daniel Bell)等认为,后现代之前的现代主义是非理性、反秩序的。详见他的论著《资本主义的文化矛盾》。本书认同现代主义即已表现出非理性和反秩序特征,就此而言,"后现代"承续"现代"接踵而来。

③ 以詹明信(Fredric R. Jameson,又译杰姆逊)为代表的多数思想家和理论家认为,从时间上看,"后现代"继"现代"而来。以让-弗朗索瓦·利奥塔(Jean Francois Lyotard)为代表的另一些理论家和思想家则认为,"后现代"包含于"现代"之中,一件作品首先是后现代的,然后才是现代的。也有理论家认为,"后现代"甚至早于"现代"而产生,如哈桑。这里采用大多数人支持的观点。

④ 这是比较公认的说法,但德国美学家沃尔夫冈·韦尔施认为,将后工业社会和后现代社会等同这一流行的说法是错误的。参见沃尔夫冈·韦尔施:《我们的后现代的现代》,洪天富译,商务印书馆,2004,第43-44页。

术语虽诞生于西方,但实际上,几乎可以说,自诞生之日起,[①]它的适用范围就已经超越西方,覆盖全球。

伴随着"后现代"这一概念的出现,一系列派生词继之而起,如"后现代性"(postmodernity)、"后现代主义"(postmodernism)等。对于三者之间的关联,刘象愚认为,"后现代性"是后现代时期的鲜明特征,是在对"现代性"反拨中产生的。"后现代"是一个想象中的历史社会概念,有人认为它是第二次世界大战以后出现的后工业社会或信息社会,有人认为它是资本主义发展的新阶段。而与此相关,"后现代主义"是在这一社会状态中出现的一种文化思潮,可以说后现代是后现代主义产生的时代土壤,后现代主义是后现代社会的文化表征。[②] 这一阐释充分而全面地概括了此前人们对"后现代"及相关概念的认知。

实际上,"后现代"(postmodern)、"后现代性""后现代主义""后现代派"(postmoderns)四者同根同源,脱胎于共同的母体,即"后现代"。"后现代主义"侧重强调"后现代"作为思想、运动和体制的特征,"后现代性"着重聚焦后现代的不可表达和非表达特质,"后现代派"则主要指向"后现代"的族群性。而通常情况下,人们在使用这些概念时,并未刻意进行精细的区分,因此,四者的出现常常是伴随式或混合式的,四个概念"你中有我、我中有你",更多的时候则是难分"你我"。鉴于此,本书基于"后现代"母题展开。

提及"后现代"概念,德国美学家沃尔夫冈·韦尔施(Wolfgang Welsch)认为,"后现代"作为一个口号容易理解,但它作为一个概念却一时难以厘清。[③] 他同时严正指出,我们应该杜绝轻率地给"后现代"贴任何标签,代之以通过探寻这一词语的发展轨迹,了解"后现代"的广度,考证它的踪迹,发现它的实在性和系统性,避免人云亦云地宣称"后现代"这一概念是不稳定和缺乏界定的。笔者深以为然。

以下我们将以"后现代"概念的发生和发展为经,以对这一概念的认知和理解为纬,梳理其源流、含义及范畴,稽考它的谱系。

一、"后现代"溯源

"后现代"这个概念首先被用于绘画艺术,继之用于整个文化领域,随后用于

① "后现代"现象在这一概念诞生以前已在中国出现,最早可追溯至春秋战国。

② 刘象愚、杨恒达、曾艳兵主编《从现代主义到后现代主义》,高等教育出版社,2002,第261页。

③ 沃尔夫冈·韦尔施:《我们的后现代的现代》,洪天富译,商务印书馆,2004,第17-18页。

文学、建筑和政治,此后逐渐广泛应用于其他领域。

1870 年前后,英国画家约翰·瓦特金斯·查普曼(John Watkins Chapman)即以"后现代绘画"指称比当时的前卫画派——法国印象派绘画更为先锋和前卫、更富有创造精神的绘画作品。[①] 直到 19 世纪六七十年代,[②]"后现代"这一概念仍多为"先锋前卫""标新立异""不同流俗",甚至是"惊世骇俗""离经叛道"的同义语。时至今日,这一层含义依然作为基础语义保留在人们经意或不经意间、口头或书面使用"后现代"这一词语的观念里,甚至作为这一词语的第一所指广泛使用。

1917 年,鲁道夫·潘诺维茨(Rodolf Pannowitz)出版的《欧洲文化的危机》(*Die Krisis der Europä ischen Kultur*)认为,"后现代"是现代的波谷之后即将出现的一个波浪的峰顶。"后现代人"已经游离开了伟大的颓废——欧洲虚无主义的激进革命所催生的旋涡。[③④] 德国美学家沃尔夫冈·韦尔施评价说,潘诺维茨的"后现代人"观点就其内容而言,并无多少创意,只是以新创造的词语重复尼采的"超人"思想而已。[⑤] 而笔者认为,潘诺维茨的开创性贡献在于首次将"后现代"作为描绘社会文化进程的术语,并预言了即将到来的后现代在社会文化领域必将取得空前成就,从这个角度出发,堪称肯定性后现代话语的先驱。

1934 年,费德里柯·德·奥尼斯(Federico De Onizs)在《西班牙与西班牙语美洲诗选》(*Antologia de la Poesia Espanola e Hispanoamericana*)中,用"后现代"描述现代主义内部发生的逆动。[⑥] 奥尼斯使用"后现代"概念表示从 1905 年到 1914 年所出现的欧洲文化。他认为后现代主义是从 1896 年到 1905 年的"现代主义文化发展"的结果,而从 1914 年到 1932 年的文化则属于"超现代主义",因此"后现代"是介于现代主义和超现代主义之间的过渡性文化。[⑦] 与潘诺维茨相似,奥尼斯也将"后现代"视为继现代主义之后出现的以对现代主义的反叛为特征的社会历史文化进

---

① Higgins Dick, *A Dialectic of Centuries: Notes Towards a Theory of the New Arts*(New York: Printed Editions, 1978), p. 7.

② 王治河:《〈后现代理论〉导读》,载道格拉斯·凯尔纳、斯蒂文·贝斯特《后现代理论:批判性的质疑》,张志斌译,中央编译出版社,2011,第 2 页。

③ Rodolf Pannowitz, *Die Krisis der Europäischen Kultur*, (Nürnberg: 1917), p. 64.

④ 美国学者道格拉斯·凯尔纳与斯蒂文·贝斯特合著的《后现代理论:批判性的质疑》中援引 Welsch, Wolfgang, *Unsere postmoderne Moderne*(Weinheim: 1988)中的观点,认为鲁道夫·潘诺维茨的《欧洲文化的危机》以"后现代"一词描绘当时欧洲文化的虚无主义和价值崩溃。疑为误解。

⑤ 沃尔夫冈·韦尔施:《我们的后现代的现代》,洪天富译,商务印书馆,2004,第 19 页。

⑥ 王治河:《扑朔迷离的游戏——后现代哲学思潮研究》,社会科学文献出版社,1998,第 2 页。

⑦ 高宣扬:《当代社会理论》,中国人民大学出版社,2005,第 54 页。

程，不同于潘诺维茨将“后现代”赋予即将发生的将来，奥尼斯把“后现代”赋予了过去时态。

1945 年，建筑美学家赫德纳特（Joseph Hudnut）在一篇名为《后现代房屋》（The post-modern house）的文章中使用了“后现代”一词，文章写道：“我将不为我未来的房屋想象一个浪漫的主人，我也不捍卫我的委托人的那些与‘人性’有关的怪癖偏好。不，他将是一个现代的主人，一个后现代的主人。摆脱所有的多愁善感、幻想或空想，他的观点、他的趣味、他的思维习惯对于一个集体工业的生活模式来说将成为最必要的……他会维护自己的某些内在经验，摆脱外部控制，不为集体意识所羁绊。当世界被社会化、机械化和标准化之后，机会将还可以在家中发现。”①

文章清晰地使用了“后现代”一词，却没有对之做以明确解释，这段文字更像是隐约表述后现代与后工业社会的时代特征。玛格丽特·A. 罗斯（Rose M. A.）认为，赫德纳特的想象准确地说，应该被描述为“超现代”，而不是后现代，这个后现代主人的房子更像是“现代”化而非“后现代”化的结果。这种说法不无道理，但即便如此，这篇文章仍然与赫德纳特 1949 年出版的《建筑学与人的精神》（*Architecture and the Spirit of Man*）一书一道开启了建筑领域的“后现代”时代。②

1947 年，D. C. 萨默维尔（Somervell D. C.）和汤因比（Arnold Toynbee）在《历史研究》（*A Study of History*）中采用“后 - 现代”时期描述西方历史上继黑暗时代（675—1075 年）、中世纪（1075—1475 年）、现代时期（1475—1875 年）③之后的历史时期。按此说法，大约从 1875 年起，西方文明即已进入“后现代时期”的转型阶段，这一时代因充斥着战争、骚乱、革命和剧烈变动，并伴随理性主义和启蒙精神的失落与沦陷，与以往时代形成了断裂。④ 汤因比以“后现代”指称西方文明史中一个新的历史周期——西方统治告终，个人主义、资本主义和天主教教权衰落，非西方文化抬头、壮大。⑤ 汤因比认为后现代时期的特点是从民族国家的思维过渡到

---

① 玛格丽特·A. 罗斯：《后现代与后工业——评论性分析》，张月译，辽宁教育出版社，2002，7 - 9 页。王治河：《扑朔迷离的游戏——后现代哲学思潮研究》，社会科学文献出版社，1998，第 2 页。

② 书中偶尔使用“后现代房屋”概念，参见高宣扬：《当代社会理论》，中国人民大学出版社，2005，第 56 页。

③ 萨默维尔（Somervell，D. C.）建议汤因比把西方文化的发展分为上述四个阶段。萨默维尔在为汤因比《历史研究》前六卷所撰写的一卷本概论中即持此说法。此后，汤因比本人在《历史研究》第八卷和第九卷中采纳了这一分期。参见汤因比：《*A Study of History* 历史研究：上》，上海人民出版社，1997，第 39 页。

④ 道格拉斯·凯尔纳、斯蒂文·贝斯特：《后现代理论：批判性的质疑》，张志斌译，中央编译出版社，2011，第 7 页。

⑤ 王治河：《后现代主义（代前言）》，载《后现代主义辞典》，中央编译出版社，2004，第 9 页。

全球的相互影响。① 汤因比的观点在某种程度上使人联想起尼采的《权力意志》和斯宾格勒的《西方的没落》这两本书对现时代的社会与文化虚无主义特征的描述。三人都预言历史的倒退过程,并提出了不同的文化复兴计划。② 与此前零星出现的"后现代"观念相比,汤因比对"后现代"的认知更进一步,他指出了作为一个历史时期,后现代伴随着理性主义和启蒙精神的失落而出现,并以预言家般的胆识预言了后现代的全球化特征,令人遗憾的是,论及"后现代",汤因比过分突出了文化虚无主义,甚至悲观地认为后现代是历史的倒退。这些观点都在某种程度上影响了后世的学者和思想家对"后现代"的认知。继之而起,出现了一脉否定性后现代话语。

1957 年,美国文化历史学家勃纳德·卢森堡(Bernard Rosenberg)在《大众文化》(*Mass Culture*)导言中,用"后现代"描绘社会和文化领域中正在发生的根本性变化:伴随全球范围内的迅速城市化和工业化,某种趋同现象遍布全世界各个角落。一种跨越国籍与种族的大众文化正在兴起,被商品所包围的后现代人本身也正在成为可以被互相置换的趋同性部件。人类在最低层次上的国际一致性的基础似乎业已形成。③ 足见,继汤因比之后,卢森堡进一步增强了对后现代的全球性、趋同性的认知,开创性地提出了"后现代"的大众性。他认为,一种全球性的大众文化正在形成,在此情形下,所有空间都将失去意义或被泯灭,大众的日常生活和审美活动均被跨越地域、种族和国别的同一性所充斥。此外,卢森堡对后现代产生的根源展开了分析,认为在遍布全世界的城市化和工业化刺激下,遍及各领域的全球性的后现代得以产生,空前彻底的趋同性致使包括人在内的所有存在物均成为可置换的部件。卢森堡认为"后现代"世界既充满希望,又遍布危险,它可能提供一切,也可能身无长物。倘若对这个新世界的可能性稍加理性思考,便会产生无尽的担忧,疑惧人类会被已经饱受困扰的各种社会狂暴行为所压倒。④ 看得出来,对于这个即将到来的新世界,卢森堡并未感到欢欣鼓舞,而是忧心忡忡,惶惶不安。

同年,美国经济学家彼得·F. 德鲁克(Peter F. Drucker)在《已经发生的未来》(*Landmarks of Tomorrow* 又译为《明天的里程碑》)一书中指出,我们已经不知不觉地迈进了一个新时代——后现代,这个时代取代了自 17 世纪以来西方人赖以生存 300 多年的"现代"社会,虽然"后现代"尚未被明确定义,但已然有效地控制着我们

① 沃尔夫冈·韦尔施:《我们的后现代的现代》,洪天富译,商务印书馆,2004,第 21 页。

② 道格拉斯·凯尔纳、斯蒂文·贝斯特:《后现代理论:批判性的质疑》,张志斌译,中央编译出版社,2011,第 7 页。

③ 同上书,第 7 – 8 页。

④ 同上书,第 8 页。

的行为。他认为,尽管后现代仍然是割裂和无序的,但后现代带来了一系列新变化、新机遇,这些无疑是进步的。第一,后现代已经改变了笛卡儿式的机械世界观而进入模式的、目的的和过程的世界观,并认为在技术和社会层面,后现代已经赋予人们以足够的创新力量和迎接新机遇、接受新挑战、承担新责任的能力,而个人与社会终究会建立起互为依存、互相成就、和谐的新秩序。第二,伴随后现代而来的是知识型社会,就个人而言,只有越来越多的人接受高等教育,受教育的人才能够拥有真正的生产力,对民族国家而言,国民教育状况对国际竞争力和生存境遇起决定作用。第三,知识和权力成为无以复加的绝对破坏力。①

德鲁克进一步强调了后现代社会的工业化和全球性特征,并认为后现代社会基本上可以等同于后工业社会,在新模式、新观念之下,新技术和新力量崛起,教育和知识得以普及,并进一步加速社会转变,世界进入全球一体的现代化进程。虽然德鲁克不无极端地提出民族国家衰落、意识形态终结的可能性,但他对后现代所带来的新观念、新境遇和新挑战的认识较之以往更加全面系统,同时他乐观地预言,在后现代世界中,贫穷和愚昧将宣告终结,全球范围内的现代化进程将得以形成。②

C. 莱特·米尔斯(C. Wright Mills)在1959年出版的著作《社会学的想象力》(*The Sociological Imagination*)中指出,“我们正处于‘现代’的终结。正如‘古代’是由几个世纪的‘东方优越时代’所继承,当前,‘现代’也正在被一个后现代时期所接替,我们或可称之为‘第四纪元’”,他还提到“后现代”是告别了以往的期待与想象,思想与情感,亦告别了长久以来人们恪守的启蒙和理性。③ 米尔斯继潘诺维茨、奥尼斯、赫德纳特、汤因比、卢森堡、德鲁克之后,将后现代作为一种社会历史文化进程,从社会话语角度对之加以阐释,米尔斯认为,后现代时期,源于启蒙运动的自由与理性观念变得不确定和模糊不清,科学与技术取得极大进展,教育得以普及,然而自由与理性的艰危处境,极易导致人类异化为快乐的机器人。我们不禁要问:缺失理性、缺失人文精神、被批量化生产的机器人会获得真正的快乐吗?可见米尔斯对后现代的疑虑中夹杂着担忧。应该说,米尔斯的疑虑不无合理性,然而他的担忧未免过于悲观,自由与理性缺失固然可怕,但无论是在物质层面还是精神层

① 彼得·F. 德鲁克:《已经发生的未来》,许志强译,东方出版社,2009,第5-7页。

② 道格拉斯·凯尔纳、斯蒂文·贝斯特:《后现代理论:批判性的质疑》,张志斌译,中央编译出版社,2011,第8-9页。

③ C. Wright, Mills, *The Sociological Imagination* (New York: Oxford University Press, 2000) p. 165-166.

面，人类自拥有足够的创造力、修复力和自适性改变自身，进而改变世界。

以上零星出现的"后现代"观念，尽管态度褒贬不一，阐释程度各异，但对"后现代"作为一种社会进程的看法是趋于一致的，大都认为"后现代"是继"现代"之后出现的，它摒弃了人们长期恪守的启蒙和理性，是与以往的理念和传统形成断裂的新时代。

二、"后现代"：从争鸣到正名

同许多在发端时毁誉参半的时新概念一样，"后现代"这一概念恰在如火如荼的争鸣中被逐步赋予合法性与正当性，问题域与时空维度渐次得以澄清，正是在不断的争鸣中，"后现代"得以被正名。

德国美学家沃尔夫冈·韦尔施援引盖尔哈德·霍夫曼、阿尔弗雷德·霍尔南、卢蒂格尔·昆诺三人在《现代、后现代和当代：关于 20 世纪的美国叙述文学的分类》一文中的观点，认为从欧文·豪(Itving Howe)开始，"后现代"这个概念作为一种范式在北美文学辩论中形成，并开始了延续至今的有关"后现代"的辩论。①

1959 年，文学批评家欧文·豪在《大众社会与后现代小说》(*Mass Society and Postmodern Fiction*)中提出：当代文学不同于以叶芝、艾略特、庞德、乔伊斯为代表的现代的伟大文学，当代文学的特点是启蒙理性主义的衰退以及创造性潜能和说服力的减退。② 在这个意义上，当代文学被称为"后现代"文学。豪认为，后现代的大众社会摧毁了现代主义经典之作赖以产生的种种道德和美学基础，在这一环境中产生的后现代小说反叛现代主义传统，呈现了一种流动的、无序的生活经验，后现代作家，尤其是垮掉派，将这种无形无序性推到了极端。③ 1960 年，哈里·莱文(Harry Levin)发表了《什么是现代主义》(What Was Modernism)表达了与豪相似的观点，对后现代文化持否定态度。他认为，这是启蒙理性主义的衰落，是反理智主义，④把后现代主义视为伟大的现代主义运动的一个衰退。⑤ 豪和莱文在做了上述诊断之后，充满同情地宣称，丰盈的现代成就给后现代提供的可供创造的机会和余

① 沃尔夫冈·韦尔施：《我们的后现代的现代》，洪天富译，商务印书馆，2004，第 21－22 页。

② 同上书，第 22 页。

③ 伊哈布·哈桑：《后现代转向》，刘象愚译，上海人民出版社，2015，第 177 页。

④ 道格拉斯·凯尔纳、斯蒂文·贝斯特：《后现代理论：批判性的质疑》，张志斌译，中央编译出版社，2011，第 11 页。

⑤ 伊哈布·哈桑：《后现代转向》，刘象愚译，世纪出版股份有限公司，2015，第 177 页。

地实在少之又少,况且在现代之后也十分需要一个稍显停滞的巩固阶段。① 尽管二人表达了对后现代的同情态度,但仍不免流露出对后现代的否定,否定后现代文化,并认为后现代是一种历史倒退,在此意义上,豪和莱文承续了汤因比一脉对后现代的认知。

从20世纪60年代开始,美国学者苏珊·桑塔格(Susan Sontag)、伊哈布·哈桑(Ihab Hassan)、莱斯利·费德勒(Leslie Fiedler)相继在肯定意义上使用"后现代"这一术语,②三人基于后现代反对现代主义和现代性的某些压迫性方面,提出后现代是一种积极的进步。③

1964年以来,桑塔格在一系列颇有影响的文章④中表达了对现代主义小说和现代主义解释模式的不满,并颂扬文化和艺术中出现的"新感受",这种"新感受"向理性主义追求内容、意义和秩序的做法提出了挑战。⑤ 1996年,桑塔格再次强调:她所称赞并用来重新表达对艺术创造和意识看法的那些当代作品如公认的经典作品一样令她崇敬有加。并表示:她曾经赞成,现在也赞成,某种多元的、多形态的文化。⑥

1969年莱斯利·费德勒发表了著名文章《跨越边界,填平鸿沟》(Cross the Border-Close the Gap),文章的标题既是对"后现代"这一新文学纲领的概括,又是宣传这一新文学的文学批评方法。他在该文中指出:后现代主义填平了批评家和读者、艺术家和读者、职业化和业余爱好之间的鸿沟。如是,所有其他领域里的跨

① 沃尔夫冈·韦尔施:《我们的后现代的现代》,洪天富译,商务印书馆,2004,第21-22页。

② 王治河:《扑朔迷离的游戏——后现代哲学思潮研究》,社会科学文献出版社,1998,第3页。

③ 道格拉斯·凯尔纳、斯蒂文·贝斯特:《后现代理论:批判性的质疑》,张志斌译,中央编译出版社,2011,第11页。

④ 苏珊·桑塔格(Susan Sontag)自1961年相继发表《关于小说和电影的一则札记》(1961年)、《没有内容的虔诚》(1961年)、《精神分析与诺曼·O.布朗的〈生与死的对抗〉》(1961年)、《作为受难者之典范的艺术家》(1962年)、《事件剧:一种极端并置的艺术》(1962年)、《萨特的〈圣热内〉》(1963年)、《纳塔丽·萨洛特与小说》(1963年)、《西蒙娜·韦伊》(1963年)、《加缪的〈日记〉》(1963年)、《作为英雄的人类学家》(1963年)、《悲剧的消亡》(1963年)、《雷乃的〈慕里埃尔〉》(1963年)、《反对阐释》(1964年)、《米歇尔·莱里斯的〈男子气概〉》(1964年)、《乔治·卢卡奇的文学批评》(1964年)、《尤内斯库》(1964年)、《论〈代表〉》(1964年)、《剧场纪事》(1964年)、《罗贝尔·布勒松电影中的宗教风格》(1964年)、《戈达尔的〈随心所欲〉》(1964年)、《杰克·史密斯的〈淫奴〉》(1964年)、《关于"坎普"的札记》(1964年)、《论风格》(1965年)、《马拉/萨德/阿尔托》(1965年)、《对灾难的想象》(1965年)、《一种文化与新感受力》(1965年)、《三十年后……》(1996年),其中以《反对阐释》(1964年)最为著名。

⑤ 道格拉斯·凯尔纳、斯蒂文·贝斯特:《后现代理论:批判性的质疑》,张志斌译,中央编译出版社,2011,第11页。

⑥ 苏珊·桑塔格:《后记:三十年后……》,载《反对阐释》,程巍译,上海译文出版社,2003,第356页。

越界限也就完全合乎逻辑了。后现代文学"合乎逻辑"成功地完成了这样的社会和制度性的超越，把各种不同的主题和叙述方式结合起来，不再只关注知识分子和精英，而是同时关注平民大众，不再只专注于神圣、典雅，而兼及浪漫、感伤和通俗。费德勒认为："填平鸿沟也意味着跨越神奇的东西和很有可能的东西、现实的东西与神秘的东西，有闺房和会计处的市民世界与长久以来通常被人们称作童话的王国之间的界限，但是这个王国最终淹没在荒诞的、幻想的气味里。"①"梦想、幻景、心醉神迷，重新成为文学的真正目的……我们当代的诗人们像远古的祖先们一样深信，使精神从肉体中解放出来，使肉体从精神中解放出来的奇迹和幻想，在一个机器的世界里是必须成为土著的，它们也许会被改变，甚至被变形，但是绝对不会被破坏或排挤掉。"②关于"后现代"兴起的时间，费德勒在这篇文章里断言："从1955年以来，几乎所有今天的读者和作家都意识到这样一个事实，即我们正在经历现代文学临终时的挣扎和后现代分娩时的阵痛。"费德勒认为，现代文学在第一次世界大战前不久诞生，在第二次世界大战结束后不久衰亡。③ 费德勒以通俗文化的名义向现代主义鼎盛时期的精英主义提出挑战，④他将后现代主义与当代激进的文化潮流如后人道主义、后男权、后英雄、后白种人等融为一体。费德勒对"后现代"的认识大有中国战国时期庄子的"齐物论"色彩，"跨越边界，填平鸿沟"这一表述既恰切而活泼地概括了后现代文学特征，又渗透了他为"后现代"擂鼓助威的热烈之情。

费德勒和桑塔格拒绝把古典的现代当作唯一标准，摆脱了文化悲观主义的调子，使人们获得了发觉和捍卫"后现代"这一新文学特质的自由。他们认为，古典现代的文学编造得非常精巧，为少数精英服务，而后现代这一新的文学从专事精英的象牙之塔里逃了出来。⑤

费德勒和桑塔格以乐观昂扬的姿态，积极地看待后现代及由此而来的新秩序、新感受、新思维和新方法，并指出后现代摆脱了现代主义为少数精英的专属服务，走下阳春白雪的神圣殿堂，亲近大众，接纳通俗，走向了雅俗共赏的新境界。

---

① 莱斯利·费德勒：《跨越边界，填平鸿沟》，《花花公子》(*Playboy*)1969年12月，第689页，参见沃尔夫冈·韦尔施：《我们的后现代的现代》，洪天富译，商务印书馆，2004，第24页。

② 同上。

③ 同上。

④ 伊哈布·哈桑：《后现代转向》，刘象愚译，世纪出版股份有限公司，2015，第176页。

⑤ 沃尔夫冈·韦尔施：《我们的后现代的现代》，洪天富译，商务印书馆，2004，第22－24页。

对文学中的后现代主义颂扬最多,又使之得到最大普及的是伊哈布·哈桑。[①] 哈桑将后现代主义与他的"沉默文学"联系起来。他认为,200 年以来,西方文学一直存在着一种否定艺术、形式及语言规范的文学,他称之为"沉默的文学"。"后现代主义文学"即是这种"沉默的文学"的继续。[②] 哈桑认为,通俗文学和沉默文学,或者说大众文化和解构主义,或者说超人和戈多,或者内在性和不确定性……可以涵盖后现代主义世界的一切特征。[③] 哈桑尝试性地把自萨特、贝克特以来的百余年的艺术演变归纳为"先锋模式""现代模式"和"后现代模式",[④]认为后现代继承了"创造新事物"的传统。

显然,在对后现代的认知方面,哈桑具有开创性贡献。其一,他率先认识到后现代既是历时性概念,又是共时性概念,它不仅存在于现在和未来,历史中也可能存在后现代精神,因此对它进行断代分析既是艰难的也是不必要的。其二,他较早感知到后现代所具有的开放性和多元性特征。其三,在认同后现代文学兼具通俗性的基础上,他敏锐捕捉到后现代文学的解构性与建构性双重特征。其四,更为难能可贵的是,在既往几近众口一词地做出"后现代在反叛传统中诞生"的判定下,哈桑开创性地提出了后现代反叛的根源正在于对传统的继承和创造性发展。其五,哈桑以辩证的观点认知后现代,使得他对后现代的认识全备而不失智慧。也正是出于对后现代的辩证考辨与探讨,才使得哈桑对后现代的认识更显深刻。

1961 年,休斯顿·斯密斯(Huston Smith)在《西方思想的革命》(The Revolution in Western Thought)一文中指出,20 世纪给西方思想带来了一场巨变,从而把"后现代精神"推向了台前,这种转变极大地影响了当代科学、哲学、神学和艺术。他认为,现代世界观中的现实是受人类的智力可以把握的规律支配的,而后现代世界观中的现实是无序的且终究不可知的。他认为后现代的怀疑主义和不确定性只是向更加整体主义和精神性知识观点的过渡状态。[⑤] 可见,斯密斯继哈桑之后在对后现代不确定性的认知基础上,提出不确定的暂时性和过渡性,认为我们终将跨过不确定的后现代,迈向整体性和精神性。而与哈桑的积极肯定性态度不同的是,斯密

---

① 道格拉斯·凯尔纳、斯蒂文·贝斯特:《后现代理论:批判性的质疑》,张志斌译,中央编译出版社,2011,第 12 页。

② 王治河:《扑朔迷离的游戏——后现代哲学思潮研究》,社会科学文献出版社,1998,第 3 页。

③ 伊哈布·哈桑:《后现代转向》,刘象愚译,世纪出版股份有限公司,2015,第 176 – 177 页。

④ 同上书,第 182 页。

⑤ 道格拉斯·凯尔纳、斯蒂文·贝斯特:《后现代理论:批判性的质疑》,张志斌译,中央编译出版社,2011,第 10 页。

斯不太看好后现代。

1964年,英国历史学家G.巴勒克拉夫(Geoffrey Barraclough)的《当代历史学导论》(An Introduction to Contemporary History)更为系统、详尽地提出了后现代观点。他认为,我们应该以"新的参照体系和新的术语"描述我们今天所生活的与此前旧世界截然不同的新世界,此番新、旧世界二者结构变迁的剧烈程度不亚于现代历史带来的"中世纪历史"之断裂。巴勒克拉夫建议以"后现代"一词来描述这个继现代历史而来的新时期,①他认为这一时期的构成因素及特征包括:全球进入一体化,任何事件均打破区域性;科学和技术大幅度进步,全球所有地区形成新型社会及知识模式;欧洲的重要性降低,美国和苏联优势上升,亚洲和非洲崛起;自由主义体系解体;新的世界观和新的文化形式出现。② 巴勒克拉夫对后现代认知的贡献在于他清醒地认识到后现代的全球性和趋同性特征,且准确地判定了科学和技术已取得并仍将取得大幅度进步,从这个意义上说,他对后现代的态度是积极的。

1966—1967年,英国建筑批评的权威和现代派的坚定代表尼可劳斯·佩夫斯纳在《我们时代的建筑学——那些反先驱者》(Architecture in our Time—The Anti-Pioneers)一文中使用"后现代"这一术语同后现代的拥护者展开论战,通过这一术语,他意在揭露被他视为现代派叛徒的"反先锋"。③ 在建筑学领域,他首次否定性地使用了"后现代"这一术语。1975年,查理斯·詹克斯和罗伯特·斯泰恩把这个术语从文学应用到建筑学,有力推动了欧洲关于后现代的辩论。詹克斯在《后现代建筑的语言》(*Die Sprache der postmodernen Architektur*)一书引论中写道:"现代建筑的缺点在于它面向精英。后现代试图通过扩大建筑的语言,使之向不同方向发展以克服精英的要求,后现代建筑是一种双重代码,要使精英和街上的普通老百姓都感到满意。"④詹克斯认为,后现代建筑的特点在于它是一种语言,在于它有意识地使用户和观察者均感到满意。⑤ 詹克斯的后现代建筑概念显然是从莱斯利·费德勒⑥那里借来的,他对"后现代"这一概念的正名以及对这一概念的理解与费德勒的观

---

① Barthes Geoffrey,"An Introduction to Contemporary History,"*American Historical Review* 2,no.16(1967).p.9.

② 杰弗里·巴勒克拉夫:《当代史学主要趋势》,杨豫译,北京大学出版社,2006,第1页。

③ 沃尔夫冈·韦尔施:《我们的后现代的现代》,洪天富译,商务印书馆,2004,第28页。

④ 查理斯·詹克斯:《后现代建筑的语言——一种二者择一的传统》,斯图加特,1980年,第8页。参见沃尔夫冈·韦尔施:《我们的后现代的现代》,洪天富译,商务印书馆,2004,第29-30页。

⑤ 沃尔夫冈·韦尔施:《我们的后现代的现代》,洪天富译,商务印书馆,2004,第31页。

⑥ 莱斯利·费德勒(Leslie Fiedler),美国大众文化批评先驱,著有《跨越边界,填平鸿沟》。

点完全吻合①。此后,海因里希·克罗茨虽然针对詹克斯的"后现代建筑"观点提出了不同意见,但就本质而言,其中继承与发展的成分远多于批判,因为二者的观点实质上均脱胎于莱斯利·费德勒。詹克斯在2007年出版的专著《现代主义的临界点:后现代主义向何处去?》(*Critical Modernism: Where is Post-Modernism Going?*)中进一步提出"后现代主义是由精英/大众、和解/颠覆,以及新/旧这些以往被夸大了的对立面所构成的双重编码的积极混合,它对现代主义具有延续和超越的双重意义"②。

实践方面,一批又一批建筑学家纷纷试图打破经典的现代建筑艺术,创建和新建具有高度自由风格的后现代建筑物。③ 如"十人建筑集团"④设计的被称作"批判的区域主义"典范的高度压缩的层级空间高楼。继而,产生了以博塔⑤为代表的瑞士后现代主义的区域主义建筑学派。20世纪60年代初,美国著名建筑学家巴恩斯的设计⑥是美国建筑进入后现代阶段的重要标志。巴恩斯认为这一设计的关键概念是"连续性",即以个人与社区之间的连续性、时间连续性、空间连续性对抗碎片式的、瞬间消失的、飞逝而去的现代社会。另一位建筑师惠特克⑦的设计也表现了对于自然环境的关怀以及建筑与自然环境之间的协调理念。可视为对中国先秦时期即已出现的"天人合一"理念的呼应,岂非一场"思接千载,视通万里"的深情凝望。是为本文一得之愚。

20世纪70年代,后现代建筑达到了新的高峰。此后,后现代建筑迅速大量涌现。⑧

1968年,美国社会学家阿米泰·埃齐奥尼(Amitai Etzioni)在其著作《积极的社会——社会和政治过程的一种理论》(*The Active Society: A Theory of Societal and Political processes*)中提出了"后现代社会"这一概念。他认为,后现代社会科学和技

① 沃尔夫冈·韦尔施:《我们的后现代的现代》,洪天富译,商务印书馆,2004,第29页。

② 查尔斯·詹克斯:《现代主义的临界点:后现代主义向何处去?》,丁宁,许春阳,章华等译,北京大学出版社,2011,第30页,第76页。

③ 高宣扬:《当代社会理论》,中国人民大学出版社,2005,第56页。

④ "十人建筑集团"(Team Ten Architects)是最早一批兴起的现代建筑学家,从现代派建筑中脱胎而出,其中最为著名的建筑学家是阿尔多·范·艾克(Aldo van Eyck),这一派别首先改革了传统建筑中的空间概念,以一种更为抽象的空间概念为指导设计建筑。

⑤ 博塔(Mario Botta),瑞士后现代主义的区域主义建筑学派代表。博塔设计的瑞士弗莱堡国家银行大厦是区域主义建筑学派的杰作。

⑥ 巴恩斯(Edwards Larrabee Barnes),当时设计的作品是海斯塔克山艺术公益学校。

⑦ 惠特克(Moore Lyndon Turnbull Whitaker),设计了海边农庄别墅。

⑧ 高宣扬:《当代社会理论》,中国人民大学出版社,2005,第56-57页。

术的进步也许会对以往的价值观念构成威胁乃至颠覆，但同时也会带来人类生活的改善，幸福感的增强，带来解决一切社会问题的办法。① 埃齐奥尼在这部著作中表达了他的“积极社会”理想，并认为后现代社会不同于以往的靠外力推动、靠技术统治的传统社会，它内在的自主、自发、自决、富有生命力等特征决定了它的积极选择性，它将以增进人类幸福为目的，利用技术推动社会进步。这种积极的后现代话语在社会学领域虽为数不多，但意义显著。

1969 年，在后现代文学辩论开始后的 10 年，人们通过坚持不懈的努力，获得了一个不仅适用于文学领域，而且适用于其他各领域的基本公式：凡是原则上实行语言、模式和操作方法的多元化之处，就存在后现代，这种多元化不仅出现在不同作品中，而且出现在同一作品里。“后现代”——最早是一个偶尔出现且含义复杂的词语，在这次文学辩论中获得了一个名副其实的概念的轮廓……它为当前的和未来的义务命名，以坚决的多元化为自己的内容。②

1973 年，美国社会学家丹尼尔·贝尔（Daniel Bell）在其著作《后工业社会的来临——对社会预测的一项探索》（*The Coming of Post-industrial Society：A Venture in Social Forecasting*）中，从后工业社会理论入手，直面后现代文化，力图以社会发展的脉络对后现代社会做以纵深阐释。1976 年在《资本主义的文化矛盾》（*The Cultural Contradictions of Capitalism*）一书中，他将现代主义与后现代主义进行了比较，指出现代主义是对 19 世纪社会环境和自我意识两种社会变化的反映。社会环境方面，通信和运输革命带来的运动、速度、光影等日常感官印象世界的变化，导致时空感知错乱。自我意识方面，由宗教信仰的泯灭导致超生希望丧失，人们极易陷入“人生有大限，死后万事空”的虚无情绪中。现代主义打乱了统治西方文化近两千年的理性至上秩序，试图以美学对生活的证明代替宗教或道德，创造艺术，并渴望成为艺术。20 世纪 60 年代发展壮大为强劲潮流的后现代主义将现代主义逻辑推至极端，甚至溢出了艺术的容器，抹杀了事物的界限，放纵而自由地撞击西方文明的历史戒律和心理禁忌，并演化为影响广泛的文化运动。③ 贝尔对后现代文化展开了进一步的研究，把后现代等同于 20 世纪 60 年代出现的反文化。④ 并对其混

---

① Amitai Etzioni, *The Active Society：A Theory of Societal and Political processes*（New York：Free Press, 1968）, p. 7.

② 沃尔夫冈·韦尔施：《我们的后现代的现代》，洪天富译，商务印书馆，2004，第 25－26 页。

③ 王岳川、尚水主编《后现代主义文化与美学》，北京大学出版社，1992，第 1－8 页。

④ 丹尼尔·贝尔：《资本主义文化矛盾》，赵一凡，蒲隆，任晓晋译，生活·读书·新知三联书店，1989，第 102 页。

杂性倾向和反文化冲动表达了忧虑。他认为后现代掀起的纵情享乐、荒诞无稽、毫无节制等风尚对资产阶级世界观及其理性、节制、道德与宗教的攻击比现代主义更猛烈,更具颠覆性,因此,主张以宗教价值的复兴阻止后现代主义对传统价值的侵蚀。① 贝尔的文化保守主义基调和否定性后现代话语,为部分后现代理论家的悲观态度以及新保守主义对当代文化的攻击定下了基调。② 这一脉继汤因比而来的否定性后现代话语在一定程度上表达了对现代社会发展的悲观情绪。

1979 年,法国哲学家让-弗朗索瓦·利奥塔(Jean-Francois Lyotard)在《后现代状况——关于知识的报告》中最早提出和阐明了作为哲学概念的"后现代"。他指出,19 世纪后,我们的文化经历了一系列嬗变,科学、文学、艺术的语言游戏规则全变了,面对这种高科技社会中的知识状况,"后现代"一词,恰好用以标示当今文化的方位和状况③。利奥塔认为"后现代是现代的一个组成部分,它不是现代主义末期,而是现代主义的初始状态"④。继而又提出:"理解后现代,必须根据未来的先在的这一悖论,方可进入隐奥空间。"⑤利奥塔认为,后现代科学的发展引起了知识的不连续性、碎片化,进而导致科学、文化各领域打破了传统的以"启蒙型叙事"(以法国为代表)和"思辨型叙事"(以德国为代表)两种宏大元叙事的制约,而呈现为异质性和多元性。

德国哲学家哈贝马斯(Jürgen Habermas)在 1981 年发表的《现代性对抗后现代性》(Modernity versus Postmodernity)和 1985 年发表的《现代性的哲学话语》(*Der Philosophische Diskurs der Moderne*)中,以折衷改良派的立场,对以丹尼尔·贝尔为代表的将现代危机归咎于文艺现代性的英美新保守主义,和以福柯、德里达、利奥塔等为代表的对现代性过激反叛及消解的法国后结构主义这两种"反现代主义"倾向予以批判。⑥ 他认为,现代性是一项远未终结的开放性宏伟工程,而后现代性对"现代性"造成巨大冲击,必须予以清理,以捍卫"现代性"。在哈贝马斯看来,后现代主义背离了文化传统中的真理和价值,瓦解了"理性",颠覆了主体性,是一种庸俗的逆流,必定昙花一现、难以为继。面对危机,哈贝马斯提出了解决方案,即坚守

① 道格拉斯·凯尔纳、斯蒂文·贝斯特:《后现代理论:批判性的质疑》,张志斌译,中央编译出版社,2011,第 15 页。

② 刘象愚、杨恒达、曾艳兵主编《从现代主义到后现代主义》,高等教育出版社,2002,第 260 页。

③ 让-弗朗索瓦·利奥塔:《后现代状况——关于知识的报告》,岛子译,湖南美术出版社,1996,第 28 页。

④ 同上书,第 206 页。

⑤ 同上书,第 211 页。

⑥ 王岳川、尚水主编《后现代主义文化与美学》,北京大学出版社,1992,第 12 页。

启蒙理想，修复理性，取法人文思潮和科学思潮的有益成分，创立“交往理论”，通过“对话”和“交往”达成相互理解、实现和平相处，构建“新理性”，重返“现代性”。哈贝马斯对“后现代性”的质疑和不满引发了法国哲学家利奥塔的激烈反驳。

20世纪七八十年代，文学、绘画和建筑中的后现代形式持续发展。① 1988年，德国美学家沃尔夫冈·韦尔施在其著作《我们的后现代的现代》(*Unsere Postmoderne Moderne*)中指出："后现代"标志着一个多方面的变化过程，它涉及美学、建筑学、社会学、经济学、哲学、科技等领域。在社会进程上，它是从工业生产社会向后工业的第三产业社会和后现代的主动性社会的过渡，在经济上意味着从全球战略向多元化战略的转变，在哲学上意味着从单一的知识范式向多元的、相互竞争的知识范式过渡，其他如环保意识、层出不穷的女权主义、某些地方主义、某些神秘传统的重新获得、医学中某些选择性的医术得到承认……所有这一切标志着一个多方面的变化过程。②

可见，自“后现代”这一概念诞生以来，人们对这一概念的认知就具有极大的不确定性，至20世纪七八十年代，伴随文化、社会、艺术等各领域日新月异的发展和变化，“后现代”一词的运用才被赋予“正当性”与“合法性”，此后，它介入学术研究和社会生活的各个领域，甚至作为必要的前缀，形成“后现代政治”“后现代文学”“后现代艺术”“后现代课程论”，乃至“后现代爱情”“后现代心灵”“后现代娱乐”等具有鲜明时代性特征的主题词。③ 于是，“后现代”几近成为铺天盖地、承载着不容分说的当下语境和万众狂欢的万能前缀，成为遍布自然科学、人文科学、社会科学各领域的显学。

无疑，“后现代”进入公众视野，并成为自带时尚光芒的词汇得以流行，与人们渴望寻求与崭新时代契合的崭新话语的狂热呈正相关。一般而言，大众常大体一致地赋之以“时新”“当下”等相关含义而对“后现代”一词泛化使用。

然而在思想理论界，关于“后现代”的立场、观点和方法并非如大众频繁使用该词时所赋予的上述语义那般具有一致性，相反，自诞生以来，诸种“后现代”观点、立场和方法之间本就存在着一定的差异，加之人们对这一概念的使用覆盖了文化、政治、经济各个领域，在使用上赋予其极大的通约性，使它一度几近成为汪洋之

① 道格拉斯·凯尔纳、斯蒂文·贝斯特:《后现代理论:批判性的质疑》,张志斌译,中央编译出版社,2011,第12页。

② 沃尔夫冈·韦尔施:《我们的后现代的现代》,洪天富译,商务印书馆,2004,第16－17页。

③ 道格拉斯·凯尔纳、斯蒂文·贝斯特:《后现代理论:批判性的质疑》,张志斌译,中央编译出版社,2011,第12页。

海，任人酌取。正如鲁迅先生评价《红楼梦》："单是命意，就因读者的眼光而有种种，经学家看见《易》，道学家看见淫，才子看见缠绵，革命家看见排满，流言家看见宫闱秘事。"①如是，谜一般的"后现代"俨然是一件随物赋形的万能法宝，乐观者视之为明灯，驱散阴霾，烛照黑暗；悲观者视之为潘多拉魔盒，承载和释放所有邪恶；玄幻者视之为魔镜，凭此辨析美与丑，或膜拜追随，或鞭挞驱逐。窃以为若以物代指，"后现代"应为一面明镜，映照也洞见自20世纪五六十年代②以来出现的新理念、新意识、新思潮、新尺度，它的生发既源于社会历史进程的发展与推进，又是社会生活、科技文化各领域因应变化所产生的自适力和修复力的具体呈现。

"后现代"是一个纷纭复杂的概念，且涉足广泛，几近包罗万象，对它的理解、阐释和分析亦是言人人殊。对"后现代"的归类也可谓众说纷纭，大体有以下几种：从对"后现代"的不同态度来说，后现代可以分为肯定性的后现代话语和否定性的后现代话语两类，20世纪80年代，后现代话语分裂成文化保守主义和颂扬新发展的前卫主义两个派别。③ 从范畴来说，后现代主义可以分为审美后现代主义、认知后现代主义、西方马克思主义后现代主义。④ 从自然形态来说，后现代主义大致可以分为文学艺术上的后现代主义、社会文化上的后现代主义、哲学上的后现代主义。从内容上来说，后现代主义可以分为否定性（解构性）的后现代主义、建设性（建构性）的后现代主义、简单化（迪士尼式）的后现代主义。⑤ 值得一提的是，与强调断裂、破坏，主张否定、颠覆、解构的否定性后现代主义不同，建设性后现代主义强调生态主义，⑥主张整体性，认为个人、自然、社会是完整的有机体，倡导观照过去、现在和未来，呼吁告别二元对立，取消集权性和等级性，走向万物和谐、世界和平的新纪元。建设性后现代主义以乐观昂扬的姿态驱散迷雾和阴霾，冲破众声喧哗的世相，以高亢而嘹亮的时代强音，引领着人们迈向光明和新希望，其观点和主张令人振奋，也令中国读者感到异常亲切，究其原因，毋庸置疑，建构性后现代主义与中国传统儒释道思想中天人合一的自然观、圆融统贯的时间观、中和位育的伦

① 鲁迅：《鲁迅集外集拾遗补编：上》，人民文学出版社，1978，第174页。

② 对后现代起点的认识说法不一，详见前文。这里取一个公认的说法。

③ 道格拉斯·凯尔纳、斯蒂文·贝斯特：《后现代理论：批判性的质疑》，张志斌译，中央编译出版社，2011，第16－17页。

④ 伊哈布·哈桑：《后现代转向》，刘象愚译，世纪出版股份有限公司，2015，第3－10页。

⑤ 王治河认为，在时间上，从20世纪六七十年代和20世纪80年代解构性的后现代主义开始流行。进入20世纪80年代，建设性的后现代主义开始崛起。参见王治河：《后现代主义（代前言）》，载《后现代主义辞典》，中央编译出版社，2004，第9－10页。

⑥ 大卫·雷·格里芬：《后现代精神》，王成兵译，中央编译出版社，1997，第8页。

理观具有相似性。

笔者认为,除上述分类外,也可以根据使用场域将后现代话语分为两个类别,即作为文化话语的"后现代"和作为社会话语的"后现代"。将文学、艺术、建筑、哲学、科学、思想各领域作用于人类全部精神活动的"后现代"现象视为作为文化话语的后现代,将政治、经济等作用于人与环境组织关系的"后现代"现象视为作为社会话语的后现代。当然,对"后现代"这一含义丰富而又众说不一的概念,做如此极简的分类未免有失完备周详,但考虑到如若不做归纳而一味以时间为序对这一概念做长篇累牍的铺陈列举,难免千头万绪,杂乱无章,遂不揣谫陋,妄做上述归类。仔细揣摩之下,二者之间时有界限模糊之情况发生,但笔者认为,大体而言,作为文化话语的后现代与作为社会话语的后现代互为表里。即作为社会历史进程的后现代为内质,作为文化诸领域的后现代现象为表象。

面对"后现代"的诸种问题,二者的意见时有分歧。

就其产生的时间而言,作为社会话语的后现代一派大都认为"后现代"自第二次世界大战以后开始出现,①而作为文化话语的后现代一派大多认为"后现代"的出现不拘囿于时间。哈桑认为,"后现代"意识可追溯至卡夫卡、萨特,而利奥塔甚至认为,古希腊的亚里士多德即已具有"后现代"立场。

就其所生存的空间维度而言,作为社会话语的后现代一派大都认为"后现代"存在于欧美的资本主义社会,而作为文化话语的后现代一派大多认为"后现代"不局限于欧美,它的生存域遍及全世界。

就其性质而言,作为社会话语的后现代一派大都认为世界进入冷战时期以后,伴随着生产力进一步发展,社会进入后工业时代。此时,资本主义征服自然的活动伴随着"现代"的逝去而宣告结束,继之而起的是"后现代"阶段,资本主义在文化层面及无意识层面对外扩张。② 而作为文化话语的后现代一派大多认为"后现代"是对传统的扬弃和超越,是把传统中无法表现的东西设法加以表现。③

就对"后现代"的评价而言,作为文化话语的后现代一派大多持肯定态度,而

---

① 阿米泰·艾特齐奥尼在《积极的社会》一书前言中指出,后现代时期的开始时间可以定在1945年。最初,大多数人用"后现代"指称20世纪50年代出现的一系列现象。后来,更多人认为"后现代"是指20世纪70年代初欧洲兴起的社会思潮。

② Fredric Jameson, *Postmodernism, or, the Cultural Logic of Late Capitalism* (Durham: Duke Uviversity Press, 1991), p. 8 – 10.

③ 盛宁援引利奥塔的话,参见盛宁:《人文困惑与反思:西方后现代主义思潮批判》,生活·读书·新知三联书店,1997,第37页。

作为社会话语的后现代一派态度则不甚一致，如前文所述，肯定的一派热情洋溢地对之报以积极和乐观的欢迎态度，而否定的一派深表担忧和疑虑。笔者认为，肯定性“后现代”话语和否定性后现代话语，虽然对“后现代”的态度和评价不尽相同，但异中仍有同律可寻，即皆出于对文化、经济、政治各领域所出现的新变化的敏锐感知和对人类社会发展的殷勤关切。

可喜的是，自20世纪60年代以来，思想理论界对“后现代”的认知逐渐清晰明朗。

何为“后现代”？丹尼尔·贝尔认为它是一种原则，即与传统“一元论”对立的多元化原则；利奥塔认为，它是一种状态，即承认语言形式、思维方式和生活方式的不可通约的多样性的情感状态与精神状态。盛宁认为，它是一种文化代码“语言”层面上的话语结构和建构活动，一种话语的“解码”和“再编码”活动①。作为文化话语，“后现代”并非如字面所言出现于“现代”之后，它是一种独树一帜、特立独行的态度、立场、理念和方法，它既解构也建构，它既批判也承续，它既扬弃也超越，它至今仍处在变化与发展中，作为一种审美范式和认知模式，它早已跨越时空之维。因此，对它的读解理应建立在共时性立场上予以观照。就时间维度而言，“后现代”既是先在性的，也是生成性的；就空间维度而言，它是全球性的；就其本质而言，它是创造性的；就其内涵而言，它是复杂而多元的。概而言之，作为文化话语的“后现代”即是对一系列文化现代性现象的抽象归纳。

在文学领域，关于“后现代”的认识更为系统和深入。在理论认知和创作实践两方面都取得了丰硕成果。

三、后现代主义文学的学理基础

西方文学发展历经人文主义、古典主义、启蒙主义②、浪漫主义、现实主义、现代主义、后现代主义，看似各种思潮流派、文学现象更迭递嬗，林林总总、斑驳陆离，但稍加留意，便不难发现，其中有一条主线贯穿始终，即理念与冲动交互并进，就此而言，整个西方文学发展的历程便是冲动（非理性）与理智（理性）二者此起彼伏、此消彼长的过程。究其原因，或可归结为西方文学的两个异质性源头。众所周知，西方文学乃至文化的起源可追溯至两“希”传统，即希腊—罗马文化和希伯来圣经

① 盛宁：《人文困惑与反思：西方后现代主义思潮批判》，生活·读书·新知三联书店，1997，第37页。

② 西方文学大体遵循这一规律，偶尔有例外情况发生，比如，德国先经历了启蒙运动，继而是古典主义。

文化。

德国哲学家黑格尔(Georg Wilhelm Friedrich Hegel)早有相类似的观点,他认为,希腊的神不是抽象的,而是个别的,最接近于人的自然形状;基督教的神可看作纯粹心灵性的,他须作为心灵(或精神)而被认识,而且须在心灵中被认识。艺术的任务在于用感性形象表现理念,而艺术表现的价值和意义则在于理念和形象的协调统一。① 黑格尔以"形象"和"理念"分别概括希腊的神和基督教的神,可见,在他看来,希腊的神是具象的,而基督教的神是抽象的,二者互为表里,唯有融合统一才能合艺术、合规范。

黑格尔指出,基于理念和形象的三种关系,建筑、雕刻、绘画、音乐和诗歌等各门艺术系统的三种艺术类型因应形成,即象征型、古典型、浪漫型。他解释说,初始阶段,由于理念尚且含糊而不确定,艺术只能选取外在于理念的自然形态和感性材料以图解形式做出尝试性表达②,即为象征型艺术。但随后,他又不无矛盾地提出,东方原始艺术的泛神主义即属于这种文化性格。或许他忽略了一个尽人皆知的事实,即此前他所述及形象的希腊神源自西方,他所谓之理念的基督教神恰恰脱胎于东方,脱胎于位于西亚的希伯来。德裔美籍学者、新黑格尔主义哲学家、印度学家库尔特·F. 莱德克尔(Kurt F. Leidecker)对此提出批评,认为黑格尔关于东西方对立的议论常常缺乏分寸,正像理性主义倾向同样也出现在东方一样,散漫凌乱空、无内容的感性思考在西方也经常出现。莱德克尔认为,黑格尔对东方非理性主义的指责是站不住的。③

黑格尔认为,艺术的第二种类型是古典型,并指出古典型艺术克服了象征型艺术的缺陷,足以把理念自由稳妥、恰到好处地赋予形象,依照黑格尔的客观唯心主义哲学观点,绝对的永恒的心灵只能作为哲学思考的对象,并不能表现于艺术,因此终将瓦解,而进入更高的第三种类型——浪漫型。而浪漫型艺术又因破坏了理念与现实的完满统一,进而在较高层次上回到象征型艺术。④

谈及希腊艺术繁荣的原因,德国哲学家弗里德里希·威廉·尼采(Friedrich Wilhelm Nietzsche)一反歌德、席勒、温克尔曼将人与自然、感性与理性的和谐作为

---

① 黑格尔:《美学:第一卷》,朱光潜译,商务印书馆,2017,第 90 页。

② 同上书,第 95 页。

③ 库尔特·F. 莱德克尔:《黑格尔和东方》,载施泰因克劳斯编《黑格尔哲学新研究》,王树人等译,商务印书馆,1990,第 200 - 202 页。

④ 黑格尔:《美学:第一卷》,朱光潜译,商务印书馆,2017,第 97 - 99 页。

其归因的传统分析，提出希腊艺术繁荣并非源于和谐，[1]相反恰在于驱向幻觉之迫力、象征外观幻觉的日神与驱向放纵之迫力、象征情绪放纵的酒神[2]两种艺术的冲动。周国平对此给予了精湛的解释："日神精神沉湎于外观的幻觉，反对追究本体，酒神精神却要破除外观的幻觉，与本体沟通融合。前者用美的面纱遮盖人生的别具面目，后者揭开面纱，直视人生悲剧。前者教人不放弃人生的欢乐，后者教人不回避人生的痛苦。前者执着人生，后者超脱人生。"[3]

尼采认为，关于日神的艺术是造型的艺术，关于酒神的艺术则是非造型艺术，他将希腊艺术繁荣的原因归结为日神与酒神这一表一里、一喜一悲、一现象一本质、一直觉一知觉、一空间一时间、一肯定一否定、一崇高一滑稽、一生产一破坏，两种相反相成特质的对立与和解，尽管尼采上述富有辩证意味的认知多少带了些黑格尔味道，但这充其量只能说明他的潜意识以及早期著作《悲剧的诞生》尚未完全脱离黑格尔的影响，他曾不止一次地表达对黑格尔的批判，他认为，"即便没有黑格尔，只要我们凭直觉地赋予变易、发展以一种比'存在'的东西更深刻的意义和更丰富的价值，我们德国人就是黑格尔学派"，"奸诈的神学使黑格尔败坏了自己伟大的创见"，并由此推论黑格尔是一个诡计多端的神学家[4]。总体而言，尼采的观念无疑是进步的。

此外，尼采对苏格拉底、欧里庇得斯、歌德、康德、叔本华也多有微词，他反抗颓废，反对以理念、理性、科学和逻辑解释世界、阐释人生，他以其独特的生命哲学、艺术生理学、权力意志学说和理念，重估一切价值，表现出强烈的反传统、反权威倾向。

应该说，后现代与尼采的亲缘关系至少体现在三个方面：

其一，重估价值的哲学构想，强烈地反对权威、颠覆传统的思想倾向。尼采的反对和颠覆并非出自破坏目的，更不是一味的捣毁，相反，恰恰是出于扭转和重建。尼采生活的时代正处于资本主义走向垄断的时代，此时，社会矛盾日益尖锐，大批中小资产者被迫破产，人们在物欲横流、金钱万能的现实面前迷失了自我，找不到出路，也曾寄希望于理性和科学，但两者并没有帮助人们摆脱社会和人生的双重危机，尼采将人类信仰的崩塌称为"上帝死了"，将社会危机称为"虚无主义"，鉴于

---

① 周国平：《尼采美学概要》，载尼采《悲剧的诞生：尼采美学文选》，周国平译，作家出版社，2012，第1页。

② 尼采：《悲剧的诞生：尼采美学文选》，周国平译，作家出版社，2012，第28页。

③ 周国平：《尼采美学概要》，载尼采《悲剧的诞生：尼采美学文选》，周国平译，作家出版社，2012，第4页。

④ 《洛维特》：《从黑格尔到尼采》，李秋零译，生活·读书·新知三联书店，2014，第237、242页。

此，遂振聋发聩地发出了向过去的信仰和传统的理念挑战的呼声，其目的在于鼓舞人们调动自身的超越性，成为“超人”，创造一种使生命得以健康发展的精神文化①。

其二，尼采还从理论与实践两个维度达成了审美的现代性，实现了对后现代的审美启蒙。理论方面，他将审美活动推演和贯彻为生命哲学，提倡创作冲动与激情，赞赏正视并超越人生痛苦的希腊悲剧。他认为理想的艺术作品应令读者和观众感受到令人震颤的生命的充盈和欢乐、壮丽和快慰，而理想状态的艺术家则应超越艺术家本体，作为艺术品，获取整个大自然的艺术能力，透过醉的颤栗显现出的极乐满足②，这种天人合一和乐境界在中国哲学中屡见不鲜，但在西方哲学领域并不多见，而这种消弭主客体界限的理念构成了后现代颠覆主体性的思想先导。实践方面，尼采的著作没有严谨的逻辑，不追求体系，不沉湎于概念推演，而是以富含多义性、模糊性和歧义性的、富有诗意而瑰丽多彩的语言③表达他激情四溢而不同凡响的对生活与艺术的思考和见解。

其三，尤其值得一提的是，尼采所倡导的酒神世界观，尽管了然个体的痛苦和毁灭，仍然欢乐且恣意地生存，进而认识万物本是一体的真理，回归世界意志，重建人与人之间、人与自然之间的统一。④“在酒神的魔力之下，不但人与人重新团结了，而且疏远、敌对、被奴役的大自然也重新庆祝她同她的浪子人类和解的节日……此刻，贫困、专断或‘无耻的高尚’在人与人之间树立的僵硬敌对的樊篱土崩瓦解了……”⑤这种亲近自然又超脱生死的观念与道家生命哲学契合，也为存在主义、为建构性后现代思想的形成奠定了重要的理念基础。承认人与天地万物的和谐，几乎可以说是中国人天然的宇宙观和自然观，不要说中国传统的主流哲学和思想（比如儒、释、道）都有这样的共同认识，就连普通百姓也抱有这样的观点，更准确地说，这种天人合一的自然观本就流淌在中国人的血液中，而这种观念伴随着中外文化的交流也势必形成世界性影响。

在西方哲学界，中国哲学特别是道家哲学思想经由传教士译介，其传播与接受较为广泛和深入。《道德经》自 16 世纪传入西方就受到一些知识分子的关注，19 世纪以来，特别是两次世界大战以后，西方世界政治、经济、社会、文化各领域的激

---

① 张秉真、章安琪、杨慧林：《西方文艺理论史》，中国人民大学出版社，1994，第 524－525 页。

② 尼采：《悲剧的诞生：尼采美学文选》，周国平译，作家出版社，2012，第 5 页。

③ 张秉真、章安琪、杨慧林：《西方文艺理论史》，中国人民大学出版社，1994，第 524 页。

④ 周国平：《尼采美学概要》，载尼采《悲剧的诞生：尼采美学文选》，周国平译，作家出版社，2012，第 69 页。

⑤ 尼采：《悲剧的诞生：尼采美学文选》，周国平译，作家出版社，2012，第 5 页。

烈动荡所引发的绝望情绪，使得一些知识分子和有识之士开始纷纷转向东方，寻求济世匡时之道。① 以德国为例，从莱布尼茨到康德，从黑格尔到尼采再到海德格尔，都曾在不同程度上受道家哲学影响。由于精神上的高度契合，道家哲学与禅宗思想自第二次世界大战后迅速引起"垮掉的一代""披头士一代""后现代主义"者的强烈共鸣，20 世纪西方哲学也有了新转向——哲学家们把目光转向东方，希望在东方寻找智慧，以求解决西方思想危机之道。②

海德格尔（Martin Heidegger）这位发出"有伟大之思者，必有伟大之迷误"③的自喻般喟叹、"如星辰悬于世界天穹"④般追问"在之澄明"的思想者，以其深刻而独特的思想指引着欧洲大陆人文哲学的演进，⑤被赞誉为后现代思想的教父⑥。

继黑格尔从理念出发，又以理念为核心的一维哲学观，尼采以"酒神"与"日神"为象征的二维哲学观之后，海德格尔的哲学观由起初的三维至二维再至一维。海德格尔的哲学观三维特征俯拾皆是，以下聊举几例：

其一，将人的存在视为"此在"，并将其基本特点归纳为指向过去的"事实"、指向当下的"沉沦"、指向未来的"存在"（即此在－事实－沉沦），"沉沦"表现为无独立思考而人云亦云的"闲谈"、放弃独立创造精神而追逐时尚的"好奇"、缺乏本真的选择而莫衷一是的"两可"⑦。

其二，将现象学方法规定为面向存在本身的"还原"、此在的解释学"建构"、对传统存在论的批判性"解构"三个基本环节⑧（即还原－建构－解构）。

其三，将存在的原始意义概括为显在的"涌现"（physis）、隐在和分解的"解蔽"（aletheia）、"聚合"（logos）（即涌现－解蔽－聚合），并解释说，原初的存在本身即是显（涌现）－隐（解蔽）分（解蔽）－合（聚合）的运作。

其四，把西方传统哲学文化的根本内涵描述为代表希腊哲学精神的存在论、代表犹太－基督教的神学、代表工业文明的现代科学，并指出对于现代西方的注重现

---

① 陈骏飞、唐玉婷：《老子哲学思想在德国之翻译、介绍与传播》，《江苏科技大学学报（社会科学版）》2014 年第 6 期。

② 同上。

③ 海德格尔、孙周兴：《海德格尔选集》，上海三联书店，1996，第 1159 页。

④ 同上书，第 1154 页。

⑤ 同上书，第 2 页。

⑥ 理查德·沃林文：《海德格尔与后现代》，《南京大学学报（哲学·人文社会科学版）》1999 年第 3 期。

⑦ 王岳川：《当代西方最新文论教程》，复旦大学出版社，2008，第 141－142 页。

⑧ 海德格尔：《现象学的基本问题》，载海德格尔、孙周兴：《海德格尔选集》，上海三联书店，1996，第 3 页。

象之弊，必须以"存在－神－逻辑学"这一形而上学机制展开透视和分析①；纵观海德格尔在20世纪三四十年代的思想历程，可展开为真理－艺术－科学，即先后侧重探讨存在之澄明(真理)、存在之真理的主要显现和发生方式(艺术)，已经敞开了的真理领域的拓宽和构建(科学技术)②。

其五，将"思之事"规定为代表"开路者"的"大道"、代表思想本身的"道路"、代表事情本身的"道说"③。

其六，海德格尔哲学追寻存在意义的踪迹可推演为"家－路－风"④，海德格尔早期认为语言是存在之家，继而洞察语言涌现的大道，而后将在与思的诗化伸展为荡涤一切、无形无体、自由自在、兀自歌唱的风。

就连海德格尔神秘的语言之思的渊源也是三重的，即欧洲"语言人文主义"传统、德国"逻各斯神秘主义"传统、中国道禅传统⑤。

特别值得一提的是，海德格尔对语言的审视和沉思经历了言－思－诗，而又诗－思－言的闭环周期，从而实现了对作为语言、道说、可说的"言"，作为存在、大道、显明呈现的"思"，作为解蔽、揭示、命名、创建、开启的"诗"的螺旋上升式的澄明认知。继而主张"诗"与"思"合一，最后回到"思"，实现了由三维至二维最后回到一维的跃迁，这种返璞归真的回归理路堪可作为对老子"大道至简""返本复初"观念的回应。

面对"时间"与"存在"，海德格尔以极大的热情予以观照，他认为，柏拉图是形而上学的开创者，尼采标志着形而上学的终结；针对工业社会带来的现代科学技术的飞跃性变化，他以知识分子的庄严责任感和使命意识，提出了因应对策：一则向着物的泰然任之，二则对于神秘的虚怀敞开，而这两种态度或能给我们提供一种可能性允诺，令我们获得适应新世界的"根基持存性"⑥。

对海德格尔的文字，除高屋建瓴以外，历来有艰涩难懂的评价。但海德格尔在中国的传播与接受却较为广泛，究其原因，应与海德格尔对中国传统哲学的亲近和吸纳密不可分。如前所述，早在16世纪，中国哲学思想就被传教士译介至海外，引起了各方反响。有资料显示，1942年，中国学者萧师毅将其翻译的意大利版《道德

① 海德格尔：《现象学的基本问题》，载海德格尔、孙周兴：《海德格尔选集》，上海三联书店，1996，第11页。
② 海德格尔、孙周兴：《海德格尔选集》，上海三联书店，1996，第12页。
③ 孙周兴：《说不可说之神秘——海德格尔后期思想研究》，上海三联书店，1994，第5页。
④ 胡经之等编《西方文艺理论名著教程》，北京大学出版社，1986，第223页。
⑤ 孙周兴：《说不可说之神秘——海德格尔后期思想研究》，上海三联书店，1994，第347页。
⑥ 海德格尔、孙周兴：《海德格尔选集》，上海三联书店，1996，第24页。

经》赠予海德格尔，并在海德格尔人生受挫、情绪低迷时，以儒家孟子的“天将降大任于斯人也，必先苦其心志……”一席话劝慰，海德格尔被中国哲学深深打动，决定与萧师毅一同翻译德文版《道德经》。1946 年，两人共同翻译了 8 章后，因事搁浅①。虽未曾译完，留下遗憾，但海德格尔曾表示，通过与老子和孔孟的“接触”，他对东方思想有了更多的理解②，中国哲学对他的思想学说产生了难以磨灭的影响。以下兹举几例：

其一，“Weg”“Ereignis”与“道”。

海德格尔对“道”的思考经历了由实体之“路”（Weg）到理念（Ereignis）之“道”的转变。他的《林中路》《走向语言之途》《乡间小径》《路标》等一系列文章的标题即生动彰显了他对于“道”的钟情与执着③。

海德格尔认为，“道”（Ereignis）是作为本有的存在，它既潜隐，也澄明，潜隐是道本身，当存在与时间植根于道，道则澄明，这种对“道”由潜隐而澄明，再由澄明而潜隐的运作之思与《道德经》第一章中“道可道，非常道……无，名天地之始；有，名万物之母。故常无，欲以观其妙；常有，欲以观其徼，此两者同出而异名，同谓之玄，玄之又玄，众妙之门”④可谓异曲同工。“道”以“无”为本体存在，作用却是万“有”，“道”以“无”生“有”，进而生万物。“道”运化于万物中，万物皆在“无”与“有”的往复转化中遵循和体现“道”。

在《走向语言之途》中，海德格尔进一步指出，“大道（Ereignis）是不显眼的东西中最不显眼的，是质朴的东西中最质朴的，是切近的东西中最切近的，是遥远的东西中最遥远的，我们终身栖留于其中”⑤。对“道”的本源性和辩证性的认识堪可看作《道德经》第二十五章“有物混成，先天地生……大曰逝，逝曰远，远曰反”⑥的海德格尔式认知。作为宇宙本源、万物母体的“道”遥远而切近，质朴而无闻，它无音无形，化育万物。

此外，海德格尔对“道”名的认识也直接呼应了老子。海德格尔的“对于这个在道说中运作的大道，我们只能这样来命名：它 – 大道 – 成其本身”⑦与老子所言

---

① O. 波格勒、张祥龙：《再论海德格尔与老子》，《世界哲学》2004 年第 2 期。

② 萧师毅、池耀兴：《海德格尔与我们〈道德经〉的翻译》，《世界哲学》2004 年第 2 期。

③ 张天昱：《从“思”之大道到“无”之境界》，载陈鼓应编《道家文化研究》，上海古籍出版社，1994，第 398 页。

④ 陈鼓应注译：《老子今注今译（修订版）》，商务印书馆，2003，第 73 页。

⑤ 海德格尔、孙周兴：《海德格尔选集》，上海三联书店，1996，第 1139 页。

⑥ 陈鼓应注译：《老子今注今译（修订版）》，商务印书馆，2003，第 169 页。

⑦ 海德格尔、孙周兴：《海德格尔选集》，上海三联书店，1996，第 1139 页。

“吾不知其名，强字之曰‘道’”①如出一辙。二者对“道”之声的描摹也完全一致。海德格尔认为“沉默应合于那具有——显示着道说的无声的寂静之音”②与老子的“道”“寂兮”③完全吻合。在《走向语言之途》德文版中，海德格尔鉴于《道德经》中的“道”不仅是至极、无以加乎其上者，而且永恒不变，周行不息，无所不在，据此概括“老子诗意之思的关键词汇是‘道’”。④

更为重要的是，海德格尔从老子永恒玄远而神秘的“道”中领略了古老东方的诗意之思，发现了一种告别以传统形而上学为特征的西方哲学、拯救工业和信息社会危机、走向澄明无蔽的自由之境的理念与方法。他呼吁展开与东亚世界的对话，以发现全新的思维路向，并热情洋溢地发出吁请：“在此宣布的，是西方整个命运尚未被说出的消息，只有从此出发，西方才能走向前去，而对即将到来的抉择——或许在一种完全不同的状态下变成一块日升之地，变成另一个东方”⑤。

其二，“无”对“有”的化身。

论及“有”与“无”的关系，黑格尔说“纯有与纯无是同一的东西”⑥，而海德格尔则认为“‘有’在本质上是有限的，只在嵌入‘无’中的存在之超越境界中显示自身”，认为“存在者解脱自身而入‘无’境”，将“无”视为“哲学对本己生存的独特跃迁”⑦。足见，海德格尔对“无”以及“无”“有”关系的理解比黑格尔更胜一筹，更趋近老子的“无”“有”观。

老子认为“无”并不是乌有，相反，其中隐藏着无限的潜藏力，“无”和“有”都指称“道”，二者看似对立，实则连续，“无”孕育着隐而未显的生机，蕴含无限的“有”，由“无”而“有”的变化乃是形上的“道”向下落实而产生万物的过程⑧。

若问海德格尔何以达成如老子般玄远奥妙之境，已有学者给出归因：“海德格尔不像莱布尼茨或狄德罗那样，虽热衷中国文化，却始终未能窥其堂奥；也不像黑格尔，虽承认中国古代思想的价值，却又将其贬为初级阶段；更不像康德那样，对东方智慧几乎一无所知。海德格尔的思维路向，特别是后期思想已摆脱了自柏拉图以来西方哲学家长期固守的形而上学原则，以及由此衍生出来的思维偏见，严肃而

---

① 陈鼓应注译：《老子今注今译（修订版）》，商务印书馆，2003，第169页。
② 海德格尔、孙周兴：《海德格尔选集》，上海三联书店，1996，第1143页。
③ 陈鼓应注译：《老子今注今译（修订版）》，商务印书馆，2003，第169页。
④ 张天昱：《从“思”之大道到“无”之境界》，载陈鼓应编《道家文化研究》，上海古籍出版社，1994，第398页。
⑤ 同上书，第402页。
⑥ 黑格尔：《逻辑学（上卷）》，杨一之译，商务印书馆，1996，第70页。
⑦ 海德格尔、孙周兴：《海德格尔选集》，上海三联书店，1996，第150－151页。
⑧ 陈鼓应：《老子哲学系统的形成和开展》，载《老子今注今译（修订版）》，商务印书馆，2003，第27页。

由衷地向东方提出了进行真正对话的邀请……从而成为现代西方大思想家当中第一位跨入东西方对话领域的先驱。”①

其三，“四大”与“四方”。

海德格尔在《筑·居·思》(1951)中所说的“天、地、神、人‘四方’归于一体”②，大有《道德经》第二十五章“道大，天大，地大，人亦大。域中有四大，而人居其一焉”之思。不同的是，海德格尔侧重思考“人”作为“终有一死者”如何趋利避害，实现栖居，更多体现了存在之悲感。比较之下，老子多了一分气定神闲、泰然自若的从容，甚而有一种万物和谐、人处其中的怡然自乐。前者更多体现存在之悲，后者更多体现自在澄明。差别的产生当数得其形，而终不得其神髓所致。

其四，“名”“实”与“表象”“意像”。

海德格尔在《存在与时间》中谈及“传统的真理概念及其存在论基础”时，以“墙上的像挂歪了”为命题，讨论了“表象”与“意像”的关系，指出“如果表象在这里意味着表象活动这样一种心理过程的话，它也不是在‘所表象的东西’的意义上同表象活动发生关系，假如所表象的东西意指墙上的实在之物的‘意像’的话。‘仅仅表象着’道出命题按照最本己的意义倒不如说是同墙上的实在的像发生关系……道出命题就是向着存在着的物本身的一种存在”③。隐约表达了“表象”与“意像”并不是纯然的对等关系，与之相类，“表象”与“真在”(真理)也并非同一关系。这段探论不由得让人联想起索绪尔关于“所指”与“能指”的划界和命名。然而在比索绪尔更早的中国战国之际，就已然有过此类探讨。

如《尹文子·大道》有：“有形者必有名，有名者未必有形。形而不名，未必失其方圆白黑之实。名而不可不寻名以检其差。故亦有名以检形，形以定名，名以定事，事以检名。察其所以然，则形名之与事物，无所隐其理矣。”④意为“形”与“名”并不是天然对应的，为“形”命“名”的道理很复杂，只有弄明白了“形”与“名”的关系，才能正确把握其中道理。

又如《荀子·正名》篇有：“名无固宜，约之以命，约定俗成谓之宜，异于约则谓之不宜。名无固实，约之以命实，约定俗成谓之实名。名有固善，径易而不拂，谓之善名。物有同状而异所者，有异状而同所者，可别也。状同而为异所者，虽可合，谓

① 张天昱：《从“思”之大道到“无”之境界》，载陈鼓应编《道家文化研究》，上海古籍出版社，1994，第396－397页。

② 海德格尔、孙周兴：《海德格尔选集》，上海三联书店，1996，第1192页。

③ 海德格尔：《存在与时间（中文修订第二版）》，陈嘉映，王庆节译，上海三联书店，2014，第250页。

④ 上海师范大学、厉时熙注：《尹文子简注》，上海人民出版社，1977，第4页。

之二实。状变而实无别而为异者,谓之化;有化而无别,谓之一实。此事之所以稽实定数也,此制名之枢要也。”①本篇中,荀子细数了命名的规则后,指出“名”与“实”并非存在天然对应关系,二者的关系是建立在约定俗成基础上的水到渠成。指出充分考察事物的本质及事物之间的关联,是正确命名的关键。

此外,海德格尔在著述中至少五处直接引用了中国传统哲学经典:

其一是1943年发表的《诗人的独特性》,全文引用了《道德经》第十一章,以论证荷尔德林与老子思想的关联性,并承认他自己的《存在与时间》(*Sein Und Zeit*)中提出的“存在”与“存在者”的区别同《道德经》第十一章直接相关。认为老子所述“故有之以为利”揭示了“存在者”给出可用性,而“无之以为用”则表明非存在者提供了存在本身。

其二是1957年发表的《同一的原理》,指出中国哲学的“道”与“逻各斯”及海德格尔后期的核心思想“Ereignis”都是素朴的本源性概念。

其三是发表于1957/1958年的《语言的本性》,将老子的“道”解比作西方的“理性”“精神”“意义”更本源地隐藏着“思想着的道说”和“全部秘密”的“道路”。

其四是1958年发表的《思想的基本原则》,引用了《道德经》第二十八章“知其白,守其黑”,借以批评现代技术忽视“黑”而片面地追求“白”。

其五是发表于1960年的《流传的语言与技术的语言》引用《庄子·逍遥游》结尾“有用”与“无用”之辩,以此批判现代技术与消费社会。②

海德格尔是一位继往开来的思想家,他思维敏捷,笔耕不辍,不仅总结了自古希腊至德国近代哲学的思想成果,而且融合了东方思想智慧,更以其诗意的语言和超群的才情在理念与方法两方面给后现代思想提供了启发与借鉴,他所开创的存在主义思想方法成为后现代思想的理论进路与思想根基。择其要列举如下:

第一,借鉴东方思想,以中国古典哲学倡导的“简朴”反拨现代技术架构化。主张以源发式的返璞归真综合西方以往单向度、概念化的理性思维,号召摆脱西方中心理路,借助东西方对话,建构双向互补相生的自然理性思维③,启发了建构性后现代构建人与自然和谐、东方与西方互动沟通的生态文明理念,为间性理论提供了理论参照,为哈贝马斯以主休间哲学取代主休哲学的交往行为理论奠定了思想

---

① 马亚中,钱锡生,严明:《诸子曰》,福建教育出版社,2014,第16页。

② 张祥龙:《海德格尔论老子与荷尔德林的思想独特性——对一份新发表文献的分析》,《中国社会科学》2005年第2期。

③ 同上。

基础。

第二,重新审视艺术创作中的主、客体关系。海德格尔关于艺术家与作品相辅相成,彼此不可或缺,作品因被接受者所保存和看护而获得意义等观点,实现了对艺术家、作品、接受者三者关系的重构。启发了后现代主义对主体的颠覆,为以巴尔特、福柯、拉康、利奥塔、索勒斯、德里达为代表的后结构主义提供了立场与方法,开阔了视野和思路。

第三,继黑格尔宣布艺术终结后宣布伴随着现代科学技术的兴起,由柏拉图开创的形而上学哲学至尼采处以颠倒的形而上学形式已经走向终结。而后现代主义者基于此提出了历史的终结。①

后现代思想与海德格尔的批判精神有着内在的契合,面对日益加剧的工业化、科技化和消费化,后现代主义者展开了更为激烈的批判,批判人类中心主义、批判科学主义、批判消费社会。海德格尔的批判精神至少从三个方面给后现代主义提供启发:对形而上学哲学的批判成为后现代思想的核心部分。不仅被以意大利凡蒂莫为代表的学者所继承②,而且启发了以法国利奥塔为代表的思想家对准形而上学的“元叙事”的批判,以德里达为代表的思想家对“逻各斯中心主义”的质疑和解构,以福柯为代表的思想家对权利与知识的批判;对现代社会工业文明的有力批判则打开了后结构主义问题域,成为以福柯、德里达、利奥塔等为代表的后结构主义者的开路先锋和思想资源③;对科技理性的批判不仅得到了美国后实用主义者罗蒂的呼应,而且启迪了詹明信对后现代主义的反思。④

第四,对于“此在”“存在与时间”“语言与存在”等问题的解析为后现代主义对传统人文主义和理性主义展开批判打开了思路。⑤ 在海德格尔看来,凡从时间出发与存在建立关联,无论是规定存在的源始意义,还是规定存在的诸性质与诸样式的源始意义,都应称为时间状态上的规定。⑥ 并指出,只有通过一步步解构存在论传统,无处不在的存在问题才会真正具体而微地得以解决。⑦ 海德格尔认为他的阐释工作的意图指向纯粹的存在论,同以往的批评旨趣大相径庭。⑧

---

① 海德格尔、孙周兴:《海德格尔选集》,上海三联书店,1996,第1243-1246页。

② 朱立元主编《后现代主义文学理论思潮论稿(上)》,上海人民出版社,2015,第41页。

③ 同上。

④ 同上。

⑤ 高宣扬:《当代社会理论》,中国人民大学出版社,2005,第54页。

⑥ 海德格尔:《存在与时间(中文修订第二版)》,陈嘉映等译,上海三联书店,2014,第22页。

⑦ 同上书,第31页。

⑧ 同上书,第195页。

海德格尔把理解作为此在方式把握，通过对此在的时间性分析，提出理解活动不是主体的行为方式，而是此在本身的存在方式，是在此在的前结构向未来筹划的存在方式，从而诠释学实现了从方法论和认识论到本体论的转变。

海德格尔的学生、德国哲学家伽达默尔（Hans-Georg Gadamer）秉承这种本体论转向，认为此在的根本运动性构成了它的有限性和历史性，把诠释学进一步发展为哲学诠释学，意欲通过研究和分析一切理解现象的基本条件发现人类与世界的根本关系。① 其代表作《真理与方法》（*Wahrheit und Methode*）的问世推进了西方人文社会科学的诠释学转向。

在伽达默尔看来，所谓方法其实是自然科学方法，尤其是由培根和笛卡儿分别开创的归纳法和演绎法，以及人文科学从自然科学借用的方法。而方法在科技高度发展的今天极易导致控制意识。这种科学控制意识由控制自然转至控制人类，造成人异化为物，而真理也不再揭示存在与人的生活意义，却转变为与人相异的，需要人类凭借方法获得的东西。其代表性著作《真理与方法》将真理与方法分开，原因在于他认为真理困惑着掌握方法的人，而方法不仅无法保证人类获得真理，而且使真理异化并将之放逐，伽达默尔的目的正是让真理重返家园。他认为真正通向真理的是一条经由“人文主义传统”——艺术、历史和语言——的非方法大道。②

作为当代德国乃至世界哲学领域的代表性人物，伽达默尔一生著作等身，思想丰沛，其思想成就概而言之表现在以下六个方面：

其一，艺术作品是以游戏方式存在的。③

游戏的主体既非参与游戏活动者，也非观赏游戏的观众，而是游戏本身，游戏者会以一种足够独特的方式感受游戏的这种优先性。游戏作为真理之发生和真理之参与，是艺术作品的存在方式。④ 艺术作品就其本质而言，是一种依赖于自我表现的游戏。伽达默尔以“游戏”作为中心概念，不仅建立了新型的哲学本体论诠释学体系，还创造了后现代美学理论的基础。⑤

其二，效果历史原则。

真正的历史对象是自己和他者的统一体，它包括历史的实在以及历史理解的

① 伽达默尔：《真理与方法（上卷）》，洪汉鼎译，上海译文出版社，1999，第 2 - 3 页。

② 伽达默尔、严平选编《伽达默尔集》，邓安庆等译，上海远东出版社，2003，第 3 页。

③ 伽达默尔：《真理与方法》，洪汉鼎译，上海译文出版社，1999，第 130 页。

④ 伽达默尔、严平选编《伽达默尔集》，邓安庆等译，上海远东出版社，2003，第 5 页。

⑤ 高宣扬：《当代社会理论》，中国人民大学出版社，2005，第 390 页。

实在。[①] 它反对历史客观主义原则，认为所有对历史的认识和理解都无法摆脱主观性，也无法摆脱视觉限制性。理解历史的有效方法是回归历史场域，发掘真正的质性。这种生成性的历史观为新历史主义历史观的形成提供了理论视野。

其三，视阈融合理念。

理解不是重建，而是调解。[②] 阐释对象和阐释者都是局限的，为避免诠释活动的局限，以统贯融合的视角，尽可能客观地对阐释对象做出正确评价。伽达默尔认为，既没有自为的历史视阈，也没有自为的现在视阈。同样，既没有自为存在的主体，也没有自为存在的客体。真正的理解过程既是历时的，也是共时的，是来自由历史、现在与未来，阐释对象与阐释者，自我与他者所构成的无限统一的整体[③]的共在性、生成性认知过程。

其四，倡导对话。

伽达默尔认为，在阐释者和阐释对象之间进行的解释学谈话如所有真正的对话一样，包含着平等积极的相互作用。与施莱尔赫和狄尔泰更多把目光集中在作者身上的重建解释学不同，伽达默尔把注意力集中在文本本身。他认为，一切文字的文本都具有一种确定的“意义理想”，[④]阐释者只有完全向阐释对象敞开，才能确保阐释学对话真正开始。无论是个体意义上的自我和他者，还是阐释者与文本他性，乃至异质文化之间的接触，都需要展开完全开放性的对话，以达成真正的理解。阐释者应摒除偏见，避免主观，完全被阐释对象的主题所推动，唯其如此，阐释者与阐释对象才能超越自己的视阈和局限达成充满生机、活力和创造力的有生命的阐释。

伽达默尔后期从理论哲学转向实践哲学，再转向人类生存与价值等伦理学问题，并进一步指出，真正的对话是伦理学意义上的实践，在实践中人类结为共同体，团结起来展开对话，不仅能够促使认识和真理的产生，而且有利于达成善和幸福。[⑤] 这些观点无疑是进步的，极大地推进了西方哲学的发展，影响了包括哈贝马斯在内的许多思想家，为建构性后现代主义提供了重要的思想资源。

其五，以语言为主线的诠释学本体论转向。

---

① 伽达默尔:《真理与方法(上卷)》,洪汉鼎译,上海译文出版社,1999,第383-384页。

② 伽达默尔:《哲学解释学》,夏镇平,宋建平译,上海译文出版社,2004,第6页。

③ 伽达默尔:《真理与方法(上卷)》,洪汉鼎译,上海译文出版社,1999,第8页。

④ 伽达默尔:《哲学解释学》,夏镇平,宋建平译,上海译文出版社,2004,第11页。

⑤ 伽达默尔,严平选编《伽达默尔集》,邓安庆等译,上海远东出版社,2003,第13-15页。

伽达默尔认为语言观即世界观，[1]理解的前提是事物得以通过语言表达自身，即对事物的理解有赖于语言。伽达默尔认为，语言是原型的摹本，语言与世界的关系恰是摹本与原型的关系，正如原型在摹本中得以表现和存在一样，世界在语言中得以表现和存在。我们只有通过语言才能理解存在，世界只有进入语言，才能成为我们的世界。不同于其他存在状态的相对性，语言性的世界经验是绝对的，它先于一切存在。[2] 正如真正意义上的对话应建立在对话双方清空自我的偏见与前见，进入完全自由的状态，而此时，上一个语词牵动下一个语词，纯然出于自觉和自发，并非受对话双方的主观控制，在此情形下所进行的对话，与其说对话者展开对话，不如说二者卷入对话，“被”对话，在这种理想状态下，语言便显露和涌现出最为自然的世界。所谓理解并非将自己置身于他人思想中设身处地体会他人的体验，而是在语言上取得相互一致。一切理解都是解释，一切解释都通过语言进行。语言是理解得以进行的普遍媒介，而理解的进行有赖于解释。[3]

其六，批判意识。

伽达默尔对传统的批判主要表现在两方面：

首先，对自柏拉图、亚里士多德以来的符合论真理观的扬弃和批判。伽达默尔一反以主客体分离为特征的传统符合论真理观，[4]提出主客体是先在同一的，而主客体分离的符合论真理观所派生的主体对客体的征服与胜利，必定造成真理被放逐在途中无法回乡这一结果。伽达默尔以浓厚的怀乡意识向被异化和放逐的真理发出重返家园的吁请。而他本人也热切渴盼回到他的家园，他的真理所在——拥有友善、幸福、友谊和智慧的古希腊[5]。

其次，表现在对科学主义的批判。伽达默尔认为，科学意识和科学主义已经以不可阻挡之势铺天盖地全面渗透进人类社会生活，在科技高度发达的社会，人类很容易迷失自我，失去真理，而且凭借自然科学方法根本无法找寻和发现前科学的、本原性的真理。何以拯救？唯有抛弃科学方法，重拾前苏格拉底式的思维模式，以艺术、历史和语言为武器，以敞开之自我展开人与人、人与自然、人与世界的对话，达到消除局限和偏见的视域融合，实现返璞归真之和乐境界。

在西方思想史上，伽达默尔以其卓有创见的思想和卓有建树的著述堪称继往

---

① 伽达默尔：《真理与方法（上卷）》，洪汉鼎译，上海译文出版社，1999，第565页。

② 同上书，第10－11页。

③ 同上书，第489－496页。

④ 严平：《走向解释学的真理：伽达默尔哲学述评》，东方出版社，1998，第7页。

⑤ 同上。

开来的一代。他不仅回溯了自苏格拉底以来的西方重要哲学成就，而且对第二次世界大战以来西方社会的思想倾向进行了总结分析，指出20世纪主要的哲学倾向是对近代以降建立在自我意识反思基础上的主观主义的猛烈抨击和彻底颠覆。① 他的思想对后世思想产生了至关重要的影响。他的艺术观开启了姚斯等接受美学的理论思路，视域融合理念和实践哲学观为交往理论、生态理论、对话理论提供了重要的思路和参考，他的《真理与方法》堪称后现代文学评论和美学理论一系列重要概念的出发点。②

自启蒙运动以来，理性被思想家奉若神明，遂成为思想文化领域至高无上的权威，而两次世界大战所带来的毁灭性打击和无尽伤痛，极大地动摇了启蒙和理性的权威性与合法性。1944年，法兰克福学派创始人霍克海默（Max Horkheimer）和阿多尔诺（Theodor W. Adorno）以《启蒙辩证法》（*Dialektik der Aufklärung*）首开先河，拉开了省察、批判启蒙和理性的序幕。二人认为，最初宣称以征服自然和张扬理性为己任的启蒙精神伴随着社会的工业化逐渐走向了摧毁自身的边缘，沦为欺骗群众的工具和极权主义的权杖，导致人的物化和异化。危机产生的根源恰在于，人类的目标不应是征服和统治自然，而应是与自然和解、共处。此后，马尔库塞（Herbert Marcuse）以激进的左翼观点，福柯（Michel Foucault）和德里达（Jacques Derrida）以保守的右翼观点，哈贝马斯（Jürgen Habermas）以折衷观点，对启蒙展开了进一步的清理和批判。③ 哈贝马斯批判性地继承了法兰克福派观点，以批判理性作为基本原则，试图校正对现代性发展的各种片面性评价，采取折衷的态度、调和的立场，摒弃保守主义和激进主义观点，他认为，历史哲学所持存的历史发展必然产生进步的乐观主义观点不尽客观，马尔库塞的科技发展伴随人性沦落的技术悲观主义观点有失偏颇。④ 公认哈贝马斯是法兰克福学派第二代的主要代表，但他并不简单因袭法兰克福学派观点，而是批判地继承和发展西方解释学、实用主义、精神分析学等各家学派理论成就，形成独特的理论风格，创建“交往理论”体系。

哈贝马斯在对现代性哲学话语展开系谱学分析的基础上，指出自黑格尔至尼采、海德格尔、德里达、巴泰莱、福柯，对理性与现代性的态度经历了由辩证否定到彻底颠覆的过程。⑤

---

① 伽达默尔：《哲学解释学》，夏镇平，宋建平译，上海译文出版社，2004，第35页。
② 高宣扬：《当代社会理论》，中国人民大学出版社，2005，第389页。
③ 王岳川、尚水主编《后现代主义文化与美学》，北京大学出版社，1992，第13页。
④ 同上。
⑤ 艾四林：《哈贝马斯》，湖南教育出版社，1999，第221页。

20世纪,西方社会生活的急剧变化,尤其是两次世界大战的相继爆发,使启蒙思想家承诺的自由、平等、博爱的理性王国沦为海市蜃楼,以科技理性为先导的工具理性演变为对人类的控制,天赋人权和自由理想被取消和瓦解,工具夺取了统治权,人类主体性丧失,被异化和物化,以致后现代主义者对启蒙、理性、现代性产生怀疑,对其失去信心,进而大肆鼓吹非理性。哈贝马斯与后现代主义者都承认现代西方社会的危机,承认理性的失落,二者争论的焦点在于面对这一切的态度。不同于后现代主义者对启蒙、理性和现代性的怀疑与否定,哈贝马斯认为,解决问题的方法恰在问题本身,重建和修复理性,通过对话和交往获得共识,构建新理性,重建现代性。哈贝马斯认为后现代主义是现代主义的逆流,它以中产阶级的庸俗趣味明目张胆地反对现代主义传统,他对后现代的态度无疑是保守主义的。

哈贝马斯与利奥塔对"后现代"问题的争论,注解了法国式"解中心"和德国式"整体性"哲学向度的对立。①

利奥塔以"后现代"命名最发达社会中的知识状态。他认为,"后现代社会"也被称作"奇观社会""传媒社会""消费社会""后工业社会",是19世纪末即开始出现的崭新的社会经济时代和能指系统,它多元而包容,悖谬而矛盾,众声喧哗的语言游戏竞赛诞生其中,层出不穷。"后现代"则是因应而生地影响科学、文学和艺术的游戏规则的文化处境。他指出,"后现代"是现代的一个组成部分,是在现代范围内以表象的形式使不可表现之物表现出来,它本身排斥优美形式的愉悦,排斥趣味的同一,因为那种同一有可能集体分享对难以企及的往事的缅怀,它往往寻求新表现,其目的并非享有它们,倒是为了传达一种强烈的不可表现之感。② 利奥塔总体目标是以"叙事危机"为中心,对叙事知识与科技知识加以区别,认为二者虽具有不同的内在规则与合法性,但究其本质,科学话语脱胎于叙事文化,二者本应各自独立又相辅相成地共同构成人类文化的二元图景,然而科学却以其强劲的"知识意志",以"独步天下"的内在冲动侵吞、否定并摧毁叙事知识的历史根基,导致单一话语难以支撑庞大的文化体系,最终造成普遍知识的合法性危机。利奥塔不满哈贝马斯对后现代的否定和质疑,抨击哈贝马斯的"整体论""交往理论"和"共识真理观",批判哈贝马斯给出的以交往理论达到普遍共识以解决合法化危机的论断,认为在整体性的威压之下,强求沟通共识,势必造成新的霸权。利奥塔认为,解决问题的途径,首先是"解合法化",进而重新确立尊重各种话语差异的新的合法

① 王岳川、尚水主编《后现代主义文化与美学》,北京大学出版社,1992,第17页。

② 同上书,第52页。

化，按照不同的游戏制定出相应的规则，在各种话语游戏之间保持平等共存，不可互相侵吞。游戏规则必须打破中心论和一致性，要以解中心、反权威、多元式、异质性确立后现代合法方式。

利奥塔认为，伴随着后工业社会的来临，科学技术取得了跨越式发展，计算机和互联网得以普遍使用，这一切促进了社会进步的同时，也直接导致了畸变、悖谬和新的可能性持续发生。而伴随当代权利话语的形成，知识和教育发生了本质变化，科学技术遭遇合法化危机，元叙事的价值引起怀疑，利奥塔认为解决危机的有效方案是以异质标准建构多元理论话语体系，接纳悖谬，开发歧见，努力争取人文叙事话语的生存空间。

利奥塔眼中的"后现代"就性质而言，它是现代的组成部分，要想成为现代作品，首先必须具有后现代性。后现代主义不是现代主义的末期，而是其初始状态；就表现方式而言，它涵容于现代之中，现代性疏离现实，意欲表现"可呈现"与"可想象"的崇高关系，允许以空白方式呈现"不可呈现"的内容，但在形式上具有清晰可辨的一致性，①而后现代更进一步，以再现"不可言说"为鹄的，打破形式规范，颠覆同一性，突破先在限制，着眼和作用于未来。因此，要理解后现代，唯有以"未来的先在"②这一悖论性尺度为工具，方可展开和推进。利奥塔认为后现代以去中心、消解"元话语"与"元叙事"，蔑视限制，反对同一性、坚持多元论、冲破旧范式、不断创新为表征，并发出"向统一的整体开战，见证不可言说，创造歧见和差异"③的吁请，利奥塔对后现代的态度积极而热情，他认为，后现代主义与现代主义的关系属于一种批判继承、理性超越的复杂向度，它保留了现代主义对社会物化现象的批判，否定了现代主义对精神世界的简单化判定，它并不是非理性的，而属于更高层次的理性，既还原，也批判，既游戏，也追问，虽告别整一，但又在某种意义上呈现出神秘的系统性。它的理性更多体现为诸如预感、质询、体验、假定等前理性。它矛盾而悖谬，既不完善，也不纯粹，但却如实表达了这个多样而丰富的当代社会。

北京大学王岳川教授就此给出了现代美学与后现代美学的区别，即现代美学注重表现人对再现能力的无力感，以及伴此而生的以人性自由解放为主题感受生命存在状况而引发的怀旧情绪。因此，现代美学属于崇高美学，它对不可表现之物以无内容的形式加以表现。而后现代在现代中，以表现自身的形式使不可表现之

① 让-弗朗索瓦·利奥塔:《后现代状况——关于知识的报告》，岛子译，湖南美术出版社，1996，第208页。

② 同上书，第193页。

③ 同上书，第211页。

物得以表现。后现代不再追求形式的优美愉悦，不再凭借趣味的共识，不再追求达成对永难企及之物的缅怀。①

哈贝马斯与利奥塔关于后现代的论争进入胶着状态时，詹明信以左派激进立场，从西方马克思主义角度，着眼于整体叙事，展开了对后现代社会、文化、美学、文艺发展轨迹的综合研究。詹明信提出文化逻辑与社会形态密切相关，并按历史进程指出二者对应关系：市场资本主义（国家资本主义）时代对应现实主义，垄断资本主义（帝国主义）时代对应现代主义，多国化（晚期）资本主义对应后现代主义。②他认为，后现代是一个力场，③它以现代主义为模仿对象，突出表现为现代主义原型政治使命感消解，削平深度并专注于探讨浅表意义。④ 后一代是一种文化逻辑，它表现为三方面：以文化大众化、文化商品化、文化消费化为征候的空前的文化扩张和跨界融合；以人类被语言所把握为表征的主体性沦落和历史意识消失；以语言游戏为征象的深度模式削平。詹明信从共时性基点出发，臧否后现代社会全球文化的趋同性，明觉世界文化图景中不同文化系统的冲突和对抗，倡导掌握文化输出主导权的第一世界文化与充满理想精神和本真旨趣、具有鲜活生命活力的第三世界文化展开对话，汲取智慧与营养，寻求救治西方文化病症、走出文化困境的良方。詹明信预言，“后现代”并非终极归宿，新近到来的“新历史主义”呈现告别解构，重获历史意识的趋势，世界文化终将走出“平面”，复归“深度”。

西方社会，由英国哲学家弗朗西斯·培根（Francis Bacon）所倡导的“科学”和由法国哲学家勒内·笛卡儿（René Descartes）倡导的“理性”至启蒙时期由美国思想家本杰明·富兰克林（Benjamin Franklin）综合化合，成为考察人类处境、探究宇宙真理奥秘的核心方法，并共同构成影响深远的“现代性”的基本内涵。几个世纪以来，现代性的核心信条——现实可以被认识和研究；人类拥有理性思考的本质属性——成为许多思想家、哲学家和文学家构建世界观的核心理念。在文学研究领域，文学家和批评家尤其相信文本作为一种客观存在，可以被研究和分析，文本的意义可以被发现和阐明。⑤ 但这一理念很快受到结构主义、后结构主义、后现代理

① 王岳川、尚水主编《后现代主义文化与美学》，北京大学出版社，1992，第24页。

② 同上书，第25页。

③ 弗里德利希·杰姆逊：《后现代主义或晚期资本主义的文化逻辑》，载王岳川、尚水主编《后现代主义文化与美学》，北京大学出版社，1992，第78页。

④ 同上书，第102－103页。

⑤ 查尔斯·E·布莱斯勒：《文学批评：理论与实践导论（第五版）》，赵勇、李莎、常培杰等译，中国人民大学出版社，2015，第109页。

论的挑战。尽管在文化领域,对“后现代”的讨论最早发轫于北美,但真正提出新的后现代纪元这一观点的却是以让·博德里拉(Jean Baudrillard)和利奥塔为代表的法国思想家。① 法国素有理性主义传统,这一传统由笛卡儿开创,并在启蒙运动中进一步发展。悖谬的是,法国的非理性主义思潮和反启蒙运动也由来已久,由新法国理论反叛笛卡儿理性思潮起步,至启蒙运动中以理性的社会变革攻击理论理性,到以社会科学攻击哲学理性主义的孔德和涂尔干,再到试图让哲学走下神坛而为人类存在的具体需要服务的萨特和梅洛－庞蒂,反理性主义历程清晰可辨。反启蒙传统则起源于德·萨德爵士、巴塔耶、阿尔托等对理性的批判,发端于波德莱尔、兰波等“花花公子”哲学和波希米亚传统,并直接催生了法国后现代理论的唯美、戏谑、颠覆性的精神气质。② 反理性主义、反启蒙思想传统以及对尼采、海德格尔思想的接受,对黑格尔、现象学和存在主义的背离共同促成了法国思想理论界向后现代理论的转向。

第二次世界大战后的法国,伴随着迅猛的现代化进程而来的是农业文明向后工业文明的迅速转变所带来的巨变感,加之1968年骚乱事件引发剧烈动荡导致的断裂感,由此引发的一系列经济、文化、社会各领域的戏剧性变化,唤起人们创造崭新理论以描述和阐释与之相应的社会变迁和文化现象的热情,结构主义(stucturalism)应运而生。一般认为,结构主义理论的理念和方法主要源自法裔瑞士语言学家费尔迪南·德·索绪尔(Ferdinand De Saussure)的语言学及符号学理论。索绪尔的突破性贡献有三:其一,在以往历时性研究的基础上,引入共时性(synchronic)方法聚焦特定时刻特定语言的整体状态,关注语言的本质、构成及组成部分,认为语言是依据可验证的规则运作的系统;其二,提出词语是由能指与所指组成的符号,符号是任意的,能指与所指的关系是约定俗成的;其三,语言的意义是关系性的,且与差异有关。要了解语言及其运作方式,必须研究语言结构(即系统),而非言语(即单个表达)。继此,结构主义者在系统的各种成分关系中发现意义,强调借助文本语言结构(即文本关联系统),而非言语(单独的文本)进行文学研究。

1955年,法国人类学家克劳德·列维－斯特劳斯(Claude Levi-Strauss)在《神话结构研究》(The Structural Study of Myths)一文中指出,神话与语言一样拥有使言语得以运作且具有意义的语言结构,二者都是人类归纳和组织世界的方式。

① 道格拉斯·凯尔纳、斯蒂文·贝斯特:《后现代理论:批判性的质疑》,张志斌译,中央编译出版社,2011,第17页。

② 同上书,第18页。

1965年，被赞誉为结构主义符号学大师的法国思想家罗兰·巴特（Roland Barthes）在《符号学原理》（*Elements of Semiology*）中从符号学角度出发，提出“符号学原理”图示，清除历时性因素，将研究对象作为共时性整体，展开结构性和语义层面的分析。① 巴特的主要贡献包括：第一，与福柯、拉康、德里达共同掀起了解构主义文化思潮；第二，实现了人文科学和文艺研究的转向，即由研究对象的内容、历史、意识、阶级等领域转向能指、所指、意义、结构等纯客观表达层面，侧重主客体间的结构性符号研究；第三，提出叙事作品往往超越民族和国家，表现出普遍性特征，分析作品的关键在于把握其意义层；第四，体会东方艺术的纯净、空灵与玄妙，通过比较西方艺术“绝对中心论”与东方艺术“中空中心论”的本质差异，体悟语言的终极意义在于“未言说”；第五，其著作《S/Z》实现了从结构主义向后结构主义的转型，打破结构主义所建立的封闭、自足、固定的意义结构，使之失去了整体依托性而成为“星状分散的文本”；第六，将文本分为“可读文本”与“可写文本”，认为“可写文本”高于“可读文本”，“可写文本”标志着文学由作者向读者中心转移；第七，提出新的文学研究对象由“作品”转向“文本”，文学研究进入多学科互动的崭新语境；第八，超越文学文本的体裁分类，认为文本可在多体裁边缘交互；第九，与福柯、德里达一道提出“作者已死”；第十，打破了写作和批评的神话，提出“零度写作”观点，认为写作意味着主体的失落，其意义是虚无的，批评试图证明符号系统从虚无中创造意义，是虽真切但虚谬的亚语言。

法国哲学家雅克·德里达（Jacques Derrida）对结构主义的“结构”论加以解构。结构主义认为，文本的意义先于结构，解读意义就是对先验设定的真理的模仿。德里达以“意义链”取代“结构”，消解共时和历时的区分，以解除“在场”为其理论的思维起点，以符号同一性的消解、能指与所指的破裂、结构中心性沦落为“差异性”的意义链，②展开其解构理论的逻辑推演。德里达的贡献包括：第一，以反权威、反传统、反理性等为特征的理论倾向在美国和欧洲学术界掀起一场解构的狂潮，其影响延续至今，并成为后现代主义的精神标志；③第二，动摇了言语对书写的优先地位，使二者摆脱中心与从属关系，形成互相依存的平等互补关系，并以此出发，解构整个形而上学体系，消解中心，消弭对立；第三，提出“延异”“播撒”“踪迹”“替补”等解构策略，以不确定性和边缘互文性取代意义的确定性与中心指涉性；第四，认

---

① 王岳川：《当代西方最新文论教程》，复旦大学出版社，2008，第236－245页。

② 同上书，第246－247页。

③ 刘象愚、杨恒达、曾艳兵主编《从现代主义到后现代主义》，高等教育出版社，2002，第284页。

为文本是语言活动的领域，文本之外别无他物，文本是一个自我指涉的体系，又与其他文本交织，文本间性泯灭了作品终极意义；第五，认为文本与作者无关，作者只在文本游戏中充当死者角色；第六，写作就是阅读，阅读就是误读，文本就是一切，文本是令人欢欣的语言游戏；第七，文本以能指为中心，所指即内容无关紧要；第八，语言是存在的牢笼，无法把握现实，文本无意将词与物一一对应；第九，将语言、符号和文本从逻各斯中解放出来，认为语言的意义是独立存在且永远处于变化之中；第十，揭露形而上学二元对立的虚构性，打破语言中心的虚妄神话。①

詹明信认为，不同于黑格尔等传统哲学家以组织世界为目的，结构主义哲学家意在把整个世界作为符号系统加以解读。结构主义运用能指和所指、共时性与历时性概念，解读作品形式层、形象层及深层结构层，从而了悟语言的生成性以及人类意义的构造性，进而阐释人文科学规律，把握世界的内在结构。结构主义力求排除现象学和存在主义所主张的以人的主体性作为研究重心的做法，以此消解主体性，以共时性拆解历时性从而消弭了历史性，以时间的横断面寻求生活的基本模式和符号化模式，在文本结构中分析、追问和解答语言、文学、哲学和社会问题。德里达以超越历时和共时的"意义链"取代"结构"，消解"在场"，颠覆"中心"，寻求差异性，对结构主义进行了解构，"敞开"封闭，分延"踪迹"，指认差异。诚然，德里达无边的解构和对差异性的执迷极易滑向自身的对立立场，走向虚无。但应该承认，解构的洞见在一定程度上反映、阐释和纠正了时代症候，留下了难以磨灭的历史踪迹。20 世纪 60 年代中期，伴随德里达在后结构主义世界观下命名并释义的解构理论的兴起，对现实的现代性理解方式受到挑战从而转向后现代主义。②

谈及西方哲学的转向及发展，北京大学张世英教授认为，自苏格拉底至黑格尔，西方哲学就本质而言，未脱离"主体 - 客体"对立的"在场形而上学"模式，而尼采、海德格尔、伽达默尔则不满足于追求西方旧形而上学的本体论模式，主张回到具体且变动不居的现实世界，打破二元对立思维定式，要求将在场与不在场，显现与隐蔽融合相通，归还给万有相通的现实整体，并以间性哲学思路打破主体与客体、古与今、自我与他者、人类与自然的界限和壁垒，形成沟通与对话，进而达成相互理解。③ 北京大学章启群教授认为，继尼采打破西方哲学几千年来的二元对立

---

① 王岳川:《当代西方最新文论教程》，复旦大学出版社，2008，第 246 – 255 页。

② 查尔斯·E·布莱斯勒:《文学批评:理论与实践导论(第五版)》，赵勇，李莎，常培杰等译，中国人民大学出版社，2015，第 110 页。

③ 张世英:《哲学的新方向》，《北京大学学报(哲学社会科学版)》1998 年第 2 期。

思维模式之后，海德格尔分解了传统本体论理念，直至德里达摧毁了形而上学藩篱，打破了传统的逻各斯中心主义，催生了后现代主义的不确定性和多元主义。解构哲学为后现代主义摧毁了传统的哲学本体论基础，以詹姆斯、杜威、罗蒂为代表的主张反本质主义、反对二元对立、消解中心的当代美国新实用主义则为后现代主义提供了合理论证。①

19 世纪前叶黑格尔曾预言，由于精神的前行势必超越物质，理性内容的膨胀必将冲破感性形式。艺术在经历了象征型、古典型和浪漫型的发展阶段之后，不可避免地要走向衰落，为抽象的概念认知方式——哲学所取代。② 所幸，黑格尔对艺术终将消失的预言没有应验。但他的担心并非无厘头，因为精神与物质、理性与感性这两组质性矛盾的角力既不可解也合逻辑，而凭借精神和理性至上的思想家头脑的审视揣度，黑格尔认为精神和理性在与物质和感性的二元对立对抗中终将夺取胜利，也就不足为怪了。

与通常将理性与非理性决然剥离的观点不同，美国社会学家 S. 拉什（S. Lash）认为，文化领域的自洽化形成了后现代主义理性主义与非理性主义并存的多元空间，他同时指出，人类历史发展经历了前现代、现代、后现代三个阶段，三个阶段所对应的审美文化形式依次表现为未分化、分化、去分化。③ 德国美学家沃尔夫冈·韦尔施认为，针对现代的分化危机，后现代主义提出新的一体化，针对现代的一律化倾向，后现代主义选择差异，寄希望于日益增强的多元性，前一种后现代主义主要源于德国，后一种后现代主义主要源于法国。④

南京大学周宪教授认为，自启蒙运动以来，西方社会的现代化进程包含着两种现代性的深刻冲突，一是启蒙的现代性，一是文化的（审美的）现代性。前者指代社会进程的现代化，后者指代文化上的反现代化，二者的角力冲突彰显了现代性社会与文化的紧张关系。可作为我们前文对后现代话语两种分类的有力佐证，即作为社会话语的后现代和作为文化话语的后现代。作为社会话语的后现代侧重描述“后现代”的社会特征，作为文化话语的后现代则侧重描述“后现代”的思想文化特征。前者以信息化、全球化为表征，后者以弥合界限、多元共存为显在特征。

周宪教授将 20 世纪西方美学的基本历程具体概括为告别古典 – 面向现代

---

① 章启群：《哲人与诗——西方当代一些美学问题的哲学根源》，安徽教育出版社，1994，第 269 – 283 页。

② 叶舒宪：《神话 – 原型批评的理论与实践》，《陕西师范大学报（哲学社会科学版）》1986 年第 2 期。

③ 拉什、高飞乐、张启新：《后现代主义：一种社会学的阐释》，《国外社会科学文摘》2000 年第 1 期。

④ 沃尔夫冈·韦尔施：《我们的后现代的现代》，洪天富译，商务印书馆，2004，第 81 – 82 页。

性-以后现代立场反思现代性。美国哲学家提吉拉认为，西方现代美学发展经历了三次转向：转向艺术，转向人的独创性，转向人类境况。20世纪西方哲学发展脉络表现为以马克思主义为基础的社会-文化批判理论、现象学-存在主义哲学、实证-分析哲学，三者综合化合形成"批判理论转向""语言学转向""后现代转向"。① 在某种程度上说，上述四个层次的变化历程堪可形成一定的对应关系，多层次、立体化地描述了20世纪西方思想文化的发展进程。

英国评论家马修·阿诺德（Matthew Arnold）认为，西方文化始终在以意识自发性为主导特征的希腊精神和以严正良知为主导特征的希伯来精神两极之间往复运动，宗教改革体现了希伯来精神的胜利，而文艺复兴运动体现了希腊精神的崛起和复归。17世纪的清教精神和古典主义又是对希腊精神的反拨。② 依此推论，18世纪启蒙主义是对希腊精神的进一步反拨、对严正良知和理性精神的进一步推进，18世纪末至19世纪初期的浪漫主义是对希腊精神的复归、对智性的冲动和对炽热激情的重拾，继之而起的现实主义是对希腊精神的反拨，对道德良知和理性精神的复归，而现代主义和后现代主义则更为纷繁驳杂，汇合多种主义，凝聚多种风格，撮其要，皆以激进的批判和激烈的矛盾为特征，深刻反映由工业革命和科技高速发展所带来的激烈的社会变革以及由此引发的道德失范与精神危机。

美国社会学家丹尼尔·贝尔认为，西方意识里一直存在着理性与非理性、理智与意志、理智与本能间的冲突。理性判断一直被认为是思维的高级形式，近两千年理性至上的秩序持续统治西方主流文化，现代主义打乱了理性秩序，它是昂扬精神的胜利，是意志的胜利。传统的现代主义试图以美学取代宗教或道德证明生活的意义与价值，现代主义不但创造艺术，自身也要成为艺术，而这种寻找自我根源的努力，如尼采所言，使现代主义的追求脱离了艺术而走向心理，不再注重外在现实，而专注于内在世界。后现代主义则把现代主义逻辑推向了极端。③ 这一论断固然在一定程度上夸大和膨胀了西方理性意识的主体性地位，但应该看到，丹尼尔关于后现代主义对现代主义的亲缘关系和内在性承续与发展这一判断是合乎逻辑的，对现代主义与后现代主义的精神内质和价值取向的判断是公允的。

就总体趋势而言，自古希腊以来，西方文化大体经历了古典-启蒙-现代-后

① 周宪：《20世纪西方美学》，南京大学出版社，1997，第2页。

② 马修·阿诺德：《文化与无政府状态——政治与社会批评》，韩敏中译，生活·读书·新知三联书店，2002，第113-123页。

③ 丹尼尔·贝尔：《文化：现代与后现代》，载王岳川、尚水主编《后现代主义文化与美学》，北京大学出版社，1992，第6-7页。

现代的发生发展历程，而每一次思想文化领域的转向势必呼应了一定的社会历史进程，只是呼应的方式不尽一致，或标识社会现象，或反映社会问题，或扭转社会趋向，或重建社会秩序，虽然形式上花样翻新，层出不穷，但就其本质而言，这些转向和变化无不遵循着智性冲动和道德冲动、理智和激情、理性与非理性的交互运动。区别在于由社会历史变迁所引发的思想文化语义场日益丰富而多元，因应衍生的文化流派更加纷繁芜杂，且又彼此碰撞、融合、更迭、裂变，虽形式上林林总总、缤纷绚烂，但其内质和精髓仍不脱离“反拨”和“承续”的精神流向与发展逻辑。从某种意义上来说，打破二元对立、反对主体性、消解深度模式业已成为后现代思想的基本遵循，而确立间性思维，力求展开对话，形成和谐互进的良性格局亦成为建设性后现代的基本理念和哲学肌理。

西方哲学和语言学在转向历史的节点上，文学勉为其难地承担了哲学所交付的解释世界的责任。反过来，如詹明信所言，关于语言和思维的问题作为当代哲学理论的核心问题，构成了整个 20 世纪的哲学思辨。如是，对后现代主义文学的关注和思考比对其他任何一种文学思潮和流派的研究更接近存在本源与哲学思辨。

四、后现代主义文学的艺术特征

诚然，后现代主义文学不是一个确定而清晰的单纯概念，它包括存在主义文学、荒诞派戏剧、新小说、黑色幽默、垮掉的一代的创作、元小说、魔幻现实主义、投射诗、具体诗、语言诗等。概要性地给出后现代主义文学的创作观、文本观和阅读观，只是纵深理解后现代主义文学作品思想意蕴及艺术风格的权宜之计。

一般认为，后现代主义文学意味着自我主体消解、非理性空前膨胀、逻各斯消失、语言游戏大行其道、意义内爆、宏大叙事瓦解、距离消弭、深度抚平、众声喧哗。它孕育于“现代性”母体，萌芽于第二次世界大战之后，诞生于 20 世纪 50 年代，成长于 20 世纪七八十年代，成熟于 20 世纪 90 年代，是当代社会文化肌理的多元表征和时代症候。

（一）创作观：解构与建构

法国哲学家米歇尔·福柯（Michel Foucault）反中心、反权威、反一切既定规则的理念和对总体性话语暴政的反抗不仅确立了后现代的精神气质，也为其提供了理论动力。

法国文论家罗兰·巴特（Roland Barthes）消解作者主体性，消解文本结构，释放语言，在阐释方面带给读者极大的自由。

利奥塔以“解中心”视阈认识后现代状况，认为后现代反叛陈规、蔑视限制、傲视权威、睥睨一切，表征为消解中心、消解同一性、消解“元话语”、消解“元叙事”、主张多元论。

法国哲学家让·鲍德里亚(Jean Baudrillard)认为现代性解构表象、揭示意义的革命，而后现代则更进一步消解意义，令一切深层的东西浮于表面，所有的意义如泡沫般湮灭。①

美国文论家詹明信认为后现代文化状况表现为消解深度而引发的平面化、浅表性，消解主体性而引发的零散化，消解崇高而引发的审美通俗化，消解界限而引发的体裁融合，消解历史性引发的断裂感，消解距离引发的戏仿与拼贴，唯一性、同一性、总体性、中心性、本原和终极价值可能性纷纷瓦解，审美沦为审丑，艺术走向非艺术，文化扩张，现实退隐，人与世界均被物化。②

美国后现代文艺理论家威廉·斯潘诺斯(William V. Spanos)提出消解中心、消解尺度、消解历史决定论和逻辑必然性，强调个体存在的偶然性和差异性，赋予个体以无蔽本真的意义。③

美国学者查尔斯·纽曼(Newman Charles)认为，后现代主义写作模式是一种消解体裁的写作，是一种冲破边界、填平鸿沟的文学革命行动。④

后现代小说囊括了诗歌、散文、戏剧、哲学文本等其他体裁，与此相应，后现代诗歌、散文也出现了跨界症候，后现代作品越来越呈现为语言片断的随意组合倾向：小说消解了叙事而成为非小说，诗歌消解了情感和韵律进而消逝了本质，批评消解了尺度而沦为游戏。

埃及裔美国文学评论家伊哈布·哈桑(Ihab Hassan)较早在肯定意义上探讨“后现代主义”，并以极大的热情展开对后现代主义文学的分析和研讨。

哈桑将百余年来的艺术演变归纳为彼此关联、共同创造“新事物传统”的三种模式，即以无政府主义态度攻击资产阶级及其艺术、宣言和行为的“先锋模式”、主从关系(hypotactical)且形式主义的“现代模式”，以及并列关系(paratactical)且解构的“后现代模式”。⑤

哈桑认为，“后现代”并不是对传统的中断，而是将传统与固有观念带入更为

① 刘象愚、杨恒达、曾艳兵主编《从现代主义到后现代主义》，高等教育出版社，2002，第 271 页。

② 王岳川：《当代西方最新文论教程》，复旦大学出版社，2008，第 300 - 301 页。

③ 同上书，第 307 页。

④ 同上书，第 316 页。

⑤ 伊哈布·哈桑：《后现代转向》，刘象愚译，世纪出版股份有限公司，2015，第 184 页。

包容的时间流和空间场，带入敞蔽宏阔的存在之维。继尼采对西方文学的“日神”与“酒神”原型归因后，哈桑以二者类比后现代的“连续性”与“断裂性”，将“日神”与“酒神”精神做出了进一步的阐发。他认为，游移不定而又抽象的日神代表历史的连续性，而感官至上、接近半盲的酒神则意味着历史的断裂，这就决定了后现代同一与差异、联合与分裂、忠诚与叛逆、空间与时间、精神与物质、一般与特殊的两面性。①

哈桑指出，通俗文学和沉默文学，或者说大众文化和解构主义，或者说超人和戈多，或者说内在性和不确定性……可以涵盖后现代主义世界的一切特征。② 哈桑将持续性与间断性、历时性与共时性、辩证性与多元性统贯融合，热情洋溢地为后现代艺术设置了全面洞见的互补性。

哈桑提出后现代主义有两个核心的构成性倾向：一是作为中心失落、本体论消失之必然结果的“不确定性”；二是使人类心灵适应所有现实本身倾向的“内在性”。③ 二者既彼此矛盾又相互作用，形成了内在于“后现代”的对话与互动，两种倾向交错互进，共同构成了“后现代”错综复杂的多元景观。哈桑对后现代主义根本特征的解析如图 1.1 所示。

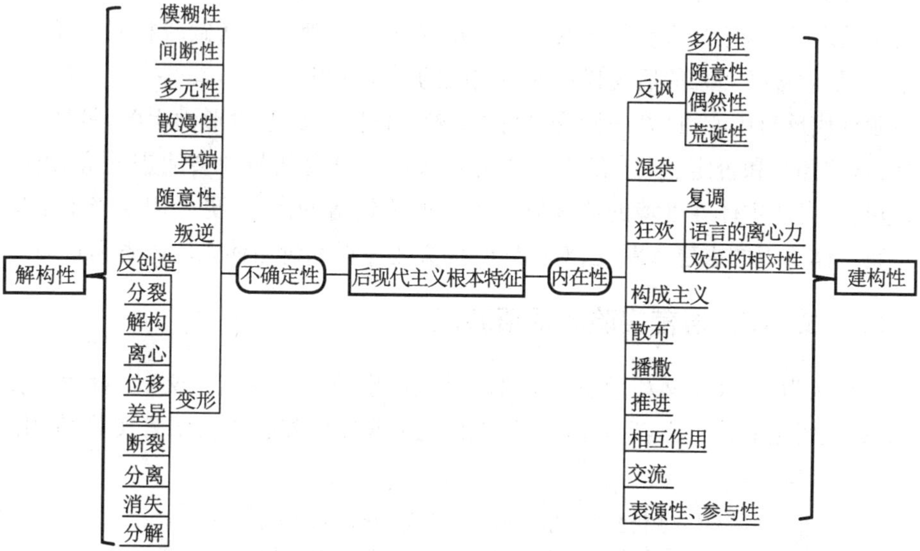

图 1.1 哈桑对后现代主义根本特征的解析

① 伊哈布·哈桑：《后现代转向》，刘象愚译，世纪出版股份有限公司，2015，第 180 页。
② 同上书，第 176 - 177 页。
③ 王岳川、尚水主编《后现代主义文化与美学》，北京大学出版社，1992，第 32 页。

哈桑认为,“不确定性”指向后现代的解构性特征,揭示后现代主义的精神品格①,带着强烈的质疑和否定倾向,消解包含自我与他者在内的一切既有秩序,“不确定性”脱胎于分裂性,指向后现代的解构性特征。“不确定性”包括对知识和社会发生影响的一切形式的含混、断裂和位移。② 后现代主义掏空传统的自我,使自我在语言游戏中消失,以无深度的文体扩散,既回避解释,也拒绝解释。③

“内在性”指向后现代的建构性特征,构成了后现代主义的诗学基础④,是系统维持变化和活力的关键,是以自创造符号构成自身及宇宙的智性倾向。“内在性”意味着后现代主义不再具有超越性,不再对精神、价值、终极关怀、真善美等超越性价值感兴趣,而是对主体的内缩,对环境、现实、创造的内在适应。在哈桑看来,包含于后现代“内在性”的“反讽”不同以往,它指向游戏、相互作用、对话、寓言和自我反思。⑤ “混杂”是指各种体裁的变异性转折。⑥ 哈桑所说的“狂欢”表现为后现代反系统的、颠覆的、“一符多音”的荒诞气质,语言的离心力游离出来的支离破碎感,⑦大体等同于反体系、复调、众声喧哗。

哈桑在荟萃前代思想家对后现代主义认知的基础上,对后现代主义,特别是后现代主义文学做出了许多开创性、统整性的分析,哈桑对后现代特征的解读虽不乏前后矛盾之处,但他对后现代主义的阐释既是对这一理论和实践较权威的阶段性总结,也是对接续而来的后现代理论与实践的有益启发。

后现代反对中心、批判一元论,反抗权威、消弭界限,颠覆形而上学、摧毁二元对立,它的怀疑和否定、叛逆和消解既是人类对历史变迁与社会演进的应激性反应,也是对自我主体性处境的缅怀以及主体地位失落的怅惘,更是因应当下语境,对自我主体意识的重建和跃迁,对崭新时代文化逻辑和价值体系的内省和建构。

(二)文本观:语言实验和话语游戏

一般认为,现代主义和后现代主义的最大区别莫过于现代主义以“自我”为中心,而后现代主义以“语言”为中心。⑧ 现代主义作家固然也进行语言实验,但比较

① 王岳川、尚水主编《后现代主义文化与美学》,北京大学出版社,1992,第 33 页。
② 伊哈布·哈桑:《后现代转向》,刘象愚译,世纪出版股份有限公司,2015,第 291 页。
③ 同上书,第 293 页。
④ 同上书,第 160 页。
⑤ 同上书,第 294 页。
⑥ 同上书,第 294 页。
⑦ 王岳川:《当代西方最新文论教程》,复旦大学出版社,2008,第 304 页。
⑧ 曾艳兵:《西方后现代主义文学研究》,社会科学出版社,2006,第 44 页。

而言，现代主义更多着眼于传统之上的创新，而后现代主义则更多着眼于反对中心、反对总体性的游戏。

《道德经》开篇第一句“道可道，非常道”，生动诠释了中国人对能指与所指断裂关系的辩证思考，能指遵循着一定的规律对所指展开合逻辑的表达，而一旦所指被言说，能指即离开了合法性而游离于本体之外，散逸为似是而非的“他我”。如是推演开去，言说和叙述行为即成为一场逡巡于逻辑性和规范性边缘的语言实验和话语游戏。

在文学创作中，现实主义作家笃信语言能够真切反映现实，现代主义作家认为语言难以彰显现实，故而追求语言的实验，后现代主义作家在进行语言实验的同时，更进一步将语言实验推演为“语言游戏”。

语言游戏是由英国哲学家维特根斯坦（Ludwig Wittgenstein）于1945年在其著作《哲学研究》（*Philosophische Untersuchungen*）中提出的，他认为，语言本身是统一而自足的整体，其内部蕴含着不确定的变化和不断更新的动能，它独立于物质现实之外，如弈棋游戏一般，依据自身的规律运作。海德格尔则提出“语言先在”说，意在表明语言先于一切能指和所指，甚而先于包括言说者在内的现象世界而存在，故而，语言并非客体，而是主体，人类并非语言的创造者，而是跟随者。结构主义思想家继承了维特根斯坦和海德格尔对语言的认知，并将之推演为“并非我说语言，而是语言说我”，后结构主义思想家德里达进而以“解构”思维消解语言中心观念，揭示能指与所指的游戏关系，指出语言的意义在不断延异中得以诞生。①

后现代文艺话语放弃了性情陶冶、情感净化、道德教化的庄严传统和神圣使命，拒绝连贯流畅地阐释微言大义，甚至抛弃对自身思想情感的摹写，放任非理性和无意识，在自身“权威”降解的过程中，一方面反抗固有意识形态的束缚，另一方面又力求彰显和维护自身的先锋性，遂以无序、破碎、膨胀、狂欢等形式，以不避极端的态度尝试语言实验和话语游戏。②

美国后现代主义理论家布莱恩·麦克黑尔（Brian McHale）认为，后现代将语言游戏作为语言革命，花样翻新地变换语言技巧，力图揭示语言虚构现实的本质。法国哲学家米歇尔·福柯（Michel Foucault）也指出，写作如同不断超越自身规则，在突破界限中展示自身的游戏。③ 就此而言，后现代作家阻绝了文学与现实的关联，将

① 胡全生：《英美后现代主义小说叙述结构研究》，复旦大学出版社，2002，第60－61页。

② 王岳川：《后现代文学：价值平面上的语言游戏》，《文学评论》1993年第5期。

③ 同上。

更多注意力集中于语言，在语言中恣肆游戏，寻找自我嬉戏的欢乐感觉，在游戏中注解语言的权威性和虚构本质，又以或隐晦朦胧的呓语或显明直露的符码生产和消费语言。后现代主义的语言观是后现代思维方式的具象体现。人类的思维方式从原初阶段的混沌性、自发性、整体性出发，由前工业时代的一元整体观到工业时代的二元对立观，而至后工业时代的多元整合观，由前现代社会的逻各斯中心主义，到现代社会的人类主体性地位确立，而至后现代社会的自我沦陷、消解和重构，对整体性的认知经历了笃信、质疑和重拾，对自我的认知经历了漠视、确认和隐退，这本身即是一个螺旋式发展的动态过程，深刻反映了人类对自然的不断确认，对自我的不断怀疑，而怀疑恰是更深的体认。后现代的语言实验和话语游戏正生动体现了人类对以语言为表象的自我的质疑和释疑、消解和确认。中国学者刘象愚认为，后现代主义作家如博尔赫斯(Jorge Luis Borges)的小说《埃玛·宗兹》中的主人公埃玛一样[①]，消解现实的真实性之后，用语言制造"不容人不相信"的，貌似真实、实则诞妄的新世界，以揭示世界的虚无、荒诞与混乱。不同于现实主义小说呈现生活的真实、现代主义小说通过揭示人物内心的真实以透视社会原貌，后现代主义小说侧重通过语言的虚无表现现实的虚无。就此而言，元小说堪可代言。元小说往往把现实的虚假与虚构的虚假同时呈现[②]，在对虚假故事的叙述过程中，主动揭发故事的虚构性，带领读者重新认识现实的虚假和语言的虚无。

在德里达看来，语言自身的混沌不明导致对词语意义的追问沦为滑动的游戏，语言无法再现和表征现实，发生严重的紊乱，致使后现代创作者寻求语言革命。于是，后现代主义小说打破故事和情节，摧毁自我意识和顿悟，解构意义，颠覆权威，离散整体，消解等级，唯一确定的是其不确定性，唯一严正坚守的是语言游戏。中国学者胡全生认为，不确定性和语言游戏至少有三方面体现：语言狂欢、风格模仿、叙述反常。[③] 后现代主义小说热衷于表现不确定性、偶然性和矛盾性，以无序、膨胀、恣肆、破碎的语言，以拼贴、断裂、杂糅的方式，有意中断叙事连贯性，借以呈现光怪陆离的现象世界。

利奥塔认为，后现代主义小说充分体现了不规则语言游戏的自由之境。美国作家托马斯·品钦(Thomas Ruggles Pynchon)的小说《V》构造了一个万能的神秘符号V，V不仅用以指代作品中的多个人物，而且指涉多种物品、街道，甚至是国家，V

---

① 刘象愚、杨恒达、曾艳兵主编《从现代主义到后现代主义》，高等教育出版社，2002，第353页。

② 同上书，第21页。

③ 胡全生：《英美后现代主义小说叙述结构研究》，复旦大学出版社，2002，第65－67页。

的泛化使用一方面强化了语言的代码功能，另一方面也最大限度地淡化了语言的表意功能和逻辑原则，①从而在消解意义的同时也消解了语言的能指，消解了叙事合法性，赋予语言以游戏功能。

三百年来，西方世界的巨大变动史无前例，在思想领域内，“上帝已死”引发信仰崩塌，导致价值重估，“作者已死”致使主体失落负载意义诘难。真理被放逐，意义被消解，思想被泯灭，人类瓦解了一切，又将自身主体性交付给虚妄。在这样的精神困境中，人类如无根的浮萍，于漂泊中怅惘。就其本质而言，语言实验和话语游戏源自作家出于对现实世界的无力与无奈所引发的荒诞回应和诡诘指摘，悖谬的是，原本出于无奈的语言实验和话语游戏却扩展了叙事美学的结构性疆域，增强了文学艺术的审美张力，活跃了语言的诗性空间，敞蔽了阐释之维。

（三）阅读观：拒绝阐释和意义敞蔽

“拒绝阐释”和“意义敞蔽”是两个看似矛盾，实则具有内在同一性的概念。矛盾在于，按字面语义理解，前者意在杜绝和避免阐释，后者则鼓励和呼吁阐释，呼唤多元性阐释；同一性在于，二者都指向语义的多元，而语义的多元恰是拒绝和鼓励阐释的原因。

在阐释学领域中，中国素有“言不尽意”“意在言外”的内在体认，借以标识意义的多元性和无法言说性。西方批评界，明确提出“拒绝阐释”以捍卫艺术创新性和意义多元性的是美国批评家苏珊·桑塔格（Susan Sontag），给读者的接受和解释权提供合法性依据的应为伽达默尔，而为意义的不稳定性和多元性阐释提供有力论证的当推德里达。

桑塔格认为，一件伟大的艺术作品从来就不只是某些思想或道德情感的特定表达，而是更新固有的意识和感受力、改变特定思想和情感的基础构成的催化剂。② 桑塔格为意义不确定性建构了存在之维，为阐释多元性提供了依据和可能。

伽达默尔将理解和阐释的权力交付给读者，甚至将对文本的创造也一并交由读者，如是，先前被消解的文本意义在多元性阐释中不断变化和增值，加剧了意义的不确定性，而这种不确定性又在对文本的不断解码中生成新的确定性，阐释言人人殊的零散性在持续对话中实现同一性，由消解作者和本文中心走向读者中心，进

---

① 刘象愚、杨恒达、曾艳兵主编《从现代主义到后现代主义》，高等教育出版社，2002，第 353 页。

② 苏珊·桑塔格：《一种文化与新感受力》，载《反对阐释》，程巍译，上海译文出版社，2003，第 347－348 页。

而重返德国哲学传统所持存的中心性、整体性、深度性和确定性。继之产生的美国读者——反映批评和法国“新”新批评则舍弃了德国式哲学传统，将不确定性和主观性推向了极端，走向了后现代美学。①

德里达秉持“解构”思维，独创了“延异”“播撒”“踪迹”“替补”等概念，用以表达其独特的阐释观。“延异”是德里达创造的新概念，意在消解意义确定性。德里达认为，符号是沿着差异和延搁的往复运动，在共时性语境中，符号往往被其他符号所区别和限定，而呈现出差异性，在历时性视阈里，符号延搁所指在场，使意义难以得到实现，时空场域的差异和延搁加剧了符号意义的不确定性。意义的确定性只能在特定语境中短暂呈现，而一旦超越特定时空限阈，新的意义便层出不穷地产生，至此，对语言的阐释沦为无边的游戏，终极意义则因无限延搁变为无解之谜。“播撒”意味着意义传达既非线性传递，也非辐射式扩展，而是凌乱散开，彰明文本的无序和松散、破碎和重复。文本的播撒对中心、秩序和同一性构成拆解，致使任何阐释都受限于特定时空，相应地，意义的恒常性一旦被取消，便会滋生更为丰富多元的阐释图景，作品的生命在无穷多义性的涵养中得以延续。“踪迹”即不在场之物在场后的痕迹，表明在场与不在场的分延和联系，而文本正是读者追溯意义的一系列踪迹，踪迹意味着无尽分延，标识着不在场的存在不断闪现和消失，根源在变化中被消泯，文本的意义伴随着中心的不断覆没和根源的不断消解而持续变换，意义被潜藏，其确定性无法彰明。“替补”是补充和替代的复合，既是对自身的补充，也是对空白的填充，指称二元对立元素之间的不稳定关系。替补是对存在的缺陷的弥补，然而补充增加的中介物所携带的新的意义，往往导致在增补文本原有的不完整时形成新的不完整，就此而言，阅读是不断释疑和置疑的活动，因此，阅读即误读。

德里达认为，写作并非对作者情感的全然复现，相反，文本一旦产生，即已获得独立于作者的全新生命。在德里达看来，写作标志着能指与所指的断裂，因此，语义是模糊不定的，难以被读者准确地理解和把握。德里达的解构说，大有中国禅宗哲学“以言消言”“以文字消除文字”之执。②

在德里达看来，语言自身的不稳定性和意义的不确定性决定了阐释的游戏性，即绝对权威和正确阐释不可能存在。德里达认为，语言的意义具有差异性，又容易迁延，由此引发的意义不稳定性足以为多元性阐释提供有力支撑。然而，正如说话

① 王岳川：《后现代文学：价值平面上的语言游戏》，《文学评论》1993 年第 5 期。

② 赵一凡：《从胡塞尔到德里达：西方文论讲稿》，北京·读书·新知三联书店，2007，第 388 页。

者几乎无法准确表达初衷一样，虽然每一种阐释都有其存在的理由，但并不足以准确把握和充分诠释文本的意义。因此，意义的无限敞蔽为阐释提供了无尽的张力和可能。

罗兰·巴特认为，文学的终极目的在于“不可解”，詹明信指出，后现代主义作品是无法阐释的。写作与阐释都指向对意义的敞蔽，而后现代主义对“意义不确定性”的固执秉持，势必导致“梦呓”性写作和深入文字缝隙对无解之解阐发与释义。故而，语言实验和话语游戏不单指向后现代写作，也蔓延至后现代阅读和阐释诸领域，成为贯穿整个后现代文本世界的嬉戏、谐谑和狂欢。可庆幸的是，后现代写作与阐释在众声喧哗中陷入集体无意义，这只是问题的一面，另一面则是在这种表象上的无意义实则蕴含着非比寻常的意义。中国学者王岳川认为，后现代写作与阐释以无意义呈现无限多的意义，以“沉默”言说，在“平面”上生产“深度”，①以拒斥伸张，以消解建构，以断裂弥合，摇摆动荡中言说扭结与矛盾、歧义与冲突，倾诉反抗异化引起的反弹性自我伤害之痛苦②，追问存在之诗思，并给予统观映射和辩证探讨。

① 王岳川：《当代西方最新文论教程》，复旦大学出版社，2008，第318页。

② 同上书，第319页。

第二章　莫言小说与后现代主义渊源

20 世纪 80 年代“后现代”这一名词进入中国，可谓是“舶来品”，但“后现代”思想和质素却并非“舶来品”，相反，在中国古已有之。老庄气派、儒墨道统、佛禅玄理、魏晋风流无不蕴含着“后现代”哲学肌理和精神气质。

一、后现代与中国文化的渊源

对后现代与中国文化渊源的陈述，西方评论家给出的判定可能更具可信度和说服力。

美国著名后现代哲学家 D. C. 霍伊（David Couzens Hoy）在《后现代主义：一种可供选择的哲学》一文开篇即指出：从中国人的观点看，后现代主义被看作从西方传入中国的最后思潮；而从西方的观点看，中国则常常被看作后现代主义的来源。①

美国哲学家郝大维（David Hall）则进一步提出：古典中国是真正意义的后现代。②

美国建筑批评家查尔斯·詹克斯（Charles Jencks）在列举了中国园林中门的多重意义后，动情地指出，由于多重意义和反讽的古老趣味，中国人大概算是最早的后现代者。詹克斯认为，汉语中，表示危险的“危”和表示机会的“机”，可以合成汉语词汇“危机”，而这个新词，同时表示了对立与统一、批判与创造，这正体现了后现代所具有的“批判的现代主义”的逆喻。③

中国学者王岳川的分析更为透彻：“在一定程度上，就西方文化而言，这种经由千辛万苦、重重反叛建构起来的后现代主义美学表达策略，在许多方面与中国诗学的阐释方式有会通之处。许多后现代主义所谓的‘创新’，在中国的传统中，有时

---

① 霍伊、王治河：《后现代主义：一种可供选择的哲学》，载《国外社会科学》1998 年第 4 期。

② 王治河：《后现代哲学思潮研究（增补本）》，北京大学出版社，2006，第 329 页。

③ 查尔斯·詹克斯：《现代主义的临界点：后现代主义向何处去》，丁宁等译，北京大学出版社，2011，第 1－3 页。

候竟然是不言而喻的共识和被无意识认可的原则。前者是作为前卫色彩极浓的边缘性‘发明’,而后者却往往是习以为常的美学架构中心的‘传统’,二者在文化时空背景的区别和本体论认识上虽有不同,但在美学和诗学的基本策略理路方面,却有着明显的交流和对话可能。”①

美国著名后现代主义理论家伊哈布·哈桑(Ihab Hassan)如注解般地给出了缘由,“对西方本身的极度厌恶比对其历史和文明的否定更深刻地动摇着它的基础。当这股极度厌恶的情绪在狂欢闹饮式的毁灭中找不到圆满的归宿时,就很可能转向佛教禅宗另类形而上学”②。

而美国思想家丹尼尔·贝尔(Daniel Bell)对“文化”与“传统”价值的精彩表述足以成为以上注解的注解:文化是为人类生命过程提供解释系统,帮助人们应对生存困境的一种努力。传统保障文化的生命力,使记忆连贯,告诉人们先人是如何处理同样的生存困境的。③ 毋庸置疑,全球一体化为异质文化的沟通与交流提供了无限可能,作为东亚文化圈首席代表的中国,其传统文化的影响力已然超越了国界,成为世界文化的有机组成部分和全人类共同的文明财富。

当西方世界经历战争的创伤、信仰的崩塌、科技的膨胀而陷入疲弱委顿的痛苦中无法自拔时,转而向陌生、新鲜、魔幻、异已的东方寻求答案和出路,他们瞩目老庄,欣赏佛禅,带着不无妒意的艳羡采撷东方圣果,却根本无法全面而深入地领会古老东方的玄奥智慧,满足在只言片语中断章取义,在深以为然的误读和误解中负载着深重的精神内伤,在无边的创痛中不断否定自身,超越传统,寻求前路,展开了盛大的“后现代”蓝图。而“后现代”的全球化旅行中,有两个模糊现象,一是怪诞的西方从东方取走“圣经”,却以惯常的“更爱真理”之名数典忘“师”,或绝口不提或轻描淡写其哲学肌理的东方渊源,二是长久被西方霸凌的东方(如日本、韩国、印度等),习以为常地对之投去殖民式仰望,所幸有着深厚传统学养的中国学者对“后现代”并非照单全收,而是敏锐捕捉到与之对应的本土传统,并对接当下文化语境,形成自身的风格与特色。

“后现代”在中国的传播和接受与二者之间内在的同构性密不可分。后现代文化肌理和精神气质中有很大一部分能够在中国文化中找到与之对应的基因和传统,突出表现在:其一,布达佩斯学派倡导的文化多元主义与中国文化“兼容并包”

① 王岳川:《中国后现代话语》,中山大学出版社,2004,第225页。
② 伊哈布·哈桑:《后现代转向》,刘象愚译,世纪出版股份有限公司,2015,第42页。
③ 丹尼尔·贝尔:《资本主义文化矛盾》,赵一凡等译,生活·读书·新知三联书店,1989,第24-28页。

“和而不同”“美美与共”的宽厚气度一致;其二,后现代建立在工具理性基础上的个性化实用哲学与儒墨文化所倡导的经世实用智慧①具有内在相似性;其三,后现代消解主体、反抗权威、消弭界限等解构思想与禅宗的“破执”“空无”观念具有同一性;其四,西方后现代主义思想家将庄子的怀疑论、相对主义以及对语言的不信任等观点视为知音,称庄子为“中国的德里达”②;其五,后现代的反科学、反技术思想与庄子的“有机械者必有机事,有机事者必有机心。机心存于胸中,则纯白不备;纯白不备,则神生不定;神生不定者,道之所不载也”如出一辙;其六,后现代精神的反文化、反本质主义与禅宗的“不立文字”“言语道断,心行处灭”异曲同工;其七,“不确定性”特征构成后现代与禅宗的家族相似性③;其八,后现代的叛逆性和破坏性与禅宗的“另类”和“巧智”殊途同归;其九,后现代的先锋性和偏执性与禅宗的洞见与失察皆存在着某种暗合。

自然,中国与西方的内在精神也存在着本质的不同,比如,面对虚妄与痛苦,中国人通常从容应对,甚而泰然接纳,西方人则焦虑拒斥,甚而绝望反抗。这就使得后现代精神在中国,较之西方的激进凌厉,更显温厚平和。

二、后现代与中国现代化语境

英国学者史蒂文·康纳(Steven Connor)认为,“后现代”的发展经历了四个阶段:20 世纪七八十年代早期是“后现代”的积累期,此时,对其概念和特征的阐释言人人殊;20 世纪 80 年代中期“后现代”被正名,并呈现集群性发展态势;此后,“后现代”成为一种状态,得以风格化,并在社会、经济、文化各领域迅猛发展。20 世纪 90 年代末,“后现代”弥散至社会生活各领域,无处不在。④ 依此说法,“后现代”在中国的发展几乎与西方同步。

中国自改革开放初期加入全球化进程开始,现代化与后现代化进程几乎同时发生,文学创作和研究领域如是。1980 年,袁可嘉等主编的《外国现代派作品选》出版,同年 12 月董鼎山在《读书杂志》发表《所谓“后现代派”小说》,1981 年陈焜的《西方现代派文学研究》和高行健的《现代小说技巧初探》相继问世,引起热销和

① 江腊生:《后现代主义踪迹与文学本土化研究》,齐鲁书,2009,第 29 页。

② 邱紫华:《禅宗精神与后现代精神的“家族相似”》,华中师范大学出版社,2019,第 4 页。

③ 同上书,第 12－13 页。

④ Steven Connor, *The Cambridge Companion to Postmodernism*, (Cambridge: Cambridge University Press, 2004), p. 1－19.

轰动，值得注意的是，20 世纪 80 年代国内译介和批评著作虽以“现代派”小说为名，但实际上囊括了后现代派小说，陌生而新鲜的叙事和技巧迅速引发人们对西方现代小说及其技巧的关注，随即，对西方文学思潮的译介和评论逐渐增多。此时，正值中国当代文学转型与发展的关键期，身处高歌猛进、日新月异的新时代，适逢文学精神复苏的良好契机，创作自由与审美自治纷至沓来，以创新与发展为己任的文学创作者陷入“中国文学向何处去”的沉思和探论，确定了一条“向内”与“向外”并行的创作道路，“向内”即传承民族文化传统，“向外”即取法他山之石。1985 年，美国著名马克思主义文学评论家詹明信应邀赴北京大学开设后现代文化理论系列讲座，翌年其讲稿中文版图书《后现代主义与文化理论》出版，反响热烈。此后，中国学者王宁、王岳川、陈晓明、张颐武、徐贲、盛宁、曾艳兵等相继展开后现代问题的研究和探讨，后现代思潮在中国得以迅速传播和接纳。原因有二：其一，如前文所述，中国传统文化与后现代思潮存在着一定的内在同构性和亲缘关系；其二，在全球一体化格局下，中国的现代化进程与部分后现代质素产生了一定的共鸣与共情。

继新文化运动之后，伴随改革开放的展开和深入，中国文学再次进入世界性大潮，因应中国现代化进程的推进，西方文艺思潮得以全面而系统地被译介，特别的是，西方现代派、后现代派文艺创作理念和方法同步进入中国。

20 世纪的中国文学虽几经风雨，几经曲折，①却依然顽强而生动地书写着民族传统在社会发展进程中的赓续与嬗变，吟唱着时代语境与华夏传统的碰撞和融合。中国文学发扬兼收并蓄的文化传统，秉承载道和启蒙责任，坚守祛蔽和美刺使命，积极探索既适用于民族土壤，又契合时代要求的创新发展路径。自改革开放以来，新时期文学历经伤痕文学、反思文学、人道主义文学、改革文学历程，面临来自文学艺术内部因应社会转型创新、跨越发展更迭汰变的际遇，来自西方文化急遽转型裹挟的后现代声浪的激烈碰撞，外来影响与本土文化和作家主体的内在表达需要相契合②，20 世纪 80 年代中期，凝聚域外影响、民族经验、作家主体深切情感的崭新美学原则在中国崛起，迅速在诗歌、小说、戏剧各领域遍地开花，进而引发了文化寻根意识与先锋实验热潮，正如中国学者王宁所言：“通过对西方后现代大师的模仿和自己的实验这两者的结合，最终达到汉语文学的后现代话语的自觉建构”，“中西方后现代主义写作进入了平等对话的境地”。③

① 陈思和：《中国当代文学史教程》，复旦大学出版社，2011，第 1 页。

② 同上书，第 262 页。

③ 王宁：《比较文学与当代文化批评》，人民文学出版社，2000，第 279－281 页。

如是,新时期文学与继起的后新时期文学以丰硕的创作实绩加入世界文学对话格局,并在世界范围内引起强烈反响。

三、中国后现代文学特征

后现代与中国文学的化合,与其说出于学习和模仿,不如说是由于本土文化与后现代的同源性所引发的磁场效应,文学传统内部逻辑发展趋势和内在自决性的诗学诉求,以及作家内在主体因应社会发展进程所产生的现代性意识的暗合与接应。值得注意的是,由于中西方文化的根本性差异及意识形态分歧,中国后现代文学在共性之外也呈现出独特的个性特征。

正如荷兰学者杜威·佛克马(Douwe Fokkema)所言,中国当代作家运用了一些后现代技巧。虽然其中一些作品从主题和形式上已经很接近西方的后现代文学,但其中体现的后现代主义因与中国的历史和现实相联结,与西方的后现代主义又有所不同。① 主要体现在以下三方面:

(一)现代性与后现代性混融

从历时性角度出发,严格地说,西方的后现代文学继现代文学之后产生,而中国现代文学与后现代文学几近同步发生。这与伴随中国改革开放而来的现代化进程以及切合中国现实的文学史变迁密不可分,承受着启蒙责任与创新压力的文艺工作者因应现代化进程而产生的现代性意识本身即已内在地包含了现代与后现代两重性。

西方现代性意识在对城市化、工业化、现代化的质疑和随之而来的人性异化的绝望中产生,文学创作中表现为对本能冲动的释放和对内心世界的挖掘,往往以荒诞、变形的形式表现焦虑不安、极度空虚的情绪。

与此不同,中国文艺创作者在中国现代化建设进程中备受鼓舞,热情讴歌社会发展的同时,针砭工业文明和商品经济引发的精神危机,揭露十年浩劫带来的精神和身体创伤,以及人性的泯灭和异化,文学作品更多表现为反思历史、重拾人文传统、高扬人的价值。

20世纪80年代中期以后,文艺工作者从创新与发展的责任意识和适应市场经济需要的主体意识出发,在内因和外因的共同作用下,转而开展文学上的实验,或

① 杜威·佛克马、史安斌:《现代主义、后现代主义和文化认同的概念》,《国外文学》1994年第1期。

表达对传统文化摭拾和再审视的赞叹与感喟,或聚焦民间日常生活场景,书写生存意识和生活诉求,其中的共性是以前卫姿态和先锋精神展开叙事革命,创作实绩硕果累累,极大地推进了新时期文学的稳健发展。

值得注意的是,在中国新时期文学创作中,张扬个性自我、表现生存荒诞、揭露人性异化等现代性因素与直面现实、介入生活、消弭距离、消解意义、颠覆崇高、消费化、大众化等后现代因素熔于一炉,浑然一体。落实到具体作品,现代性因素和后现代因素往往混融交织,互通互渗,甚至难以对二者做出精准剥离。比较而言,新时期以来,中国文学创作的后现代性元素更为深入、活跃和鲜明。正如中国学者的评价:"后现代主义几乎是畅通无阻地进入中国文艺领域的",原因在于"中国传统文化中有一种超越历时性的文化基因,能粗线条地与后现代主义文化思想共时性相接"。①

(二)融汇时代语境与民族传统

中国文化源远流长,博大精深,素有悠久深厚的传统、多元丰富的内涵和海纳百川的气度。中国哲学的整体观,"有""无"观,智识通变的发展观,和而不同的共处观,"无形""空白""虚静""物物自现"的美学观,"书不尽言,言不尽意"的诗思体验,禅宗圆融统贯、回环互摄的时间观,空灵逍遥的生存观,儒墨经世济用的实用观都是激发西方后现代理念形成的触媒和活化剂。

如果说后现代思潮与中国文化的渊源是促成"后现代"在中国落地的先在基础,那么中国走向现代化引发的经济文化变动和富有张力的文明情境以及中国文学史变迁的历史实际则是"后现代"生存的直接土壤。② 中国学者陈晓明认为,新时期中国政治、经济、文化构成的奇特的多边关系决定了当代中国"后现代主义"产生显著的中国本土特征的可能性。③

中国学者王岳川指出,"当今世界所有文化都不是隔绝的,而是精神互动的,所有文化都不是纯粹单一的,而是异质混杂的。没有所谓的不受西方影响的东方文化,也没有不受东方文化影响的西方文化,东西方文化彼此依存而休戚相关"④。美国学者郝大维(David Hall)、安乐哲(Roger T. Ames)认为,中国借助西方模式,能

① 朱秉龙:《中国当代文学中的后现代主义变体》,《草原》1994 年第 4 期。

② 陈晓明:《无边的挑战:中国先锋文学的后现代性》,中国人民大学出版社,2015,第 13 – 15 页。

③ 同上书,第 19 页。

④ 王岳川:《中国后现代话语》,中山大学出版社,2004,第 30 页。

够使它为正在变化中的社会政治秩序确立更加规范的准则，我们借鉴中国模式，促使我们更加清楚地看到人权的礼的基础，学习更伟大的容忍精神，用以面对文化的多样性，并且意识到自己的种种认识为西方所限。①

就此而言，西方"后现代"运动的发生是西方世界摒弃傲慢与偏见，告别年少轻狂，摘去"他者"蔑视，对中国古老文化的短暂正视引发的"拍案惊奇"，以及由此出发反观"自我"而进行的自我审视、省思与校验。"后现代"思潮借由西方对中国文化的释读与误读、在对自我的反思与突破中产生，激发者被被激发者所激发，后现代理念在中国作家的创作中，就某种意义而言，更多是出于一种集体无意识，即敏感和自觉。

中国学者王宁认为，"后现代主义出现于中国当代文坛，最主要的原因莫过于两种：其一是中西方两种文化相互碰撞、相互渗透乃至相互交融的必然产物；其二则是中国当代文学在经历了'文革'十年的话语封闭之后，面对的是一个开放的语境和多元共生的时代"②。

应该说，中国后现代文学自发生之日起，即携带民族性与世界性两种质素，民族性既包含传统文化中激发西方后现代观念形成的理念和智慧，也指涉中国现代化进程引发的社会经济文化诸领域的联动关系和时代语境。世界性既关乎世界文学总体发展的历史进程，也关涉当前世界文学的最新动向。就历时性而言，中国后现代文学的产生既是在民族传统内部智识通变的发展观驱动下达成的自我超越，也是中国文化审时度势、因时而动的叙事表征和诗学体现。就共时性而言，中国后现代文学是崛起的东方古国对世界文明动态的敏锐感知和参与世界文明进程，与之对话互动的文化自信与文化自觉。

(三)矛盾性表征与辩证性内在

中国新时期以来的文学创作生动体现了雅与俗、精英与大众、激进与温和、严肃与诙谐、传统与现代、真实与虚幻、复归与变革等一系列二元对立关系，它们表面上矛盾龃龉，实则辩证统一。

20 世纪 80 年代，文艺工作者走出"文革"阴霾，得以摆脱思想桎梏，重获创作自由，又适逢改革大潮，目睹了日新月异的社会发展进程和随之而来的经济、科技、文化各领域突飞猛进的嬗递与汰变，剧烈的发展变化带来富足、高效、便捷的同时，

① 郝大维、安乐哲：《汉哲学思维的文化探源》，施忠连译，江苏人民出版社，1999，第 24 页。

② 王宁：《比较文学与当代文化批评》，人民文学出版社，2000，第 230 页。

也引发了一系列问题：市场经济裹挟着的商品化逻辑和消费化尺度极易降解崇高、吞噬价值、质疑理想；高度科技化携带的类象因子魔幻了真实与虚无，甚而模糊了主体与客体。在此情形下，文艺工作者面临的首要问题即是对自身主体身份和价值诉求的审理以及在精英与大众、传统与现代、雅与俗两极之间协调新的平衡。池莉的创作谈很有代表性："我觉得作家有责任让越来越多的人读小说……而要让读者接受你的劝告，你就必须很亲切地接近他们，深入表现他们的生活。"①

于是，创作者既秉承知识分子的启蒙与济世责任，又关注普通百姓的现实生活，文本既承载道德劝善的教化功能以实现政治理想，又融合商业性策略以争取读者，将高雅与通俗融汇，将精英价值观与大众审美观结合，内在性实现了多元话语共生的和谐之境，虽表象上偶有"拼贴""缝合"之嫌，但因高超的艺术表现张力以及对当代生活面貌的忠实反映或有力回应而彰显价值。

新时期以来的文学作品往往以"向明""老张"般的"有名"体现科技高度发达、经济快速发展之下由主体间差异的消解而引发的"无名"，借"有名"到"无名"的往复循环表达生命本体由"无"走向"有"又再次回到"无"的回环转化，而"有"与"无"二者本就内在于彼此，互相建构，相互转化，相反相成，这种智慧的辩证早已成为中国传统哲学赋予中华儿女的集体无意识。同西方作家相似，在惊叹现代生活丰富而多元的同时，中国作家也痛苦地意识到相形之下人类的疲弱和无助，与黔驴技穷的西方作家向东方文化索取经验不同，中国作家在面对和书写现代危机时，往往复归传统寻求智慧，这也形成了小说创作中传统与现实的交错互动、协调互进。面对现实的虚妄和残酷，西方作家在孤独中焦虑，在迷惘中呻吟"生存还是毁灭"，即便是幽默，也怪诞而残忍，而中国作家则在轻松平淡谐谑调侃中化干戈为玉帛。

面对瞬息万变的现象世界，一切仿佛都难于把握和捕捉，最真实可感的唯有语言，而语言却好像不时与现实合谋，不断制造新的虚无，中国后现代作家干脆把世界还给语言，把语言交予想象，由它去表现真实与虚幻的相存相依，共荣共生。尽管语言不时狂欢，甚而"爆炸"，但语言的风筝终究由平和而从容的主人牵系，因此，并不放纵骄横，可能偶有只言片语激进，但总又复归温和典雅。

王宁认为，在中国"后现代"文本中常读到一些二元对立：生/死，男人/女人，个人/集体，欲望/压抑，崇高/卑下，高雅/粗俗，美丽/丑陋，嘈杂/宁静，梦幻/现实，

① 陈旭光：《"新写实小说"的终结——兼及"后现代主义"在中国文学中的命运》，载张国义《生存游戏的水圈》，北京大学出版社，1994，第190页。

自我/他人,作者往往采用这样一种叙事策略,首先确立一组组二元对立关系,随后在叙述过程中渐渐消解。① 自20世纪80年代以来的中国文学实现了中国本土传统与西方前现代、现代、后现代理念的融汇与化合,本书所呈现的二元对立矛盾往往仅为表征,伴随着叙述的展开,矛盾双方逐渐在互通融合中实现辩证统一。

张颐武则统揽性关照中国"后现代"话语的二元对立性:"后现代是'回返',又是变革……是幻觉的再现,又是对现实的认同。"②中国后现代文学在间性对话中复归传统,又在复归传统中实现新的跃迁,将虚幻与现实相结合,解构也建构,复古也革新,既对时代语境积极回应,又对民族传统自觉传承,走出了一条兼顾民族性与世界性的探索之路。

后现代话语之所以在中国得以迅速发展,自有其深厚的经济、社会、历史、文化原因:就经济发展状况而言,日新月异的中国,驱动复兴号高铁进入世界格局快车道,昂然屹立于国际舞台,参与国际间共时性平等对话成为可能;就社会历史进程而言,信息的联结与组合使偶然与无序成为人们的日常经验,人们的生活方式、思维方式和表达方式一并进入众声喧哗的后现代场域;就文化嬗递与变迁机制而言,异质文化的自存与回互中,文化间性对话与互进得以实现,中国传统文化智慧得以彰显,中国当代文学作为中国文化的重要载体,在复归与变革中稳健发展。

四、莫言小说创作概观

自20世纪80年代从事创作以来,莫言就以其素朴温情的创作格调赢得了文坛前辈的称赞。1985年开始,他先后发表《透明的红萝卜》《金发婴儿》《球状闪电》《秋水》《红高粱》《高粱酒》《爆炸》《欢乐》《十三步》《天堂蒜薹之歌》《丰乳肥臀》《酒国》《檀香刑》《月光斩》《生死疲劳》等作品,更以其先锋前卫的书写技巧和雄奇瑰丽的叙事风格引起了学界的广泛关注。

莫言自1981年发表《春夜雨霏霏》以来,迄今已创作11部长篇小说,29部中篇小说,90部短篇小说。

其早期小说或表现军旅题材,如《春夜雨霏霏》(1981)、《丑兵》(1982)、《岛上的风》(1984)、《黑沙滩》(1984),或表现农村生活,如《为了孩子》(1982)、《售棉大

① 王宁:《接受与变形:中国当代先锋小说中的后现代性》,载张国义《生存游戏的水圈》,北京大学出版社,1994,第143页。

② 张颐武:《从现代性到后现代性》,广西教育出版社,1997,第72页。

路》(1983)、《民间音乐》(1983)、《白鸥前导在春船》(1984)等,或表现对人性的思考,如《放鸭》(创作于1982,发表于1984)、《五个饽饽》(1984)等,风格大多素朴写实。

早期创作多受到以孙犁为代表的“白洋淀派”影响,其作品浪漫温情,乐观昂扬,清新细腻,诗情画意。

《春夜雨霏霏》(1981)、《丑兵》(1982)、《为了孩子》(1982)、《售棉大路》(1983)、《民间音乐》(1983)等小说秉持主题先行的创作观念,主题鲜明,立意明朗,风格澄澈。《民间音乐》先后得到老作家孙犁、徐怀中的赏识。

莫言自述,其写作“真正转折是1984年考到军校之后,写完了《透明的红萝卜》这一系列与童年、与乡土有关的小说,之后才慢慢地知道了文学应该是怎么一回事了”①。

进入军艺(原中国人民解放军艺术学院)后,1984年先后发表《雨中的河》《流水》《岛上的风》《黑沙滩》《金鲤》,1985年相继发表《透明的红萝卜》《球状闪电》《金发婴儿》《爆炸》《枯河》《白狗秋千架》《大风》《三匹马》《秋水》。其中融汇作者梦境和现实经历的《透明的红萝卜》以奇异的感觉、澄澈的幻想、朦胧的意蕴、独特的韵味迅速引发文坛热议,并获得一致好评。

《白狗秋千架》②(1985)由乡土出发,以“归去来”模式勾连两小无猜的儿时记忆,并以对知识分子和文化精英启蒙神话的颠覆,对生存荒诞与人生困境的策略性表达呈现后现代风格。

1986年发表的《红高粱》(1987年获第四届全国中篇小说奖)以民间视角重温历史,作品中所呈现的蓬勃的生命意识和奔放的自由精神引发轰动。随即发表系列小说《高粱酒》《高粱殡》《狗道》《奇死》,以及《筑路》《草鞋窨子》《苍蝇·门牙》。同年,应张艺谋之邀,与编剧合作将《红高粱》改编为电影剧本。

1987年先后发表的两部中篇小说《欢乐》《红蝗》,因“大胆的亵渎精神”被部分评论家质疑。所幸,两篇小说的价值自2000年开始被重估。

---

① 莫言、力夫:《莫言:中国文学已经达到世界文学高度》,《文学》2013年第1期。

② 《白狗秋千架》于1988年获台湾联合文学奖,2003年根据此小说改编的电影《暖》上映,先后获第10届中国电影华表奖优秀故事片奖、第16届东京电影节金麒麟奖、第23届中国电影金鸡奖最佳故事片奖,第11届北京大学生电影节最佳故事片奖,第13届上海影评人奖十佳国产影片奖、第53届曼海姆·海德堡国际电影节独立电影业主奖。

1988 年，电影《红高粱》[①]荣获柏林电影节金熊奖，同年获第 8 届中国电影金鸡奖最佳故事片奖、第 11 届大众电影百花奖最佳故事片奖、第 5 届津巴布韦国际电影节最佳影片奖和故事片真实新颖奖、第 25 届澳大利亚悉尼国际电影节电影评论奖，引发了海内外关注。同年先后发表长篇小说《天堂蒜薹之歌》，中篇小说《复仇记》(后收入《食草家族》)、《马驹横穿沼泽》(后收入《食草家族》)、《爆炸》，长篇小说《十三步》。莫言自陈《十三步》是其最具有实验性的先锋之作。

1989 年发表中篇小说《你的行为使我们恐惧》，文中第二人称“你”代指小说主人公、绰号“骡子”的“我们”的同学吕乐之，小说故事一波三折，迂回转进，结局充满不确定性。

1990 年发表中篇小说《父亲在民夫连里》，小说中父亲与驴的对话与互动玄幻魅惑，饶有兴味。

1991 年发表中篇小说《白棉花》《战友重逢》《怀抱鲜花的女人》《红耳朵》，短篇小说《神嫖》《夜渔》《鱼市》《翱翔》《飞鸟》《地震》《铁孩》《灵药》《良医》。这些小说戏谑、荒诞，玄幻意味十足。

1992 年发表中篇小说《幽默与趣味》《模式与原型》《梦境与杂种》，带有反讽色彩和黑色幽默风格。

1993 年发表长篇小说《酒国》(创作始于 1989 年)、《食草家族》。2001 年，《酒国》获法国儒尔·巴泰庸外国文学奖。

1995 年创作并发表长篇小说《丰乳肥臀》，引发争议。同年根据其小说《姑奶奶披红绸》改编的影片《太阳有耳》荣获柏林电影节银熊奖。

1998 年，发表中篇小说《牛》《三十年前的一场长跑比赛》，短篇小说《拇指铐》《长安大道上的骑驴美人》《白杨林里的战斗》《一匹倒挂在杏树上的狼》《蝗虫奇谈》，融合现实与想象、幽默与荒诞，兼具现实、现代、后现代风格。

1999 年发表中篇小说《师傅越来越幽默》《野骡子》《司令的女人》《藏宝图》，短篇小说《我们的七叔》《祖母的门牙》《儿子的敌人》《沈园》，长篇小说《红树林》，展现了黑色幽默、荒诞、玄幻特质。

2001 年发表长篇小说《檀香刑》，荣获当年台湾联合报十大好书奖，2002 年获首届“鼎钧文学奖”。《檀香刑》以多重视角讲述了一段惊心动魄的酷刑背后可歌

① 除上述获奖外，电影《红高粱》于 1989 年获第十六届布鲁塞尔国际奇幻电影节广播电台听众评委会最佳影片奖、法国第五届蒙彼利埃国际电影节银熊猫奖，1990 年获民主德国电影家协会年度奖、古巴年度发行电影评奖十部最佳故事片之一。

可泣的普通民众的爱国传奇。

2005 年发表长篇小说《四十一炮》，采用多元叙事方式，以亦真亦幻、虚实相生的讲述，呈现了喧嚣的生活场景，“炮孩子”的宣泄性叙述充满狂欢色彩。

2006 年发表长篇小说《生死疲劳》，以佛教六道轮回的思想结构小说，由西门闹地反复转世投胎的经历和见闻，反映半个世纪以来的社会变迁。以西门闹的转世经历召唤动物为叙事主线，以错综复杂的叙述网络映射人性的幽微复杂。

2009 年发表长篇小说《蛙》，2011 年获第八届茅盾文学奖。《蛙》采用书信与话剧拼贴的反体裁形式结构小说，书写对生命的敬畏与礼赞。

2011 年创作短篇小说《澡堂与红床》，2017 年创作短篇小说《左镰》《地主的眼神》《斗士》《等待摩西》《表弟宁塞叶》《诗人金希普》《天下太平》。2020 年创作短篇小说《晚熟的人》《贼指花》《火把与口哨》《红唇绿嘴》。集结为作品集《晚熟的人》于 2020 年出版问世。

纵观莫言小说创作，1981 年至 1984 年创作伊始，小说风格清新素朴、深情款款、温情脉脉。1985 年以后，莫言小说创作突破早期的写实风格，大胆进行叙事革命和语言实验，采用迥异的感觉、奇幻的情节、嵌套故事等方式，隐约可见志怪小说的怪诞玄幻，话本小说的曲折生动，蒲松龄式的腾挪跌宕、怪异谲诡，呈现了中国古典美学所崇尚的含蓄蕴藉、朦胧幽渺，依稀可辨新感觉、反阐释等后现代特色。21 世纪以来，莫言的创作理念更趋成熟沉稳，在技巧上仍然激情洋溢，勇于突破，大胆创新，小说愈加呈现了兼收并蓄的姿态，融汇现实与超现实、现代与后现代多种风格于一体，绚烂瑰丽，雄奇诡谲，汪洋恣肆，奇诡壮阔，别具一格。后诺奖时代，莫言小说以端庄娴雅、波澜不惊的面貌，看似“绚烂之极归于平淡”，实则将将创新锋芒隐于质朴风格之下，以读者不易察觉的方式，将诡谲而玄幻的传奇和神话潜入表象之下，将荒诞隐于现实，将传奇遁入日常，将英雄气概纳入寻常面孔，持续探讨社会人生的诸种问题，深入揭示人性的幽微复杂。小说中“莫言”的出现完成了对隐含作者叙述主体地位的消解，将叙述主体归还给故乡人与事的真正的永恒见证者——高密东北乡。

在中国当代文学研究领域，莫言以“寻根作家”与“先锋作家”著称。其作品深植本土，亦不拒外来，融通中外，驰骋古今，沟通雅俗，贯穿悲悯与自省，探究生存真相与人性幽微，主题宏阔又不失精妙。“寻根”倾向彰显了莫言坚守本土文化的自觉，“先锋”意识昭示了作家孜孜以求、革故鼎新的创作取向，体现了其对智识通变、锐意创新这一民族传统精神的秉持。

五、莫言小说的后现代特征

2012年,莫言荣膺诺贝尔文学奖。诺贝尔奖官方网站称莫言“用魔幻般的现实主义将民间故事、历史和现代融为一体”。这一评价既高度肯定了莫言小说独特的风格与特色,又内在性地概括了莫言小说的后现代特征:将历史与现代、民间与主流、本土与世界多元并置,有机融合,创造了亦真亦幻、雄奇瑰丽的小说世界。作为先锋作家,莫言将创造力视为写作的头等要务,锐意追求小说的形式创新、语言革命和结构变形,他厚植于民族传统,撷取古今中外小说创作技巧,在创作观、文本观、阅读观等各方面与后现代思潮形成了呼应与对话。

(一)创作观

莫言的小说雄奇瑰丽,波诡云谲,在后现代的打破与重塑中,彰显前现代的传统和现代的理性,他复归,也逃离;悲悯,也批判;游戏,也慎思;怀旧也创新;瞭望,也审视。

笔者认为莫言小说的后现代创作观主要体现为四个方面:

第一,解构也建构。

其作品以众声喧哗的话语逻辑弥散中心话语的一元模式,以“最美丽最丑陋、最超脱最世俗、最圣洁最龌龊、最英雄好汉最王八蛋、最能喝酒最能爱”①的复调狂欢消解二元对立的思维模式,以幻化变形、遁世投胎、借尸还魂②等变化万千的人物和玄幻离奇的形象消弭主体意识,以仗义豪侠、除暴安良却飞扬跋扈、无所不为的“我爷爷”降解英雄、解构家族权威,以知识分子的失语无助、自身难保颠覆启蒙神话,以文体融合打破体裁界限,以亦真亦幻、虚实结合的方式取代完全写实或纯粹虚构,以融汇民族性与世界性的技法替代墨守成规或食洋不化。

第二,视域融合。

就历时性而言,其小说融合传统、现代和后现代风格与特色,在继承的基础上锐意探索,勇于创新;就共时性而言,小说以中国智慧融汇世界经验,展现在全球视野下的中国气派。创作中传统、现代、后现代艺术手段的综合运用拓宽了小说的叙述场域,层出不穷的叙事革新为小说提供了强烈的艺术张力。“以全球为参照体系

---

① 莫言:《红高粱》,载《红高粱家族》,上海文艺出版社,2012,第2页。

② 王德威:《千言万语,何若莫言》,《读书杂志》1999年第3期。

观照自身，敞开胸怀，包容和接受外来元素，植根民族文化，创造独特的新文学。”①以鲜明的“寻根”与“先锋”色彩，将民族性与世界性融汇，充分体现了作家对民族文化的自觉坚守和参与文化间性对话，达成视域融合的热忱与果敢。

第三，幻觉现实主义。

关于文学创作中的现实与虚构，莫言有着独特而鲜明的认知：“文学是从现实中成长起来的，但它应该超出现实层面，在超越了现实的层面之后应该有一个膨胀的树冠，树冠上长满各种各样的花、果子，垒满各种各样的鸟巢。必须还要有非现实的成分在发挥作用，用象征的方式拓展这种涵盖的广阔程度。”②“虚构是建立在生活的基础上的，建立在对人性基础的把握上的。在创作时打开全身的感官，时刻开放艺术感受力。时刻保持艺术脉络的畅通。”③莫言的小说创作践行了这些主张，其小说创作大量借用民间神话与传说，以幻想、联觉、通感、夸张、象征、暗示、隐喻、比拟等手法制造幻象丛生、亦真亦幻、虚实交错、扑朔迷离、异人异境的魔幻世界，以虚幻与现实交汇，膨胀与延伸感官经验，拓展现实宽度，拓宽小说疆域，加强写实力度，增强艺术张力与感染力，创造梦幻神奇、光怪陆离的艺术效果。

第四，生命意识和自由精神。

莫言小说往往彰显一种恢宏恣肆的生命意识和自由精神，这使得他的作品潇洒酣畅，荡气回肠。莫言认为，小说创作应融入作家对生命的丰富感受和深刻体验④，他自陈，魏晋风骨是其创作的精神源头，他欣赏那种自由潇洒、不拘小节的人生状态。从《秋水》到《红高粱》，从《十三步》到《生死疲劳》，从《丰乳肥臀》到《檀香刑》，莫言的小说往往充盈着强劲本原的生命张力和喷薄而出的自由精神，这种朗然和辽阔与中国古典美学对活泼生命和世界本相的崇尚一脉相承。难能可贵的是，莫言以其高超的文艺天赋和创作敏感实现了对原真美学状态的复归，并以其不落窠臼的探索精神实验新形式，创造新体验和新感觉。

（二）文本观

莫言自1984年于解放军艺术学院求学期间创作《透明的红萝卜》（发表于1985年）以来，突破早期的写实风格，不断探索叙事革命和语言实验，拓宽了小说

---

① 莫言：《作为世界文学之一环的亚洲文学》，《艺术评论》2010年第6期。

② 莫言、张旭东：《当代写作中的表象、自律性、与历史——莫言、张相东对话》，https://www. guancha. cn/ZhangXuDong/2014_11_18_300567. shtml，访问日期：2021年10月10日。

③ 莫言、高博：《莫言与军艺学员对话录》，《解放军艺术学院学报》2016年第1期。

④ 莫言：《碎语文学》，作家出版社，2012，第29页。

的叙述场域,为小说提供了强烈的艺术张力和感染力。

1. 叙事革命

莫言作品的英文译者葛浩文认为,莫言是一位寓言与幻想的行家,是多重叙事与文本转换的高手。其作品叙事风格可谓风格各异,姿态万千。笔者认为,可集中概括为六个方面:

第一,反体裁。

《猫事荟萃》《十三步》《酒国》《一尺英豪》《蛙》《食草家族》等小说将书信、小说、散文、杂文、剧本、新闻、祭蜡文、歌词等多种文体混合套用,间杂采用侦探案件、离奇传说、悬疑故事、历史考古、循环叙事、迷宫游戏、时间回互、独白梦呓、隐喻象征等多种方式,运用拼贴、混杂手段打破体裁限制,实现反体裁创作,使叙事活动得以立体化的同时,活化了叙事效果。《猫事荟萃》以杂文形式开篇,融汇散文的抒情性、小说的故事性,其中穿插新闻,甚至图表,用以比较自家的猫与日本的猫,小说虚实相间,将古今中外关于猫的传说、叙述者关于猫的见闻、与猫有关的话题,聚合拼贴,混杂综合,荟萃"猫事"名副其实。更为重要的是,在随意漫谈中诙谐地揭示了面对生存,人与动物的紧张关系,虽然主题沉重,但因作者突破体裁极限,在小说、杂文和散文之间自由转换,以气定神闲的叙事态度,传达了云淡风轻的处世哲学,启人思考,引人回味。

第二,零度情感叙事。

《透明的红萝卜》《模式与原型》《你的行为使我们恐惧》《食草家族》等小说采用零度情感叙事,令事物不经过认知过滤,而以其自身的状貌得以显现,突显事物的实然状态和世界本相的诗性。"在红花旁边又一朵花出现了,那是指甲里的血渗透出来了",①黑孩指甲被铁锤砸碎,何其疼痛可想而知,但作者并不表现疼痛,单纯以目之所及、眼之所见暗示痛苦,达成奇异效果。"黑孩听到头上响起一阵风声,感到有一个带棱角的巴掌在自己头皮上扇过去,紧接着听到一声很清脆的响,像在地上摔死一只青蛙",②从声音即可判断,黑孩此番挨打,小铁匠下手不轻,但作者避之不谈挨打的疼痛,仅以声音透露,邀请读者感知和判断的同时,传达了黑孩存在之悲,抒发了作者的悲慨和无奈。

第三,元叙事。

《民间音乐》《秋水》《白狗秋千架》《红高粱家族》《十三步》《白棉花》《红耳

① 莫言:《透明的红萝卜》,载《欢乐》,上海文艺出版社,2012,第11页。

② 同上书,第14页。

朵》《天花乱坠》《凌乱战争印象》《弃婴》《人与兽》《三十年前的一次长跑比赛》《酒国》等小说采用传统话本小说充满现场感的互动性表达，间或以小说的自我指涉性和拆解叙事策略的后设方式实现元叙事。“……这是后话”，①“现在该回头说说爱情这个永恒的主题了”，②“追上了没有呢，不知道。最后结局呢？”③正当读者对小说所述故事深信不疑、沉浸其中时，作者突然中断故事叙述，插入对叙述策略和叙述行为的讲述，以能指嬉戏增强自我指涉，揭发小说的虚构属性，将创作、阅读和批评熔于一炉，破坏阅读流畅性的同时，赋予读者参与文本意义生成的能动性，使阅读活动由单纯可读增殖为可写，阅读过程遂成为一场狂欢嘉年华。

第四，人称视角自由转换。

人称视角自由转换，表现为叙事视角的转换和当事人人称的转换。《天堂蒜薹之歌》从瞎子张扣、叙述者和官方报纸三重叙事视角讲述蒜薹事件，全方位、立体化呈现故事全貌，使故事因多视角讲述而丰满圆润，克服了单一视角的限制和全知视角的威压与尴尬。《你的行为使我们恐惧》《球状闪电》《金发婴儿》《红树林》等小说穿插使用“我”“你”“他”，在视角自由切换、无缝对接的跳荡挪移中，饱满而立体地揭开了事件全貌，视角的扩张使故事无限趋近本相。“别人看见她不动心，我看见她无法不动心”，“十几年前那个晚上，我跑到你家对你说……”，④《白狗秋千架》对当事人暖的称谓由“小姑”而“你”而“她”，活化了小说故事性，降解了叙述难度，增强了小说感染力。人称视角的无穷转换还原生活本相，膨胀叙述信度的同时，也消解了叙事者和当事人的主体性，消弭了小说与生活的界限，消费了小说的文本属性，增强了小说的游戏化、游戏的生活化。

第五，时空交错。

《白狗秋千架》《红高粱》《球状闪电》《爆炸》《欢乐》等小说打破时空界限，运用蒙太奇、拼贴、混杂等方式突破时间的疆域和空间的边界，自由穿越于时间之经、空间之纬，腾挪跌宕，闪回跳跃，增强了叙事的纵深感和灵活性，将拆解与整合文本的自由交予读者，扩展了阅读活动的创造之维，提高了阅读难度，拓宽了小说的表现场域，落实了意识流动的自由无拘束，赋予读者可写空间，在一定程度上增强了阅读活动的趣味性。

---

① 莫言:《秋水》，载《白狗秋千架》，上海文艺出版社，2012，第187页。

② 莫言:《民间音乐》，载《白狗秋千架》，上海文艺出版社，2012，第124页。

③ 同上书，第130页。

④ 莫言:《白狗秋千架》，载《白狗秋千架》，上海文艺出版社，2012，第204页。

第六，互文。

莫言的小说《灵药》与鲁迅的小说《药》形成了互文。《灵药》中“父亲”按偏方指引，为给奶奶治眼疾，在死刑犯身上取胆，奶奶听闻真相又气又恨一命呜呼，非但眼疾未得治愈，反而因此丧命。莫言自述：“我的《灵药》和鲁迅先生的《药》，在精神上一脉相承。”①《灵药》在情节、主题、场景各方面与《药》形成了对话与呼应。就情节而言，都是为给亲人治病，情急乱投医，听信偏方，以形养形，买血，取胆；就主题而言，都在揭示人性的弱点——为拯救自我和亲人，漠视生命伦理，讲述了不惜“吃人”以求自保的生存逻辑；就场景而言，都以刑场与家作为故事展开的主要发生地。两部小说同中有异，突出表现在：《药》中华老栓买血是为给孩子治病，表达了鲁迅“救救孩子”的呼声，而《灵药》中父亲取胆是为奶奶治病，与父亲取胆的冷漠不同，奶奶的断气则表现了她对“取胆”行为的否定和对“吃人”行为的拒绝，奶奶的正常判断标准突显了父亲的非正常尺度，批判了人性的异化。

又如《月光斩》中“炼钢”与“铸剑”情节与鲁迅小说《铸剑》的互文与对话。莫言以“巨大震撼”“难以忘怀”②抒发对《铸剑》的观感，也以“就像国王的妃子抱了钢柱而受孕产下的那块铁一样玄妙”③致敬《铸剑》。

2. 语言实验

莫言认为，“一个有追求的作家，最大的追求就是语言的或曰文体的追求”④，莫言的创作实践生动彰显了他的追求，其小说创作从内容到形式不断探索、创新、突破，语言实验更是花样翻新，层出不穷，主要表现在以下四点：

第一，复调与狂欢。

《红高粱》《天堂蒜薹之歌》《檀香刑》《蛙》等小说以复调形式，通过多声部对话表现丰富情感。如《檀香刑》中孙丙的豪迈激越，眉娘的柔婉刚烈，钱丁的九曲回肠，小甲的懵懂稚拙，观众的帮腔补调，各种声音激荡跳跃、腾挪跌宕谱就一出众声喧哗的交响大戏，爱恨情仇、忠孝节义交汇成生气勃勃的多语复调，国事家事天下事尽收眼底，人格人情人性一览无余。

《红高粱家族》《檀香刑》《生死疲劳》《酒国》等小说将古典文言、现代书面语、

① 刘琛、莫言：《把“高密东北乡”安放在世界文学的版图上——莫言先生文学访谈录》，《东岳论丛》2012 第 10 期。

② 莫言：《谁是复仇者？——〈铸剑〉解读》，《中国现代文学研究丛刊》1991 年第 3 期。

③ 莫言：《明月斩》，载《余大师约会》，上海文艺出版社，2012，第 406 页。

④ 莫言、张慧敏：《是什么支撑着〈檀香刑〉——答张慧敏》，载杨杨《莫言研究资料》，天津人民出版社，2005，第 74 页。

民间俗语俚语并置混合，在杂语狂欢中逸出慎思和审视。“东北乡，人万千，阵势列在墨河边。余司令，阵前站，一举手炮声连环。东洋鬼子魂儿散，纷纷落在地平川。女中魁首戴凤莲，花容月貌巧机关，调来铁耙摆连环，挡住鬼子不能前……”[①]出自九十二岁老妪之口的对“我”祖先的这段褒奖，将民间俚语与现代书面语、抗日语言融合，将烘托、映衬、对偶等修辞与民间顺口溜形式并置，在语言狂欢的喧闹中，多元话语互相补充，彼此映衬，互补见义的同时真切反映了喧腾而多元的生活图景。

第二，文本指涉。

莫言小说创作实绩丰硕，篇幅不一，题材各异，故事曲折，人物繁多，构成丰富庞杂的话语世界。值得注意的是，莫言时常有意在不同小说中或朦胧或清晰地指涉其他小说名字或文本，抑或在不同小说文本中提及同一场景或讲述同一人物，以此在不同文本间进行联通整合，形成强大的小说叙事网络。

例如在《三十年前的一次长跑比赛》中，以“我曾在一篇文章里简单介绍过他的一些情况”[②]模糊指涉莫言小学三年级的一篇作文《记一次跳高比赛》。《弃婴》中的文本指涉更为清晰，“这些故事被我改头换面之后，写成了一篇名为《白狗秋千架》的小说”[③]，并评价说：“这篇小说我至今认为是我的好小说”[④]。《凌乱战争印象》以“你爷爷那种游击队是一种游击队，姜司令的游击队又是一种游击队”[⑤]指涉《红高粱》中“爷爷”的历史。《猫事荟萃》中以“于是莫言的父亲成了一个‘土匪种’”[⑥]指涉《红高粱》，并自我揭示其对家族历史的虚构。《人与兽》中“爷爷”余占鳌带父亲“豆官”伏击日本汽车队，也是对《红高粱》中的伏击场景的直接指涉。

第三，戏仿。

提及戏仿，莫言认为，“戏仿实际上也是一种反讽，也是对过去存在的各种时期各种地方的语言的拼贴”[⑦]。莫言小说中的戏仿，主要表现为情节层面、技巧层面和语言层面的戏仿。

情节层面，《灵药》《月光斩》《欢乐》分别对鲁迅的小说《药》《铸剑》《白光》构

---

① 莫言：《红高粱家族》，上海文艺出版社，2012，第10页。

② 莫言：《三十年前的一次长跑比赛》，载《师傅越来越幽默》，上海文艺出版社，2012，第117页。

③ 莫言：《弃婴》，载《白狗秋千架》，上海文艺出版社，2012，第304页。

④ 同上。

⑤ 莫言：《凌乱战争印象》，载《白狗秋千架》，上海文艺出版社，2012，第341页。

⑥ 莫言：《猫事荟萃》，载《白狗秋千架》，上海文艺出版社，2012，第368页。

⑦ 莫言、张旭东：《当代写作中的表象、自律性、与历史》，https://www.guancha.cn/ZhangXuDong/2014_11_18_300567.shtml，访问日期：2021年10月10日。

成戏仿；技巧层面，《民间音乐》中表现小瞎子琴声魅力的神奇酷肖灵异传奇，《幽默与趣味》以王三变成猴子戏拟《变形记》中格里高利变甲虫，揭示生存的无奈与人的异化；语言层面，《猫事荟萃》中以“咎由猫取”“欺猫太甚”戏拟成语，《月光斩》两次提及“人血蘸过的馒头的气味”①戏拟《药》中的情节，《欢乐》中“不在沉默中爆发，就在沉默中灭亡”②戏拟《纪念刘和珍君》。

第四，语言过剩。

这里的“语言过剩”也即过量装饰、冗余。莫言小说的语言雄奇瑰丽，别具一格，酷似打翻了的调色盘，浓墨重彩，万紫千红。莫言以极佳的语言天赋和游刃有余、得心应手的语言操作技艺将原本过剩的话语布列得服帖有序，形成了其独特的语言风格。

《酒国》充斥的闲话、废话、笑话、余话构成了多余或过剩的颓废风格，③如“我的导师，也是我老婆的爹爹我岳母的丈夫我的岳父岳父者泰山也俗称老丈人”④，李一斗以无标点、无间隔、冗余、过剩的27个字复指“我岳父”以表达“对文学的热爱”、对岳父扰乱“我”文学爱好的不满。《你的行为使我们恐惧》中仅“我们二十年前洗澡”池塘里的水中生物就列举了“淤泥、野芦苇、狗蛋子草、青蛙、黄鳝……”十二种之多，更别提连篇累牍的感叹和回忆了。《欢乐》中采用大段的近乎狂欢的过剩语言表现岁月的冗长庸常和屡试不中的焦虑，如“他倒背着手，神色冷淡，好像这并不是开学第一节课，而是一次枯燥无味的、千篇一律的进饭或出恭。他扫了一眼众学生，你知道他谁也没胡看他把谁也看了……”⑤小说以“欢乐”作为题名，与其说指向情节，不如说标识语言的狂欢。小说情节上虽并无欢乐可言，但肆无忌惮的赘言冗词却创造了铺天盖地的语言狂欢。

(三)阅读观

莫言以其敏锐的视、听感觉和丰富的认知体验，赋予其小说人物细微而绚烂的感觉世界。莫言也常从个人主观的幻想和梦境中探索新感觉，以至于其小说中的感觉时而通透，时而神秘，甚而玄幻、离奇，加之情节的莫名、主题的多义，给读者带来崭新阅读感受的同时，增加了阅读和阐释的难度。

---

① 莫言：《明月斩》，载《余大师约会》，上海文艺出版社，2012，第410－411页。

② 莫言：《欢乐》，载《欢乐》，上海文艺出版社，2012，第241页。

③ 杨小滨，愚人：《盛大的衰颓——重论莫言的〈酒国〉》，《上海文化》2009年第3期。

④ 莫言：《酒国》，上海文艺出版社，2012，第23页。

⑤ 莫言：《欢乐》，载《欢乐》上海文艺出版社，2012，第268页。

1. 新感觉

“新感觉”是美国文艺评论家苏珊·桑塔格在其论文《一种文化与新感受力》(1965年)中提出的,桑塔格认为“艺术如今是一种新的工具,一种用来改造意识、形成新的感受力模式的工具……当代意识诉诸的正是感觉、情感、感受力的抽象形式与风格”①。

莫言的中篇小说《透明的红萝卜》借黑孩这一形象调动了新感觉,黑孩能听到自然界各种细微的不为他人觉察的声音,却对自己身上的创痛习焉不察,他的听觉、嗅觉、视觉高度灵敏,看似不受俗世侵扰,自性自在,无所挂碍,却心心念念那颗金色的、透明的、包孕着银色液体的玲珑剔透的红萝卜。

“崎岖的大脚”“漫长的下巴”“缤纷的思想”“灰白色的暗语”“羊羔那么大的蚂蚱”“云雾一样的香气”……莫言小说常以通感联觉、夸张比拟、超常想象等方式,以陌生化的书写呈现崭新而奇异的感觉世界。

2. 反阐释

中国传统美学的含蓄蕴藉、朦胧幽渺和后现代的不确定性在莫言小说中综合作用,凝结成神秘莫测、纷繁难解的意蕴之网,迷雾重重,任人揣度,却又不容定夺。

《透明的红萝卜》《月光斩》《民间音乐》《秋水》《长安大道上的骑驴美人》《幽默与趣味》《酒国》等小说都有或大或小的难解之谜。

《透明的红萝卜》中孤独倔强而无言的黑孩,各种人们业已习惯或根本不可察觉的声音、味道和图像,绝无仅有的透明的红萝卜,这一系列组合构成强大的象征,敞蔽着一个个令读者熟悉而又陌生的魔幻而灵异的生活片段,却又潜隐着重重谜团——黑孩的所为为何,透明的红萝卜究竟为何,老铁匠的唱词有何玄机……

《月光斩》中刘副书记究竟是生是死?“月光斩”何以如此神奇?下落如何?神秘女子是何来历?去向何方?

小说结束,仿佛一切都得到了结,桩桩件件却又悬而未决,重重叠叠的悬念创造了巨大的阐释空间,然而无论怎样阐释却总是似是而非或余韵未尽,此时读者只得目瞪口呆,三缄其口,从静默中回过神来:哦,拒绝阐释。

李敬泽对莫言小说的概括很准确:“莫言阐扬着中国精神中更宽阔的一面,那既是经验的、感觉的、身体的,又是超验的、终极的,超越自我、超越历史理性。”②源

---

① 苏珊·桑塔格:《一种文化与新感受力》,载《反对阐释》,程巍译,上海译文出版社,2003,第343,348页。

② 李敬泽:《莫言与中国精神》,《小说评论》2003年第1期。

自经验的真和源于超验的幻,交汇融合,形成亦真亦幻的人文景观,“经验的真”如同坚实大地,“超验的幻”宛若自在天空,行走其间,时而步履沉重,却始终悠然自得。

莫言的小说既植根传统,又不拒外来,体量巨大,容量丰富,既有庄子的汪洋恣肆、蒲松龄的神秘玄幻、鲁迅的深刻冷峻,也有民间话本的自然亲切,既可见现代派的凝重,也包含后现代的多元,笔下浮世万千,下笔举重若轻。

第三章　莫言小说的叙事革命

自20世纪80年代以来，伴随着经济体制的转型，文化领域的变化日新月异。特别是20世纪80年代中期，在文学创作领域，发生了至关重要的转折，作家从以往的专注于“写什么”到此时的聚焦于“怎么写”。自此，在小说创作领域出现了层出不穷的叙述革命。在如火如荼的小说叙述革新运动中，善于突破的莫言无疑是不容忽视的重要力量。本书从叙事策略和叙事技巧两方面展开探讨。

一、叙事策略

莫言在20世纪80年代初期步入文坛，以素朴温情的格调、清新秀丽的语言获得文坛认可。1985年前后，莫言以昂扬的创作热情，大刀阔斧地尝试叙述创新和语言实验，他的作品从《透明的红萝卜》到《猫事荟萃》，从《长安大道上的骑驴美人》到《与大师约会》，从《红高粱》到《酒国》，从《丰乳肥臀》到《生死疲劳》，每一部都实现了创造性书写、个性化表达，力求不同于他人创作，也不与自身作品雷同，既独具匠心，又别开生面。

（一）叙述人称

叙述人称既关联叙事格局，也关涉作者与读者的对话关系。因此，创作者一旦有意识地开展叙述革命，叙述人称便是必须面对的首要问题。莫言小说不仅实现了在“我”“你”“他”三种人称之间灵活调度，而且创造性地使用集体叙事视角“我们”，另外，还以“我爷爷”“我奶奶”“我父亲”“我母亲”“我们的七叔”等崭新的方式创造了融合多种人称优势的叙述策略。《红树林》采用“我”“你”“他”“她”的不同人称叙事，交替以“你”“她”指称林岚，形成了如万花筒般的多元人称景观。《十三步》则尝试了所有人称和视角，在小说中纵横交错，瞬息万变的人称转换本身既已形成复杂迷离的叙事迷宫，构建了嘉年华式狂欢叙事场景，令人目眩神迷，又流连忘返。

另如小说《秋水》开篇：

我爷爷八十八岁那年春天一个天气晴朗的上午，村里人都见他坐着大马扎子倚在我家临街的菜园子墙上闭目养神。天晌午，母亲让我去叫爷爷回家吃饭。我跑到他身边，大声喊叫也不见应，用手推去，才发现他已不会动……爷爷死得非常体面，面色红润，栩栩如生，令人敬仰不止。村里人纷纷说我爷爷生前积下善功，才得这等仙死。我们全家都为爷爷的死感到荣耀。

据说，爷爷年轻时，杀死三个人，放起一把火，拐着一个姑娘，从河北保定府逃到这里，成了高密东北乡最早的开拓者。那时候，高密东北乡还是蛮荒之地，方圆数十里，一片大涝洼，荒草没膝，水汪子相连，棕兔子红狐狸，斑鸭子白鹭鸶，还有诸多不识名的动物充斥洼地，寻常难有人来。我爷爷带着那姑娘来了。

那个姑娘很自然地就成了我奶奶……①

以爷爷八十八岁高龄安详离世为起点，村民评价如此仙逝，必因生前善功，自然过渡介绍爷爷年轻时杀人、放火、拐姑娘、拓荒，寥寥数语，鲜明了荤腥不忌、英勇无畏、有胆有识、敢作敢为的爷爷形象。简短介绍了爷爷奶奶的开拓壮举后，“我”出场了：

我懂人事时，那座莫名其妙的小土山已被十八乡的贫下中农搬走了，洼地似乎长高，天雨日少，很难见到水，隔五六里就是一个村子。听爷爷辈的老人讲起这里的过去，从地理环境到奇闻轶事，总感到横生出鬼雨神风，星星点点如磷火闪烁，不知真耶？假耶？②

“我”的加盟伴随着真实感和亲切感，增强了故事的可信度，缩短了作者与读者的距离。由“我”来讲述“我”的家族故事，既有真诚坦白“捧出一颗真心”的率真之情，也不无“借机造势”、夸大家族传奇的炫耀之心。二者结合，对作者而言，无异于为推进情节插上了翅膀，使创作如鱼得水、如虎添翼；对读者而言，则既迎合了窥视隐私的好奇心理，也满足了求新求异的猎奇诉求。因为作者“获得”家族信息来源具有多元性，有的亲见，有的听说，因此在创作中大肆虚构便更加心安理得。而读者自然深知这其中真真假假，虚虚实实，但仍以宁愿信其有甚或大可不必追究真伪的宽厚心态，潜心于对小说的欣赏和对隐秘事件的窥探。《秋水》发表于1985年，当时莫言对叙述人称的把握、对读者情绪的调动、对小说情节的推进已炉火纯青。

① 莫言：《秋水》，载《白狗秋千架》，上海文艺出版社，2012，第186页。

② 同上书，第187页。

小说《白狗秋千架》以故事中的井河为第一人称叙事，井河对与他青梅竹马但未能终成眷属的女主人公暖的称谓在“你”和“她”之间频繁切换。“十几年前的那天晚上，我跑到你家，对你说……”①“我看到她耸起的双肩塌了下来，脸上紧张的肌肉一下子松弛了”②。引文第一处回忆当年与暖的对话，以“你”指代，活泼、真实、富有情感。第二处“我”对暖细微动作的观察，以“她”指代，客观、冷静、极具理性。

小说《凌乱战争印象》由叙述者的口吻“枪毙了人之后，三老爷亲眼看到姜司令躲在厕所里流眼泪。”③忽而转向三老爷口吻，“小子，你也别反对人家走后门什么的，古来就是这样，你小子要是有本事当上了联合国的国长，三老爷也就不用在这里剥麻了。”④“其实也怨不得你三老妈……三老爷克搐着脸说。姜司令司令部里听说还有一个美国顾问？不对不对，是个美国飞行员……”⑤三句话分别是三老爷——故事叙述者——故事中的“我”——三老爷。紧密相连的四个句子，口吻和视角急剧变化，由三老爷口吻忽而转向叙述者，又由叙述者忽而转向故事中的“我”。三老爷和叙述者、故事中的“我”三个视角转换中无中介语言过渡。既如实表现了对话的现场感，也侧面回应了标题述及的“凌乱”。

小说《丰乳肥臀》中上官鲁氏生龙凤胎时难产，一度以为自己将不久于人世，在公婆和丈夫面前一贯逆来顺受的她，在垂死挣扎中爆发出反抗的激情：

趁着丈夫又一次探头进来的瞬间，她拼着全身的力气抬起一只胳膊，对他挥了挥手，一句冷冰冰的话从嘴里钻出来——她怀疑这句话是不是自己说的——狗娘养的，你过来！——她对丈夫早已到了无恨无怨的程度，我为什么要骂他呢？骂他“狗娘养的”，实际上是在骂婆婆，婆婆是条狗，老狗……⑥

引文中，人称错综变换，以隐含作者的全知视角迅速变迁为以上官鲁氏为第一人称的视角，并在“她”与“我”，“他”与“你”之间频繁切换，生动体现了痛楚中的上官鲁氏意识的混乱与思维的无序。

你叫我？她看到上官寿喜站在炕前，双眼望着窗户，满脸尴尬表情，你叫我有啥事……她不无怜悯地看看这个与自己生活了二十一年的男人，心里突然充满了

---

① 莫言：《白狗秋千架》，载《白狗秋千架》，上海文艺出版社，2012，第204页。
② 同上书，第205页。
③ 莫言：《凌乱战争印象》，载《白狗秋千架》，上海文艺出版社，2012，第339页。
④ 同上。
⑤ 同上。
⑥ 莫言：《丰乳肥臀》，上海文艺出版社，2012，第42页。

歉疚。①

引文中，由上官寿喜视角瞬间跃迁至隐含作者的全知视角，并在两种视角间迅速而频繁地反复切换，表达鲁氏五味杂陈的纷乱情绪，映射纷纭复杂的生活场域和众声喧哗的社会万象。

小说《神嫖》叙述人称则呈现为俄罗斯套娃般的嵌套结构，小说以大爷爷转述其父亲、“我”老爷爷所述的季范先生逸事为主要内容。

我的老爷爷十五岁时，就在这位季范先生家当小伙计，所以就有很多有关季范先生的逸闻趣事在我们家族中流传下来，大爷爷对我们讲述这些逸闻趣事时神采飞扬，洋溢着一种自豪感，这自然是因为我的老爷爷给王家当过差。大爷爷每次给我们讲季范先生轶事时，开首第一句总是说：你们的老爷爷那时在季范先生家当差……②

小说频繁以“老爷爷说”引出话题，以“大爷爷说”补充信息，间或以听故事的“我”与二哥的提问和感叹，与大爷爷转述的故事形成对话与互动，既增强了真实性，又增加了亲切感，既活泼，又灵动。

小说《球状闪电》中高考落榜的男主人公蝈蝈回乡务农情绪低落，田间遇到同村姑娘茧儿主动前来示好，此时的蝈蝈经受着落榜的失落、务农的心酸、青春的悸动，内心五味杂陈，作者以凌乱的叙述人称映射沮丧的蝈蝈心中的芜杂：

她捂着脸哭起来，从指缝里流出抽动鼻子的声音和大颗粒的泪珠。泪珠滴到水红衫子上。太阳像头老牛一样蹒跚着，阳光中银白的光线正在减少，紫光红光逐渐增强，芦苇的色调愈加温暖。水红衫子！你越来越醒目，越来越美丽，你使我又兴奋又烦恼，我不知是爱你还是恨你。你像一团燃烧的火，你周围的芦苇转瞬间就由金黄变成了橘红。水红衫子！你像磁石一样吸引着我站起来。你不要后退呀！你后退我前进。水红衫子，你干么畏畏缩缩，身后拉拉响着芦苇。水红衫子，你使我变成了一只紧张的飞蛾……

他的脚踩在一团软乎乎的东西上。苇丛中一声怪叫，像婴儿的哭声又像老头的咳嗽。他汗腺猛然张开，出了一身冷汗。低头看时，见到一只排球大小的刺猬。蝈蝈，怎么啦？她惊声问道。吓死我啦，一只大刺猬，一只刺猬精。我用镰刀劈了它。他狠狠地说。你别伤害它，蝈蝈。刺猬是伤害不得的。好吧，看在你的面子上，饶了它。他用三个指头捏起刺猬坚硬的背毛，提拎起来，前后悠着，增加了惯

① 莫言：《丰乳肥臀》，上海文艺出版社，2012，第42页。

② 莫言：《神嫖》，载《与大师约会》，上海文艺出版社，2012，第76页。

性，然后一松手，喊道：滚你个刺儿球！只听得苇棵子稀里哗啦一阵响，大刺猬就消失在一片辉煌的颜色里去了。它的刺毛跟芦苇叶子一个颜色，难怪他踩到它身上。

水红衫子，你把我的眼睛晃花了。①

引文首段以第一人称叙事，以蝈蝈的视角重点表现了苦闷困顿中的蝈蝈田间遇到以“水红衫子”为情欲符号的、主动示好的茧儿姑娘，激发了潜藏已久的青春的悸动，痛苦的心境、温暖的光线、适宜的环境、恰好的姑娘，磁石般吸引着也调动着蝈蝈爱的激情，亲密的拥抱在一定程度上缓解了蝈蝈的焦虑，释放了他心中的压抑。此时的蝈蝈对“水红衫子”更加心醉神迷。蝈蝈对茧儿姑娘的指称由“她”转为“你”，既是出于激情的宣泄和释放，也是出于纯任感性、绝非理性的梦呓般的迷乱。引文第二段先以第三人称“他”和“她”分别指代蝈蝈与茧儿，后夹杂采用第一人称和第二人称指称蝈蝈和茧儿，既表现了沉迷于爱的激情而热烈拥抱的两人突遇偶然事故的慌乱，也彰显了青春悸动被突然惊扰的局促和仓促收束的匆忙。最后又以第一人称叙述，以蝈蝈的视角重温“水红衫子”，表达了对喷薄而来的悸动青春的追怀。小说后文以类似顶针修辞的方式，接续前文提及的刺猬，并以第一人称叙事，以刺猬的视角表达对突如其来的蝈蝈踩踏的不满。小说中三种人称的频繁更替将第一人称的独白性、第二人称的现场性、第三人称的间离性熔于一炉，充分发挥了第一人称的亲切感、第二人称的对话感、第三人称的透视性优势，使得叙述行为挥洒自如、纵横恣肆、灵活生动、无拘无束、游刃有余。

小说《欢乐》叙述以第二人称为主，间或掺杂第一人称。“你”打破阅读舒适体验，带来扩张效果，增强审美张力。“我”高频出现是在为多年前曾与“我”有过“暧昧”暗示的、如今自杀的鱼翠翠抬棺材过程中，而鱼翠翠的自杀召唤和启示着“我”，对后续“我”的自杀起着关键的引导作用。也许正是为了凸显这种激发内心潜隐意识的启发和暗示，作者以第一人称“我”直面鱼翠翠的死这一悲剧。小说中“你”与“我”的夹杂混用，既体现了主人公意识流动的狂欢无序，也打破了物理空间和心理空间，增强了小说的感染力。

小说《你的行为使我们恐惧》以第二人称“你”指代主人公吕乐之(诨号骡子)，以吕乐之的同学“我”“我们”对吕乐之荒诞行为的质疑展开故事，推进情节。提及“我们”这一叙事视角，莫言指出，这是我们这个社会最盛行的叙事或表达态度，安全并隐含着霸权，很微妙。②

---

① 莫言：《球状闪电》，载《欢乐》，上海文艺出版社，2012，第60－61页。

② 莫言：《序言》，载《欢乐》，上海文艺出版社，2012，第2页。

小说《牛》中主要以第一人称叙事，零星以第三人称“他”指代“我”。如小说开篇：

那时候我是个少年。

那时候我是村里最调皮捣蛋的少年。

那时候我也是村里最让人讨厌的少年。

这样的少年最令人讨厌的就是他意识不到别人对他的讨厌。他总是哪里热闹就往哪里钻。不管是什么人说什么话他都想伸过耳朵去听听；不管听懂听不懂他都要插嘴。

……

譬如说那天中午，村子里的一群闲人坐在池塘边柳树下打扑克，我便凑了上去。为了引起他们的注意，我像猫一样蹿到柳树上，坐在树丫里学布谷鸟的叫声。①

开篇以近似扩句的手法表现“我”少年时期的调皮捣蛋、令人讨厌。而后以第三人称“他”展开对“我”的“劣迹”的概括、评价和议论。继而又以第一人称“我”展开具体时间的书写。多维度叙事人称给小说增添了趣味性。

莫言在小说《猫事荟萃》中探讨了第一人称叙事与小说创作的关系：“按时下的一种文学批评法，凡是以第一人称写出的作品，作品中之事都是作家的亲身经历，于是莫言的父亲成了一个‘土匪种’……”②以自我指涉的方式表达小说的虚构性，征引《买葱》的故事：“一乡下人卖葱，一数学家去买葱。买者问：‘葱多少钱一斤？’卖者答：‘葱一毛五分钱一斤。’买者说：‘我用七分钱买你一斤葱叶，八分钱买你一斤葱白，怎么样？’卖者盘算着：葱叶加葱白等于葱，七分加八分等于一毛五，于是爽快地说：‘好吧，卖给你！’”③以“这个写《买葱》的人是个教唆犯”式的反讽驳斥无视小说的虚构性，将第一人称叙事与作家亲身经历盲目对应，将故事情节展开逻辑与作家道德尺度强硬关联的谬误。

诚然，不同的叙述人称承载不同的叙述功能，但无论以怎样的人称叙事，都不妨碍小说的虚构性，不管是类似全知视角的第三人称，还是具有鲜明对话性的第二人称，哪怕是令人倍感亲切的“独白式”第一人称，甚或多种人称的更迭转换都从属于小说的叙述策略，都是小说虚构性的策略性表达。

---

① 莫言：《牛》，载《师傅越来越幽默》，上海文艺出版社，2012，第1页。

② 莫言：《猫事荟萃》，载《白狗秋千架》，上海文艺出版社，2012，第368页。

③ 同上。

(二)叙述视角

视角指叙述者或人物与叙事文中的事件相对应的位置或状态,或者说叙述者或人物从什么角度观察故事。① 不同于传统单一的全知叙述视角,莫言往往采取以作品中的一个或几个人物视角更迭变换的方式展开叙事。为了实现对故事的全方位把握,增强玄幻色彩,间或穿插动物视角叙述。

小说《球状闪电》中第一节以全知视角讲述男主人公蝈蝈与女儿蛐蛐遭遇球状闪电。第二节叙事视角在全知视角、主人公蝈蝈之间转换,先以全知视角讲述蝈蝈饱受尿迫症困扰,继而以蝈蝈视角描写关先生给蝈蝈看病过程,随后以全知视角展现蝈蝈高考落榜务农的痛苦无奈。随即由蝈蝈视角而全知视角,聚焦蝈蝈与茧儿的对话。见落榜务农的蝈蝈干活笨拙,同乡的茧儿姑娘意欲帮忙,使苦闷的蝈蝈心中"兴奋又烦恼"。第三节叙事视角在全知视角、主人公蝈蝈、刺猬刺球之间自由切换,犹如万花筒,灵活自如而又怪诞离奇。第四节以蝈蝈视角讲述不甘于婚后的平庸琐碎的生活,去酒馆打发时间,遇见翅膀老头。第五节以奶牛视角讲述从奶牛场被蝈蝈和毛艳买回前后的经历与见闻。第六节以蝈蝈视角讲述与毛艳赶着奶牛回家途中交谈,回家后父母、妻子的反应。第七节先以全知视角引出蝈蝈女儿蛐蛐,继而以女孩儿蛐蛐的视角讲述父亲蝈蝈与母亲茧儿、猫眼(毛艳)阿姨之间的情感纠葛,奶奶从拒斥牛奶到喜欢上牛奶的情绪变化,以及奶奶对蝈蝈的诅咒"迟早落下滚地雷劈了你这个畜生"。第八节和第九节开篇以茧儿视角讲述丈夫蝈蝈与毛艳打球、拍照、养奶牛、卖牛奶、游泳的"洋派"生活,揭示茧儿内心的嫉妒与痛苦。第九节先以茧儿视角,继而以观望湖水中游泳的蝈蝈与毛艳的大鸟的视角讲述蝈蝈与毛艳游泳的场景、蝈蝈母亲对儿子移情别恋于毛艳的忧虑与不满。第十节以全知视角讲述毛艳骑摩托车归来,昏厥良久的蝈蝈奇迹般醒来,二人谈论球状闪电后,惊喜发现蛐蛐在尝试飞翔。小说结尾,蛐蛐像鸟一样飞起,蝈蝈托着秒表计时,毛艳聚精会神给飞起的蛐蛐拍照。值得注意的是,《球状闪电》中的叙事视角不仅局限于全知视角与男主人公蝈蝈、妻子茧儿、女儿蛐蛐的内聚焦型视角的变换,而且引入刺猬和大鸟两种动物视角参与讲述,光怪陆离的视角变换不仅凸显了生存世界的琐碎无序,而且丰富了叙事主体,多元了叙述层次,饱满了叙述内容,不失为有益尝试。小说主要人物"蝈蝈""茧儿""蛐蛐"皆以昆虫名称命名,表现了现代社会人们生活的趋同化和荒诞性。

---

① 胡亚敏:《叙事学》,华中师范大学出版社,1994,第 19 页。

小说《金发婴儿》叙述视角在盲母、紫荆、天球、全知视角之间自由切换，无缝衔接，讲述无爱的婚姻及其苦果。小说《天堂蒜薹之歌》卷首以瞎子吟唱的方式，正文以全知视角，结尾以报纸新闻的形式，从民间、知识分子、官方三个不同角度讲述同一个故事，实现了多重视角叙述。小说《酒国》叙事视角在全知视角、丁钩儿、李一斗、"莫言"之间自由切换，实现了多点透视叙述模式。小说《檀香刑》聚焦民间生命意识，以女主人公眉娘、公爹赵甲、丈夫小甲、干爹钱丁、父亲孙丙五重视角与全知视角结合展开叙述。小说《生死疲劳》以西门闹及其转世变化的驴、牛、猪、狗、猴、蓝千岁视角讲述了半个世纪以来农民与土地的关系。

在当代实验小说中，视角的变换已成为革新小说的重要手段，它们借此以动摇传统的叙述逻辑，扩大叙事艺术的表现空间。① 莫言小说叙事视角的变换，不仅扩展了小说的深度和广度，而且增强了叙述的力度和效度，丰富了小说的叙述空间，提升了小说的艺术张力。

（三）叙事时空

时间与空间是人类感知世界的两种基本方式，小说中的时间与空间既相互补充，又彼此支撑，共同服务于故事的推进、人物的塑造或主题的呈现。时间与空间的叠加与延展在一定程度上体现了作家的叙述策略。

小说《枯河》中，男孩小虎与书记女儿小珍在玩耍中，小虎从树上跌下砸死小珍，受到书记和父兄暴打，以"在河堤上，他蹲下来，笼罩着他的阴影比他的形体大得多"②隐晦表现小虎的死，继而以"直到明天早晨他像只青蛙一样蜷伏在河底的红薯蔓中长眠不醒时，村里的人们围成团看着他……"③明确交代小虎的死。随后，又以"他蹲在河堤上，把双手夹在两个腿弯子里，下巴放在尖削的膝盖上"④接续小虎"现在"的感觉，继之以"或许，他在一团阴影的包围中蹲在河堤上时，曾经有抽泣般的声音从他干渴的喉咙里冒出来，他也许是在回忆刚刚过去的事情。那时候，他穿着一件肥大的褂子，赤着脚，站在白杨树下。白杨树前是五间全村唯一的瓦房，瓦房里的孩子是一个很漂亮的小女孩，漆黑的眼睛像两粒黑棋子。女孩子对他说：'小虎，你能爬上这棵白杨树吗？'"⑤回忆事发过程。在现实生活中，人们

---

① 胡亚敏：《叙事学》，华中师范大学出版社，2004，第34页。

② 莫言：《枯河》，载《白狗秋千架》，上海文艺出版社，2012，第174页。

③ 同上。

④ 同上书，第175页。

⑤ 同上。

受制并习惯于线性时间不可逆序的规定性，而小说世界中，作者通过重构话语时间与故事时间的逻辑关系，以对线性时间的叛逆和冒犯呈现作者对时间的想象和对秩序的重建。① 当无辜的孩子成为既定秩序的牺牲品，那么时空的倒错势必沦为必然，如是说来，时空的倒错不仅出于作者的审美旨趣和叙述需要，也意味着人们对不合逻辑的秩序和规则的焦灼吁请。

小说《红高粱》开篇第一句“一九三九年古历八月初九，我父亲这个土匪种十四岁多一点。他跟着后来名满天下的传奇英雄余占鳌司令的队伍去胶平公路伏击敌人的汽车队”②。“一九三九年古历八月初九”“十四岁多一点”两个时间刻度赋予故事以似真性，③并将叙事时间规定为过去，随即“后来”又将时间指向未来，后文中“七天之后，八月十五日，中秋节……我父亲在剪破的月影下闻到了比现在强烈无数倍的腥甜气息”④。以由未来而现在的叙事顺序，打破了线性时序壁垒。后续“父亲常走这条路，后来他在日本炭窑中苦熬岁月时，眼前常常闪过这条路”⑤。以现在—未来—现在的时间序列预设未来，关联现在。小说第四节在父亲与爷爷伏击场景中穿插父亲与罗汉大爷捉蟹，罗汉大爷被抓、被活剥处死等过去事件。小说第九节在爷爷的队伍与日军交战场景中，穿插后来爷爷和父亲草草埋葬奶奶，以及后来的后来爷爷在日本荒山野岭穴居后归来，后来的后来的后来爷爷的死，交战后冷支队抢爷爷的战利品，以现在—将来—将来的将来—将来的将来的将来—将来—现在为叙述时间链条，以现在连缀将来，以将来关联多重将来，再回到现在。现在与过去，当下与未来，未来与现在，腾挪跌宕，交错互进，形成了雄浑磅礴的叙事格局。

在小说《革命浪漫主义》中，“我”因被地雷炸掉了半个屁股而进入疗养院疗养期间，喜欢上了小护士，幻想与其结婚生子：

护士有两个颀长秀美光洁如玉的门牙，有一根布满皱纹的鼻子，什么时候她才能给我生一个门牙颀长鼻子上布满皱纹的儿子呢？这当然是幻想，幻想是一个人最宝贵的素质……⑥

随即突然转向战争，以“喀秋莎”比喻升腾的炮火，炮火连天中战友伤的伤，亡

---

① 申丹、王丽亚：《西方叙事学：经典与后经典》，北京大学出版社，2015，第114页。

② 莫言：《红高粱》，载《红高粱家族》，上海文艺出版社，2012，第1页。

③ 徐岱：《小说叙事学》，商务印书馆，2014，第282页。

④ 莫言：《红高粱》，载《红高粱家族》，上海文艺出版社，2012，第2页。

⑤ 同上书，第4页。

⑥ 莫言：《革命浪漫主义》，载《白狗秋千架》，上海文艺出版社，2012，第355页。

的亡,忽而转向疗养院一同疗养的老红军对迷彩服的评价,插入在战争中已故队长生前对迷彩服的评价:

正当梨花开遍天涯河上飘着柔缦的轻纱喀秋莎!喀秋莎像一道道贼亮的银蛇,飞向光秃秃的红土山头,山上尘泥飞舞,硝烟弥漫,那时候我屁股上的神经高度紧张,我把身上的武器弹药卸下来,正欲飞身一跃时,我们队长已经飞上了天,另一个战友被拦腰打成两段,弹片呼啸着从我的头顶掠过,击中了一只惊慌逃窜的飞鸟。我们的迷彩服比美国兵的迷彩服还要漂亮,老红军对这身迷彩服极端反感,我们队长认为迷彩服最能显示军人风度。①

随即连缀应为疗养后发生的"姐姐给我介绍对象":

我姐姐给我介绍了一个对象,她要我陪她跳舞,我说走都走不好,还跳什么舞…… 烟雾缭绕中,我们的队长飞向太阳,他的羽毛上金光灿烂。我的女朋友浑身颤抖,手指叭叭地剥着"榧子",她的疯狂扭动的屁股上表情丰富……我起身走出舞厅,走上大街……②

小说的叙述时间为"我"在疗养院疗养期间,而引文中的故事时间完全打破了这一疆界和壁垒,不仅回溯到过去时空,回顾战场作战场景,而且跨越到未来维度,表现疗养后姐姐给"我"介绍对象,以及"我"与对象的交往和"我"心中的烦闷。其中的未来事件是真实发生还是出于虚幻想象,难以从作品中得到证实,如此,现实与梦境,过去与现在,被作者有意含混、颠倒,叙述时间脱离了对故事时间的简单复制,有意忤逆和背离时序,综合使用逆时序与顺时序,将过去、现在、未来错综复杂地混合交织,借以表现战争带来的秩序失范以及给亲历者造成的身心摧残。一旦叙述时间不再忠实映射线性时间,那么小说中的叙事时间本身即已成为创造活动的有机组成部分。

小说《人与兽》中,在日本一个山梁上的玉米田附近,久居山林的爷爷见到一个日本女人小解,"爷爷从她那两只鼓鼓的乳上,知道这是个奶孩子的女人。豆官吊在奶奶的乳房上胡闹,奶奶拍打着他的光屁股蛋儿。瘦小结实的豆官笔挺在他那匹骒马背上,松松地挽着缰绳从天安门前跑过,马蹄得得,坚硬的石板大道上,响着蹄铁。他与同伴们一起高呼着口号,口号响彻天地"③。这段讲述爷爷从日本女人"鼓鼓的乳"联想到昔日为儿子豆官哺乳的奶奶,由豆官儿时的嬉戏,笔锋一跃,

① 莫言:《革命浪漫主义》,载《白狗秋千架》,上海文艺出版社,2012,第356页。
② 同上。
③ 莫言:《人与兽》,载《白狗秋千架》,上海文艺出版社,2012,第419页。

摹写与爷爷生活进程同步的时间里，豆官正在天安门广场参加开国大典阅兵活动，小说继而又回到爷爷眼前所见情景。此处叙事时空的变迁，既有纵向的历史回顾，也有横向的现时观照，可谓纵横交错，斑驳陆离，由回互时间调动空间跨度，既巧妙标识了爷爷遇到日本女人的时间刻度，也隐晦传达了爷爷试图非礼日本女人的复仇心理，就此而言，时空转换的表象下隐含着因果逻辑。

小说《我们的七叔》在怀念七叔的幻想梦境中插叙七叔在“文革”初期为与划为地主成分的“我”爷爷奶奶划清界限，父母双亡的七叔无视爷爷奶奶对他的养育之恩，污蔑爷爷奶奶剥削他兄妹，将“我”爷爷奶奶踹翻，致使二老身体和心灵遭受强烈的伤害和打击，悲愤中爷爷奶奶咒骂七叔不得好死。如今七叔因车祸致死似乎应验了爷爷奶奶的咒骂。七叔天真烂漫、童心未泯，又血气方刚、铁骨铮铮，但“文革”时期对爷爷奶奶的污蔑无异于趁火打劫、落井下石，使原本蒙受无端迫害的两人的际遇雪上加霜，着实伤害了含辛茹苦、不计辛劳养育七叔的爷爷奶奶。下文中为给七叔吊唁回来的“我”路遇已逝的七叔。七叔说知道“我”回来，特意来迎“我”。“七叔说：这是命中注定的，迟早脱不了这一劫。你还记得不？‘文革’时我踢过你爷爷和你奶奶的屁股，伤了天理，这是老天爷惩罚我呢。”①小说上述情节中，以“现在”关联“过去”的过去，又将双重过去联动“过去”，看似混乱的时间序列，潜隐着因果逻辑，“现在”七叔因车祸离世这一结果源于“过去”的过去恩将仇报这一原因，而“过去”路遇七叔时，他的悔悟又进一步印证了前述的因果逻辑。可见，就阅读体验而言，凌乱的时间序列只是表象，属于形式范畴，而内在的因果逻辑才是本质，是神髓。就叙述策略而言，小说以草蛇灰线法将因果逻辑遁入交错的时间序列，以时间的无序表达因果的有序。

小说《球状闪电》的第三节，由回忆中蝈蝈在芦苇丛中踩到刺猬，到而今刺猬在蝈蝈院子里目睹球状闪电击中蝈蝈，又回溯到回忆中蝈蝈与茧儿芦苇丛中的对话。小说以过去—现在—过去—现在—过去的顺时序和逆时序交叉混合的模式消解了单一线性叙述逻辑的既成性对常规时序关系的遮蔽与变形，既丰富了叙事的时空维度，也反映了叙述主体对现象世界的非理性观照。

小说《金发婴儿》中天球“更加渴望探家，但后来又发生了别的事情，耽误了他的行程，这些事情，等他坐在故乡的小河边泛着白花碱的滩涂上时，都会想到的”②。作者以现在—将来—更远的将来—过去这一时间序列表达了天球日后对

① 莫言：《我们的七叔》，载《师傅越来越幽默》，上海文艺出版社，2012，第91页。

② 莫言：《金发婴儿》，载《欢乐》，上海文艺出版社，2012，第137页。

未及探家的懊悔以及对妻子出轨业已既成事实的痛苦烦闷。这里,凌乱的叙事时间不仅出于形式上的创新,更源自内容上的需要。反过来说,作者此处对叙事时空的打乱重塑,乱序拼贴不仅是对叙事时间的创造性发展,也是出于揭示人物烦乱和悔愧心理的有意为之。

小说《奇死》第四节讲述二奶奶与小姑姑被日本兵虐杀的惨烈场景,以二奶奶和小姑姑被日本兵虐杀当天为进行时态。清晨二奶奶听闻枪声急忙起床,回忆起当初听闻日本人将要洗劫村庄的消息时,二奶奶便终日惶恐,心里出现大难临头的黑色预感,曾央求爷爷一起回到奶奶家居住,爷爷生怕两个女人日日相处频生事端,断然拒绝,但“不久,爷爷就为这件事悔断了肠子,当他明天上午沐着十月底的和暖阳光站在这所遍地野兽脚踪的院子里时,他看到,因为他的错误而酿成的惨不忍睹的悲剧”①。这里,叙述时间呈现为现在—过去—现在—将来序列,以对过去事件的简短交代,闪回未及说明的细微情节,通过预叙明天爷爷见此惨状的悔恨,闪前提示事件的结局。现在、过去、未来互相提示,彼此补充,便于完整呈现事件全过程,小说打破时间差,跨越发生过程,将现在与未来事件的结局紧密对接,体现了小说叙事上的收放自如、张弛有度,以及事件的完成时态与历史感。

小说《爆炸》第二节,“我”从部队探家回乡,在打麦场看到女儿,想起当年女儿出生后三天“我”回家探亲的场景,继之回到现在打麦场上一家人辛苦劳作的情景,叙事线索由现在而过去再返回现在,通过回忆,巧妙地补充说明了过去的生活同样穷困艰辛,一方面感叹妻子自嫁到我们这贫寒人家,又穷又累,没过上什么好日子,另一方面疑惑我们这种良善人家,家庭成员吃苦耐劳,踏实务农,日子何以如此艰辛。此处的逆时序叙事是对顺时序叙事带来的遗漏所做的补叙和说明。

小说《筑路》第一节到第八节以过去筑路工地为进行时态,穿插筑路工的往事及犯罪历程,第九节延展到当下筑路工地,至此,开篇的“现在”还原为过去。如是,过去—过去的过去—现在时态构成三维空间,将当前事件与回忆场景交错展开,以相似场景将过去与现在展开关联和对比。尽管时过境迁,但火热的筑路场面、曲折的男女情事、宣传队的慰问,一切都是那么相似。正如佛教典籍《华严经》对时间圆融统贯、回环互摄的解说。在时间的统贯互摄中,惯常时间脉络中的过去、现在与未来的对峙都被消解,实现了三际沟通与回互:“过去一切劫,安置未来今。未来现在劫,回置过去世。”其中的玄机,中国禅宗有深切体悟。僧问:“如何是禅师?”禅师答:“今年早去年。”如是,现在被还原到了过去,从而,时间的单向流

① 莫言:《奇死》,载《红高粱家族》,上海文艺出版社,2012,第316-317页。

逝变成了回环互摄。① 小说由事件的相似性消弭时间的延续性，以现在恍然如昨，过去宛若当前的错觉体验降解时间的推演。

小说《战友重逢》讲述“我”由部队探亲回乡路遇已故战友钱英豪，并与其叙旧。小说中我们相遇叙旧时当前所见、部队生活、钱英豪死后经历、童年记忆、民间传说纵横交错。小说叙事沿着现在—过去—过去的将来—过去的过去—过去的过去的过去脉络展开。其中“我”与战友钱英豪相遇的“现在”为当下进行时态，以我们在部队的经历为参照，钱英豪死后的见闻和经历在顺时序时间轴上属于部队经历的将来时态，相对于小说叙事顺序“现在”节点则属于过去，童年生活在顺时序时间轴上位于我们的部队经历之前，属于“过去的过去”，而民间传说则是由钱英豪父亲转述的成型故事，其产生时间在顺时序时间轴上位于我们童年经历之前，属于过去的过去的过去，相较于“现在”，属于第三重“过去”。小说中时间的更迭与继替打破线性叙事常态，代之以交错、跨越、回互、跃进的时间进行安排，形成了跌宕起伏的叙述格局和扑朔迷离的审美效果。

小说《晚熟的人》倒叙知青单雄飞“当时怒踢常林屁股时，想不到几年后自己竟成了常林邻居吴老二家的上门女婿，后来又与常林成了不打不相识的朋友”②。小说以当前参加儿时伙伴蒋天下的文化公司举办的比武大赛中见到比武场上的单雄飞勾连起当年往事，叙述中以进行时态的现在—过去—过去的将来（现在的过去）为序，扩展了叙述时空，增强了承续逻辑。

（四）零度痛感

莫言的小说很少表达人物的痛感，大凡涉及疼痛，莫言往往以接近零度的情感态度叙事，其小说人物对疼痛近乎毫无感觉，代之以异常敏锐的视觉、听觉、嗅觉和味觉作为代偿性反应，述及伤痛体验时，莫言往往通过上述感觉代替痛感。

小说《枯河》中的男孩小虎先是从树上摔下，后来又被多人毒打，小说并不直接书写疼痛，而是通过视觉和听觉间接表现疼痛，变形的影像，无痛感的叙述，体现了更深沉的悲感和更深切的愤怒。

被书记痛打时，小虎“看到两条粗壮的腿在移动，两只磨得发了光的翻毛皮鞋直对着他的胸口来了。接着他听到自己肚子里有只青蛙叫了一声，身体又一次轻

① 周景辉、聂英杰：《〈降临〉中的东西方文化意蕴》，《电影文学》2017 年第 17 期。

② 莫言：《晚熟的人》，载《晚熟的人》，人民文学出版社，2020，第 31 页。

盈地飞了起来,一股甜腥的液体涌到喉咙”①。从树梢上跌下,又被踢飞,瘦小的小虎哪堪如此折磨,内脏流出的血涌进口腔,所承受的疼痛可想而知,但小说却以异常冷静的笔触,书写肚子里类似青蛙的叫声,喉咙里的腥甜液体。无痛书写表达的却是最深沉的疼痛。

被从未打过他的母亲抽打时,“母亲戴着铜顶针的手狠狠地抽到他的耳门子上。他干嚎了一声。不像人能发出的声音使母亲愣了一下,她弯腰从草垛上抽出一根干棉花柴,对着他没鼻子没眼地抽着,棉花柴哗唧哗唧地响着,吓得墙头上的麻雀像子弹一样射进暮色里去。他把身体使劲倚在墙下,看着棉花柴在眼前划出的红色弧线……”②耳朵被重击的剧痛、脸上皮肉开裂的疼痛都未加以直接表现,代之以对声音、颜色的摹写,母亲抽打带来的应该是小虎最深切的痛。

父亲回家后,迅速加入毒打小虎的行列,“父亲左手提着一只鞋子,右手拎着他的脚脖子,轻轻提起来,用力一摔。他第三次感到自己在空中飞行。他晕头转向地爬起来,发现父亲身体更加高大,长长的影子铺满了整个院子。父亲和哥哥像用纸壳剪成的纸人,在血红的夕阳中抖动着。母亲那只厚底老鞋第一下打在他的脑袋上,把他的脖子几乎钉进腔子里去。那只老鞋更多的是落在他的背上,急一阵,慢一阵,鞋底越来越薄,一片片泥土飞散着”③。“被轻轻提起”表现小虎的瘦小;父兄身影的抖动,说明小虎在重创下已经意识模糊,视物不清;“鞋底越来越薄”体现打击的力度和频次。父母兄合力毒打是小虎最透彻的痛。

但小说并没有明言小虎的痛,而是以“他努力哭着,为了人世的寒冷”表达对在特定历史条件下冷漠畸形的人际关系和残忍无情的生存世界的绝望。

小说《罪过》中大福子“我”带着弟弟小福子玩,弟弟溺水而死,在父亲愤怒的踢打之下,“我”并无痛感。“我看到父亲的腮帮子可怕地扭动着,父亲的嘴巴扭得很歪,紧接着我便脱离地面飞行了。湛蓝的天空,破絮般的残云,水银般的光线。黄色的土地,翻转的房屋,倾斜的人群。我在空中翻了一个金斗,呱唧一声摔在地上。我啃了一嘴泥沙。趴在地上,我的耳朵里翻滚着沉雷般的声响。那是父亲的大脚踢中我的屁股瓣时发出的声音。”④通过眼前景象的飞速变换和翻转以及沉闷的巨响,不难判断,父亲对大福子的踢打相当用力,但作者如同一个静默的观察者,

① 莫言:《枯河》,载《白狗秋千架》,上海文艺出版社,2012,第180页。
② 同上书,第181-182页。
③ 同上书,第183页。
④ 莫言:《罪过》,载《白狗秋千架》,上海文艺出版社,2012,第294页。

写足了视觉和听觉体验,却吝于表现疼痛,然而,恰恰是这种间离感,渗透着人物源自内心的无力和绝望。

小说《透明的红萝卜》中的黑孩视觉、听觉、嗅觉异常敏锐,对痛感的体验却显得迟钝,甚至近乎丧失痛觉,小说仿佛以缺失疼痛感表现黑孩对挨打、受伤、承受痛苦早已习以为常,甚至近乎麻木。小说中表现黑孩被后娘打:“笤帚打在他屁股上,不痛,只有热乎乎的感觉。打屁股的声音好像在很远的地方有人用棍子抽一麻袋棉花。”①黑孩砸石头时砸伤指甲:“黑孩默默地坐着,目不转睛地看着手绢上的红花儿。在红花旁边又有一朵花儿出现了,那是指甲里的血渗出来了。”②黑孩被小铁匠打:“黑孩听到头上响起一阵风声,感到有一个带棱角的巴掌在自己头皮上扇过去,紧接着听到一个很脆的响,像在地上摔死一只青蛙。”③小铁匠命令黑孩捡起刚烧好的滚烫的钻子时,“他听到手里‘嗞嗞啦啦’地响,像握着一只知了。鼻子里也嗅到烧猪肉的味道”④。一个原本感觉敏锐的孩子却对疼痛毫无感觉,更平添了几分凄楚。

在小说《司令的女人》中,“我”喜欢漂亮女知青“茶壶盖子”,为表达爱慕,偷偷送她用小聪明换取的糖,“我”隐忍着嘴馋省出糖来,送给“茶壶盖子”,不料她却不识好歹“人赃并获”地将糖交给了“我”的家人,家人误以为“我”偷钱买糖,又认为“我”思想不正当,乱琢磨男女关系,纷纷责骂“我”,父亲抡起绳子教训“我”:

骂声和毒打像雨点般落在了我的身上。我紧咬牙关,一声不吭。我闭上眼睛,心中想起了“风箱”的声音,想起了打碗的声音。我仿佛看到,“茶壶盖子”站在一边,看着我的亲人毒打我,她的脸上挂着笑容。她的笑容像冰一样把我的心冻住了。我绝望地闭上了眼睛。我听到绳子和棍子打在皮肉上发出的扑通声,好像在遥远的地方,有人在拍打一条破棉被。⑤

各种声响密集,又纠结起“我”的想象,“风箱”“打碗”“扑通声”无一不在表明抽打的力度之重,但小说偏不表现“我”本应重点体会到的疼痛。最后抽打的声音宛若来自远方倾诉“我”的冤屈,以近乎戏谑的“有人在拍打一条破棉被”隐晦表达“我”的不满、无奈和愤怒。

小说《等待摩西》中,儿时的“我”以石块打乌鸦却误打到怀着身孕的摩西的

① 莫言:《透明的红萝卜》,载《欢乐》,上海文艺出版社,2012,第6页。
② 同上书,第11页。
③ 同上书,第14页。
④ 同上书,第21页。
⑤ 莫言:《司令的女人》,载《师傅越来越幽默》,上海文艺出版社,2012,第260页。

娘，被匆忙赶来、惊慌失措的父亲踢打：“我眼前一阵黑一阵白，一阵红一阵黄，我没有害怕，只是感到有一股冰冷的气体，在身体内钻来钻去。我后来听人说，我父亲一脚将我踢出了三米多远。”①“我”被踢，且高速运行三米多远，可见父亲“出手不凡”，但小说却丝毫未表现疼痛，只表现了“我”的听觉和触觉感受，以色彩变换、气体流动烘托被踢飞的移动感和速度之快，在戏谑中体现了深沉的无奈和凄楚。

二、叙事技巧

莫言自称为“讲故事的人”，他认为，“讲故事是小说家最原始的冲动，故事是小说存在的最基本的理由……一样的故事，如果平铺直叙，就不会吸引人；如果讲得技巧高明，悬念迭出，那么就会吸引更多的听众……对我们写小说的人来说，实际上是用笔来讲故事——这就是怎么样把故事讲得引人入胜，讲得韵味无穷。从这个意义上来讲，文学叙事技巧也可以看作讲故事的技巧”②。莫言也曾自述，从小爱听评书，爱听故事，也热衷于创造性地复述，且听众反响良好，“用耳朵阅读”，并在以口头讲述的过程中自然习得和掌握了一定的技巧。在小说叙事中，注重叙事技巧更成为一种创作的自觉。

（一）迷宫叙述

尝试过叙述改革以后，莫言的小说大多以消解传统小说为线性叙事模式，将过去、现在、未来时空颠倒交错③，把现实、传说与梦境、幻觉糅合并置，建立迷宫般的叙事结构。

小说《木匠和狗》中钻圈的爷爷和父亲都是木匠，村里闲汉管大爷经常到钻圈家闲逛。好像是为了表达对钻圈爷爷赐座的感激之情，管大爷给钻圈讲木匠与狗的故事。这是一个并不复杂的故事，狗帮助主人木匠与两只狼进行了殊死搏斗，后来，狼和狗都死了，木匠虽受了重伤，但活了过来。

钻圈爷爷对钻圈父亲的木匠手艺感到不满，对钻圈继承木匠手艺更不抱有希望，像极了九斤老太“一代不如一代”的感叹。面对管大爷“一代更比一代强”的恭

---

① 莫言：《等待摩西》，载《晚熟的人》，人民文学出版社，2020，第126页。

② 刘琛、莫言：《把“高密东北乡”安放在世界文学的版图上——莫言先生文学访谈录》，《东岳论丛》2012年第10期。

③ 见前文“（三）叙事时空”。

维，钻圈爷爷并不接受。加之，木匠终日忙碌，而管大爷整日闲逛，导致钻圈爷爷对管大爷怀有些微嫌恶，场面一度尴尬。钻圈不免叹气。为了调整钻圈的情绪，管大爷又讲了一个木匠和狗的故事。而这次讲述不断偏离、断裂，竟至其主题“木匠和狗”完全被消解、悬搁（本书着重号为笔者所加）。

管大爷木匠与狗的故事刚开了个头：木匠李大个子养了一条邪性黑狗，就由“我亲眼见过这个狗东西”①转而到那天天气冷，飞行时小鸟冻得从天上掉落立即变成冰疙瘩，此为第一次偏离。由那天管大爷“捡了二十多只鸟”到管大爷父亲管六擅长捕鸟，此为第二次偏离。管六捕鸟的工具由弹弓而土枪而罗网，结网捕鸟以鸟诱鸟，引发“由人心见鸟心”②的议论，接续一次黎明时与其表弟孙成良一道赶集，孙成良在前面踩屎跌跤后，未提醒导致管大爷继而踩屎跌跤，此为第三次偏离。以“我爹天生是鸟的敌人，杀鸟决不手软”③回到管六捕鸟话题。管六别无长技，四体不勤，只好靠捕鸟为生。先是捕鸟后拧断脖子卖，买者寥寥，时间一长，死鸟腐败只好掩埋在自家酸枣棵子里，得到滋养的枣树硕果累累，挖药材的陈三打了酸枣卖到土产公司，获得了可观的收入，此为第四次偏离。酸枣树丛里有好几窝野兔子，其中有一只狡猾的老兔子居然能捉鹰，老兔子看到鹰扑下来，就摇晃枝条，以尖针刺瞎鹰眼，此为第五次偏离。管六后来经人指点，将鸟烤熟售卖，收效改观，生意红火。乡里新来的胡书记独居，正直，不近女色，喜欢吃肉喝酒，常光顾管六生意，此为第六次偏离。管大爷转述管六观点：“把一个人饿上三天，然后摆在他面前两个饽饽一碗肉，让他学一声狗叫就让他吃，不学就不给吃，我看没有一个人能顶住。”④钻圈爷爷以“人的志气呢？人毕竟不是狗”⑤反驳，并以“俺老舅爷”“人活一口气，树活一张皮。宁敲牛胯骨，不做李家儿”⑥铮铮铁骨的事例作为佐证，此为第七次偏离。当管大爷终于结束了其父与鸟的故事，试图转向木匠与狗的故事时，小说以省略号形式进行了悬搁处理。

讲述中的七次偏离构成嵌套结构，一环套一环的嵌套式结构与主人公“钻圈”这一名字呼应暗合，与开篇“管大爷的两条罗圈腿形成一个圈，袖着手，胳膊形成一

---

① 莫言：《木匠和狗》，载《与大师约会》，上海文艺出版社，2012，第380页。
② 同上书，第382页。
③ 同上。
④ 同上书，第386页。
⑤ 同上。
⑥ 同上。

个圈”①对接照应。

小说最后一次对“木匠与狗”故事的讲述是以听钻圈爷爷转述管大爷故事——噙着鼻涕的男孩三十年后写就的《木匠和狗》形式呈现。而这个故事经过了一而再,再而三的转述、理解、阐释、正解和误读,与最初的故事之间有着怎样的亲缘和间离已经无从查考。故事讲木匠被收税小吏横征暴敛,巧取豪夺,侵吞了百分之九十的收入。沮丧的木匠以仅存的十元钱买了酒肉,回家正欲吃喝,听到掉进井中邻居的牛犊的呼救,帮忙捞牛后,回家见肉不翼而飞,旁边蹲踞着他的狗,气愤之下,用木棍砸狗头,狗流血昏厥,清醒后逃走。一个月后的晌午,午睡的木匠朦胧中见到狗回来丈量其身长后离开。后来,砍树回家途中的木匠遇狗突袭,搏斗中将狗打死,发现狗已经按其身长为其挖好了葬身墓穴,向一旁打鸟的管六诉说,结果管六将其与狗尸体一起埋入墓穴,木匠临终时对管六说“我现在想起来了,知道你为什么恨我了”②。

故事中究竟是谁偷吃了木匠未及吃的肉,管六缘何活埋木匠,木匠想起了什么,一切都不确定,都是未解之谜。小说从形式到内容,无不以迷宫形式设下叙事圈套,整篇小说犹如天罗地网般设下连环的迷谜,吸引读者走进迷宫,又仿佛阻止读者摆脱迷思。

小说《藏宝图》文如其名,以迷宫样的嵌套结构在主干事件以外,又讲述了十六个故事。

小说中的主干事件是“我”在京城与马可偶遇,作为东道主,“我”请马可一起吃饺子。马可交代来京城第一件事情是看老虎,点题。

小饭馆吃饺子过程中讲述一:马可讲述吃鲨鱼肉、鳄鱼肉、老虎肉、狐狸肉饺子的经历。

讲述二:马可讲述县里女书记酷爱吃猪大肠,以屎烹饪猪大肠的办公室副主任因烹饪味道正宗而被提拔。

讲述三:马可讲述自己的一番玄幻经历。吃老虎肉饺子后,全身燥热难耐,来到黑龙江冰水里泡澡,导致江面热气腾腾,引来众人围观。一位俄罗斯少女骑老虎前来观看,老虎在与马可对视中流泪。回主干事件,与马可吃饺子。

讲述四:马可讲述某同乡由兽医改行做外科大夫。

讲述五:马可讲述某护士给患者静脉输液时把酒精当盐水。回主干事件,与马

① 莫言:《木匠和狗》,载《与大师约会》,上海文艺出版社,2012,第377页。

② 同上书,第393页。

可吃饺子。

讲述六:马可讲述乡村官员腐败事件。

讲述七:马可讲述副团长转业到中外合资长毛兔子加工厂担任保安队长训练保安队。以"你最恨的人是谁"激励斗志,听到各种令人啼笑皆非的答案,揭发了村长、村支书的腐败行径。

讲述八:马可讲述小学同学肖梦娟腐败史。讲述中不断回互主干事件与马可吃饺子。

讲述九:马可接续讲述一中神奇的虎须。回互主干事件与马可吃饺子。继续讲述一中马可口含虎须洞察人的兽性本质后,慌乱中吐了虎须,丢失无价之宝。

讲述十:马可转述战友的讲述,指出虎须灵异,口含虎须可看破人本相。回主干事件与马可吃饺子。

讲述十一:饭馆老太太讲述袁世凯、衍圣公、张天师逸事。

讲述十二:"我"转述听闻的袁世凯逸事。回主干事件与马可吃饺子。

讲述十三:马可讲述民间故事,主题为宽厚者有厚福。回主干事件与马可吃饺子。

讲述十四:老太太讲述素肉馅饺子绝技以及秘籍来历。回主干事件与马可吃饺子。

讲述十五:马可讲述民间传说郑板桥逸事。回主干事件与马可吃饺子。

讲述十六:马可讲述民间故事,主题为保守秘密的重要性。

小说结尾主干事件与讲述一连缀,与老夫妻勾连,完成小说迷宫般的嵌套闭环。

值得一提的是,小说《藏宝图》看似杂乱无序、天花乱坠的讲述始终贯穿在主干事件"与马可在小饭馆吃饺子"这条绳索上,并在结尾处形成闭环,如同一个结构复杂的迷宫,在主线上始终纠缠着枝枝蔓蔓的分支岔道,幸而,主干事件宛若一条红线,总是在读者最为迷惑的时候提供指南。

(二)元叙述

"元叙述"即关于叙述的叙述,也被称为"后设叙述",元叙述是对自我的指涉,它以自身存在于其中的文本的叙述为主题。① 意即创作者在小说文本中对小说真实性或虚构性的自我暴露和对创作活动的阐释、评论与反思。元叙述突出小说的

① 王正中:《元小说与元叙述的定义及功能新探》,《福建师范大学学报(哲学社会科学版)》2016 年第 4 期。

自我意识，打破创作与评点的界限，消弭作者创作与读者阐释的壁垒，将故事讲述与创作构思融合，以高度的自我指涉实现游戏性、趣味性和审美性，达成陌生化效果，表现强烈的自我主体意识。

小说《民间音乐》中隐含作者跳出文本叙述，就小说人物及情节进行介绍或评论，时而以全知叙述者为立场，结合故事后续进展，揭示谜团，如：

现在该来向读者介绍一下花茉莉其人了。①

又如：

现在该回过头来说一说爱情这个永恒的主题了。究竟是什么原因促使花茉莉甘冒流言蜚语败坏声誉的危险收留小瞎子的呢？这在当时确实是个谜，只是当有一天晚上茉莉花酒店关门挂锁，花茉莉与小瞎子双双匿迹之后，马桑镇的人们才醒悟到这是出于爱情的力量。②

时而赋予隐含作者以有限视角，将叙述接受者与隐含作者放置在相似的限知视角场域，对隐性情节做出推测和分析，如：

追上没有呢？不知道。最后结局呢？③

再如：

那天晚上，当她领着小瞎子走下河堤时，是否就爱上了他呢？这个问题谁也解释不清。不过根据常理分析，促使她那样做的恐怕主要是同情心和恻隐心。④

继而由有限视角迅速回归全知视角，引导读者对故事的隐性情节展开深入探寻，并以“不必解释”的悬搁拒绝释疑，从而引发读者更进一步的思考和追问，如：

假如这个分析是对的，那么这种同情、恻隐之心是怎样发展、何时发展成为爱情的呢？这个问题我想就不必解释了。⑤

隐含作者不断跳向前台，以释疑或质疑的方式与读者展开沟通，参与并引导读者的阅读进程，增强了阅读的趣味性。

小说《红高粱》以“我”在小说书写前进行过大量调查，营造小说的似真氛围，自然，对小说真实性的证明本身也是虚构，但在阅读小说的过程中，确乎对读者的怀疑起到了一定的安抚作用：

为了为我的家族树碑立传，我曾经跑回高密东北乡，进行了大量的调查，调查

---

① 莫言：《白狗秋千架》，载《白狗秋千架》，上海文艺出版社，2012，第117页。

② 同上书，第124页。

③ 同上书，第130页。

④ 同上书，第124页。

⑤ 同上。

的重点,就是这场我父亲参加过的、在墨水河边打死鬼子少将的著名战斗。①

除此,隐含作者以消解小说与生活界限的方式,以生活的真实佐证小说的真实:

我不得不告诉您,我们高密东北乡女人哭丧跟唱歌一样优美。民国元年,曲阜县孔夫子家的"哭丧户"专程前来学习过哭腔。②

《高粱酒》中"奶奶脚小脸俊,是当时的美女典范。——我觉得,在极长的一段历史时期里,女人的脚,异化成一种准性器官,娇小玲珑的尖脚使那时的男子获得一种包含着很多情欲成分的审美快感——奶奶收拾整齐,咯噔咯噔走出屋。"③以两端破折号为标记插入隐含作者的观点,表达对残害女性的封建思想的不满与控诉。

小说《狗道》中,隐含作者出场评述小说人物,预告故事后续进展:

据说我这个二奶奶也不是盏省油的灯,奶奶惧她五分——这都是以后一定要完全彻底说清楚的事情——二奶奶为我生过一个小姑姑。一九三八年,日本兵用刺刀把我小姑姑挑了,一群日本兵把二奶奶给轮奸了——这也是以后要完全彻底说清楚的事情。④

回溯我家的历史,我发现我家的骨干人物都与阴暗的洞穴有不解之缘。母亲是开始,爷爷是登峰造极,创造同时代文明人类长期的穴居纪录,父亲是结束,一个并不光彩——从政治上说——一个非常辉煌——从人的角度来衡量——的尾声。到时候父亲就会挥舞着那只幸存的独臂,迎着朝霞,向着母亲、哥哥、姐姐、我,飞跑过来。⑤

上述引文中隐含作者跳脱叙事进行时态,以对过去、现在、未来了然于心的全知视角建构时空纵深感,营造辽远宏阔的叙事场域。

小说《弃婴》以第一人称口吻讲述青年军人在探家途中将葵花地里路遇的被人遗弃的女婴抱回家,令本就贫寒的家庭雪上加霜。当时正值计划生育时期,家里已经有了一个女儿,父母、妻子热切盼望军人再添个儿子,但遭到军人的制止。此时军人却抱回一个被别人遗弃的女婴,家人的不满,旁人的不解,经济上的捉襟见肘,使得军人手足无措、力不从心。如是,军人对弃婴的拯救便陷入了道德两难:对

---

① 莫言:《红高粱》,载《红高粱家族》,上海文艺出版社,2012,第10页。

② 同上书,第40页。

③ 莫言:《高粱酒》,载《红高粱家族》,上海文艺出版社,2012,第82页。

④ 莫言:《狗道》,载《红高粱家族》,上海文艺出版社,2012,第166页。

⑤ 同上书,第177页。

生命的敬畏，挽救生命的良知；“无事生非”的“多此一举”？不自量力的“泛爱”？已知的和未知的恐惧不断袭来，难解的和未解的问题萦绕。作者通过隐含作者频繁出现，发表了对事态评价的形式补充，交代叙事者纷乱如麻、局促不安的窘迫。如：

我的廉价的怜悯施加到她身上，对她来说未必就是多大的恩泽，对我来说却是极度的痛苦了。现在我还在想，好心不得好报可能是宇宙间的一条普遍规律。你以为是在水深火热中救人，别人还以为你是在图财害命呢！我想我从此以后是再也不干好事了。当然我也不干坏事。这个小女婴折磨得我好苦，这从我把她在葵花地里抱出来时就感觉到了。①

后来给我带来无数麻烦的女婴响亮地哭着。她的哭声是葵花地里音响中的主调，节奏急促、紧张，如同火烧眉毛。②

几天之后，我更加尖刻地意识到，被抛弃在美丽葵花地里的女婴，竟是一个集中着诸多矛盾的扔了不对，不扔也不对的怪物。③

上述引文中隐含作者悄然出现，对叙事者的行为给予评价，并借助隐含作者穿越时空的优越性，做出纵深思考和前瞻性展望。因小说以第一人称口吻讲述的方式展开，所以隐含作者与叙事者往往合二为一、含混难分，但就对叙述者行为的评价和前瞻性预警而言，引文中的“我”体现了隐含作者的评价功能。

小说尾声处引用日本表现弃婴的小说《陆奥偶人》象征性结尾后，发出“我无法找一个这样的象征来寄托我的哀愁，来结束我的文章”④的感喟，不同于小说前文隐含作者出场的朦胧暧昧、若隐若现，小说结尾以隐含作者身份表达对各类杀婴现象的批判和不满、对不同形式的弃婴现象的深切思考和隐晦批判。

小说《飞艇》以第一人称口吻叙事，叙事中隐含作者堂皇走上前台，为叙事的真实性提供佐证：

飞艇从天上掉下来，一头扎在我们村东河堤上的时候，是腊月的一个早晨——一想起那时候比现在这时候格外寒冷的气候，我就思维混乱，说话，写文章，都是前言不搭后语，头上一句，腚上一句，说着东又想着西，这是小时候冻出来的毛病，怕是难治好了。⑤

① 莫言：《弃婴》，载《白狗秋千架》，上海文艺出版社，2012，第302页。

② 同上书，第304页。

③ 同上。

④ 同上书，第322页。

⑤ 莫言：《飞艇》，载《白狗秋千架》，上海文艺出版社，2012，第323页。

上述引文中，隐含作者以现在写文章思维混乱，是“当时冻出来的毛病”为叙事者所述“小时候冬天特别冷”的观点作证，表面上是在提供“叙事者所述为真”的佐证，实际上，二者之间并不存在严密的因果逻辑，加之隐含作者对之进行的戏谑性解释，更加平添了小说自我指涉的趣味性和隐含作者自我解嘲的游戏性。

小说《猫事荟萃》中隐含作者隆重而强硬地登场，或以“这又不是好话”①评价叙述行为，或以“扯得更远了，打住”②终止叙事中的联想。小说故事的主体——关于“我”家那只猫的故事篇幅上约为整部小说的二分之一，位于小说尾部，意欲消解意义、弥散中心。整部小说从内容到形式，无不体现了作者颠覆传统、锐意求新的创作理念。小说呈现很强的非理性主义倾向，表现为打破严整的逻辑，以随意漫谈、不事夸张和渲染的散文笔法，以犀利、冷峻、幽默的杂文风格，以叙事者和隐含作者交叠更替的方式展开行文。小说中隐含作者时隐时现，时而与叙事者合一，时而与叙事者间离，叙事的同时，展现了作者的文艺观。

小说《猫事荟萃》尾声处，隐含作者出场，首先表达了奇文的愿望：

几天后我见到了他，发现他已成了一个“通仙入魔”的奇人，奇人须有奇文，愿家猫在地之灵佑我佐我，赐我成就奇文的奇思妙想。③

继而联想关于“猫”的土语，并推测“猫儿腻”与“猫盖腻”“猫盖屎”的关系，既呼应了题目、丰满了内容，又以隐含作者的出场制造了小说阅读的间离效果，增强了写作的游戏性和阅读的趣味性。

文章已写完，忽然想到北京土语“猫儿腻”，我总认为这话与“猫盖屎”的行为有关系。我亲眼见过猫盖屎，也就是拉过屎后用后爪子象征性地蹬点土盖盖，并不真正盖得不露一点痕迹。我在农村锄地时，锄一盖二，队长批评我：“你这是‘猫盖屎’！糊弄谁呀！”④

小说《人与兽》中表现一九四九年十月一日，穴居在日本山洞中的爷爷隐约感觉到遥远的祖国开国大典的盛况：

爷爷微微有了睡意，便闭合了双眼，朦朦胧胧中忽听到遥远的地方炮声隆隆，金光与红光交相辉映，成千匹骏马连缀成一匹织锦，潮水一般，从他脑子里涌过去。爷爷的幻觉与开国的隆重典礼产生的密切联系，为爷爷的形象增添光彩，反正有心

① 莫言：《猫事荟萃》，载《白狗秋千架》，上海文艺出版社，2012，第363页。
② 同上。
③ 同上书，第382页。
④ 同上。

灵感应、特异功能这一类法宝来解释一切不能解释的问题。①

引文先以叙事者身份描述爷爷在半梦半醒间耳目所感知的来自祖国的热烈、辉煌场景,继之以隐含作者的身份对这一神秘现象加以阐释,以破译密码的方式坐实叙事者的设想,以为叙事接受者提供解码契约的方式在叙事者与接受者之间建立人际协调关系。因此,尽管隐含作者的出面在形式上看似干预了叙事的流畅,逻辑上却在一定程度上增强了小说的信度,达成了元叙事的组织及应酬功能。

小说后文中,为治疗与狐狸打斗中形成的伤口,爷爷:

从森林中万千气味的洪流里,辨别出“红叶金针草”的独特辛辣味儿,循着味儿去,在一株大松树的背后,找到了它。这种草药,我翻遍了图文并茂的中药词典也没找到。②

找寻食物的过程中,爷爷:

态度安详,不慌不忙,像一个无忧无虑的农民。这种精神状态在他十四年的山林生活中只出现过几次,这算一次,用铝壶在海汊子里熬出咸盐是一次,吃土豆撑了半死是一次,每一次都有特殊情况,都有纪念意义。③

与一般意义的隐含作者自我揭露作品虚构性的元叙事不同,在上述两例中,隐含作者与小说叙事者立场相同,隐含作者的出现进一步证实了故事的真实性。第一例中隐含作者从故事中逃逸,将小说与生活对接,以似真生活化场景的查找词典关联小说中爷爷用于疗伤的“红叶金针草”,以此佐证爷爷经历的真实性。第二例中隐含作者以全知视角突破叙事进行时态,统揽爷爷十四年山林生活经历,为叙事者所述事实的真实性提供有力支撑。

小说《天花乱坠》第二部分讲述歌声迷人的黑麻子皮匠与多才多艺的财主小姐的爱情故事时,有意令隐含作者跳脱,与叙事者发生间离:

我列举了这些难处,就是为了把小姐夜里偷偷地循着歌唱去找皮匠的可能性排除,然后好让这个故事沿着我设计的道路前进,当然,从根本上说,这个故事还是我在棉花加工厂当临时工时听看门的老许头讲过的,老许头讲述的基本上是事实,让他造谣,他也没那才能。④

上例中隐含作者与叙事者分离,先以创作者身份和盘托出叙事思路与意图,继

① 莫言:《人与兽》,载《白狗秋千架》,上海文艺出版社,2012,第411页。

② 同上书,第417页。

③ 同上。

④ 莫言:《天花乱坠》,载《与大师约会》,上海文艺出版社,2012,第281页。

而借由将故事所有权转交给毫无创作能力的小说人物的方式，指涉情节的真实性，可谓曲曲弯弯，千回百转，在腾挪跳荡中回到对小说真实性的再度确认，在故事的跌宕中夹杂叙述的起伏，带给叙事接受者以双重的审美愉悦。

小说结尾，讲述传说中黑麻子皮匠与财主小姐故事的第二种结局后表示：

我在感情上不愿接受这种结局，但既然有人这样传说，只好记下，供大家参考。①

以故事结局的不确定性将小说从现实生活中剥离，还原给传说，交付给创造，以矛盾和断裂的方式将两种结论并置，披露小说的虚构性，并以“供大家参考”的吁请向叙事接受者发出共同参与叙事游戏的邀约，打破了唯一性结局所营造的审美舒适，以可写文本的闯入调动叙事接受者的参与热情，带来审美愉悦。

不同于结局的不确定性，小说《你的行为使我们恐惧》则以不确定的情节揭示小说的虚幻性：

至于是否有大蝴蝶般的女人扑进了熊熊燃烧的火堆，也只能当传说听。那晚上我们太累了，太累了就容易产生幻觉。还有前回所说的好多事儿都可能是幻觉，连传说也有可能是幻觉。幻觉本身更容易成为幻觉。因为把一切都推给幻觉我们感到很轻松，有点像从噩梦中醒来的滋味。他真的把传家的宝贝割下来了？我们是否真的站在他的门外呼唤过他？都不确定。②

小说隐含作者出面对前文所述情节提出质疑甚而否定，以将此前的事件归为幻觉的方式消解小说的似真性，并对诉诸幻觉这一行为给予阐释和评价，将叙述行为本身作为叙述对象，打破了传统叙事逻辑，以不确定性揭示小说的虚构性，指涉生活不可推测的神秘性。

小说结尾：

劳改农场那边又响起了也许是枪毙罪犯的枪声。我们是不是站在你家门前敲过门板呢？也许真是幻觉，即便在真幻觉里，我们也感到恐惧。③

以叙事者口吻提示叙事接受者：不仅听闻的事件不确定，即便是亲历的事件也不确定，仿佛一切都在真与幻之间，模棱两可、模糊不清。如是，令人恐惧的不仅是幻觉，还有现实，以及恍若现实的幻觉和酷似幻觉的现实。

小说《月光斩》以表弟与“我”的通信建构小说结构，表弟信中讲锻造刀具时述

---

① 莫言：《天花乱坠》，载《与大师约会》，上海文艺出版社，2012，第284页。

② 莫言：《你的行为使我们恐惧》，载《欢乐》，上海文艺出版社，2012，第410页。

③ 同上书，第420页。

及"——把冰凌放在火上烧,这是我们那里的坏小孩常玩的游戏——我知道这样写有悖物理学原理,但这是传说,姑妄言之姑妄听之。"①在叙事者叙事过程中夹杂隐含作者的观点,以两处破折号引导隐含作者视角,第一处将生活场景与小说故事建立关联,以此映射小说故事的真实性,第二处有意暴露故事的虚构性,形成对叙事行为的指涉和拆解,以证伪的方式提示虚无,扩展了小说的创造空间。

小说《普通话》开篇介绍柿子沟第一次说普通话的两个"四清工作队"组员:一个男人,竟然叫傅春花,真是哈哈哈。② 一个女人,竟然叫王奇志,也比较哈哈哈。③

叙事者对人物名字的交代融合了陈述和评论双重功能,以"竟然"和"哈哈哈"两组词汇简明扼要表达了对人物命名方式的异议,小说以人物命名方式的颠倒和错乱预设和隐喻小说主人公解小扁的不幸结局。此时,叙事者在陈述过程中负载了叙事接受者的观点,同步承担了隐含读者的评论职责,拓宽了小说的叙事阈值。

小说《球状闪电》结尾:

几个月后,一位悒郁的青年小说家偶尔涉足这个小村庄时,发现村里孩子的鞋头上都缝着一层厚厚的胶皮或旧轮胎,这奇怪的现象引起了他很大的兴趣。④

小说以青年小说家指涉作者,以小说家的亲见增强小说的真实性。而小说家的"悒郁"又仿佛与不满足平庸生活的主人公蝈蝈有着某种内在的暗合。此时,小说通过叙事者、作者、小说主人公三者同一的方式将小说与生活合一,从而指涉二者的相似性与相关性,以消弭真实与虚幻界限的方式,提示现实的虚幻性以及虚幻的现实性。

小说《野种》中,以回溯的方式接续家族叙事,讲述父亲的事迹:

父亲成为一名出类拔萃的战士,在淮海战场上、在渡江战役中、在朝鲜战场上建立功勋,那是后事。他的成功得力于他的素质。名震四海的粟司令夸奖他是"天生的战士"也是后事。⑤

小说中叙述与评价同步展开,叙事者以回溯过去、观照未来的纵深视野,穿越时空之维,展现和审视父亲的英武与彪悍,借由父亲未来的功勋提示小说的真实性,营造似真幻觉,增强小说可读性。

小说《红耳朵》中,隐含作者不断从叙事者身份中逃离,评价叙事过程本身:

---

① 莫言:《月光斩》,载《与大师约会》,上海文艺出版社,2012,第406页。
② 莫言:《普通话》,载《与大师约会》,上海文艺出版社,2012,第414页。
③ 同上书,第415页。
④ 莫言:《球状闪电》,载《欢乐》,上海文艺出版社,2012,第114页。
⑤ 莫言:《野种》,载《欢乐》,上海文艺出版社,2012,第341页。

写到这里，读者诸君可能会提出疑问：王百万五十得子，一定视若掌上明珠，应该食珍馐，衣锦绣，读诗书，写文章，怎么会让他像小叫花子一样在闲人堆里厮混？①

小说第二节隐含作者以隐含读者身份对叙事者所述王十千的身份和境遇提出质疑，并以此作为过渡，引发下文对其缘由的揭示。串联因果的同时，参与了读者的阅读进程，并在一定程度上带动了读者的质疑和思考。形式上，隐含作者的突然出现和粗暴登场仿佛造成了叙事的断裂，究其实质，则是以串珠彩线般地连缀性沟通了故事的前情后续。

小说二十节讲述王十千散尽家财，沦为乞丐，投宿昔日曾经繁盛如今已然荒芜的小学堂，境遇可谓凄惨，却非同寻常地"沉浸在最美好的感觉里享受"。此时，隐含作者出场：

如果要描述，又只好假想，因为谁也没有去观察他，即便去观察又能观察到什么呢？当然我希望那是个明月皎皎之夜，吹着温馨的和风，风里挟带着泥土和野花的芳香。②

隐含作者的出场以未曾观察的无辜消解无法描述的尴尬，却足够以假乱真地暗示了小说的真实性，再现了人物的神秘性。

小说结尾，隐含作者取代叙事者，走向前台，反思故事走向和写作技巧，并给出了故事发展的其他可能性与可行性：

王十千的故事应该结束了。但就这样结束是不是太简单了？用这么短的篇幅、如此粗疏的笔墨打发了这么好的一个素材，确实有点可惜。本来还有好多文章好做呀！譬如：我应该浓墨重彩地写一些十千将耳朵涂红的过程……③

继而反思和评价叙事过程及叙事行为：

我知道我仅仅粗枝大叶地写了一次十千涂红耳朵并且把涂耳朵的目的十分确切地限定在为了吸引姚先生注意这一点上是多么笨拙，是呵我写得真笨拙。④

列举小说细节有无限可能性后，再度发出自省：

我真笨，我把一个好题材给毁了。⑤

小说隐含作者登场，频繁指涉小说的虚构性，并阐释、评价和反思叙事行为，补

① 莫言：《红耳朵》，载《怀抱鲜花的女人》，上海文艺出版社，2012，第123页。

② 同上书，第156页。

③ 同上书，第157页。

④ 同上书，第158页。

⑤ 同上书，第160页。

充故事情节的其他可能性，扩展了小说容量，丰富了思想内涵，充实了表现手段。隐含作者、叙事者、叙事接受者，或交错出现或混融为一，使得故事情节跌宕起伏、异彩纷呈，叙述浓墨重彩、酣畅淋漓。

小说《白棉花》"楔子"围绕棉花展开了闲言碎语，开篇即以隐含作者、亲历者、叙事者三合一的身份增强了小说的真实性：

关于棉花我自认为是半个专家，从种植到加工，这期间的每一个过程我都清楚。因为我曾亲自干过这些事，而且干了很久，请允许我啰唆一会儿，关于棉花。①

三合一的多重身份，为叙事与评点结合提供了充分的空间：

方碧玉终于出现了，在马成功的故事里，没有她的出现，整个故事将变得枯燥无味，犹如一潭死水。这时，我，翩翩青年马成功，应该仪态潇洒地走过去，主动伸出我那只腕上戴表的右手，镶着红点的秒针快速游走，表壳在夕阳余晖下闪烁温柔祥和之光。②

以评点和讲述结合的方式表现"我"对同在棉花加工厂工作的方碧玉的爱慕。借有意炫耀手表这一细节表现"我"的经济优势，对比后续情节中"我"的爱情失利。

小说《梦境与杂种》中隐含作者不仅对叙事行为，而且对自身的叙事能力，乃至叙事心理给予反思和评判：

无论怎么样地挖空心思来解释，这件事情也不具备文学性，不应该写进小说中充当细节。想到此，我的文学信心就要土崩瓦解了。我甚至不想再把这篇所谓的小说写下去，但我必须违背自己的意志往下写，尽管接下来发生的事情更加琐碎和无趣。③

小说《我们的七叔》取材于亲人经历，小说中的"我"集中了叙事者、隐含作者、当事者三重角色，使叙事和评点更加动情：

每一次提起笔想写点纪念七叔的文章，都起因于我在梦中见到了他。这些梦像有情有节的电视连续剧一样，已经延缓了好几年。我并不是每夜都能梦到他。就像一个清茶朋友似的，每隔一段时间，他便不约而至。这些梦有声有色，十分逼真。梦醒之后，反倒脑袋发木，迷迷糊糊。醒时反似在梦中。现在我好似坐在桌前写字，又怎知不是在梦中呢？当然，这基本上是对庄周的拙劣摹仿，明眼人一看便

① 莫言：《白棉花》，载《怀抱鲜花的女人》，上海文艺出版社，2012，第161页。

② 同上书，第205页。

③ 莫言：《梦境与杂种》，载《怀抱鲜花的女人》，上海文艺出版社，2012，第372页。

知但也不必较真就是。①

上述引文陈述了行文初衷，描述了写作状态，评议了叙事行为。感情饱满，内容丰沛，衔接自然，含义深刻。

继之又以女儿的介入，指涉小说的真实性，以加括号的方式补叙女儿现状，预设下文现实与梦境相结合的叙事方式：

我抱着女儿去七叔家串门。女儿咿呀学语，满头都是奶腥味（她现在已是高中一年级的学生，这说明下面所写，如果不是我的梦境，就是我对过去生活的回忆）。②

后文中以指涉作者的方式，增添小说的真实性：

她经常娇滴滴地大喊：管谟业呀，你等等我嘛！③

小说以指涉叙事过程、评述叙事方法、剖析小说艺术等手段中断故事，以回溯或预设的方式连缀情节，在似断实续中使故事情节与叙述阐释交错并进，交织为一幅瑰丽多姿的盛大画卷：

前面我交代过……④

关于这个美丽的女同学的事我们后边再说吧。⑤

书归正传，尽管我是十分地想接着茬儿往下说郭江青的事。⑥

那个年头跟现在不大一样，没有亲身经过的说也不明白，亲身经过的不说也能明白。我知道这是废话，但还是要说，因为小说本质上就是废话的艺术。⑦

又是一个惊险的最后一分钟营救，这是说书人惯用的伎俩。⑧

请允许我回头照应一下本文的开头部分吧，我的文章尽走斜路，恶习难改，实在是不好意思。⑨

上述引文中，隐含作者贯通前情后叙，评判叙事行为，降解小说艺术，间或检视和反省自身的叙事活动，以自涉性达成作者与读者的交际目的，实现应酬功能。

此外，小说也频繁以邀约读者的方式，间断叙事流畅性，疏离读者的阅读过程

① 莫言：《我们的七叔》，载《师傅越来越幽默》，上海文艺出版社，2012，第66页。
② 同上书，第67页。
③ 同上书，第78页。
④ 同上书，第77页。
⑤ 同上书，第78页。
⑥ 同上。
⑦ 同上书，第85页。
⑧ 同上。
⑨ 同上书，第86页。

与现实经历,指涉小说的叙事过程和叙事方式,建立读者对作者的信任,拉近叙事者与接受者的距离:

另外这一段好像很长了,为了让你们阅读方便,我们就分个段吧。①

好,请看下一段。②

我知道七叔进屋去干什么,你们也猜到了他进屋去干什么。③

请诸位朋友跟着我想一想吧。④

你们信不信,你们不信,反正我信。⑤

如果高兴,我可能在后边多给你们讲一点他的事。⑥

我把话头扯得太远了点,对不起你们。⑦

他拉起提琴来的样子,的确是奇形怪状,我无法用文字描述,只能靠你们自己来想象。⑧

我说的你如果不信,可以到我们村里调查去。⑨

你们不要以为我七叔说完这话就该牺牲了,没有那事。⑩

上述引文,在故事讲述过程中,充分考虑和照顾读者情绪,将读者引向前台,引入叙事过程,在作者与读者之间形成有类于对话的格局,借以增强小说的凝聚力和感染力,不失为叙事革命的有益探索和成功实验。

小说《司令的女人》中,隐含作者常以锐不可当之势跳脱到叙事表层,评述观点,品鉴人物:

我们那儿审美标准比较古典,喜欢小嘴美人,这都是让评书害的,评书里描述美人,动不动就说"杏眼桃腮,樱桃小口",实际上地球上从来没出现过这样的女人,如果有,肯定是妖怪。⑪

现在回忆起来,如果硬要让我找出"茶壶盖子"的不足之处……我实在找不出

① 莫言:《我们的七叔》,载《师傅越来越幽默》,上海文艺出版社,2012,第69页。
② 同上书,第69页。
③ 同上书,第70页。
④ 同上书,第72页。
⑤ 同上书,第73页。
⑥ 同上。
⑦ 同上书,第74页。
⑧ 同上书,第84页。
⑨ 同上。
⑩ 同上书,第86页。
⑪ 莫言:《司令的女人》,载《师傅越来越幽默》,上海文艺出版社,2012,第249页。

来。有人说她的嘴巴有点歪,但我就迷她这个歪,一歪百媚。①

上述第一例引文隐含作者对传统美人标准的纠偏,强化叙事者论定的"嘴巴稍大"的"茶壶盖子"无可指摘的美,在此,小说隐含作者看似脱离叙事者,跃迁至叙事表层,直接表述观点,实则进一步佐证了叙事者观点,达成了"貌"离"神"合、互为表里、彼此印证的理想境界。第二例中,隐含作者从故事进行时态中逃逸,以叙事时态回溯、观照和审视自身的审美态度,进一步得出一以贯之的结论——完美无瑕。哪怕是别人眼中"嘴巴有点歪"的缺点,在隐含作者和叙事者眼里,也生出更加令人着迷的百媚来。

据小说后文交代:

对这个女人的迷在我的一生中产生了巨大的影响,这是后话,暂时不提了。②

这里,隐含作者以对事件前因后果的透彻把握和掌控小说全局的权威性,为确保叙事的连贯性,暂时悬搁了"影响",为后续相关情节埋下引线。

小说《变》中第一节开篇:

按说我要写的,应该是发生在1979年之后的事情,但我的思绪,却总是越过界限,到达1969年秋天那个阳光明媚,菊花金黄,大雁南飞的下午。至此,我的回忆便与我混为一体。③

上述引文中,"我的回忆"指代叙事者,"我"指代隐含作者,表现小说隐含作者冲破预先框定,上溯至约定时间的10年前,并与叙事者汇合。

行文中,隐含作者间或从叙事者身后抽身出来,发表意见。如,对小说后续故事中将要述及的重要角色何志武,隐含作者标识很难做出一维判断,便在对其重要地位给予说明后,启发和召唤读者对何志武其人给予判定和评价:

何志武是个大流氓呢还是个大英雄?得得得,我也搞不清楚,反正他是本文的主要角色,他到底是个什么人,将由读者判定。④

"大流氓还是大英雄"这一选择性提问本身既已吊足了读者的胃口,继而隐含作者又以"我也搞不清楚"强化了答案的两可性,随即以"本文主要角色"的身份认定,完成了对读者启发式的提问"他到底是个什么人"。读者面对事关小说主要人物判定的这一前导式问题和参与两难判定的邀约,势必摩拳擦掌、严阵以待,积极

① 莫言:《司令的女人》,载《师傅越来越幽默》,上海文艺出版社,2012,第249页。

② 同上书,第254页。

③ 莫言:《变》,载《师傅越来越幽默》,上海文艺出版社,2012,第366页。

④ 同上书,第370页。

投入对小说后文的阅读和分析中。

小说《等待摩西》第九章开篇，隐含作者以进行时态叙事时空关涉小说初稿叙事时空，披露作品久已完成，一直珍藏，没有发表的原因：

现在是2017年8月1日，我在蓬莱八仙宾馆801房间。刚从酒宴上归来，匆匆打开电脑，找出2012年5月写于陕西户县的这篇一直没有发表的小说（说是小说，其实基本上是纪实）。我之所以一直没有发表这篇作品，是因为我总感觉到这个故事没有结束。一个大活人，怎么能说没有了就没有了？生不见人，死不见尸，这不合常理。我总觉得白发苍苍的马秀美这样苦苦坚持着往货车上贴寻人启事，总有一天会有个结果。中国戏曲的大团圆结局模式符合我们的心理需求。①

上例中，隐含作者游离于叙事者之外，对小说人物柳卫东（原名柳摩西）的离奇失踪感到无法理解和难以接受，对小说前文情节的不尽如人意发出感喟，并表达了与多数读者一致的审美诉求：渴望大团圆结局。

小说后文交代柳卫东回来了，其中的细节并不为人所知。因此，隐含作者以生活化联想和文学性想象试图填补空白，弥补缺憾，但又一一推翻：

似乎怎么写都不过分，似乎怎么写都不能令人满意，似乎怎么写都会落入俗套。②

隐含作者出场表达了对小说叙事过程的观照以及在故事走向和细节安排方面摆脱影响、免落尘俗的焦虑。作者走下神坛，指涉小说叙事，剖白影响焦虑，揭示叙事似真幻觉，增进了与读者的亲善关系，加深了读者对小说的接受度，赋予了小说文本以故事和叙事交叉进行的双重意义。

小说《诗人金希普》结尾，隐含作者登场披露小说初创时间，对接现在进行时态，指出每年一度的老乡会早已成为过去，将生活经历切入小说叙述，以弥合小说与生活界限的方式，提示小说的真实性：

这篇小说初稿写于2012年春天，五年过去了，那一年一届老乡会，已经成了历史记忆。③

下文通过指涉作者其他作品的形式，增强小说的似真性：

前不久，我去济南观看根据我的小说改编的歌剧《檀香刑》，入场时遇到了金

① 莫言：《等待摩西》，载《晚熟的人》，人民文学出版社，2020，第121页。

② 同上书，第122页。

③ 莫言：《诗人金希普》，载《晚熟的人》，人民文学出版社，2020，第145页。

希普。①

隐含作者“遇到金希普”在内容上强化了小说的真实性，在结构上承上启下，衔接过渡，以“我”与金希普的言语交流、微信沟通作结。

小说《红唇绿嘴》中隐含作者频繁出现，暴露小说创作过程，就小说叙事行为和叙事方式加以阐释或评述。隐含作者时而消解小说与生活的藩篱，以生活的现实、历史的真实，自圆其说小说虚构故事的真实性：

有一个女同学大声哭叫起来，因为有一只蚂蟥钻进了她的腿肚子。对，这个哭叫的同学还是覃桂英。这种偶然性并不是叙事者的刻意安排，而是历史事实如此。②

隐含作者频繁打破故事本身的流畅性，将诸如素材的取舍、情节的先后这类小说操作技巧层面的幕后设计推向前台，与故事情节并置，共同推进小说进程：

我就不详说水田插秧之后第二天，喝得醉醺醺的覃桂英之父扛着土枪来学校找李圣洁老师算账的事了。我也不打算细说几年之后覃桂英当了红卫兵的头头，用一把锈钝的破剪刀铰下李老师的双辫子然后拧成一条鞭子抽打李老师面颊的事了。但我永远忘不了覃桂英之父覃老九对着我们学校院子里那棵钻天白杨树开那一枪。③

许多事可以不写，但李圣洁老师之死必写。④

小说中，李圣洁老师按照上级要求，带领学生到水田插秧，要求学生全员脱鞋下水，覃桂英迟迟不肯，李老师一句再平常不过的问询“难道你的脚是三寸金莲？”却给她带来了无尽的灾难，在反复被批斗、羞辱、殴打后，不堪其辱的李老师以自杀了结了一切。小说对这一系列情况的叙写，并非严格遵循时间脉络，而是借隐含作者出场牵线搭桥，“李老师将要为此付出沉重的代价，暂且不提”⑤，“这是后话，先说前言”⑥，在腾挪跳荡的情节连缀中建构了自身的叙事逻辑，而对叙述进程本身的叙述跃出文本表层，成为小说叙述的一元维度，与情节叙述一道，建构了小说叙述的多元空间。

小说《火把与口哨》中，隐含作者对叙事过程以及叙事的动因做了更为简明清

---

① 莫言：《诗人金希普》，载《晚熟的人》，人民文学出版社，2020，第145页。

② 莫言：《红唇绿嘴》，载《晚熟的人》，人民文学出版社，2020，第245页。

③ 同上书，第247页。

④ 同上书，第248页。

⑤ 同上书，第246页。

⑥ 同上书，第268页。

晰的阐释：

杨结巴这辆自行车是一辆有故事的自行车，我们且放下这个话头，等有时间再另章详述。咱先说正事。①

我写上面这些话，是在延宕一个痛苦的细节，那就是三婶对清灵的拷问。”②

小说有意以“您说”“大家看”“读者”加盟叙述过程，借此建立与读者交流的契机，将读者引入文本场域，就小说的叙事进程、叙事方式、叙事动机与读者展开对话，向读者发出参与小说进程的吁请，如交代三爷三奶死因后，“情况大概如此，大家看，我这哪像写小说啊？简直是写交代材料或是流水账。”③

再如：

以上这些都不是我这篇文章的主要部分，全部删去也不足惜，但这些闲笔，营造的就是那样一个时代氛围，而没有氛围，文章就没有说服力，您说对不对？”④

写到这里，我真想就此结束，因为接下来的事情，我连回忆的勇气都没有，总是偶尔想到，便立刻回避。但如果就此结束，显然又对不起听我唠叨了这许久的读者。那就含悲忍泪往下讲吧。⑤

上述引文，隐含作者由幕后至台前，不仅将对小说艺术的探索和对叙事策略的选择纳入小说文本，对叙事本身展开叙事，而且把读者由观众席邀至舞台上，引入小说，并与之对话互动，借助对话便利的沟通优势，对如此而非彼的叙事策略提供阐释。如此，故事、关于故事的故事、作者与读者，悉数进入小说前台，宏阔了叙事空间，增强了游戏性与审美性。

小说《幽默与趣味》中第二章“与”既是连缀第一章“幽默”和第三章“趣味”的纽带，也是隐含作者出场对小说构思和创作过程进行解释和说明，给予元叙述：

这位高高地举着大拳头的高大女人正是当年的汪小梅。无情的岁月是如何把一个天真活泼、身段苗条的少女变成了一个性情暴戾、身体膨胀的女人的？心中悲伤的作者在这里不想叙述。⑥

上述引文中，隐含作者出场不仅对小说女主人公的变化进行了评价，而且表达了作者对此的态度——“心中悲伤”，不忍接受。

---

① 莫言：《火把与口哨》，载《晚熟的人》，人民文学出版社，2020，第299页。

② 同上书，第357页。

③ 同上书，第325页。

④ 同上书，第295页。

⑤ 同上书，第350页。

⑥ 莫言：《幽默与趣味》，载《怀抱鲜花的女人》，上海文艺出版社，2012，第401页。

与此形成鲜明对照的是：

听到王三变成猴子的消息后，作者并没有过分吃惊，因为他曾经多次开玩笑说王三像只猴子。①

如若人变成猴子尚不足为怪，为何汪小梅身材和性情的变化令作者悲伤？个中答案小说未及揭晓，更平添了几分扑朔迷离，作者意欲表达当年曾对汪小梅心怀好感，抑或人性异化的不可避免，或者两者兼而有之，读者不得而知，又仿佛久已心照不宣。

简短介绍后续情节后，小说借叙事者之口表述：

作者曾问过王三变成猴子的感觉，王三说没什么感觉，变成猴子之后的事他全部不记得，变成猴子之前的事还记得。作者也采访过汪小梅，汪小梅很简略地说了一些王三变成猴子之后她的生活过程。本文第一部分根据王三的谈话编写，第三部分根据汪小梅的谈话编写。②

对小说的结构安排及素材来源作者做出了解释和交代，特别的是，上述对小说叙事行为及过程的指涉本身即属虚构，但此番设计却无疑在读者阅读过程中增强了小说的真实性和可信度。究其原因，莫言小说中的“元叙事”介乎传统话本小说与后现代元叙述之间，叙事者更接近于传统话本小说中的叙述人，在大多数情况下，莫言小说元叙事的目的不在于揭露小说的虚构性，而是相反，催化小说的真实性、增强小说的可信度，即便情节的虚构性不言而喻，但隐含作者或叙事者每每出场指出自身与人物的关系，或同乡或同学或战友，这些离奇故事，叙述者或亲见或亲闻，令读者如堕五里雾中，继而半信半疑、虚虚实实，不辨真伪、恍恍惚惚，宁可信其有，加之叙述者披肝沥胆倾情出场，读者在如醉如痴中更增添了几分不忍信其无，如是，玄幻了现实，现实了玄幻，逼真了浪漫，艺术了人生。

（三）拼贴

“拼贴”源于造型艺术，后延伸至文学创作领域。小说创作中的拼贴技法即将新闻报道、文章摘录、书信内容、其他故事、引语、歌词等材料融入故事讲述，将不同材料加以组合和关联，以极富冲击力的形式呼应、聚合和展现现象界，拓宽小说的表现场域和艺术空间。

笔者认为，莫言小说中的拼贴技法集中表现为形式、内容和结构三个层次，形

① 莫言:《幽默与趣味》，载《怀抱鲜花的女人》，上海文艺出版社，2012，第401页。

② 同上。

式上的拼贴是根据小说叙述需要，以自创作或借用已有创作的方式，插入歌词、诗文或书信内容，与主干情节共同服务于小说主题的集中、内容的完整、逻辑的严密或风格的统一。内容上的拼贴侧重于将拼贴技法作用于小说的内容肌理，将相关或无关的故事拼合至小说情节中，以万花筒式的微缩景观映射多元丰沛的生活场域。结构性拼贴即将拼贴作为结构小说的手段，将多个相关或无关的故事拼合，构成小说整体。莫言笔下的三种拼贴技法从形式到内容再到结构，体现了作家对拼贴手法的进阶式探索和创造性运用。以下分而述之。

1. 形式性拼贴

莫言的早期小说，如《丑兵》《大风》《黑沙滩》《五个饽饽》即在小说人物歌唱时，以插入歌词的形式，自觉运用拼贴手法，还原生活场景，使小说更趋灵活生动。

《秋水》中拼贴了一支看似怪诞实则神秘的儿歌，先由神秘黑衣人传递给白衣盲女，爷爷听得后又传递给“我”，黑衣人唱儿歌时，小说以断断续续的形式呈现。小说最后，以“我很小的时候，我爷爷教我一支儿歌”领起整段连贯的再现：

绿蚂蚱。紫蟋蟀。红蜻蜓。
白老鸹。蓝燕子。黄鹈鸪。
绿蚂蚱吃绿草梗。红蜻蜓吃红虫虫。
紫蟋蟀吃紫荞麦。
白老鸹吃紫蟋蟀。蓝燕子吃绿蚂蚱。
黄鹈鸪吃红蜻蜓。
绿蚂蚱吃白老鸹。紫蟋蟀吃蓝燕子。
红蜻蜓吃黄鹈鸪。
来了一只大公鸡，伸着脖子叫“哽哽哽——
噢——”①

儿歌前两行交代主要角色类型，第四行至第六行表现的是“大鱼吃小鱼”式的合规范食物链，第七至八行表现的则是“虾米吃大鱼”式反规范食物链，第九至十行以“螳螂捕蝉黄雀在后”式暗示作为结局。这段谶语般的儿歌，苍茫辽远，神秘怪诞，仿佛在讲述亘古不变、生生不息的生存神话，又酷似是对小说主题的浓缩和隐喻。儿歌以自然界映射和观照人类世界，意欲表达两重体会：其一，任何形式的竞争、侵犯、杀戮、吞食皆出于两个目的，即生存与发展。其二，山外有山，人外有

① 莫言：《秋水》，载《白狗秋千架》，上海文艺出版社，2012，第198页。

人，强中更有强中手，一旦进入充满竞争的生态链，势必面临成败。

《红高粱》中形式上的拼贴主要有两处：其一为"我"调查家族史时，村里一个九十二岁的老太太脱口而出一段顺口溜，"东北乡，人万千，阵势列在墨河边。余司令，阵前站，一举手炮声连环。东洋鬼子魂儿散，纷纷落在地平川。女中魁首戴凤莲，花容月貌巧机关，调来铁耙摆连环，挡住鬼子不能前……"①其二为在县志中对刘罗汉大爷事迹的记载："民国二十七年，日军捉高密、平度、胶县民夫累计四十万人次，修筑胶平公路。毁稼禾无数。公路两侧村庄中骡马被劫掠一空。农民刘罗汉趁夜潜入，用铁锹铲伤骡蹄马腿无数，被捉获。翌日，日军在拴马桩上将刘罗汉剥皮凌割示众。刘面无惧色，骂不绝口，至死方休。"②两处拼贴在内容上与故事情节中形成互文与映射的同时，增强了小说的真实性和可信度。

类似地，《高粱酒》中形式上的拼贴主要有两处，都是在奶奶从娘家回婆家的路上：一是外曾祖父"胡编瞎唱"，"武大郎喝毒药心中难过……七根肠子八叶肺上下哆嗦……丑男儿娶俊妻家门大祸……"③；二是"路西边高粱地里，有一个男子，亮开坑坑洼洼的嗓门，唱道：妹妹你大胆地往前走/铁打的牙关/钢铸的骨头/通天的大路九千九百九十九/妹妹你大胆地往前走/从此后高搭起红绣楼/抛撒着红绣球/正打着我的头/与你喝一壶红殷殷的高粱酒"④。第一处外曾祖父的唱词恍若对余占鳌杀死单家父子的影射，第二处则仿佛对奶奶日后豪迈生活的预设。两处拼贴既在内容上与故事情节中形成了对话和呼应，也在形式上给小说增添了灵动美。

《飞艇》拼贴包括"我"在内的孩子们编写的童谣，高度浓缩地概括了飞艇爆炸降落在乡村的景象。童谣与小说主干故事形成了互文，强化小说主题的同时，增强了小说的灵活性。

《革命浪漫主义》结尾，"我"问老红军，长牙小护士为什么称他为革命浪漫主义，老红军回答："我爱唱歌"，随后唱起歌来：

牛肉本是个好东西，

不错呀！

吃了补养人身体，

① 莫言：《红高粱》，载《红高粱家族》，上海文艺出版社，2012，第10页。

② 同上书，第11页。

③ 莫言：《高粱酒》，载《红高粱家族》，上海文艺出版社，2012，第83页。

④ 同上书，第84页。

是真的！

每天只吃四两一，

不错的！

多吃就会胀肚皮，

是真的！①

身经百战的老红军爱唱的这支歌据说是红军过草地时的流行歌曲，在异常艰苦的岁月里，被饥饿、疲惫、焦虑裹挟着的红军，唱起这支看似荒诞的歌，的确是浪漫之至。小说结尾作者扭转了此前流露的“革命”与“浪漫”不可共存的观念，以老红军的实例佐证了革命完全可以浪漫，浪漫甚至可以在某种程度上促成革命胜利。

《姑妈的宝刀》中有两处形式性拼贴，其一是开篇的民歌：

娘啊娘，娘

把我嫁给什么人都行

千万别把我嫁给铁匠

他的指甲缝里有灰

他的眼里泪汪汪②

其二是关于姑妈三个孙女的顺口溜：

从北走到南

孙家三枝兰

大兰爱哭

二兰嘴馋

三兰不开言③

民歌是“我”从孙家姑妈那里听得，随后自然引出了关于孙家三枝兰的顺口溜，在小说结构上，两处歌谣穿针引线，有连缀和引领全文的作用。内容上，两者之间彼此呼应，如同谶语，宛若古老的寓言，朴拙而笨重，却又仿佛诉说着某种未名之名，建构起小说的灵魂高地。

《透明的红萝卜》中拼贴了三段老铁匠的哼唱，前两段内容一致：“恋着你刀马娴熟通晓诗书少年英武，跟着你闯荡江湖风餐露宿吃尽了世上千般苦。”④第三段

① 莫言：《革命浪漫主义》，载《白狗秋千架》，上海文艺出版社，2012，第257－258页。

② 莫言：《姑妈的宝刀》，载《与大师约会》，上海文艺出版社，2012，第132页。

③ 同上书，第134页。

④ 莫言：《透明的红萝卜》，载《欢乐》，上海文艺出版社，2012，第19，30页。

"……你全不念三载共枕，如云如雨，一片恩情，当作粪土，奴为你夏夜打扇，冬夜暖足，怀中的香瓜，腹中的火炉……你骏马高官，良田万亩，丢弃奴家招赘相府，我我我我是苦命的奴呀……"①仿佛在怀念旧日爱情，又好像在清算徒弟小铁匠不念旧恩，又或许在预言菊子姑娘的未来，是何用意，作者并未明言，留待读者畅想。

《贼指花》第二节拼贴了小说人物武英杰的诗歌《贼指花》，诗歌与小说主题映衬互动，酷似编码，又似解码，仿佛质疑设问，又像解密释疑。谜团始终悬浮在解与未解之间，可谓"玄之又玄，众妙之门"。

《诗人金希普》拼贴两处金希普所作诗歌，一为歌颂故乡大馒头的现代诗，二为描述自己一生沉浮的古风诗。

与之相似的还有，《与大师约会》在叙事中相继拼贴由"桃木橛"吟诵的四首爱情诗歌。《野种》拼贴父亲在带领民夫运粮途中，为鼓舞士气，唱起的一支歌。《白棉花》在叙事中拼贴小说人物"我"和马成功抬棉花才思泉涌，随口吟诵的顺口溜。《战友重逢》拼贴了三首"死魂灵"所写诗歌。《普通话》拼贴了自编推广普通话童谣。《晚熟的人》第五节在蒋二文化公司激烈的比武活动的最后，播放电视剧《霍元甲》插曲《万里长城永不倒》，小说拼贴了部分歌词。《红唇绿嘴》第二节拼贴了自编歌词。"我们"读三年级时，为了宣传种植水稻的好处，我们自编自导自演歌舞节目，"用地方戏茂腔调唱沈庆丰老师为我们编的词儿"②。上述形式上的拼贴极大地增强了现场感，使小说故事更加活泼真实。

2. 内容性拼贴

莫言小说的内容性拼贴包括相关拼贴和无关拼贴两种类型。相关拼贴即拼贴的内容与小说主干故事或小说主题之间在思想或艺术各方面具有一定的关联性。无关拼贴即拼贴内容与小说主干不存在关联性。

其一，相关拼贴。

《罪过》中大福子"我"带弟弟小福子到河堤上看洪水，想起三爷讲述的一连串关于鳖精的故事，小说以连环拼贴的方式记述了三则故事：第一则，三爷奇遇鳖精聚餐；第二则，富家女嫁考中进士的大才子，后发现大才子实为鳖精；第三则，鳖精为感谢传送家书之人，赠金豆芽。魔幻灵异的故事激发起"我们"的好奇心和对奇幻世界的强烈向往，于是，当"我们"眼前河水中现出一朵金琉璃般的大红花时，小福子兴奋地追上去欲探寻传说中童话般的神秘世界，终至不幸溺亡。从表面上看

① 莫言：《透明的红萝卜》，载《欢乐》，上海文艺出版社，2012，第31页。

② 莫言：《红唇绿嘴》，载《晚熟的人》，人民文学出版社，2020，第241页。

关于鳖精的故事与主干情节小福子的死两者之间缺乏逻辑联系，但实际上，这些奇幻故事一则弥合了现实与虚幻的边界，二则打开了“我们”内在理想与外在现实的沟通渠道。于是，在现实与虚幻的交互往来中，在理想现实化和现实理想化的互动转化中，涉世未深、孱弱无力的“我们”最终陷入要么尴尬苟活（大福子）要么彻底沦陷（小福子）的局面中无法自拔、无力自救。

《弃婴》中拼贴了两个故事。其一是姑姑给“我”讲的：胶县南乡一个老头清晨捡粪时碰到一个断腿的狐狸，背回家养着。狐狸腿伤即将痊愈时，老头的儿子某部队营长探家回来将狐狸击毙，结果煮饺子捞出来的都是驴粪，夜里所有窗户一起响，儿子拿枪要打，扳机却怎么扣也扣不响。无奈只好给狐狸出了大殡。其二是“我”自己想起的，“在城市里，发生过一个美丽的故事：一个美丽温柔的少妇，杀食年轻男子”①。由此联想起易牙烹子献给齐桓公，引发感喟——“人性脆弱得连薄纸都不如”②。两个故事看似与主题无甚关联，实则在逻辑上关联密切。第一则揭示因果轮回的道理，意在道德劝善。第二则揭示诸如残忍、脆弱这类人性的弱点。就此而言，两则故事都作用于对小说主题“弃婴”的思考和劝诫。

《凌乱战争印象》中先后介绍了善用弹弓打鸟的勤务兵小宁、美国飞行员、马夫老万、姜司令、随从及坐骑、游击队里的知识分子（留学东洋的吕参谋长、毕业于清华大学的电台台长、军法处长、秘书处长等），以及麻湾战前、战后的相关情况，并未述及战争本身。人物和琐碎事件拼贴构成小说全文，契合并佐证了小说的标题——凌乱战争印象。小说以三老爷的话结尾“打麻湾的事没有亲眼见，不敢乱说，前街上许聋子去抬担架了，回来后，痴痴巴巴了好几年，你去问问他吧。”③既收束了全文，又侧面表达了战争的无意义，体现了反战思想。

《革命浪漫主义》内容上的拼贴主要有两处。其一是战争中被炸掉一半屁股的“我”在疗养院疗养期间，“可怜巴巴地问一个很漂亮又很严肃因此十分可怕的小护士……我的屁股能长出来吗？”④正在读晚报的护士看了我一眼，说：“世界上什么样的奇迹都可能发生，你听着，晚报上说，台湾阿里山区一个老年妇女一夜之间头上生出两只金光闪闪的角。沈阳市一个姓王的青年妇女两只大辫子长达二米八十六公分，梳头时要站在一个特制的高凳上，一节一节梳理。苏联吉尔吉斯有一

① 莫言：《弃婴》，载《白狗秋千架》，上海文艺出版社，2012，第321页。

② 同上。

③ 莫言：《凌乱战争印象》，载《白狗秋千架》，上海文艺出版社，2012，第343页。

④ 莫言：《革命浪漫主义》，载《白狗秋千架》，上海文艺出版社，2012，第345页。

位妇女，肚脐眼里经常分泌出小颗粒的金刚石。你好好洗我们的温泉，我们的温泉里包含着多种人体发育必需的矿物质”。① 为说明奇迹能够发生，小护士一连串列举报纸上报道的三个奇迹事件。其二是同我一起疗养的老红军讲过草地前夕过阿坝河时的饥饿经历。第一段拼贴姑且可称为浪漫，但并不革命。第二段拼贴与革命相关，但并不浪漫。两段拼贴相结合隐约与标题“革命浪漫主义”形成了反讽，似在揭示革命与浪漫不可同日而语。

《奇遇》中独自连夜赶路回家的“我”路上想起儿时听闻的鬼故事，不由得害怕起来。

儿时在家乡时听说过的鬼故事“连篇累牍”地涌进脑海：一个人走在路上，突然听到前边有货郎挑子的嘎吱声，细细一看，只见到两个货挑子和两条腿在移动，上身没有……一个人走夜路碰到一个人对他嘿嘿一笑，仔细一看，是个女人，这女人脸上只有一只红嘴，除了嘴之外什么都没有，这是“光面”鬼……一个人走夜路忽然看到一个白胡子老头在吃草……②

表面上此处拼贴与小说主干情节——“我”的奇遇没有关系，实则是为后续“我”奇遇已故邻里这一主干情节走向做足铺垫和蓄势。

《金鲤》中，爷爷带“我”打鱼，网上来一条六七斤重的金色鲤鱼，爷爷触景生情，讲了一个故事，非同于以往经常讲的鲤鱼变人的故事，这次讲了一个人变鲤鱼的故事。故事中，俊俏的乡村姑娘金枝，见下放女作家被批斗后，伤势很重，金枝便孤身一人连夜游过青草湖，去对岸的姨父家取云南白药，又连夜赶回，返程途中，因劳累过度而溺亡，第二天夜里，女作家来到湖边带着金枝最喜欢的《青草湖》祭奠金枝，将纸灰撒进湖中，瞬间“湖中突然翻起了波浪，湖中心裂开了一条缝，一阵红光闪过，浮上了一条金鲤鱼，翅膀、尾巴像火苗一样红。金鲤鱼游到湖边，用头拱上了一个衣裳包。然后，尾巴拍了三下水，又慢慢地游到湖中心，红光消逝了。湖上又是一片月光。女作家捞起衣裳包。衣裳包里包着一瓶云南白药……”③小说中拼贴的、爷爷讲述的金枝姑娘的故事占小说四分之三篇幅，看似喧宾夺主，实则名正言顺，足见爷爷带我捕鱼收获一只金鲤，只是为了引发金枝姑娘的故事。小说意在歌颂美丽善良勇敢无畏的金枝姑娘，金枝姑娘虽然溺水，却以鱼的形象延续着消逝的生命，表现了中国传统善恶有报的因果逻辑。

---

① 莫言：《革命浪漫主义》，载《白狗秋千架》，上海文艺出版社，2012，第345页。

② 莫言：《奇遇》，载《与大师约会》，上海文艺出版社，2012，第11页。

③ 莫言：《金鲤》，载《与大师约会》，上海文艺出版社，2012，第26页。

《良医》由"父亲"讲述的两段故事拼贴而成。故事一：王大成的脚被扎，被神医"野先生"陈抱缺宣判"活不过三天"，一路沮丧回家，却奇迹般康复，去找神医问原因，医生回答说"你的脚被正在交尾的刺猬咬死的雄蛇的刺扎了，夜里又沾了女人，一股淫毒攻进了心肾；治这种病除非能找到一对正交尾的刺猬，用雄刺猬的刺扎出腿上的黄水，然后再把腿放在浮萍水荇水里泡半个时辰，这才有救。"①正所谓机缘巧合，王大成回家路上不知不觉却恰到好处地遇到了正交尾的刺猬，又在浮萍水荇水中浸泡半个时辰，遂治好了病。更为巧合，甚至不可思议的是，"刺猬都是春天交尾"②，而此时正值秋季。故事二：爷爷三十几岁，得过恶症候，有一天正在厢房弯腰刨木头，被三叔和二叔碰倒的木头砸在爷爷的尾骨上，痛得就地蹦了一个高，出了一身冷汗。当天夜里，腿痛得上不了炕，后来右腿疼痛难忍。吃药无数，用过偏方，但病情日渐沉重，最后请来"大咬人"诊治，诊断为"贴骨恶疽"，以尖铁条在病腿上插孔，戳进麦秆流脓。吃三服药后病愈。两段故事后，父亲对陈抱缺和"大咬人"的医术和德行做了比较，认为陈抱缺是得了道的神仙，"大咬人"还要经过不知多少年苦修苦练才能成仙，"而一般的医生，大不过诊脉能分出浮、沉、迟、数，用药能辨别寒、热、温、凉而已，至于阴阳五行，营卫气血、经络穴道上的道理，百分之百的是参悟不透了"③。陈抱缺其人以及疗病的故事奇幻灵异，更具神性，"大咬人"为人行医则诡谲莫测，更具魔性，如此看来，虽然"大咬人"医术算是不错，治好了爷爷久治不愈的恶症候，但还称不上良医，就此而言，"大咬人"治病的故事只能算作对良医陈抱缺的映衬烘托，行文构思上的迂回转进可见一斑。

《神嫖》由大爷爷转述他父亲、"我"老爷爷东家季范先生的七桩故事拼贴而成。故事一：季范先生乐善好施，春游遇上叫花子，把身上的衣服、裤子、鞋都施舍出去，"有人喜欢了，我穿着就是罪过"④，最后常常只穿一条裤头，瘦骨嶙峋骑着膘肥体壮的大红马，"活像只猴子"，成群结队的孩子跟着看热闹，他却怡然自得。"老爷爷说季范先生家常年养着四个裁缝，一个制冬衣，一个制夏衣，一个制春秋衣，一个专门制鞋袜。四个裁缝不停地制作，季范先生还是缺衣穿。大爷爷说在季范先生的年代里，高密城里穿着最漂亮的，往往是叫花子。这传统至今未绝，……高密县出去的叫花子抽血卖也要制套新衣穿上……花子说，是让季范先生给惯的，

① 莫言：《良医》，载《与大师约会》，上海文艺出版社，2012，第72页。

② 同上。

③ 同上书，第75页。

④ 莫言：《神嫖》，载《与大师约会》，上海文艺出版社，2012，第77页。

成了规矩就不能改。"①足见季范先生极具潇洒任诞、清俊通脱的魏晋风度。故事二:季范先生痴迷槐花的香气,"移动在槐花里,像飘浮在白云中"②。槐花盛开的时节,老爷爷都要跟随季范先生在槐林里游荡好几天,有时候夜间也不回去。"老爷爷说月亮上来后,花香更浓,一缕缕的清风把香气的幕帐掀开一条缝,随即合拢后香气更浓。银色的花洒在槐花上,那些槐花就活灵活现地活动起来,像亿万的蝴蝶在抖动翅羽,在求偶交配。花在月光下长,像云在膨胀,这里凸进去,那里凹进去,一刻也不停顿地变幻,像梦一样。红马的皮毛在槐花稀疏的地方偶一闪现,更像宝物出了土,放出耀眼的光来。蜜蜂抢花期,趁着月光采花粉,星星点点地飞行着,像一些小金星……后半夜,稀薄的凉露下来,花瓣儿更亮。从树缝里看天高月小,满地上都是被槐树花叶过滤了的银点子。"③话本小说般的亲切感,加之奇特新鲜的感觉世界、灵动活泼的语言,细细密密地铺陈,构造出虚实相生,似真亦幻,惟妙惟肖的境界,读者明知玄幻离奇,却又仿佛深信不疑。季范先生游槐花海,如痴如醉,有浓厚的"天人合一""万物齐一"的道家色彩。故事三:季范先生好赌,且都是夜里赌。满城的头面人物俱来,大厅里摆开十几张八仙桌,一桌子一局,一摞摞大洋闪着光,在季范先生家里赌的人,钱掉在地上没有好意思弯腰去捡的。都归了伺候茶水的"我"老爷爷。"我"老爷爷一离开季范先生就在城里买房子城外置地,拍出的一摞摞银大头,都是在赌桌下捡的。故事四:季范先生从不过问田地里的事。"老爷爷说有一年打麦时,有一个长工用毛驴往自家偷驮麦子,另一个长工来告状。季范先生骂道:傻种,傻种,他用驴驮,你为什么不用车拉?那长工一赌气,果真套上车,拉回家一车麦子。季范先生知道后,说:这才是个长工的样子。"④故事五:季范先生有一个正妻六个姨太太,正妻一脸大麻子,六个姨太太个个花容月貌。"季范先生从来都是自己单屋睡,那些姨太太年轻熬不住,有裹了钱财跟人跑了的,有跟长工私通生了私孩子的,季范先生不管也不问。那些小私孩大摇大摆地在院子里跑,见了季范先生就叫爹,季范先生光笑不答应。你们老爷爷说,只有麻老婆生的痴呆儿子才是季范先生的真种。"⑤故事六:有一年大年初一,季范先生要嫖。让"我"老爷爷把全城的妓女带回家,"我"老爷爷带了28个妓女回来。在大客厅里点燃几百根蜡烛,请来全城政要名流。夜晚,命人在客厅正中铺上几块大毯

---

① 莫言:《神嫖》,载《与大师约会》,上海文艺出版社,2012,第78-79页。
② 同上。
③ 同上。
④ 同上。
⑤ 同上。

子，季范先生在躺成一排的妓女肚皮上走一个来回，给每人一百块大洋。故事七：季范先生过目不忘。七段故事多层次多侧面表现了季范先生其人，他轻财好施、天真烂漫、旷达自在、放诞洒脱、过目成诵，堪称奇人。

《姑妈的宝刀》由四个故事拼贴而成。故事一：由一首民歌引出孙家姑妈和三个孙女孙家三枝兰。故事二：每年春尾夏头麦收前夕，三个来自章丘县的铁匠到村里打铁。故事三：张大力逸事。故事四：姑妈的宝刀。孙家姑妈带着三枝兰拿出一条四棱银灰色铁来到铁匠坊要打一把如丝帛般柔软的刀。打造完宝刀铁匠们当天晚上就卷铺盖走了，再也没回来过。后来三兰嫁给了张大力，宝刀做了陪嫁。"宝贝一样藏了几年，后来就拿出来，放在厨房里使用，有时剁肉，有时切菜。据三兰和张大力生的儿子说，那刀尽管锋利，但太轻太软，使唤起来，还不如两块钱一把的菜刀顺手。"①足见时过境迁，因无用武之地，宝刀不宝了，看来，有时候即便再好的宝贝也需要特定的时空语境，有用方可为宝。

《麻风的儿子》主干情节由五个事件拼贴而成。小说事件一："我"去张大力家看他用自治土枪打鸟，褂子遗忘在他家磨盘旁，被张大力患有麻风的母亲拾起洗干净归还，给因丢失褂子无衣可穿的"我"带来了温暖。事后"我"并没有如姐姐担心的那样得上麻风病。小说事件二："老猴子"讲与麻风病有关的故事，惹怒了张大力，张大力割麦子时教训"老猴子"，最后"老猴子"道歉。小说事件三：为避免冰雹灾害，连夜收割，第二天早上，生产队保管员来送饭，张大力家的饭盒被区分对待，激怒了刚烈的张大力，他如投掷铁饼一样把自家的饭带盒一起扔掉，拾起一块热牛粪，大口吃掉，转身去割麦。小说事件四：张大力接任队长。过去的诸多不愉快逐渐被淡忘。人们都说，张大力的娘其实不是麻风病人，她生的是牛皮癣，不传染。小说事件五：几年后，张大力的眉毛和胡子退光，脸上生出了很多疙瘩，这是麻风病人的鲜明特征。后来去了华山麻风医院，回来后，带着老婆孩子下了关东，杳无音信。父亲掉到井里淹死，母亲无影无踪。小说事件五：从华山麻风病医院出院的方宝的老婆也是麻风病，竟遇上过风流案。村里中年人袁春光本有一个模样端正的老婆，却偏偏来到方宝家偷腥，被方宝抓获、打伤。小说对主干事件的零散、精简叙述，对次相关故事浓墨重彩的书写，表现出一定的消解中心、拆解秩序、解构意义倾向。

《白杨林里的战斗》拼贴了三个事件。事件一：以书记儿子为首的持棍少年和以赵大婶儿子为首的攥刀少年在白杨树林里发生了战斗。他们手持凶器，叫阵嚣

① 莫言：《姑妈的宝刀》，载《与大师约会》，上海文艺出版社，2012，第142页。

张，耀武扬威，实则虚张声势，难分轩轾。事件二：突然出现黑衣人，手拿令旗，指挥战斗，战事胶着时，询问“我”的意见，要不要继续打下去，造成伤亡。“我”提出停止战斗，避免伤亡，并悲壮地抱着必死的决心，决定以牺牲自我为代价求得两伙少年的休战。令人意外的是，黑衣人却并没有为难我，只是提出让“我”帮他买烟。事件三：替黑衣人买烟，小卖部售货员葵花脸明明有烟，却不卖给“我”，拉住“我”喝茶、攀谈。三个事件中事件一毫无疑问是表述战斗，事件二和三又何尝不是摹写战斗？自然，三个故事都意蕴无穷，充满疑问和空隙的故事为我们提供了巨大的阐释空间和无限可能。一种可能性是：两伙少年的战斗象征俗事纷扰、尘世烦恼；黑衣人象征蛮横的干涉性力量；葵花脸象征魅惑性力量。自然，这三场战斗，三种纠缠和干涉“我”的力量，既可能源于外在世界，也可能源于自我，源于内心，或者两者兼有。小说结尾抛开一切向前，意味着如“我”一样渴望成长和突破的行动者，必须摒弃干扰，反抗强权，抵抗诱惑，最终排除万难，重拾自我并实现理想。

《球状闪电》中主人公蝈蝈第三次复读高考前夕，父亲给他讲了一个故事用以鼓励：清朝一举人在进京会试的路上，过河时见到水上漂着一只蚂蚁，举人把蚂蚁捞上来，举人考试时有一个字少写了一个点，主考官判卷时发现一只蚂蚁伏在缺失处冒充那个点，主考官赶走蚂蚁，蚂蚁复又回去，接连几次。主考官感叹，这个举子有善举，便将其取做进士。①

小说《你的行为使我们恐惧》以吕乐之为中心，在吕乐之的经历中拼贴同学大金牙、村里刘书记的故事。

在《幽默与趣味》第一章“趣味”中，王三过马路时面对川流不息的车流，恐惧中想起一个故事：一个小孩在田野里打死一条小蛇，被一群大蛇追赶，孩子慌忙跑回家告诉妈妈，妈妈把他藏在大缸底下，大蛇们赶来围绕大缸转了几圈后走了，妈妈打开缸，儿子已变成一堆白骨。拼贴这一奇幻故事意在表达身处现代社会的王三在重重压力和不可抗力的综合作用下，陷入难以摆脱的焦虑与恐惧中，如是，逃离和隐遁便成为他不得已而为之的选择。

《扫帚星》拼贴由“扫帚星”讲述的祖母、外祖父母、父母、扫帚星本人的经历，依次为祖母救狼、祖母选儿媳、祖父母去外祖父家给父亲定亲遇外祖父家大变故、擅长土法接生的祖母被取代而失业、扫帚星的出生过程、父亲与母亲的荒诞婚姻、母亲生扫帚星时大出血而死。堪称一部“扫帚星”家族的血泪史。

《变》第一章谈及当年鲁文莉与刘老师打乒乓球，把乒乓球打进刘老师大张着

① 莫言：《球状闪电》，载《欢乐》，上海文艺出版社，2012，第58页。

的嘴巴里，讲述这一巧合事件过程中拼贴了一则故事和一则新闻。故事：“我当时联想到村里有名的故事篓子王贵大爷讲过的故事，说姜子牙命运处于低谷时，卖面粉遇上狂风，卖木炭遇上了暖冬，仰面朝天长叹一声，一摊鸟屎落入口中。”①新闻：1999年乘坐地铁上班时，报贩叫卖“苏军一发炮弹钻进了德军炮筒。”②为证实乒乓球打进嘴里这一巧合事件的可能性与合理性，作者以拼贴另一些相似的巧合事件的方式提供依据。更深的用意则在于通过或虚或实的三个巧合事件揭示在生活中充满了偶然性，一些离奇得近乎荒诞的事情时有发生。

《地主的眼神》采用拼贴方式，将五段相关故事连缀而成。第一节由老地主孙敬贤的葬礼回忆当年老地主在“我”身后割麦场景。拼贴“我”因小学时以孙敬贤为原型写《地主的眼神》而闻名乡里，结果被其子孙双亮打到河里。第二节去年“我”体验生活时与孙敬贤的孙子孙来雨交谈，得知不同于争先恐后去外地打工的青年农民，孙来雨热爱土地，继承了爷爷衣钵。爷爷置地不求质量，只求数量。后因土地多被划为地主。第三节当年“我”与孙来雨娘互助摘棉花导致村民误会，穿插儿媳对孙敬贤的评价。第四节回到老地主孙敬贤的隆重葬礼，引出孙来雨对大办葬礼的评价“我爹与爷爷一样，就喜欢打肿脸充胖子”③。夹叙夹议的五段故事生动活现地书写了老地主一家三代的性情与喜好。

《红唇绿嘴》七个部分拼贴整合，共同表现覃桂英人物性格。第一节覃桂英来看望“我”父亲。第二节事先不知道覃桂英两只脚都是六趾的李老师带领同学们下水插秧时要求覃桂英与大家一起脱鞋下水，覃桂英因被众人发现六趾而羞愤交加，从此对李老师怀恨在心。第三节“文革”期间李老师被覃桂英、谷文雨等人羞辱逼迫致死，述及覃桂英的“发展史”。第四节覃桂英曾与“志同道合”的谷文雨恋爱，后因谷文雨回乡务农，求婚被覃桂英拒绝。第五节覃桂英逼死李老师被纠缠，因谷文雨搭救，与之结婚，育有四个孩子，无地、罚款，一度艰辛度日。第六节覃桂英利用各种难缠手段扰乱秩序。第七节覃桂英试图从“我”身上获利。整部小说着力讲述覃桂英的“成长”和“发展”以及在此过程中一成不变的性格特质，从少年时代不分青红皂白地睚眦必报，到成年后利益至上，不知廉耻地颠倒是非。在她的人生哲学中，一切都以“利益”为中心，“获利”是她待人接物和处世行事的根本遵循和基本原则，至于善恶、是非、对错，并不在她考虑之列。

① 莫言：《变》，载《师傅越来越幽默》，上海文艺出版社，2012，第375页。

② 同上。

③ 莫言：《地主的眼神》，载《晚熟的人》，人民文学出版社，2020，第173页。

其二,无关拼贴。

在《秋水》中,爷爷奶奶私奔、开疆拓土、奶奶诞子,在这一主干情节中穿插紫衣女子、白衣盲女、黑衣人三个陌生人的短暂出场,三人什么来历?有何瓜葛?黑衣人缘何保护和照顾白衣盲女?黑衣人何以杀死紫衣女子父亲?此三人与小说主线有何关联?小说并未明言,留下诸多疑问悬而未决,使得小说扑朔迷离,神秘莫测,怪诞诡异。

《草鞋窨子》采用框架结构,俨然一部戏拟《十日谈》的当代中国农村民间"日日谈",所不同的是,《草鞋窨子》结构更为复杂,主干故事与故事中的故事往往互通互联,互涉共振,形成故事内外交错回环,层叠套印。小说中主要讲述者有三人,即见多识广、风流好色的老光棍小轱辘子;头脑灵活、经历丰富的虾酱贩子于大身;技艺精湛、略微羞涩的五叔。小说第 2 页,拼贴小轱辘子讲述张老三夜遇会说话的"话皮子"。第 5 页以及第 9 至 10 页,穿插于大身讲述他与传奇女人"大白鹅"的故事。第 8 页拼贴小轱辘子讲述蜘蛛精"采花"未遂的故事。第 12 页拼贴五叔讲郭庄主以蚂蚱酱治愈"百草疮"的故事。第 13 页拼贴五叔以前讲的热牛屎糊治愈"屎壳郎疮"的故事,五叔此时讲的门圣武住"阴宅"遇奇事故事。第 13 至 14 页穿插于大身讲笤帚遇中指血成精的故事。故事中的故事之间就内容而言没有密切的关联,但都玄幻神秘,且统一于草鞋窨子里讲述这一主干情节,形成彩线串珠结构。主干情节中,正在听故事的小轱辘子不知什么时候突然消失,什么时候走的?为什么走?去了哪里?去干什么?小轱辘子消失之谜其玄幻程度犹如对众人讲述的诡异离奇故事的接续、延伸和呼应。小说最后揭开谜底:原来,喜欢偷腥的小轱辘子听闻薛不善老婆患有雀盲眼,趁着薛不善不在家,便冒充薛不善,欲与其亲近未遂,反被雀盲女识破,并以剪刀戳破额头。拼贴技法的运用,扩充了小说容量,丰富了小说内容,读者读罢小说,思绪仍然久久盘桓在这些玄幻神秘、扭结纠缠的故事中,不禁拍案惊奇。

《麻风的儿子》在主干情节以外,拼贴了三个玄幻故事。故事一:张大力讲述兔子变女人被他识破,喜获兔肉。故事二:生产队另一个善讲故事的"老猴子"讲述民间奇方——白花蛇治愈麻风病。故事三:"老猴子"讲述白花蛇捕获方法。三个故事虽与主题无关,篇幅也不长,却因故事玄幻离奇,情节顿挫波折,深入人心,令读者过目不忘。

《金发婴儿》中黄毛给天球盲母讲了三个民间故事。故事一:一个女人清晨打水,见井中红荷花托着胖娃娃,迷惑了心性,落井而死。故事二:八个泥瓦匠雨天到破庙避雨,庙外雷电交加,火球翻滚,一人说,估计是我们八人中谁做了昧心事,有人提出往外扔斗笠,谁的斗笠被风刮走,谁就出去。其中有一人斗笠被刮走,被赶出庙门,结果不久,庙就塌了,庙里的七个人都死了。故事三:一家牛生了一头五条腿牛犊和一条三条腿牛犊,父亲很难过,儿子却高兴地说,财运来了,果然,把牛赶到集上,卖票参观,一年即成万元户。第一则故事似在影射黄毛和紫荆的不伦之恋。第二则故事仿佛一则古老的寓言,责问在这场不伦之恋中,天球、黄毛和紫荆谁是罪魁祸首。第三则故事仿佛在论证祸与福、得与失的关系,以及二者的互相转化定律,以此概括和评述整个主干事件。

《爆炸》中由村民追赶狐狸,引出两则姑姑所述关于狐狸的故事,故事一:姑姑转述其父、"我"大爷爷讲的狐狸提着灯笼带夜行人回家。故事二:姑姑自述在一次行医夜间回家途中被邪秽诱导至墓地,幸得狐狸引路,遇前来迎接的大爷爷,才平安到家。玄幻的故事中渗透着浓厚的生态主义思想与环保意识。

《战友重逢》中拼贴了钱英豪转述他爹所讲的三个故事。故事一:白鳝变化成白衣书生到岸上作孽。故事二:包公斩河中鱼精、鳖精、蟹子精。故事三:蛤蟆"龟儿——呱儿"叫的原因。

类似的还有《嗅味族》拼贴杂耍班子用蒙汗药拐儿童的传说,《我们的七叔》拼贴七叔讲述狐狸化作人形请剧团演戏。故事的嵌套和叠加既扩充了小说容量,丰富了小说内容,也增强了小说的情致美。

3. 结构性拼贴

《苍蝇·门牙》以苍蝇和门牙作为小标题引导两部分内容,实现了结构性拼贴,两部分内部又以嵌套拼贴的形式,讲述了军营琐事。第一部分"苍蝇"中四十三团团长到"七九一"训话,食堂里成群结队的苍蝇引起团长不满,其间我们请团长吃西瓜,勾起四天前站岗的"我"由班长带领巧用计策,饱餐西瓜的回忆,两件事情拼贴组合。第二部分"门牙"由班长与偷鸡的"磷化锌"冲突,主任老婆找主任谈家务事,班长带队到村民"骡子"家闹洞房,在手榴弹投掷训练中"我"把班长的门牙炸掉四件事情拼贴而成。小说通过一系列日常生活场景的连缀产生节奏和韵味,着重表现平凡而荒诞的生活。

《木匠和狗》实现了结构上的三重拼贴:首先是管大爷给钻圈爷爷和钻圈爹讲木匠和狗的故事,却讲起了管大爷父亲打鸟、卖鸟的故事,弯弯绕绕,讲到关涉主题的木匠和狗的故事时,作者却有意悬搁不述。随后是老年钻圈给村里孩子们讲木匠和狗的故事。最后是听钻圈讲木匠和狗故事的嗵鼻涕的小孩三十年后写下了《木匠和狗》。在讲述—阐释—再讲述—再阐释的无限循环中,故事早已背离了原型，不断出走、逃逸、变形。

《火烧花篮阁》在新市长上任处理第六次火烧花篮阁后续事宜这一主干情节中拼贴新任市长日记，用以呈现新市长上任后视察花篮阁、了解花篮阁在六次起火历史过程中的见闻。主干情节和新市长的日记二者以互补形式展现了事件的前前后后，包括一些离奇怪诞、说不清也道不明的现象。

《月光斩》小说由表弟给“我”的信和“我”的简短回信拼贴而成。主体部分是表弟给“我”的信，信中嵌套拼贴了两桩故事：一是“近来县里发生的一件大事”——县委刘副书记人头被悬挂在县委大院，引来一片惶恐骚动，侦查中发现其身体在县城高档饭店豪华套间内，没有任何血迹，罪犯未留下任何蛛丝马迹。县城一处厕所墙上涂画的“月光斩”三个字引起注意。由此拼贴第二桩故事——与“月光斩”有关的神奇宝刀的锻造过程。最后，人们发现刘副书记尸体实为塑料制品，而刘副书记本人在事后的庆祝活动上照常讲话、唱戏、跳舞。是什么人出于何种目的制造这样的恶作剧，耐人寻味。结尾“我”给表弟做了简短的回信。整篇小说中锻造宝刀的传奇故事尤为生动炫目。

《茂腔与戏迷》将有关茂腔戏迷的民间笑话与“文革”后期茂腔剧团工作队驻村演出受到乡民喜爱的系列事件进行了拼贴。

《枣木凳子摩托车》由父亲的枣木凳子和舅舅的摩托车两部分拼贴而成，将不审时度势革新思想、死守旧业，执迷做枣木凳子枕头的顽固不化的父亲与大大咧咧、看淡生死、勇于接受新事物、又急躁冒进的舅舅展开对比，意在弘扬不偏不倚、折中调和的处世态度，传达中庸之道。

《小说九段》由《手》《脆蛇》《女人》《狼》《井台》《贵客》《翻》《船》《驴人》九段小说拼贴而成。

《欢乐》中主干故事之后拼贴了篇外篇：中学生作文选《我的母亲和她的小鸡》，讲述成功挽救了误食毒药的八只鸡后，“母亲布满皱纹的脸上出现了我从没见过的幸福的微笑”①。笔者以为，主干故事以狂欢化的叙事风格表现了齐文栋的“欢乐”，齐文栋的“欢乐”，实为悲哀。与之对照的是，篇外篇中讲到母年的幸福微笑则是出于由衷的欢乐。母亲的幸福其实何其简单啊。每一点滴的收获，每一杯羹的省俭似乎都能够轻而易举地换来母亲最真挚的微笑，最由衷地欢乐。当然，并非因为母亲吝啬，而是因为，她承担着太多的责任——她托起整个家庭和家人的全部希望。小说曾被批评侮辱和亵渎了母亲，而“侮辱”或“亵渎”仅仅为表象，小说

① 莫言：《欢乐》，载《欢乐》，上海文艺出版社，2012，第294页。

实际上恰恰是在歌颂母亲。每一位母亲都在以她衰老的、羸弱的身躯承受着来自每个孩子和整个家庭的全部苦难。母亲的幸福何其艰难啊。

《幽默与趣味》由第一章“幽默”、第二章“与”、第三章“趣味”三部分拼贴而成，结构上以“与”关联“幽默”和“趣味”，内容上，第二章隐含作者出场，“指出”叙述者与男女主人公（王三夫妇）熟识，“揭示”小说的来源，第一章依据男主人公王三的讲述书写他变成猴子前的情况，第三章依据女主人公（王三妻子）的讲述书写王三变成猴子后的情况。从形式到内容，第二章的构设巧妙至极。

《澡堂与红床》由“澡堂”与“红床”两部分拼贴而成。第一部分讲述“我”去澡堂洗澡，与棉花厂工友相遇，攀谈说笑。第二部分讲述洗澡后“我”到按摩区按摩病脚见闻。第一部分主要回忆过去人们的生活方式、思想观念及青年男女恋爱方式，第二部分主要表述现在人们的生活方式、思想观念及青年男女恋爱方式。时过境迁，条件和观念在改变，但人的欲望和需求依旧，揭示了变与不变的辩证关系。

类似地，《火把与口哨》由“口哨”和“火把”两部分拼贴而成。“口哨”相关内容主要讲三叔及三个棉花厂工人熟谙吹口哨，并因口哨结缘。会吹口哨的三叔如口哨般浪漫、美好、机智。“火把”相关内容主要讲三婶持火把赴狼窝为子复仇。持火把复仇的三婶如火把般坚定、勇敢、执着。

将拼贴艺术作为结构全文的手段，碎片化的表象下暗藏着故事间思想或艺术的某种隐秘的联系，彼此组合连缀，再现了多元繁复的现象世界。

（四）反体裁

莫言的一些小说突破了体裁界限，将各类小说、散文、杂文、诗歌、书信等文体融合混杂，如同众声喧哗的多元交响，纷繁芜杂的曲调映射了现代生活的光怪陆离，驳杂纷呈。

小说《弃婴》中，“我”出于好意，捡拾起被弃置在葵花地里的女婴。带回家后，一系列难以解决的问题接二连三地涌现出来。其一本就贫困的家庭如何负担女婴吃穿用度，其二在男尊女卑思想严重的农村，已育有一个女儿的“我”，增加新的家庭成员意味着违反计划生育政策，难于办理落户手续……在一连串复杂难解的谜团中，“我”凛然救人的满腔热忱骤然冷却，心绪凌乱，批判的矛头指向有失道德的弃婴行为：“在那个急雨如乱箭的下午，我忍受着蚊虫的骚扰，考查了故乡弃婴的历史。我不必借助任何材料就把故乡的弃婴史理出了一条清晰的线索，我用回忆的利喙把尘封的历史啄出了一条幽暗的隧道"①。"我把这些被抛弃的婴孩大致划分为四类……第一类系家庭生活困难、无力抚养,被溺杀在尿罐里、抛弃到路边者。……第二类被抛弃的婴孩是有先天性的生理缺陷或怪胎……第三类弃婴是私孩子。"②此处作者以杂文笔法评议了弃婴行为,指出其非正义性。值得注意的是,前文说分四类,后文又仅陈列出三类,似在表现后现代的无序性与混乱性,抑或反映人性中的恶的不可尽数,或许两者兼而有之。

《猫事荟萃》融合小说、杂文、散文、新闻报道为一体,综合运用故事讲述、文艺评述、图表比较等方法,荟萃民间关于猫的传说、与猫有关的文学创作、"我"家猫的故事、与猫有关的土语,内容丰富,形式活泼,亦庄亦谐,妙趣横生。作品由朋友督促读鲁迅开始,二人谈鲁迅创作,谈老舍创作,谈历史长河小说,再回到读鲁迅作品的感受"读到妙处,往往心惊肉跳;读到妙处,往往浮想联翩。"③随即征引鲁迅《狗·猫·鼠》片段,并发表感想"想想这故事倒像一个寓言或讽刺小说。在这故事中,猫是光彩夺目的,虎却不怎么样。"④而后概览文学作品中丑化猫和美化猫的例子,并从正反两方面论述好猫与坏猫对读者,特别是对儿童读者的影响,"正如人不是天使也不是魔鬼一样,猫也不是恶的典型或美的象征;正如阴邪奸诈的猫形象与活泼美丽的猫形象可以并存一样,写人的阴暗心理与写人的光明内心的作品也未尝不可并存,谁也不会去有意毒杀孩子。"⑤表达作者的文艺观:小说要写好人,也要写坏人。读者并不会因为小说中单纯写好人而异常真善美,也不会因为小说如实地表现了现实确实存在的坏人而一味作恶,这一观点解构了小说应着力塑造"高大全"式英雄的观点,建构了"书写恶,并不是追求恶"的美学观。在列举和分析中外写猫的作品后,再度重申美学观:文学作品所表现的善与恶不会对读者产生直接影响,既然读者不至于照抄照搬地效仿小说中善的或恶的形象,创作者便也就获得了不必忌惮形象善恶的创作自由。以猫喻人,表达人与人、人与自然的共通性,降解知识分子的启蒙身份。

以"真正了解猫,是从四清工作队陈同志到我家吃派饭"⑥转承,以吃派饭席间猫来觅食为引子,拼贴祖母讲述的亦真亦幻的黑猫精的故事,以故事中张三的贪欲

---

① 莫言:《弃婴》,载《白狗秋千架》,上海文艺出版社,2012,第310页。

② 同上书,第310-311页。

③ 莫言:《猫事荟萃》,载《白狗秋千架》,上海文艺出版社,2012,第360页。

④ 同上。

⑤ 同上书,第360-361页。

⑥ 同上书,第364页。

和忘恩负义揭示人性的弱点。前来觅食的猫从此在“我”家定居，“我”和姐姐曾经猫口夺鼠，可能因我们“欺猫太甚”，而至“我”家的猫此后不再捕鼠。由捕鼠拼贴祖母讲的另一个与猫有关的故事，一朝廷忠臣按老父亲的主意，以八斤猫降伏了化为人形、身居高位、扰乱朝纲的五个千斤重的成精大老鼠，皇上听说出奇计为国除害的是位应“装窑”的老人，便撤销了为削减人口而指定的六十岁必须“装窑”的命令。拼贴鲁迅《狗·猫·鼠》中引用的德国覃哈特和“我”祖母“猫狗相仇”成因传说，比较分析，指出“我自认为祖母的故事比覃哈特博士的童话要高明得多”①。祖母讲述的“猫狗成仇”成因传说中的猫奸诈至极，在主人面前巧舌如簧，将狗的劳动成果据为己有，且恶人先告状，反复污蔑狗，终至再也无法忍受屈辱的狗咬死了猫，最后不明就里的主人一棍打死了狗。由猫狗争斗，回到故事主线。“我”家的猫，出去吃别人的鸡雏，频频有人找上门。投喂“辣子鸡”无果，设计恶狗斗猫，猫竟大获全胜，祖母无奈将猫装进麻袋，托人以拖拉机拉到三百二十里外的潍坊，十七天后，猫却跋涉三百余里，奇迹般地回了家。作品全文拼贴日本《朝日新闻》报道，并列表比较中国猫和日本猫跋涉路程、时间、效率。原文列表②如下：

猫别	跋涉路程	跋涉时间	日均约跋涉路程
中国猫	320 里	17 日	18.823 53 里
日本猫	740 里	575 日	1.208 1 里

猫回家后再次偷鸡被捕获问斩，斩猫的大响并未像村民想象的遭天谴或被猫鬼所祟，反而成了“灭鼠养猫专业户”。文末比较“猫儿腻”与“猫盖屎”，似意欲揭示人与动物之间所存在的某种共通的自然之理。

作品篇幅虽不长，但可谓尺幅之间，思接千载，方寸之内，视通万里，随意漫谈中概览古今中外与猫有关的传说与故事，夹叙夹议，以杂文笔法阐释文艺创作观，剖析人性与自然之理，叙事、描写、抒情、议论、说明，多种表达方式综合运用，小说、杂文、散文、新闻报道跨体裁融合，五光十色，异彩纷呈。

《麻风的儿子》以散文与杂文笔法开篇，拼贴连缀五个事件和三个玄幻故事，使小说情节曲折跌宕，风格亲切自然，读者在亦真亦幻、虚虚实实、真假难辨的驳杂故事中感受小说丰富充盈的无限魅力。

① 莫言：《猫事荟萃》，载《白狗秋千架》，上海文艺出版社，第 374 页。

② 同上书，第 381 页。

《白杨林里的战斗》融合小说与杂文笔法，在“我”与黑衣人的对话中，借黑衣人之口，重点表述了四个看似非同寻常，实则确有一定道理的观点。其一，“这个世界上最可怕的，就是‘话语’……不要轻易说话，实在要说话，最好说一些模棱两可的废话”①。这里渗透了“言多必有失”的民间智慧，与《道德经》中的“知者不言，言者不知”，《鬼谷子》中“言多必有数短之处”，白居易的“言者不如智者默”观点一致。其二，“真正的愚蠢是抱怨，是委过于他人，委过于社会。”②抱怨不仅不利于解决问题，而且容易贻误解决问题的时机，影响办事效率。其三，“社会只看结果，不看目的”③。“只看结果，不看目的”并非社会问题，而是无法避免的逻辑谬误，症结在于，较之于结果，目的往往无法或不易获得有效和可信佐证。其四，“问心无愧的是流氓和强盗，而不是良民和圣徒。”④给“问心无愧”提供了另一种判别尺度，进一步开拓了词语适用的场域。

《欢乐》将日记、散文与小说套叠融合，凭借人物的意识流动展开了一幅时空交错的生活画卷，梦想与现实、苦闷与欢乐、衰亡与新生、歧视与接纳、嘲讽与宽容、爱情萌芽与青春躁动尽收笔底，在紧张、焦虑、恐慌、惊惧、不安中受尽折磨的齐文栋，因不堪忍受各方压力，在对平静与安适的追寻过程中败下阵来，从喧嚣的生活中逃逸夭亡。

《奇死》第十节将小说与杂文结合，综合运用记叙、抒情、议论笔法，阐释“我”家族的荣光。

《司令的女人》在叙事中以散文笔法描摹“我们”对“茶壶盖子”唐丽娟的迷恋，以杂文笔法评述“茶壶盖子”唐丽娟的美。

《月光斩》将小说与书信相结合，以表弟和“我”的通信为结构框架，表弟的来信由一桩离奇事件引出两段玄幻故事，融汇悬疑故事和民间传说，奇幻诡谲、神秘莫测。

《蝗虫奇谈》《天花乱坠》《茂腔与戏迷》《变》都在不同程度上打破了杂文、散文、民间故事和小说的界限，将叙述、议论、抒情、说明多种表达方式有机交融，开拓了小说创作的新气象。

《蛙》以给日本友人杉谷义人写信的形式，将小说与剧本作为信件内容与信件

---

① 莫言：《白杨林里的战斗》，载《与大师约会》，上海文艺出版社，2012，第208页。

② 同上。

③ 同上书，第209页。

④ 同上书，第210页。

一并邮寄。信件内容、小说故事与剧本情节形成互文关系,多维度完整呈现了五十年主体价值的复建和生命意识的转变。

《檀香刑》弥合了小说与戏剧的界限,以眉娘及其父亲孙丙、公爹赵甲、干爹钱丁、丈夫小甲的不同视角,生动再现了20世纪初期忠义节烈的底层民众在列强横行,封建王权对外谄媚外敌、对内凌辱百姓的艰难处境中保家卫国、捍卫主权的英勇斗争。

《天堂蒜薹之歌》将民间戏剧、新闻报道引入小说,以体裁拼贴的方式,实现了多声复调的叙事效果。

《酒国》包容了侦探小说、惊险小说、犯罪小说、社会小说、玄幻小说特征,以丁钩儿探案过程、酒国文学爱好者李一斗与莫言的往来信件、李一斗创作的小说形成超越体裁的三重文本叙事。小说虽以探案起始,叙事过程却不断远离探案,小说终结时,案件仍然悬而未决,而法官和作者却相继成为罪犯。

(五)互文

互文即一个文本对另一个文本的记忆、重复或修正①。笔者将莫言小说中的互文现象分为意义层面和现象层面两种类型,以下分而论之。

1. 意义层面

《白狗秋千架》中"游子回乡"的故事框架构成了对鲁迅小说《故乡》的互文。

《弃婴》中"我想起在城市里,发生过一个美丽的故事:一个美丽温柔的少妇,杀食年轻男子……这个女子吃了许多条男子,吃得红颜永驻。我想起在故乡的遥远的历史里,有一个叫易牙的厨师,把亲生的儿子蒸熟了献给齐桓公,据说易牙的儿子肉味鲜美,胜过肥羊羔。我更加明白了,人性脆弱得连薄纸都不如。"②以现代的"美丽故事"和古代的"美味故事"指涉吃人主题,虽采用后现代小说互文技法,但仍不忘肩负知识分子的启蒙责任和批判传统。

《灵药》中为给奶奶治愈失明,父亲带"我"到毙人的刑场,从刚被行刑后的人身上取胆,以胆汁治病。奶奶以舌尖品咂,异常腥苦,得知是人胆后,"怪叫一声,仰面倒在炕上,顿时就断了气。"③指涉鲁迅的小说《药》,与"吃人"主题形成互文,父

---

① 赵一凡、张中载、李德恩等主编《西方文论关键词:第一卷》,外语教学与研究出版社,2017,第211页。

② 莫言:《弃婴》,载《白狗秋千架》,上海文艺出版社,2012,第321页。

③ 莫言:《灵药》,载《与大师约会》,上海文艺出版社,2012,第112页。

亲历尽艰辛备齐医生的偏方，本以为定能帮助奶奶复明，结果奶奶的眼病非但未愈，反失却了性命。悲凉中暗含反讽，以奶奶断气这一结局揭示“吃人”的非理性，以儆效尤。

《白杨林里的战斗》中持棍少年与攥刀少年两方对垒，雄赳赳气昂昂叫阵，却迟迟不动手，“他们的眼睛对着眼睛，身体做着横向的移动，嘴里嘟哝着不知什么话语。就这样过了一刻钟。就这样又过了一刻钟，他们抖擞起来的精神渐渐萎靡。众人都长长地出了一口气，不知是感到欣慰还是感到失望。”①其思想内涵与精神气质酷似鲁迅的《复仇》，“他们俩对立着，在广漠的旷野之上，裸着全身，捏着利刃，然而也不拥抱，也不杀戮，而且也不见有拥抱或杀戮之意。路人们于是乎无聊；觉得有无聊钻进他们的毛孔，觉得有无聊从他们自己的心中由毛孔钻出，爬满旷野，又钻进别人的毛孔中。”②交战双方情绪的激烈、行动的迟滞、观者的无聊都与鲁迅的《复仇》形成互文。不同的是，《白杨林里的战斗》最终还是打响了，但战争并不激烈，双方也都无大碍。如是说来，二者在精神气质上仍然保有一致性。这两场战争都有着形而上的味道，战也可，不战也可，激烈的情绪像是主张战争，行为上的迟滞又暗示着拒绝战争。如是，战争的目的、过程和结果势必指向虚无。既然一切都是虚无，那么“虚无”这一哲学命题很自然地落实到“何必行动”这一现实拷问。

《白杨林里的战斗》后续情节中的黑衣人、葵花脸似与鲁迅的《过客》形成互文。

《沈园》中在京城一面包房相会的男女主角，因二十年前未及表白而错失一段情缘，如今，各自有了家室，又两地相隔，映射宋代诗人陆游与唐婉的凄美爱情，表达了爱而不得的怅惘。

2. 现象层面

莫言小说的互文还体现在现象层面。

其一，人物的共性特征。

莫言小说世界中的人物往往具有特殊而奇异的感官，有些特征在不同小说中反复出现。《民间音乐》中的小瞎子、《红高粱》中的王文义、《地道》中的方山、《红耳朵》中的王十千，都具有敏感而灵性、充满蓬勃生命力的薄而透明的大耳朵。以略微歪斜的眼睛或嘴巴关联女性的妩媚魅力，《民间音乐》中花茉莉稍斜的眼睛、

---

① 莫言：《白杨林里的战斗》，载《与大师约会》，上海文艺出版社，2012，第 203 页。

② 鲁迅：《复仇》，载《野草》，吉林出版集团有限责任公司，2009，第 11 页。

《司令的女人》中“茶壶盖子”唐丽娟有点歪的嘴巴，都是小说中充满迷人魅力的女性角色。

《天才》中热衷于以西瓜比拟地球的蒋大志，其父蒋四亭，同学“花猪”，人物与《地震》一致，情节是对《地震》的接续。《麻风的儿子》中张大力的身世和性格与《姑妈的宝刀》形成互文，张大力的经历则是对《姑妈的宝刀》的补充和接续。

《透明的红萝卜》《姑妈的宝刀》《月光斩》《丰乳肥臀》《左镰》中都在不同程度上表现过铁匠打铁。《姑妈的宝刀》中提及铁匠小韩时，表示“我在创作一篇与打铁有关的小说时，脑子里曾多次出现过小韩的形象，所以也可以说那篇小说中的人物小铁匠，是以小韩为模特儿的。”①提到淬火，作者指出，“淬火时挺神秘，我在《透明的红萝卜》里写过淬火。”②《姑妈的宝刀》《月光斩》《左镰》中的三个铁匠大韩、小韩、老三一致。热衷于写铁匠的个中原因在《左镰》“小引”开篇中有所交代，“各位读者，真有点儿不好意思，我在长篇小说《丰乳肥臀》、中篇小说《透明的红萝卜》、短篇小说《姑妈的宝刀》里，都写过铁匠炉和铁匠的故事。在这篇歇笔数年后写的第一篇小说里，我不由自主地又写了铁匠。为什么我这么喜欢写铁匠？”③作者列举了两个原因，一是童年时在修桥工地上，给铁匠拉过风箱。二是在棉花加工厂工作时曾跟维修组张师傅打过铁。小引以“一个人，特别想成为一个什么，但始终没成为一个什么，那么这个什么也就成为他一辈子都魂牵梦绕的什么。这就是我见到铁匠就感到亲切，听到铿铿锵锵的打铁声音就特别激动的原因。这就是我一开始写小说就想写打铁和铁匠的原因”④作结，诙谐幽默地交代了热衷于写打铁的原因。

《球状闪电》中的蝈蝈与《欢乐》中的齐文栋都因过度焦虑引起不可抑制的尿迫感影响考试发挥而落榜。类似地，还有《生死疲劳》中患有遗尿症的蓝解放。

《爆炸》《弃婴》《蛙》中都有做妇产科医生的姑姑形象。

《我们的七叔》中“我”扔石片误打在郭江青眼睛上，导致郭江青差点失明。郭江青这一经历与《透明的红萝卜》中菊子姑娘的经历类似。村里姑娘小翠被父亲耽搁，二十多岁了还没聘亲，后来喝农药死了，与《欢乐》中鱼翠翠经历类似。

《四十一炮》中父亲与野骡子相好、逃跑和《野骡子》互文。

---

① 莫言：《姑妈的宝刀》，载《与大师约会》，上海文艺出版社，2012，第136页。

② 同上书，第140页。

③ 莫言：《左镰》，载《晚熟的人》，人民文学出版社，2020，第1页。

④ 同上书，第2页。

《檀香刑》中虎须灵异，口含虎须洞察人的兽本相，与《藏宝图》互文。

《变》中的刘天光“可以将自己的拳头塞进自己的口腔”与《大嘴》中的大嘴形象互文。

《丰乳肥臀》中的金童懦弱、愚顽，《司令的女人》中的“司令”孙国栋憨厚、愚钝，《模式与原型》中的张国梁憨痴、愚笨，与《左镰》中喜子的痴呆成渐进的序列链。

其二，指涉自身作品。

《弃婴》中借隐含作者之口指涉《白狗秋千架》，“那是前年的暑假，我回家的路上，由一条白狗为引，邂逅了久别的朋友暖姑，生出了一串故事。这些故事被我改头换面之后，写成了一篇名为《白狗秋千架》的小说。这篇小说我至今认为是我的好小说。”①借小说人物姑姑之口指涉《爆炸》，“姑姑懒洋洋地问：‘你又来干什么？去年你来了一趟，回去写了一本书，把你姑糟蹋得不像样子！’我羞惭地笑了，说：‘没写好’。姑姑说：‘还想听狐狸的故事吗？早知道连狐狸的故事也能往书里写，我给你讲一火车。”②两处指涉风格不同，前者严肃，后者谐谑，但都在自我指涉的语言游戏中增强了小说的似真性。

《凌乱战争印象》中三老爷对“我”说：“你爷爷那种游击队是一种游击队，姜司令的游击队又是一种游击队。”③“你在小说《红高粱》里写的那个任副官，就在咱家住过……他口袋里装着一把琴，常常含在嘴里吹，像啃猪蹄爪子一样。你怎么不把他吹琴的事写进书里去呢？你这个笨蛋！”④指涉《红高粱》中的人物和情节，并以戏谑和自嘲的口吻指出细节缺憾，既增强了小说的趣味性和游戏性，又有助于营造小说的似真性氛围，而且有利于打破单篇小说限域，构建完整的小说体系。

《人与兽》“我爷爷”在日本山洞穴居十四年，常常遥想故乡的人、事、物、景，最难忘故乡的红高粱。小说三处指涉《红高粱》，第一处“一九三九年古历八月十四日，他率领着他的队伍和他的儿子去墨水河大桥伏击日本汽车队的全部过程便栩栩如生地浮现出来。那也是一个大雾弥漫的早晨。无边无际的红高粱从浓雾中升起来，海浪撞击礁石的轰鸣变成了汽车引擎的轰鸣，清泉注在石上的脆响变成了豆官撒欢的笑声，山谷中野兽的脚步声变成了他和队员们沉重的呼吸。”⑤指涉《红高

① 莫言：《弃婴》，载《白狗秋千架》，上海文艺出版社，2012，第 304 页。

② 同上书，第 319 页。

③ 莫言：《凌乱战争印象》，载《白狗秋千架》，上海文艺出版社，2012，第 341 页。

④ 同上书，第 342 页。

⑤ 莫言：《人与兽》，载《白狗秋千架》，上海文艺出版社，2012，第 409 页。

粱》中爷爷带领父亲伏击日本人的场景。第二处是在日本山林里与狐狸搏斗时"爷爷不明白自己为什么会这样犹豫、软弱,你还是那个杀人不眨眼的土匪头子余占鳌吗?"①第三处当爷爷以一种复仇的心理在玉米地里欲奸淫日本女人时,看到鲜红内裤上的黑色补丁,联想到当年高粱地里的"我"奶奶,瞬间熄灭了欲望,放弃了暴行。《人与兽》中以爷爷的回忆指涉《红高粱》相关人物和情节,赋予人物经历以贯通性,提升小说可信度的同时,构成了家族小说的序列链。

《野种》中小说主角父亲余豆官与《红高粱》中的父亲互文。

《梦境与杂种》中树叶在生产队磨坊推磨时囫囵吞粮食,回家后吐在清水中经清洗烹饪供全家食用,这一细节与《粮食》中的伊、《丰乳肥臀》中的母亲做法一致。

《丰乳肥臀》第十三章中以母亲讲述的形式拼贴村子的"创世纪"历史:

母亲说,清朝咸丰年间,这里还无人定居,夏秋季节,有人来这里捕鱼、采药、放蜂、牧牛羊……后来,也闹不清哪年哪月了,有一个身体健壮、四肢发达、胆量很大的人在这里定了居。他就是司马亭、司马库的爷爷司马大牙……司马大牙在河边搭了一个草棚,靠着一柄渔叉和一杆猎枪过日子。那时候,河里、沟里、洼地里鱼多得呀,一半是水,一半是鱼。有一年夏天,司马大牙蹲在河堤上叉鱼,看到从上游飘下来一个釉彩大瓮。司马大牙一身好水性,能在水里潜一袋烟功夫。他一个猛子扎下河,把那口大瓮拖到岸边。瓮里坐着一个身穿白衣的盲女。②

引文中两处与《秋水》互文。一是司马大牙对高密东北乡落成的开创性贡献与《秋水》中"我"爷爷的经历互文。二是顺河飘下的瓮中端坐神秘白衣盲女这一细节与《秋水》互文。区别是两部作品中村庄开创者与白衣盲女的关系不同,《丰乳肥臀》中两人育有一子司马瓮,并世代繁衍,不断叙写东北乡历史新篇章。而《秋水》对白衣盲女与"我"爷爷的关系未做进一步表现。

《模式与原型》中牛的名字和个性"双脊""大鲁西""小鲁西"与《牛》中一致。

《我们的七叔》中七叔的死与《天堂蒜薹之歌》互文。

《晚熟的人》中蒋二对"我"说:"大哥您怎么说的来着'高密东北乡是最英雄好汉、最王八蛋、最能喝酒、最能爱的地方!'"指涉《红高粱》。

《表弟宁塞叶》情节及人物与《诗人金希普》互文。

《地主的眼神》第三节中描写于红霞给孩子喂奶时,提及"我在小说《白狗秋千

---

① 莫言:《人与兽》,载《白狗秋千架》,上海文艺出版社,第413页。

② 莫言:《丰乳肥臀》,上海文艺出版社,2012,第95页。

架》里就引用过农村的俗语……"①

《澡堂与红床》中时隔三十余年，再次见到当年的工友，聊天中工友说，"你那篇破小说《白棉花》，基本上是胡编乱造，芝麻粒大小的事被你写得比瓜还大。"②

《红唇绿嘴》中覃桂英提到"花脖子"并解释说："'花脖子'是你小说《黄玉米》中的土匪呀。"③不仅在两篇小说中论及"花脖子"，而且借小说人物之口以《黄玉米》戏谑《红高粱》。

《人与兽》中爷爷在日本荒山野岭穴居生活与《狗道》互文。《狗道》中提及爷爷的思想往往麻木地凝滞在一个点上，对其余他不关心的一切视而不见，听而不闻，指出"爷爷这种毛病或特点在十几年后，发展得更加严重。他从日本北海道的荒山僻岭中归国之后，双目深不可测，盯住什么就像要把什么烧焦似的。"

其三，指涉其他作家作品。

《弃婴》"金色的葵花地，是葛利高里和阿克西尼亚幽会的地方，是一片引人发痴的风流温暖的乐园"④指涉苏联作家肖洛霍夫的《静静的顿河》。在分析四类弃婴中的第一类"家庭生活困难、无力抚养，被溺杀在尿罐里、抛弃到路边者"时指涉两部日本小说，"我记得日本有两篇小说，一篇名为《雪孩儿》，是水上勉写的；另一篇名为《陆奥偶人》，记不清作者名字了……《雪孩儿》和《陆奥偶人》写的都是弃婴的事。《雪孩儿》里的弃婴就是把婴孩活活地扔到雪地里，冻死——有生命力的顽强者，在雪坑里待一夜尚能呱呱啼哭，这种孩子往往被抱回去继续抚养。陆奥的弃婴方式则是在婴儿降生后，第一声啼哭没及发出之前，把婴孩倒竖在热水中溺死。"⑤小说尾声处"我突然想到小说《陆奥偶人》的结尾了：作者了解了陆奥地方的溺婴习俗后，在回东京前，偶尔进一家杂货店，见货架上摆满了闭目合十的木偶，木偶上落满灰尘。由此作者联想到，这些木偶，就是那些没及睁眼、没及啼哭就被溺杀在滚水中的婴儿……"⑥人类的恋爱和繁衍原本如葵花般明艳美好，圣洁崇高，但由于生活困难、先天缺陷、非法生育等各种原因，弃婴现象随处可见。从当事人的处境出发，当属事出有因或在情非得已之下的万般无奈之举，而就更为宏阔的自然和生命角度而言，实为冷酷残忍至极。小说中对其他相关作品的指涉意在丰富

① 莫言：《地主的眼神》，载《晚熟的人》，人民文学出版社，2020，第 171 页。

② 莫言：《澡堂与红床》，载《晚熟的人》，人民文学出版社，2020，第 184 页。

③ 莫言：《红唇绿嘴》，载《晚熟的人》，人民文学出版社，2020，第 237 页。

④ 莫言：《弃婴》，载《白狗秋千架》，上海文艺出版社，2012，第 304 页。

⑤ 同上书，第 310 – 311 页。

⑥ 同上书，第 322 页。

和充实小说思想内容的同时，表达人性人情的共通性以及人类情感的普适性。

《天才》中描写西瓜地时指涉鲁迅小说《故乡》的相关描述。“河边的沙地上，种着一望无际的碧绿的西瓜。这是鲁迅先生用过的句子。”①

《猫事荟萃》述及写猫事的作品及猫与狗结怨传说时两次指涉鲁迅作品《狗·猫·鼠》。谈及无辜受害的猫时指涉冰岛女作家 F. A. 西格查左特的小说《傍晚》。丰富小说内容的同时，借助表现人类对猫的复杂情感揭示人性幽微复杂的奥义。

《长安大道上的骑驴美人》中侯七跟随众人在长安大道上追逐古典而神秘的骑驴美人，看到美人的随行者及坐骑都打了喷嚏，侯七心中矛盾不已，“侯七希望美人是凡人，但真要看到美人像自己一样打嗝噫气又会感到失望。所以曹雪芹只写林黛玉吐血而不写林黛玉吐痰。”②以冰清玉洁的林黛玉类比古典神秘的骑驴美人，突出骑驴美人不染纤尘、非同凡俗的高洁典雅。

《天花乱坠》中天生一副好嗓子却一脸麻子的皮匠凭借好嗓子好唱腔赢得了小姐芳心，但当小姐在帘幕后目睹皮匠一脸麻子，立即打消了与皮匠厮守一生的浪漫念头，皮匠得知此事后患上严重的相思病，因爱而不得不吃不喝，歌唱不休，最后哀伤致死。小说结尾，作者给出了细节不同的另一个“比较粗俗的传说：说皮匠得了小姐的绣鞋之后，摩挲把玩，春心动荡，可以与《红楼梦》里得了风月宝鉴的贾瑞大爷相比。贾大爷最终死在那面镜子上，皮匠死在那只绣鞋里。”③将麻子皮匠与贾瑞类比，二人都为情所困，都爱而不得，都因相思致死。对《红楼梦》的指涉增强了小说的纵深感，扩展了小说的幅度，使小说获得了更为宏阔辽远的空间场域。

《月光斩》中“这个由化尸炉改造成的炼钢炉，炼出了一块纯蓝的钢，就像国王的妃子抱了钢柱而受孕产下来的那块铁一样玄妙”④与鲁迅的《铸剑》互文。另外，小说中两处提及“用荷叶包裹着的人血馒头的香气”与鲁迅的《药》互文。

《球状闪电》中三处指涉其他作品。一是收集鸟毛粘翅膀的老头与希腊神话中拼接鸟毛做巨翅飞行的代达罗斯形成互文。二是蛐蛐梦中坐在凉席上飞行与阿拉伯民间故事关于飞毯的传说互文。三是茧儿陷入丈夫蝈蝈移情别恋的痛苦中，仿佛看到一个长发女人手托白丝绦引导她上吊，与《红楼梦》中鸳鸯受秦可卿魂魄引导上吊自杀形成互文，所不同的是茧儿自杀没有成功。

① 莫言：《天才》，载《与大师约会》，上海文艺出版社，2012，第 65 页。

② 莫言：《长安大道上的骑驴美人》，载《与大师约会》，上海文艺出版社，2012，第 194 页。

③ 同上书，第 284 页。

④ 莫言：《月光斩》，载《与大师约会》，上海文艺出版社，2012，第 406 页。

《你的行为使我们恐惧》第六节中“传说刘书记把人头埋在一个大花盆里，花盆里栽着一墩菊花”①与《十日谈》中第四日故事五形成互文。

《怀抱鲜花的女人》小说结尾王四与女人紧紧相拥而逝与《巴黎圣母院》的结局构成互文。

《战友重逢》已逝战友钱英豪讲述已逝的文书华中光，“起了个笔名‘死魂灵’，听说俄国一个作家写过一本书叫《死魂灵》？”指涉果戈理的《死魂灵》。

《幽默与趣味》两处指涉其他作品，一是王三与汪晓梅读大学期间一起看《钢铁是怎样炼成的》，并模仿保尔与冬妮娅之间的追逐。二是变成猴子又变回人的王三“现在又在写一篇研究卡夫卡《变形记》的文章”②。

《我们的七叔》中提及七叔使用斧的精湛技艺，指涉了虚构人物程咬金、索超、李逵、金兀术，以及历史人物鲁班、用斧高手楚人，“古代的有名战将、真实的历史人物加上小说中的虚构人物，使斧出了名的，《隋唐演义》里有一个程咬金，《水浒传》里有一个急先锋索超，还有那个天煞星黑旋风李逵。好像《说岳全传》里那个侵略者金兀术也是使斧头的。他们都有些笨拙，都比较鲁莽，只知道用憨力气。能将一柄板斧施展的如流星追月、星驰电掣的，只有我这人称‘七癫’的七叔了。当然，木匠鼻祖鲁班用斧的技术也不会错；那位用斧头帮人砍去鼻上白垩的楚人技术也相当高超；但比起我们的七叔，他们还差把火。”③

《火把与口哨》第七节“祥林嫂的孩子被狼叼走还留下一只小鞋子，还留下一个五脏被掏空了的尸身，但清泉，什么都没留下，连一丝布条、一滴血迹都没留下。”④指涉鲁迅作品《祝福》相关情节。

《红高粱》中描述奶奶弥留之际模糊的感觉，“奶奶正向上飞奔，她看到了从天国射下来的一束五彩的强光，她听到了来自天国的、用唢呐、大喇叭、小喇叭合奏出的庄严的音乐。”⑤与《红楼梦》中林黛玉临终时的仙乐形成互文，区别有二，其一，奶奶临终的庄严音乐是奶奶听到的；林黛玉临终时的仙乐在场众人共同见证。其二，奶奶临终时的乐声描写更为细腻，乐器为奶奶生前熟悉的、民间传统的唢呐和喇叭，乐声庄严，回应着奶奶刚健壮丽的一生；林黛玉临终的音乐仿佛似有若无，与其清丽脱俗的气质匹配。

---

① 莫言：《你的行为使我们恐惧》，载《欢乐》，上海文艺出版社，2012，第409页。
② 莫言：《幽默与趣味》，载《怀抱鲜花的女人》，上海文艺出版社，2012，第401页。
③ 莫言：《我们的七叔》，载《师傅越来越幽默》，上海文艺出版社，2012，第88页。
④ 莫言：《火把与口哨》，载《晚熟的人》，人民文学出版社，2020，第355页。
⑤ 莫言：《红高粱》，载《红高粱家族》，上海文艺出版社，2012，第67页。

(六)复调

“复调”一词源于音乐领域,苏联文艺理论家巴赫金在《陀思妥耶夫斯基诗学问题》中以这一术语评述陀思妥耶夫斯基长篇小说的特点:“有着众多的各自独立而不相融合的声音和意识,是具有充分价值的不同声音组成的真正的复调。”①莫言小说中的不同声音和意识不仅来自不同人物,有时也来自同一人物的内在想法和外在诉说,或来自主流严肃叙事和民间狂欢表达。

在莫言的创作中,复调现象随处可见。《天堂蒜薹之歌》瞎子张扣、隐含作者、新闻报道三重文本形成复调。《檀香刑》中隐含作者、眉娘、孙丙、钱丁、赵甲、小甲的不同叙事视角彼此应和,形成复调叙事。

《白狗秋千架》在村民欢迎解放军这一生活场景中,军人渡河过程中乡村文艺宣传队以歌唱表达村民的欢迎之意:“战士们一行行踏着桥过河,汽车一辆辆涉水过河。(小河里的水呀清悠悠,庄稼盖满了沟)车头激起雪白的浪花,车后留下黄色的浊流。(解放军进山来,帮助咱们闹秋收)……”②小说在叙述解放军过河过程的同时,间杂乡村文艺宣传队欢迎唱词,为体现二者的同步性并区分二者的复调性,作者巧妙地以括号标识歌词,生动地展现了火热的生活,喧闹的场景。

《球状闪电》中毛艳与蝈蝈谈论高考志愿,“我说:你报考省农学院,他们年年招不足生。她说:学农要下地。我说:农科院的研究员下地吗?农学院的教授下地吗?中国农业落后,农业科学空白很多。杨锡三老师说,一门科学越是处于草创时期,越容易出成果。你现在去研究高能物理吧,去研究哥德巴赫猜想吧,没有大天才是不行的。(你这样的也只配进农学院,最好让你进畜牧系,毕业后把你分配到良种站给马配种。)你准备报考什么学校?她问我。我说:再说吧!(本人是要进北大中文系的,哲学系也可以,虽然我对物理感兴趣,但我觉得学文会更有出息。)”③小说以括号标识蝈蝈的内心活动,在与毛艳对话过程中蝈蝈的内在心理与外在表达存在着明显的不一致,甚至完全对立抵牾,这里两种截然不同的声音形成了复调,至少达到了三重效果,其一,表达了成绩优异的蝈蝈对毛艳的鄙视,与后续蝈蝈因身体原因落榜而毛艳升入畜牧大学形成对比映衬;其二,以有声话语与无声心绪的悖谬体现蝈蝈的顽劣调皮;其三,以表里不一的声音揭示人性的幽微复杂,

① 巴赫金:《陀思妥耶夫斯基诗学问题》,白春仁、顾亚铃译,生活·读书·新知三联书店,1988,第2页。

② 莫言:《白狗秋千架》,载《白狗秋千架》,上海文艺出版社,2012,第202－203页。

③ 莫言:《球状闪电》,载《欢乐》,上海文艺出版社,2012,第56页。

戏谑看似亲密实则疏离的人际关系。

《金发婴儿》中多处以复调与多声形式书写生活的纷乱，表达情感的复杂。

其一，隐含作者与小说人物视角交杂形成复调。

小说开篇“她大睁着两眼坐在炕上，什么也看不见。她披一件羊羔皮袄，倚着谷子壳枕头，干瘦的身体下垫着蓬松的褥子，身上盖着暄腾腾的被子。儿媳妇刚拆洗过的被褥散发着清雅的肥皂味儿。——俺的儿媳妇名叫紫荆——紫荆嗓子略有点沙哑，语声低低的，很甜，很迷人。——那天她对我说：娘，您摸摸看，我给你换了一条缎子被面。火红的颜色，绣着游龙戏凤。红缎子被面映得您满脸通红，像一朵五月里的石榴花。我说：你逗着我笑哩，一个瞎老婆子，还石榴花哩，石榴皮还差不离儿。真的，娘，我不骗你，你年轻了十岁——紫荆叽叽嘎嘎笑起来——俺儿媳妇就是爱笑——她的笑声变化多端……”①其中，隐含作者、婆婆、紫荆三种叙事视角既各自独立又彼此补充，在互证互识的复调对话中，展开了婆婆慈爱、媳妇孝顺、婆媳和睦、其乐融融的生活图景。紫荆的善良、勤劳、孝顺与其在婚姻中遭受冷遇形成对比映衬，为后续她虽不忠于婚姻但博得普遍的同情和理解奠定了坚实基础。

另一段“儿子前年在家待了一个月，很少和娘坐在一起聊聊。她寂寞极了，呼唤着儿子的名字：天球呀，天球，来和娘说回话儿呀！儿子来了，坐在她对面，划火柴点烟，只有烟味儿辛辣没有话。球呀，你说点什么给娘听吧——你想听什么——我也不知道想听什么——那我怎么说——那就别说啦。老太婆叹了一口气，忽然问：你媳妇待你好吗？儿子说：什么好不好的，就是那么回事。老太婆说：她待我可是一百成哩。你常年不在家，她可是不容易，侍候着我，还要下坡种地。儿子说：要不是为了侍候你，我娶她干什么？老太婆说：这么说是我累赘你了。儿子说：娘，别说这些啦，别说啦，生米做成熟饭啦，别说啦。儿子的话像铅块一样沉重地打在老太婆的心上，她心里突然涌起对儿子的陌生感，她感到一阵阵冷气逼人，她不相信这个发着浓烈烟味，用冰冷的语言打人的男人就是那个忠厚老实、聪明俊秀的憨厚小伙子。”②引文中，隐含作者、母亲、儿子天球三种声音形成复调与对话，其中寡言少语、沉闷冷漠的儿子与害怕寂寞、渴望沟通的母亲形成鲜明对照，母子沟通不畅的尴尬与上文婆媳之间对话的和谐顺畅构成强烈反差。此外，儿子的冷漠与儿媳的热情，儿子不食人间烟火的悬浮与漂泊和儿媳深植生活的炙热与热切，一切都如同势不两立的天空与土地，对立并峙，既无法交融，也不可调和。此时，深谙世事的

① 莫言：《金发婴儿》，载《欢乐》，上海文艺出版社，2012，第115页。

② 同上书，第117页。

母亲既已明了,儿子的冷漠终究会酿成不可收拾的大患。

其二,黄毛的歌唱与紫荆心理和动作反应形成复调,“她把头巾抖开,蒙在脸上,静听着黄毛唱。(有一个大姐二十八,男人闯外不在家。)阳光很快就把蓝色的头巾晒热,她的脸在蓝头巾下感到了太阳的温暖,呼出的气流把头巾吹得轻轻翕动,尽管她紧闭着眼,还是感觉到无数个绿色的光点在蓝头巾上跳动。(那天她坐在窗下纺棉花,头插一朵石榴花。)飞鸟在空中追逐嬉闹的叽喳声如乱箭一般射下来,空气像蜜蜂王一样嗡嗡地叫着。(小蜜蜂飞来飞去总不落下,撩得大姐心乱如麻。)你叫吧,你叫吧,她的鼻子酸得要命,心中有架六弦琴,被猫爪子撩拨着,低弦抽噎哽咽,高弦尖声嘶叫,她恨不得把衣服撕成缕缕条条,一把扬到空中,让它们像秋风中的落叶一样乱纷纷飘散。(蜜蜂,蜜蜂,要采花就采花,不采花就飞去吧。)她的两只手在大腿外侧,先是像小兽一样蜷伏着,这时却猛然活动起来。她用力抓着大腿下的枯草,脖子扭来扭去。好长时间,她才平静下来,泪水在头巾下滚烫地流出,沿着鼻子旁的小沟,流到嘴里去。”①引文中包含黄毛和紫荆的不同话语,以括号为标识的歌词代表着黄毛的话语,其中充满暗示、撩拨和挑逗。另一种话语源自与黄毛话语形成复调的紫荆,紫荆的情感更为纷纭复杂,她的行动与心理的间离与合一、心理上的坚守与失范本身也自成复调。紫荆“把头巾蒙在脸上”这一简单动作分明在诉说“你唱你的歌,我走我的路”,业已表明她对婚姻的坚守、对丈夫的忠诚。然而,当紫荆的脸在蓝头巾下仍然能感受到太阳的温暖,紧闭的眼依然感觉到无数绿色光点的跳动时,说明来自外界的尖锐力量,来自黄毛的动情撩拨已经以不可抵挡之势叩响了紫荆的心扉。随后飞鸟嬉闹的叽喳声、蜂王嗡嗡的叫嚣声乱箭般射下,意味着来自外界的撩拨迎着紫荆内心的寂寞乘虚而入,此时紫荆心中如“猫爪子撩拨的六弦琴”“低弦抽噎哽咽,高弦尖声嘶叫”,低弦隐喻底线,低弦的“抽噎哽咽”渗透着紫荆对婚姻的坚守面临瓦解,高弦“尖声嘶叫”暗示着紫荆内心对情欲的渴望正冲出藩篱,“她恨不得把衣服撕成缕缕条条”,让它们落叶一样纷纷飞散,说明长期承受着空虚寂寞的紫荆心中的激情一旦被激发便气势逼人,足可使她无视成规,弃置理性,击碎束缚。最后,“先前蜷伏着的手猛然活动起来”“泪水滚滚流出”都在表明紫荆心中对爱的渴望被激发,被唤醒,终究会爆发。

其三,紫荆与黄毛对话地间离呈现复调。小说表现企图表白的黄毛与紫荆的对话“你们这些臭男人,没有个好货——嫂子,是我昏了头,你把这事忘了吧——忘了?叫我怎能忘了你!我恨不得把心扒出来炒给你吃了,你连笑脸都不给我,你吃

① 莫言:《金发婴儿》,载《欢乐》,上海文艺出版社,2012,第140页。

了我的心还嫌血腥气，我在你眼里不算个人，顶多是你的一件家什——嫂子，你冤死我啦——你现在还用得着我，我早就看你出来啦，什么时候你不用我啦，就把我像破笤帚疙瘩一样扔到墙旮旯里去啦——嫂子，老天爷作证，我黄毛可不是那种人。”①引文中存在着复调和错乱，黄毛说话的对象是紫荆，而此时神情略有恍惚的紫荆的说话对象就现场性而言，是黄毛，就内容性而言，是她的丈夫，作者意欲借助如此这般错乱的复调表达紫荆的尴尬处境和她久被冷落已然错乱了的内心。当初远近闻名的“茶壶盖子”嫁给才貌双全的连部指导员，可谁知这桩看上去称心的婚姻却并不如意。丈夫出于“找个人侍奉寡母瞎娘”的孝心娶了她，面对常年在部队，偶尔回家也是冷若冰霜、寡言少语的丈夫，繁重的农活，需要照顾的婆婆，紫荆满腔的青春热情无处安放，如今来自黄毛的陪伴与帮助，抚慰与撩拨理应出自她的丈夫，于是，因循着逻辑的合理性，紫荆对她的丈夫发出了掷地有声的质问，然而，实际上失序、悖谬又混乱的生活现实并没有给予紫荆面对面向丈夫质疑的机会，或者说最接近本质的真相是，丈夫过去不曾、现在不能、未来也不会给紫荆这样的对话时空，故此，紫荆只有趁此臆想中合理的、合适的、恰当的、妥帖的时机发出悲泪控诉，紫荆质问的语气和内容毫无问题，但可悲的是，倾诉和质疑的对象与预期相悖。因此，这番对话看起来是各说各话，但紫荆对丈夫的控诉和质疑从另一种角度看便是对黄毛求爱的呼应与迎合。如是，就实际效果而言，这场看似荒诞无稽的对话以各自独立的复调形式达成了沟通，虽然表面上矛盾间离，但实际上实现了指向终极意义的和解。

《你的行为使我们恐惧》以第二人称“你”指代主人公吕乐之（诨号骡子），以吕乐之的同学“我们”的叙述与吕乐之的歌唱形成复调与对话，展开故事，推进情节。

其一，叙述者“我们”对过去事件的回忆与主人公“你”对同一事件的歌唱形成复调。“看骆驼去！头上箍着石灰和血凝结成的硬壳的‘黄头’在教室里高呼着。我们一窝蜂蹿出来。第一生产队买回来一匹骆驼。自从盘古开天地，三皇五帝到如今，高密东北乡还没来过骆驼。”②“去，去看骆驼——去去，去看骆驼——村里来了一匹大骆驼——拴在拴马桩上——骆驼说我难过——我感冒了，它哭着说。”③第一段引文是以吕乐之同学“我们”的视角回忆当年得知村里买来一匹骆驼时，孩子们的兴奋之情。第二段引文是吕乐之成为著名民歌歌唱家后，对这段往事的歌

① 莫言：《金发婴儿》，载《欢乐》，上海文艺出版社，2012，第141页。

② 莫言：《你的行为使我们恐惧》，载《欢乐》，上海文艺出版社，2012，第375页。

③ 同上。

唱。前者细腻,后者简约,前者丰沛,后者戏谑,二者互相补充,彼此应和,形成二元叙事的复调,多层次再现了当年的喧闹场景。

其二,叙述者"我们"当前的见闻与主人公"你"对过去事件的歌唱形成复调。"车快得连路边的树都倒了,差一点撞死一条白花狗。他的歌声在车里盘旋——十八的大姐把兵当——这歌儿流传在高密东北乡大人小孩都会唱。我们一起骑在牛上唱过——当兵就吃粮——大米干饭白菜汤——馋也么馋得慌——又差点压死一只芦花老母鸡,它叫着飞上了树——当兵先铰成二刀毛——过腚的大辫子咔嚓剪掉了——腰扎牛皮带——肩扛三八枪——身披黄大氅——车头碰死一只麻雀——当兵去打仗——打仗不怕死——两个营的八路埋伏在大桥西——正晌时接了火——打死了小日本一百还要多——撇下了一百多尽是好家伙——战斗胜利了——同志们好快活——拐进了一个大院子,那留平头的干部说到了县政府了——同志们好快活——同志们好快活。"①已经成为著名民歌歌唱家的吕乐之派面包车接"我们"到县城听他的演唱会。路上,"我们"在车中所见与车内播放吕乐之的歌形成复调。吕乐之的歌呈现抗日战争时代生活场景,而"我们"在车中的所见属于当下生活场景,因此这段复调不仅实现了多声部互动与对话,而且构成了时空交错和转换。叙述视角的更迭,时空维度的变幻,天马行空,跌宕错落,铺排为斑驳陆离的生活原型,读者在短暂的错愕后顿觉澄澈通透、酣畅淋漓。

其三,主人公"你"的歌唱与"我们"的评价形成复调。

我的家乡真美丽——

这小子,真会装模作样,美丽?美丽在哪里?

黑水河从我的心上流过——

我们忘不了你在河里洗澡时的恶作剧——

到处是大豆高粱红红绿绿黄黄遍地是牛羊——

纯属胡唱,胡唱——

百花齐放春风浩荡蜜蜂采花把蜜酿……

你唱得实在不精彩,著名民歌演唱家,不过是扯着喉咙瞎嚷嚷。

为了老同学,我们使劲拍巴掌。②

上述引文表现观看演唱会的场景,其中,吕乐之的唱词、"我们"对歌词和唱腔的评价、"我们"出于礼节和关系的情非得已的鼓掌配合形成了多声和复调,三者

① 莫言:《你的行为使我们恐惧》,载《欢乐》,上海文艺出版社,2012,第404页。

② 同上书,第405-406页。

相互作用，共同实现了对吕乐之演唱会的全景式呈现。

《晚熟的人》中叙述者的叙述、小说人物的对话与表情和动作交汇混杂，形成复调。

其一，叙述者的叙述和议论，蒋二劝酒辞令，“我”与蒋二、单舒拉的对话，“我”的心理活动，蒋二、单舒拉的表情动作，混溶交杂，形成复调与对话。“蒋总，这安全吗，我狐疑地问。什么？蒋二瞪圆了眼，道，大哥，你还真把自己当大人物了？想想咱们一块儿喝沟里的水把蛤蟆疙瘩子都喝到肚子里的时候！我先干，有毒先把我毒死！他将一大杯酒一饮而尽！怕他生气，我也喝了大半杯，那鹤田泽庆，也太实在了，见主人干了杯，他竟然也跟着干了。单舒拉抿了一小口。蒋二一瞪眼，单舒拉道，蒋总，饶了我吧！不行，蒋二道，你这是替你爹喝，你爹那酒量，高密东北乡谁人不知何人不晓……蒋总，我豁出去了，但我就喝这一杯，要不下午上了台，忘了词儿我可不负责。好吧，就这一杯，单舒拉将那一大杯酒一饮而尽，眉眼间陡然生出一股豪气，这就更像单雄飞了。”①“我”回乡遇儿时伙伴、如今生意风生水起的蒋二，“我”和同行的日本友人应蒋二之邀赴宴，在蒋二公司供职的、当年伙伴单雄飞的女儿单舒拉陪同，席间，隐含作者的声音与小说人物的声音和动作形成多声部交响，蒋二的粗野与霸道、单舒拉的机智与豪迈，尽收察言观色的“我”的眼里，一览无余。作为城市知识分子的“我”离开农村多年，对农村生活既熟悉又陌生，因为熟悉，倍感亲切，因为陌生，又有些游离。乡镇企业老板蒋二、乡镇小知识分子单舒拉、城市知识分子“我”构成进阶式的三重话语体系：就身份而言，三人依次为老板、员工、来访者；就年龄而言，三人分别属于中老年和青年两个阵营；就性别而言，三人的对话在男性与女性中展开。因此，“我们”三人的对话构成多维话语空间下的多声与复调交响。

其二，蒋二转述单雄飞拜蒋二爷爷为师的过程，蒋二被单雄飞的诚意所感动，劝说爷爷收其为徒，爷爷对单雄飞的考验，与单雄飞的对话以及三人的动作混杂融汇，形成复调。“首先是我受到了十分的感动，我觉得单雄飞是诚心诚意的，四斤美酒四斤肉，不诚心哪能送此厚礼？不诚心哪能下跪，而且人家是三顾牛棚，而且还跪在了地上。爷爷，我喊了一声，爷爷不理我，只顾端着筛子筛喂马的谷草。爷爷你就答应了吧。我爷爷不睬我的喊叫。自言自语着干自己的活儿。我去拉单雄飞，希望他能起来，但他很拗，我根本拉不动他。终于，爷爷筛完了草，坐在炕沿上

① 莫言：《晚熟的人》，载《晚熟的人》，人民文学出版社，2020，第38页。

吧嗒吧嗒地吸烟。好久，爷爷说：你真想学？单雄飞跪着喊：师父，我真想学。”①在上述引文中，热情而稚拙的蒋二、冷静而深沉的爷爷、诚意而执着的单雄飞三者互动，形成了复调与对话。

其三，蒋二邀请“我”与日本友人观看蒋二公司举办的“首届滚地龙拳国际擂台赛”，主持人单舒拉的解说，蒋二与“我”的耳语，“我”的心理活动，舞台场景，人物动作，台下观众的反应与评议混溶交错，隐含作者、小说人物“我”、蒋二、单舒拉、擂台赛选手、台下观众构成了多声部复调与对话。“观众们、朋友们，这个日本拳手，心里是怎么想的，我们不知道，但我们知道，我们滚地龙拳的优秀选手匡四平，有压倒一切敌人而绝不被敌人所屈服的勇气，这已经不是一场单纯的武术比赛，而是关系着国恨家仇，请观众朋友们为我们滚地龙拳的拳师加油！单舒拉在台后用她的富有感染力的‘青普’，尽情地煽动着观众的情绪……我看了一眼鹤田，幸好他的中文词不超过五十个，但他的脸上似乎显出了尴尬……那渡边一郎，身材不高，腿短臂长，肌肉发达，面相凶恶，身穿虽不是和服但明显具有日本服饰风格的黑色武士服，头上缠着一根白布条，白布条上有一红色圆圈……匡四平与他行赛前拱手礼，裁判一声哨响，二人便打在一起。渡边一郎应该是散打搏击一路，他出拳如风，踢腿似电，根本不给匡四平近身的机会。”②这台经过精心设计和反复排练的拳术比赛精彩纷呈，高潮迭起，在主持人的动情解说、选手的精湛表演、情节的紧张铺排综合作用下形成复调，凝成同仇敌忾的民族情绪。席间，日本友人的尴尬窘迫及细微处的洞察与整体主流情绪之间形成了又一重复调。

以小说中的不同人物为叙事者讲述故事，每个人物以“独白”形式讲述同一故事，在“独白”文本之间形成既各自独立又彼此相关的对峙与互动，不同文本在互识互证互补互印中展开对话，形成多声部叙事。

① 莫言：《晚熟的人》，载《晚熟的人》，人民文学出版社，2020，第43页。

② 同上书，第52－53页。

第四章　莫言小说的语言实验

一般认为，现代主义文学以“自我”为核心，而后现代主义文学则以语言为中心。① 后现代主义作家将语言作为写作本体，热衷于语言实验。莫言作品中的语言具有明显的实验性特征。但又不同于西方后现代主义的“为语言而语言”“为实验而实验”，将写作活动重心理解为“无须承载任何意义的纯粹的语言本身”的极端实验，莫言的语言实验虽也大刀阔斧，放诞恣肆，但仍服务于思想，服从于风格，形成了自身鲜明的语言特色。以下从语言狂欢和语言游戏两个维度展开分析。

一、语言狂欢

莫言小说中的语言常常颠覆传统，打破陈规，以汪洋恣肆，无所拘囿之势奔泻而来，纷纷攘攘，嘈嘈切切，甚或喧嚣凌乱。尽管时有泥沙俱下之状，却皆在服从于整体风格的基础上，给读者带来焕然一新的审美体验。读者对莫言语言实验的感受往往是短暂错愕后的深以为然。

（一）无标点

语言承载着重要的表意功能，书面语言往往凭借词语的连缀和标点的间隔达成交际效果。莫言小说中，标点符号的运用堪称灵活多样，尤其值得一提的是，莫言也常常结合语境需要，以无标点的形式传达某种特定情感。

《苍蝇·门牙》“苍蝇”一节中，夜间班长带“我”去果树林吃苹果，摘下一个啃了一口，立刻吐掉，“班长说它奶奶的又酸又涩小管你这个小子别睡着啊再有半个月‘秋花皮’就熟了有点甜味也酸得厉害还是‘金帅’甜再有一个半月就熟了‘国光’分大小‘青香蕉’‘红香蕉’‘大红袍’‘印度青’熟得晚甜得像蜂蜜黏糊嘴唇我一头撞到一棵干粗叶茂的苹果树上。”②四行文字中除以引号间隔苹果品种外，不标标

---

① 刘象愚、杨恒达、曾艳兵主编《从现代主义到后现代主义》，高等教育出版社，2002，第 352 页。

② 莫言：《苍蝇·门牙》，载《白狗秋千架》，上海文艺出版社，2012，第 263 页。

点,一来以话语的急促,表现班长热情洋溢、喋喋不休的介绍,二来表达“我”初来乍到加之夜晚犯困昏昏欲睡的懵懵懂懂。既传达了说话内容,又暗示了话语发出者与接受者的心理及情感状态。

“门牙”一节中主任正在严肃地批评班长、指导工作,不料主任老婆突然从家属小院方向飞来,扯住主任“又撕又掳又叫唤”:“老头子老头子你不给我做主谁给我做主杜家那个卖腚的臭婆娘又指鸡骂狗骂我光吃食不下蛋我不下蛋关她屁事她下了两个斜眼歪歪蛋老娘连腚都不愿夹噢哟哟亲娘啊叫人欺负喽……老头子不是我的毛病一定是你的毛病你去医院检查检查咱养几个孩子争争气……”①四行文字中间没有任何标点,标点的“无”巧妙地蕴含着内容上无限的“有”。第一,体现了说话者主任老婆对解决生育问题愿望的急切、受人嘲讽的委屈、不考虑说话时机和场合的泼辣;第二,揭示了话语接受者主任对家丑外扬的窘迫、威严扫地的尴尬;第三,渗透了旁观者“我们”原本不明就里,如今一知半解的纳罕与困惑;第四,呈现了“家家都有难唱曲”的无奈与悲凉,以及五味俱全、嘈杂喧闹的火热生活。

《红耳朵》第二十一节隐含作者出场,检视此前对“红耳朵”王十千与女教师姚先生关系的“简单而粗疏”的讲述,并对其提出了新的构想和假设:“女共党在最后关头看到人群中那两只鲜红的大耳朵怎样像束火焰刺痛了她的心由此她感到生活的美好死亡的可怕感到他其实对这两只大耳朵萌动了爱情她对着大耳朵呼喊:红耳朵呵红耳朵我爱你然后一声枪响一发灼热的铅弹洞穿了她的心脏鲜红的热血喷射出来散着血腥散着热量紧接着奇迹发生一个生着大耳朵的男孩如一道闪电照到姚先生身上他用耳朵去堵她的伤口让鲜血染红耳朵她大睁着眼腮上挂着微笑目光定在染血的大耳朵上士兵们去拉这个男孩却被这个大耳如扇的怪男孩惊呆了啊多好的细节和图画我竟然忘了描写……”②近二百三十字的文段只用了一处标点,即在姚先生心理活动与爱的呼喊之间以冒号间隔。引文中对情节的假设、对细节的构想、对前此叙述的审视和感慨熔为一炉,无标点的形式传达了作者畅想情节、反思细节时思绪的绵延不绝。悖谬的是,隐含作者对前情构设的质疑这一行为本身揭示了小说的虚构性,而无标点、无停顿的滔滔不绝式情感宣泄既裹挟着生动而真切的现场感,又形成了强大的、令读者难以抵抗的诱惑性漩涡。在亦真亦幻、似是而非之间游移不定的读者终于意识到其实根本无须也不必追究真实还是虚构,只消在这巨大的充满磁性和魅力的叙述场域与作者一道尽情尽兴地沉潜、领略、

① 莫言:《苍蝇·门牙》,载《白狗秋千架》,上海文艺出版社,2012,第271页。

② 莫言:《红耳朵》,载《怀抱鲜花的女人》,上海文艺出版社,2012,第158页。

体悟。

《战友重逢》中多处以无标点形式表达强烈而急促的情感。如，“我”悲叹军事技术和身体素质过硬、头脑清醒，具有英雄潜质的战友钱英豪未及出击就无声无息地牺牲，“你背着十八颗手榴弹一支冲锋枪一百八十发子弹一颗子弹都没来得及投就死了可惜啊可惜啊真可惜。”①英姿飒爽、魅力十足、战士们的偶像女兵牛丽芳面对想代表战友亲亲她的钱英豪，“她抡圆胳膊响亮地扇了我一个耳光这耳光扇在我耳朵根子上扇得我耳朵里嗡嗡直响眼睛里冒火花她一侧身就跑了。”②长句中牛丽芳打人的动作、钱英豪被打的感觉、牛丽芳转身离开的场景混杂融合，表现叙述人钱英豪当时激动的心情，受挫后的难过，时隔多年追忆当时场景仍然历历在目，激动不已。再如，男孩面对被激怒了的金库，预感到一场痛打即将临头，遂急切地求饶：“大叔大爷亲爹亲爷爷老祖宗我再也不敢了呀……”③“我”见状赶忙劝说：“金库金库你消消气算了算了何必跟个小孩子动真格的呢?”④男孩连珠炮似的求救、“我”叠声地劝说，以话语节奏的急促表达心情的急切。郁郁不得志的金库“抓起猪肝猪肚猪心猪耳朵往嘴里塞腮帮子鼓起来，犹如风卷残云盘中净尽。”⑤将金库吃东西的动作、状貌和结果合而为一，以金库迅速的动作，映射内心怀才不遇的煎熬和焦灼。

《梦境与杂种》中“教师让我们各报名字。于是李栋材张立身王阿宝郭进财一阵乱纷纷。”⑥人物名字之间不做间隔，以孩子们争先恐后的嘈杂表达他们天性的活泼。

《欢乐》中“现在你清清楚楚地感觉到磨平了花纹的牛车胶皮轱辘碾雨天时车轱辘从辙印里挤出来的弯曲干泥片的细微声响”。⑦ 以冗长的不做间隔的长句表现因多次高考失利回乡务农的齐文栋内心的不甘、焦虑与挫败。“一个美丽的苍蝇正在用灵巧的腿沾着唾液掸刷自己的翅膀，一只八条腿的蜘蛛正用一万倍的耐心克制着一千倍的焦灼慢慢移向苍蝇”。⑧ 以生活的琐细与平淡映衬齐文栋内心的无聊、失落与烦乱、失序。

---

① 莫言：《战友重逢》，载《怀抱鲜花的女人》，上海文艺出版社，2012，第260页。
② 同上书，第293页。
③ 同上书，第313页。
④ 同上。
⑤ 同上书，第315页。
⑥ 莫言：《梦境与杂种》，载《怀抱鲜花的女人》，上海文艺出版社，2012，第353页。
⑦ 莫言：《欢乐》，载《欢乐》，上海文艺出版社，2012，第221页。
⑧ 同上。

《司令的女人》中以“他们和她们嘴里不断地漏出来的东西被我的海绵脑袋全部吸收并进行了化学处理”①表达“我”从知识青年的谈吐中接触到许多思想和智慧，经过“我”的消化、理解和吸收，凝结、融汇成“我”的知识和本领，指导“我”的行动。以无标点、不间隔的长句传达“我”接受新知识的兴奋，吸收新知识的喜悦和转化新知识的激动。

(二)冗余与误用

莫言小说的语言变幻万千，语言实验层出不穷，其中既有打破语言运用的“经济原则”，运用零语值冗余语言，以能指与所指的不均衡与不对称，渲染气氛、增强效果，表达戏谑或狂欢风格；也有赋予语言以充分自主性和绝对自由，有意误用语汇，以能指与所指的不一致和不匹配，以近乎语无伦次的话语表达激动的情绪和强烈的情感。

如《欢乐》中“老态龙钟的校党总支书记从办公室里跑出来，六神无主地站在院子里，丈二和尚摸不着头脑，盲人摸象般地走到教室门口，声色俱厉色厉内荏外强中干嘴尖皮厚腹中空地吼叫一声：不许高声喧哗。然后头重脚轻根底浅地走着，急急如丧家之犬，忙忙如漏网之鱼。你想：不准高声喧哗，难道可以低声喧哗吗？”②其中，其关联性就形式而言，“盲人摸象”由前句中的“摸”引发，“色厉内荏外强中干嘴尖皮厚腹中空”由先导词“厉”引导，“根底浅”由“头重脚轻”携带；就意义而言，上述组合前言与后语之间无实质的延续性；就作用来说，当属以词不达意的狂欢化语言、混乱无序的拼凑组合，表达心绪上的犹疑，情绪上的紧张，思绪上的纷乱。如果说，上述搭配关联性单纯表现为形式上的连缀，那么“急急如丧家之犬，忙忙如漏网之鱼”则完全取消了与前文话语的所有关联，以纯然的叙述过剩表达主人公瞬息万变的意识活动以及汹涌澎湃的内心世界。

《欢乐》中表现同学们对于考取大学怀有热切的渴望：“考中了成人上人，出有车，食有鱼，食不厌精，脍不厌细，书中自有颜如玉，学而优则仕！考不中进‘人间地狱’，面朝黄土背朝天，找一个凸牙齿女人也如蜀道难，难于上青天。”③引经据典，堆砌名言，“食不厌精，脍不厌细”由“食”引发，放在此处略有言不及义之惑，继之而来的“书中自有颜如玉”属于劝学励志警语，在此处有因果倒置之嫌，“学而优则

---

① 莫言：《司令的女人》，载《师傅越来越幽默》，上海文艺出版社，2012，第253页。

② 莫言：《欢乐》，载《欢乐》，上海文艺出版社，2012，第220－221页。

③ 同上书，第246页。

仕”因与语境存在间离有旁逸斜出之疑，琳琅满目的格言谚语，看似冗言赘语，却又遵循着一定的内在逻辑：读书成人——读书成才——读书成功，“丰富辗转的辞锋”①给读者带来目不暇接的语言狂欢。

复员军人高大同回乡后徒有一腔抱负苦于无用武之地，孤苦伶仃，空虚寂寞，一个人泪涕横流，大发牢骚：“没有功劳还有苦劳没有苦劳还有疲劳没有疲劳还有牢骚”②。一连串语汇，由“劳”而“牢”，由同形而谐音，看似词不达意，狂轰滥炸，但意不接而语接，达成了情感喷发、激情四溢的狂欢效果。

再如，进城赶考遭遇堵车，同学们无奈下车，跑步去考场，路遇“拖拉机。客车。地鳖子车。地鳖子车上坐着一个大肚子男人。地排子车。马车。毛驴车。卡车。北京吉普车。挂斗卡车。小推车。自行车。面包车。”③以句号做间隔，运用穷尽列举法机械地罗列城市街道林林总总各色车辆，借表现车水马龙的繁荣景象，书写现代社会的纷繁芜杂，衬托内心情绪的凌乱无序、紧张焦灼，为齐文栋考试的再度失利预设氛围，奠定基调。

类似的列举还有《红耳朵》中观者对学生游行的感受：“豆角辫遗老撇嘴。三寸金莲惊诧。长袍马褂冷眼。洋服革履扬威挥舞司提克。黑衣警察默立。青天白日生辉。杏花村酒香。福源钱庄铜臭。孙记货栈冷静。县党部燥热。一色青石板路啪啪响。队伍热热闹闹。”④不同有二，其一，此番列举并非简单陈列，而是以主谓式附带态度，结构上略显复杂；其二，前五句尚可理解，而此后的“青天白日生辉。杏花村酒香。福源钱庄铜臭。孙记货栈冷静。县党部燥热。一色青石板路啪啪响。队伍热热闹闹。”却难解其意。“青天白日”属自然现象，酒馆、钱庄、客栈、党部面貌似乎不会因为学生游行而改变其本质，但小说并未因其与所述事件无甚关联而弃置，而是以滔滔不绝的讲述，无边无垠的联想，放纵的“胡言乱语”制造语言的冗余，以此呈现众声喧哗的生活场景。

《丰乳肥臀》中，得知日本兵即将进村的消息，村里躁动不安，人心惶惶，此时上官吕氏为了拯救家中难产的驴，说服兽医樊三帮忙接生：“三，别走，怎么说也是两条性命，种马是你的儿，这驴就是你的儿媳妇，肚里的小骡就是你孙子。”⑤这里误用人与动物的关系反映了动荡贫穷的年代，人如蝼蚁，命如草芥，人的生命甚至

① 王德威：《千言万语，何若莫言》，《读书杂志》1999 年第 3 期。
② 莫言：《欢乐》，载《欢乐》，上海文艺出版社，2012，第 248 页。
③ 同上书，第 241 页。
④ 莫言：《红耳朵》，载《怀抱鲜花的女人》，上海文艺出版社，2012，第 144 页。
⑤ 莫言：《丰乳肥臀》，上海文艺出版社，2012，第 28 页。

不及动物尊贵，揭示了存在之悲。

《高粱殡》中战场上受伤队员“爬得比蚕还要慢比蚯蚓还要慢比蜗牛还要慢。”①表现行进速度慢，以感官上绵延不绝的无停顿、无间隔、烦琐冗余的连续性类比形式展开，看似悖谬，实则恰是以此凸显伤员因伤势过重而导致的动作迟滞缓慢，行动艰难。

莫言小说语言的特殊还表现在对于词语搭配习惯的突破，以将词语运用于它不常修饰的事物的方式达成新奇而陌生的效果，如“铁丝上伏着连篇累牍的苍蝇”②，“连篇累牍”习惯上用于形容文章“篇幅过多，文辞冗长”，此处用以表现成群结队的苍蝇聚集，密密麻麻地落在铁丝上，这一组合幽默滑稽、新奇别致。再如，“下巴漫长”③“贫瘠的额头”④“崎岖的大脚”⑤，将习惯用于描述时间或道路的“漫长”修饰“下巴”，通常用描述土壤的“贫瘠”修饰“额头”，每每用来形容地势的“崎岖”修饰“大脚”。如此搭配，虽打破了常规，突破了限域，却因准确捕捉到修饰词和中心语的某种关联而不失生动恰切。

《秋水》中以“我父亲也在我奶奶腹中长得全毛全翅，就等着好日子飞出来闯荡世界”⑥形容父亲在奶奶腹中足月待产，其中“全毛全翅”“飞”通常描述鸟类，这里却形容父亲，乍看大有冒失和不敬之嫌，但结合语境不难发现，爷爷携原为“二小姐”的奶奶奔逃到“高密东北乡”这块蛮荒之地，为成全爱情，不惜背井离乡，杀人放火，卧雪眠霜，其张扬的生命强力、喷薄的激情、蓬勃的热望、澎湃的野性、奔突的果敢不言自明，此处以鸟的特点述人，意欲表现如此刚健的父母所培育的奋飞的理想，簇新的力量。

莫言常以超乎寻常的搭配表现非同一般的感觉。如，“蚯蚓释放出香喷喷的腥气”⑦，“腥气”多用于描摹肉、鱼类等的难闻气味，这里却以“香喷喷”加以修饰，怪诞中表现“我”与弟弟小福子好奇的心理、惊恐的感觉和错乱的情绪。“腥和臭都出类拔萃”⑧，“出类拔萃”习惯用来形容人的品德或才能超出同类之上，含褒义。这里却用来形容超常难闻的气味，强力摧毁惯用搭配和感情色彩上的巨大反差颠

① 莫言：《高粱殡》，载《红高粱家族》，上海文艺出版社，2012，第 297 页。
② 莫言：《苍蝇·门牙》，载《白狗秋千架》，上海文艺出版社，2012，第 259 页。
③ 莫言：《奇死》，载《红高粱家族》，上海文艺出版社，2012，第 318 页。
④ 莫言：《苍蝇·门牙》，载《白狗秋千架》，上海文艺出版社，2012，第 269 页。
⑤ 莫言：《爆炸》，载《欢乐》，上海文艺出版社，2012，第 175 页。
⑥ 莫言：《秋水》，载《白狗秋千架》，上海文艺出版社，2012，第 187 页。
⑦ 莫言：《罪过》，载《白狗秋千架》，上海文艺出版社，2012，第 282 页。
⑧ 莫言：《弃婴》，载《白狗秋千架》，上海文艺出版社，2012，第 307 页。

覆了审美习惯。“五彩缤纷的臭气”①，以视觉感受颜色繁多，表现嗅觉感受中来自工厂、饲养场、厕所、沤肥池、马圈等地方气味混杂出浓烈的臭味。“海里涛声明亮”，②，以视觉感受“明亮”，表现听觉感受“涛声”，意在说明海里涛声响亮，看似错乱的组合却鲜明地突显了“夜静声朗”的审美效果。情浓意切时，语言也被赋予颜色，面对因严重溺水而生还希望渺茫的小儿子小福子，母亲仍然满怀希望，虔诚祈祷。而此时的“我”出于妒忌、恐慌等复杂情绪以“灰白色的暗语”③咒骂和嘲讽母亲。此处，“暗语”既已表明“我”有失厚道的不健康情绪，“灰白色”更加剧了“我”此时情绪的不健康程度和波及的范围，对小福子的嫉妒、突然失去小福子的恐慌，波及因母亲似乎偏爱弟弟而导致地对母亲的愤怒、不满，甚至怨恨。

《爆炸》中身为军官的“我”听闻妻子二胎怀孕的消息，出于对计划生育政策的积极响应，火速回家带领妻子堕胎，久在部队的“我”此次回家处境尴尬，以往回家探亲，全家人其乐融融，这一次非同以往，原因是父亲、母亲、妻子、女儿，全家人对二胎的态度与“我”截然对立，凭借对农村“男尊女卑”思想的透彻了解和对“传宗接代”使命的重要责任人和有力督导者的敏锐定位，“我”意识到在全家与“我”对立的力量中，为首的和最难以征服的是父亲。换言之，“我”十分清楚，在“我”对计划生育政策坚决支持的行动中，最难以面对的是承担着家族“传宗接代”重要执行责任和监督责任的第一责任人是“我”的父亲。于是，小说以“父亲面对着我站着，站得那么遥远寒冷”④体现“我”与父亲的疏离。表现距离，“遥远”已经足够，但辅以“寒冷”做进一步解说，意在揭示“我”与父亲内心的矛盾、扭结、煎熬与无奈。于“我”而言，在“忠”与“孝”的抉择中，“我”牺牲了“孝”而选择“忠”，固然出于军人服从命令的天职和公民服从义务的责任，使“我”透彻地明白，农村世世代代、根深蒂固的重男轻女思想对肩负传宗接代的父亲来说意味着什么，因此“我”在“理”与“情”的两难选择中除了对父亲的背离，悲壮之外，更平添了愧疚与自责。于父亲而言，站在传统立场上，他热切地期待生个孙子，后继有人，但从时代角度出发，违拗生育政策显然大谬不然。作为儿孙，面对列祖列宗，顺应了儿子，父亲有“大逆不道”之危；作为家长，迎合了祖训，难脱“抱残守缺”之咎。不消说“公”与“私”的抉择，即便是在单纯的血脉上承和下续两端的权衡，就足以举步维艰。如是说，“遥远

① 莫言：《苍蝇·门牙》，载《白狗秋千架》，上海文艺出版社，2012，第259页。
② 同上书，第264页。
③ 莫言：《罪过》，载《白狗秋千架》，上海文艺出版社，2012，第292页。
④ 莫言：《爆炸》，载《欢乐》，上海文艺出版社，2012，第178页。

寒冷”不仅是“我”与“父亲”的间离，而且是“此在”与“彼在”的悖谬。

《白狗秋千架》中“我用低调观察着人生”①，就语法而言，“低调”此处做名词，名词“低调”意为“低调门，缓和的论调”，从语法和语义上看，“用低调观察”当属词语误用，搭配不当，但还原到小说语境中，此语出自离家进城读大学继而留校任教，十年后归乡探亲的井河。井河回乡后与青梅竹马的昔日恋人暖相遇，暖为了在他面前维系自身良好的形象，装上了假眼以恢复面部平衡，可谓用心良苦。与此同时，暖内心对艰辛生活的不满和挣扎，对美好未来的希冀和渴望，这一切都被明察秋毫的井河洞察。就此而言，此处“低调观察”含义应为“心细如发”地觉察，“心同此理”地理解。如是，“低调”便是此时已身为知识分子的井河对待同乡的谦和，是对乡村真挚的亲近。作者打破约定俗成的搭配习惯，以看似突兀或错误的语词嫁接，寻找新奇又不失恰切的组合方略，营造虽陌生，但生动而诙谐的审美语境。

（三）颠倒与混杂

“颠倒”源自德里达的“播撒”概念，在德里达看来，“播撒”意味着文字和动作飘忽不定，相互派生，绵延不断。因此，他常把词序打乱，重新组合，认为书写如同无规则的游戏，在结构上动摇了西方传统的语法学理论。②

莫言小说中偶有打乱正常语序，以颠倒的主客体次序表达情绪的芜杂混乱或生活的纷繁失序。如《欢乐》中以“肠子痛我头昏我，汗水流我腿软我，喉咙发痒上呃呕吐我”③描述齐文栋在进城高考的路上“百病交加”、痛苦万状的艰难处境。正常语序应为“我肠子痛我头昏，我流汗水我腿软，我喉咙发痒我上呃呕吐”，小说为了表达主人公的被动和痛苦，以倒装形式呈现齐文栋的病痛。家境贫寒的齐文栋，承载着母亲的热望、兄嫂的期待、改变家庭地位的庄严责任，却屡屡因过度紧张和焦虑与“中举”失之交臂，病弱而衰老的母亲一而再地坚持复读、再考，齐文栋却意外地一而再地落榜，于是，齐文栋背负着母亲的热望、兄嫂的嘲讽、乡亲的耻笑、青春的躁动，自卑与自信，自尊与自贱，终于不堪重负而跌落情绪的谷底，既激动不安又紧张焦虑，最终因无法排遣万端痛苦，以服毒自我了断而寻求解脱。小说中，平素的成功与考试的失利，母亲的刚烈与儿子的懦弱，情绪上的欢乐与痛苦，一切都如此截然对立，却又那般相反相成，最后以彻底的放下，以表象的欢乐表达深沉的

---

① 莫言：《白狗秋千架》，载《白狗秋千架》，上海文艺出版社，2012，第210页。

② 王治河：《后现代主义辞典》，中央编译出版社，2004，第31页。

③ 莫言：《欢乐》，载《欢乐》，上海文艺出版社，2012，第243页。

无奈，极致的痛苦。

《麻风的儿子》中麻风的儿子张大力讲述吃兔子“回到家剥了兔子皮，煮了兔子肉，兔子吃了爹，兔子吃了娘，兔子吃了我。吃得眼通红。”①此句中，正常语序主语应为“爹”“娘”“我”，谓语为“吃”，宾语为“兔子”，但作者有意将主、宾语做了颠倒，究其效果，初看滑稽怪诞，仔细端详大有庄子“万物齐一”“物我两忘”之妙，颇有情趣。

“混杂”即为了呼应碎片化的后现代情境，在小说创作中将多种话语交叉运用并熔为一炉，以嫁接、杂糅、拼盘形式，表现纷繁芜杂的现象世界。

在莫言小说中，“混杂”现象俯拾皆是。

《丰乳肥臀》第二十二章结尾处，“闪电。闷雷。绿血。横飞的皮肉。美国电影。手榴弹。枪里喷吐出的金色火舌。弟兄们。不要乱。又是一阵爆炸。娘呀。儿呀。一条活着的死胳膊。脚上绊着肠子。比银元还大的雨点。烫眼的光。神秘的夜。乡亲们，趴下，不要动！司马支队的官兵们，不要动，缴枪不杀！缴枪不杀！喊话声从四面八方逼进来，逼进来……”②颜色、形状、声音、现场情状、电影场景，纷乱交织，不完整的词语断片与铿锵有力的短句错落杂糅，表现突如其来的战争的血腥与残酷。其中，战争的汹涌澎湃，以及面对突然而至的战争，人们的意外、紧张、惊恐、伤残和手足无措得到了淋漓尽致地书写和传达。

《你的行为使我们恐惧》中，坐在已经成为民间歌唱家的童年伙伴吕乐之派来接“我们”的面包车里，听着吕乐之的歌，我们听到的歌词、我们透过车窗所见的景象、我们的意识活动与车里的交谈交杂混合。“我的家乡真美丽——这小子，真会装模作样，美丽？美丽在哪里？”③以极简省的笔墨表现了复杂的情境，以生动的描摹书写了喧闹的场景。

《幽默与趣味》将主人公王三过马路时眼之所见、心之所想混杂交错：

他左顾右盼着，发现路上没有车辆后，又随即发现一个穿着粉红色连衣裙的、大腿修长的、腰细如马蜂的、戴着米黄色草帽的、皮肤很白嫩的、臀部很发达很诱人的——有些大学生甚至把“臀”字读成“殿”字，他鄙夷地想——穿着高跟皮凉鞋、肉色连腚丝袜的、走起路来屁股一扭一扭的、身体一耸一耸——尽管我没看到她的正面，但她一定很美丽——的美丽姑娘，尾巴一样的头发撅儿撅儿在脑后的美丽姑

① 莫言：《麻风的儿子》，载《与大师约会》，上海文艺出版社，2012，第157页。

② 莫言：《丰乳肥臀》，上海文艺出版社，2012，第208页。

③ 莫言：《你的行为使我们恐惧》，载《欢乐》，上海文艺出版社，2012，第405页。

娘，大摇大摆地迈着小碎步儿，"咯噔咯噔"地从他的身旁走进了斑马线里。①

引文中，以破折号把王三的所见与所思做了分隔，所见所闻瞬间引发所思所感的"边看边想"，以及瞬息万变的意识活动正是对生活现实状况的如实而生动的还原，形态、动作、声音、感觉的全方位表达和拼贴组合立体化展现了有声有色、有情有景的栩栩如生的生活画卷。

《司令的女人》中的混杂至少有四类。

其一，四言与杂言的混合运用，如"'老王老王，我要买糖；不要数块，用称来量！'我用一元钱买了一百零七块糖，天经地义地落下了七块，会计赏了我三块，我向小学老师哀求，他又赏给我两块，这样，我的衣兜里就有了十二块糖。"②引文中四言顺口溜与对事件的杂言书写结合，表现舒徐有度、错落有致、诙谐有趣的生活场景，作为一个嘴馋的孩子，"我"以极大的自律性和克制力管控自己，成功地把精打细算、来之不易的十二块糖送给了"我"暗恋的"茶壶盖子"唐丽娟。

其二，革命话语、群众话语、知识分子话语、日常话语混合交融。如"苦不苦想想长征两万五累不累想想革命老前辈我生是你的人死是你的鬼生命诚可贵自由价更高为了你'茶壶盖子'我什么都乱抛。"③知识青年唐丽娟以姣好的面容、出众的才华和迷人的魅力被"我们"称为"茶壶盖子"，是小伙子们梦寐以求的理想伴侣，"我"也不例外，为了引起她的注意，促使她对"我"的好感，"我"做什么都在所不惜。那时候，在"我们"村庄，由知识青年带来的革命话语和知识分子话语很快被"我们"吸收，"我们"将其与农村的群众话语、日常话语综合运用，形成了混杂又不失统一的奇妙效果。上句中"苦不苦想想长征两万五累不累想想革命老前辈"属于革命话语，"我生是你的人死是你的鬼"属于群众话语，"生命诚可贵自由价更高"属于知识分子话语，"为了你'茶壶盖子'我什么都乱抛"属于日常话语，其中"乱抛"虽带有滑稽和戏谑色彩，却如实表达了"我"为了赢得"茶壶盖子"的喜欢，行动莽撞。

其三，韵散结合。如"吴巴小学毕业后，去念了'联中'，小知识分子，不愿干活，在村里小学，担任教师，既教语文，又教数学，每周三节体育，还有两节音乐，他夏天讲课喜欢光背，手舞足蹈，唾沫横飞，平日讲话，出口成章，经常写诗，四六成

---

① 莫言：《幽默与趣味》，载《怀抱鲜花的女人》，上海文艺出版社，2012，第393页。

② 莫言：《司令的女人》，载《师傅越来越幽默》，上海文艺出版社，2012，第257页。

③ 同上书，第253页。

行，投到省报，梦想发表，没有发表，运气不好。"①上述引文中，存在不规则的押韵现象。韵脚依序分别为灰堆辙、遥迢辙、江阳辙。押韵现象呼应了开篇的预设："李诗经"老师说话喜欢合辙押韵，"我们"受其影响，也采用这种说话方式。韵散结合的语言形式既增强了小说话语的灵活性，也烘托了喧嚣、热闹的氛围。

其四，现场人物的话语、表情、动作与正在发生或过去发生的事件、人们对事件的评价和感慨交融混合。如"二皮二皮，你这东西，当年迷她，几成花痴。我脸飞红，张口反击：伙计们住嘴，你们是老鸹，笑话猪黑。吴巴你好，送给她枣；薛刚忘了，帮她背草；范小鬼子偷看她洗澡；罗铁锁跟着她傻跑；司令大哥，帮她磨镰，磨得那镰，吹毛寸断。想起往事，感慨万千，这个女人，真是可怜。"②"我"结婚庆典上，与朋友喝酒，以四言与杂言结合的形式将众人的对话内容、说话时的表情、对过去的回忆、评价和感慨融合为一。再如吴巴母亲过世，众人送葬的场景："傍晚时分，大雪飘飘，送葬队伍，终于来到。棺材在前，孝子在后。喇叭悲鸣，锣声破裂。吴巴这兄，披麻戴孝，手持柳棍，大声哭嚎。看那样子，的确难过，不知他心里，想得什么。他的前妻，披头散发，鼻涕眼泪，一把一把，胸前孝衣，湿一大片。送葬队伍，拖泥带雪，观葬乡亲，交头接耳，听不清楚，说些什么。棺材入土，堆起坟包。吴巴前妻，跪地哭叫。白色孝衣，滚满了黄泥，两只老手，拍打雪地。几个娘们，上前拉她，刚刚拉起，她又趴下。弄得吴巴，很是心烦，走上前去，冷冷开言：行了行了，差不多了，演出结束，该谢幕了！"③以四言句式将场景摹写与对人物的穿着、动作、语言、心理描摹无间融合。通过视觉、听觉、心理感受全景呈现，全方位、立体化地再现了喧闹的生活场景。

《革命浪漫主义》中似梦非梦时，"我"的意识无拘无束地犹疑流动："护士有两个颀长秀美光洁如玉的门牙，有一根布满皱纹的鼻子，什么时候她才能给我生一个门牙颀长鼻子上布满皱纹的儿子呢？这当然是幻想，幻想是一个人最宝贵的素质…… 正当梨花开遍天涯河上飘着柔缦的轻纱喀秋莎！喀秋莎像一道道贼亮的银蛇，飞向光秃秃的红土山头，山上尘泥飞舞，硝烟弥漫，那时候我屁股上的神经高度紧张，我把身上的武器弹药卸下来，正欲飞身一跃时，我们队长已经飞上了天……我们的迷彩服比美国兵的迷彩服还要漂亮，老红军对这身迷彩服极端反感，我们队长认为迷彩服最能显示军人风度……我姐姐给我介绍了一个对象，她要我陪她跳

① 莫言：《司令的女人》，载《师傅越来越幽默》，上海文艺出版社，2012，第275页。

② 同上书，第277页。

③ 同上书，第288页。

舞，我说走都走不好，还跳什么舞……”①“我”因在战场上被越南地雷炸掉一半屁股到疗养院疗养，喜欢上了那里的一个小护士，在与她结婚生子的幻想中，“我”的意识突然转向对战争的回忆，以“喀秋莎”比喻升腾的炮火，炮火连天中战友伤的伤，亡的亡……此时，意识又忽而转向疗养院一同疗养的老红军对迷彩服的评价，引出插入战争中已故队长生前对迷彩服的评价。随即连缀应为疗养后发生的“姐姐给我介绍对象”。引文中，幻想与现实，过去与现在，现在与未来，无缝衔接，既表现了意识活动的自在无序，也表达了对“宇宙浩渺，人类渺小”的感叹。

《养猫专业户》中，大响来“我”家探望“我”初生的女儿，他说：“老兄，贺喜，喜从天降，浩浩乎乎乾坤朗朗！没有功夫煮鸡汤，吃耗子在南方，多跑路身体健康，不可能万寿无疆！送你二百元，给嫂子和侄女添件衣裳。”②其中，古雅文言、现代白话、成语、俗语融于一炉，虽总体上合辙押韵，但前言不搭后语。言语中，叙述者和叙述对象交错出现，间杂冗言赘语“没有功夫煮鸡汤，吃耗子在南方，多跑路身体健康，不可能万寿无疆”，颠三倒四，凌乱混杂，表现了大响神神鬼鬼的奇人“异秉”“奇人必有奇事”，为后续大响练就特异奇功设下铺垫。

《灵药》结尾处揭晓父亲黎明既起，带“我”不避血腥、污秽，赴刑场无情摘取毙命的死囚胆的原因：“奶奶目生云翳，请神医罗大善人看。罗大善人说，这是三焦烈火上升所致，非大寒大苦的药物不能治了。然后挟着包要走。爹苦苦哀求，希望罗神医开个方子。罗神医说：用个偏方吧——你去弄些猪苦胆，挤出胆汁来让你娘喝，兴许能退出半个瞳仁来。爹问：羊胆行不行？罗神医说：羊胆、熊胆都行——要是能弄到人胆——他哈哈笑着说——你娘定能重见光明。”③其中，医学术语、通俗白话、古雅文言、现代汉语熔于一炉，语言俭省生动，雅致活泼，初读为芜杂而错愕，继而为缤纷而惊喜。

《天花乱坠》中感叹下乡慰问歌舞团里女高音的美妙歌声：“‘蒙山高，沂水长，俺为亲人熬鸡汤……’几句歌儿从幕后升起来，简直就是石破天惊，简直就是平地一声雷，简直就是‘东方红’，简直就是阿尔巴尼亚，简直就是一头扎进了蜜罐子，简直就是老光棍子娶媳妇……百感交集思绪万千，我们的心情难以形容。这时候舞台上的戏也好看了，那个穿着红棉袄绿棉裤的小媳妇也活起来了，她打着飞脚，模仿着一把把往灶里添柴的样子，后边伴唱道：‘加一把蒙山柴炉火更旺……’她

① 莫言：《革命浪漫主义》，载《白狗秋千架》，上海文艺出版社，2012，第355－356页。

② 莫言：《养猫专业户》，载《白狗秋千架》，上海文艺出版社，2012，第390页。

③ 莫言：《灵药》，载《与大师约会》，上海文艺出版社，2012，第111页。

用脚尖点着地走路，拿着个大水瓢，一趟趟地往锅里倒水，后边伴唱道：‘添两瓢沂河水情深意长……’”①天生一副好嗓子的女高音声音美妙绝伦，小说以天马行空，甚至语无伦次的类比表现女高音美妙声音的无可比拟，美中不足的是她满脸麻子，因此每逢演出，她总是在幕后歌唱，不免遗憾。引文将唱词、演员舞台表演、观众视听感受混融为一体，生动活现地传达台前幕后、台上台下的喧闹场景，表现了演员唱功的精湛，歌舞配合的默契。

《球状闪电》第五节中“你说，为什么外国牛和中国牛叫一个声，外国人和中国人说话不一个声？说呀，不是要抬杠吗？不是要辩论吗？本事呢？满肚子尿水呢？美人鱼的大难题把蒺藜狗子堵得张口结舌，只知道抓着脖子傻笑。这时，一只喝够了牛血的飞虻想调调口味，偷偷地落到美人鱼汗津津的腮帮子上，低头翘屁股，把针头一样的嘴扎进她的肉里。美人鱼抡起巴掌，狠狠地抽了自己一个嘴巴子。飞虻被打成一团糨糊，腮帮子上留下五个指印。蒺藜狗子乐得像孩子一样笑。美人鱼骂道：笑你娘个蛋！当心笑出你的疝气来……”②引文中“美人鱼”喋喋不休的话，“蒺藜狗子”的反应，“美人鱼”被飞虻叮咬、抬手打飞虻的过程，“蒺藜狗子”的笑，“美人鱼”的怒斥，混杂交融，以此表现生动鲜活、琐碎无序的生活场景。

《球状闪电》第七节“妈妈就知道让我睡觉，白天睡了夜里睡，我不睡么，我要找小狗耍去。妈妈就说长翅膀的老头来了，翅膀老头红眼绿指甲，见了小孩就吃。你听，老头在树上飞呢！别打我……我要飞……我问：妈妈：谁打老头啦？妈妈说：你爸爸，还有猫眼阿姨。快闭眼吧，别说话，别让老头听见……床上铺的竹芯凉席忽悠悠地飘起来，凉席托着我先是在天花板下团团转，后来，又从窗户玻璃上飞出去，玻璃好像水一样，轻轻一冲就开啦。凉席托着我在村子上空飞来飞去，白云彩红云彩绿云彩趴着我，一伸手就揪住了，云彩痛得叫妈妈。它妈妈是星星，星星挑着筐子，筐子里盛着糖、花生、布老虎。老虎呜呜哭，老虎老虎你哭什么？老虎说，下雨了，淋湿了毛。我说，老虎，你别哭啦，叫翅膀老头听到把你吃了，咯嘣咯嘣嚼骨头……”③女儿蛐蛐转述妈妈哄睡觉的场景和自己的梦境，其中蛐蛐的思想动态、妈妈茧儿的话、蛐蛐的应答、蛐蛐梦境和现实中的情节交叉混杂，通过孩子丰富驳杂、魔幻灵动的内心世界，展现了充盈鲜活的生活图景。

《晚熟的人》第五节描写蒋二公司举办的拳击擂台赛开幕仪式：“各位领导，各

① 莫言：《天花乱坠》，载《与大师约会》，上海文艺出版社，2012，第277－278页。
② 莫言：《球状闪电》，载《欢乐》，上海文艺出版社，2012，第79页。
③ 同上书，第92页。

位嘉宾,各位观众,大家下午好!单舒拉穿着一条红色的曳地长裙,用一口令我感到很亲切的'青普',响亮地说。擂台前端的一排音箱突然发出一阵刺耳的尖叫。怎么搞的?蒋二喊:音响师!高密东北乡首届滚地龙拳国际擂台赛现在开幕!首先请允许我介绍前来参加开幕式的嘉宾,擂台下两只猫不合时宜地撕咬在一起并发出尖叫……"①其中,主持人单舒拉的报幕、音箱的杂音、蒋二的小声嘀咕和高声呼唤、猫撕咬发出的尖叫,主导的、掺杂的、干扰的、响亮的、细小的、圆润的、尖利的,各种声音交错混杂,交织成一幅戏谑欢乐的图景。场景狂欢化既还原了生动的生活场景,也以复调、交杂、碰撞、混溶等多种形式消解了严肃,增强了喧闹、谐谑效果。

《澡堂与红床》第一部分"澡堂"中"我"回故乡,到县城洗澡,与昔日工友相遇、攀谈:

老董是我们的领导。

领导着你们洗澡。

伙计你怎么这么白呢?细皮嫩肉的,像个娘儿们。花白胡子罗仁贵说。

他原来就白。

要不小蔡也看不上他。

但我听说你先追侯波儿,让小蔡传送情书,结果,侯波儿没追上,倒把送信的给拾掇了。

纯属胡说。我说。

上个月我还碰到侯波儿,推着外孙在南湖公园。

还是那样子吗?我问。

腰都弓了,腿也瘸了。②

工友们你一言我一语的对话,未做明显分界,混杂交融为一体,大多数对话,说话者为谁,不甚明了,可能也无须明了。在对话中,过去与现在,传说与现实交杂融汇,渗透着时光易逝,物是人非,今非昔比的感慨。

小说《月光斩》以表弟给"我"的信为主体内容,以"我"给表弟的回信做结。信中有对表弟和家人的问候,有嘱托和期望。

其中"你若回去,一定代表我去眉间尺坟前烧两箔纸钱。遇见韦小宝的后人,

① 莫言:《晚熟的人》,载《晚熟的人》,人民文学出版社,2020,第48页。

② 莫言:《澡堂与红床》,载《晚熟的人》,人民文学出版社,2020,第177-178页。

一定要礼貌周全——宁得罪君子，不得罪小人，这是古训，不可违背。”①“眉间尺”“韦小宝”分别指涉鲁迅小说《铸剑》、金庸小说《鹿鼎记》中的人物，形成互文的同时，也与表弟信中所述故事形成接应，并以“宁得罪君子，不得罪小人”的劝诫对表弟信中的传说和故事做以了结。

其后“一转眼你也快三十岁了，婚姻问题要赶紧解决，天涯何处无芳草？不必死缠着小龙女不放，我看那个还珠格格就不错，野是野了点，但毕竟是金枝玉叶，跟她成了亲，对你的仕途大为有利，赶快定下来，万勿二心不定，是为至嘱。”②“小龙女”“还珠格格”分别指涉金庸小说《神雕侠侣》、琼瑶《还珠格格》中的女主人公，以并非现实社会实存的人物与表弟的婚恋对象关联对应，在荒诞戏谑中传达了对生活的感慨。回信中古奥语汇如“表弟如晤”“万勿二心不定，是为至嘱”，当代白话如“十分想念”“经常回老家看看”，日常问候如“姑姑好吗”“姑父好吗”，旧时书面语、现代汉语、日常口语、经典小说话语混合杂糅，异彩纷呈，令读者目眩神迷中沉入深思。

《高粱殡》以爷爷为灵魂人物的铁板会筹备奶奶葬礼时，一骑骡郎中招摇过市，引发观者好奇，见骡子被铁板会芳香的草料诱惑，郎中冷笑着，“自言自语，又像对骡子说：‘馋了吗？告诉你说吧，不是冤家不碰头，人为财死，鸟为食亡，少年休笑白头翁，花开能有几日红，得让人处且让人，让人不算痴，过后得便宜……’”③其中，成语、谚语、俗语、文言、白话混杂交融。似在教训骡子，又似自我警示，看似胡言乱语，文不对题，实则暗示来意，披露因果。

二、语言游戏

在后现代主义作家那里，语言革命成了语言游戏，他们极尽玩弄语言技巧之能事，目的不在于寻求新的表现方式，而在于揭示语言虚构现实的本质。④ 语言在后现代主义小说里成了作家关注的本体，被作家当作游戏，而游戏的目的，在于揭示语言的“霸道”：语言虚构世界虚构现实虚构真理。⑤

莫言小说中的语言游戏与传统意义上的西方后现代语言技巧不完全一致，当

---

① 莫言：《月光斩》，载《与大师约会》，上海文艺出版社，2012，第413页。

② 同上。

③ 莫言：《高粱殡》，载《红高粱家族》，上海文艺出版社，2012，第229页。

④ 胡全生：《英美后现代主义小说叙述结构研究》，复旦大学出版社，2002，第63－65页。

⑤ 同上书，第67－68页。

属将西方后现代语言游戏与中国传统小说技巧融会贯通，形成融合发展，创新突破，熔铸为独具特色的语言风格。莫言认为语言游戏体现着一种看淡苦难的幽默的生活态度，并指出其作品中的语言游戏来自童心、恶作剧和民间话本。① 以下从四个方面展开分析。

（一）戏仿

“戏仿”又译作“戏拟”“滑稽模仿”“讽仿”“拟仿”，有时也被译为“反讽”，是一种通过对原作游戏性调侃式的模仿从而构造新文本的符号实践。② 在后现代文化实践中居于主导地位③。

笔者认为，莫言小说中的戏仿主要表现为话语和情境两个层次，以下分而述之。

第一，话语层次。即以游戏或调侃的方式模仿某种语言模式或风格，因其方式荒诞、怪异或超常、离奇导致滑稽可笑的效果。

《我们的七叔》讲述“七叔手举着利斧追赶盗穿了他的光荣军服的无赖儿子的情景”④时，场面激烈、古怪而滑稽，因此“路边的乡亲们无所措手足，不知是该帮他截住儿子，还是该帮他儿子截住他；让路边的乡亲无所措嘴脸，不知是该哭还是该笑。”⑤其中“无所措嘴脸”显然是对“无所措手足”的戏仿，“措”意为“安放”，“安放嘴脸”明显在语法上不当，引起怪异感，从而达到滑稽效果。小说中旁观的乡亲哭笑不得，嘴脸“无所措”，对这个滑稽得着实可爱的手法，现实中的读者态度自然是确定的，也是大体一致的，即发出认同和理解的会心的笑。

《红高粱》奶奶挽留罗汉大爷留在烧酒坊“大叔……你别走，不看僧面看佛面，不看鱼面看水面，不看我的面子也要看豆官的面子上，留下吧”。⑥ 此中，“不看鱼面看水面，不看我的面子也要看豆官的面子上”是对“不看僧面看佛面”的戏仿。“不看鱼面看水面”句既已十分滑稽，更有意趣的却在后句“不看我的面子也要看豆官的面子上”，仿佛“豆官”的面子比“我”的面子还大，这当然不符合现实逻

---

① 莫言、张旭东：《当代写作中的表象、自律性、与历史》，https://www.guancha.cn/ZhangXuDong/2014_11_18_300567.shtml，访问日期：2021 年 11 月 21 日。

② 汪民安主编《文化研究关键词》，江苏人民出版社，2020，第 432 页。

③ 同上书，第 433 页。

④ 莫言：《我们的七叔》，载《师傅越来越幽默》，上海文艺出版社，2012，第 72 页。

⑤ 同上书，第 73 页。

⑥ 莫言：《红高粱》，载《红高粱家族》，上海文艺出版社，2012，第 6 页。

辑——论地位，奶奶是酒坊的掌管者，豆官仅是个不谙世事的孩子；论情面，奶奶与罗汉大爷是多年的雇主与长工的关系，同甘共苦，对罗汉大爷既信任又尊重，在罗汉大爷面前奶奶丝毫不摆主人架子。而罗汉大爷与豆官的交情充其量可归为前者对后者带着报答主人情愫地看护与被看护，属于带有些微感情的履行责任的范畴。因此，这种颠倒和逆序更加凸显了语言的游戏性，幽默滑稽。

《战友重逢》中“我”与战友们一夜未眠，一大早赶赴战场，寻找掩体时感叹“怎么那么多植物呀，藤呀蔓呀纠缠不清，大叶子水分充足，像刀像剑也像戟”①“像刀像剑也像戟”戏仿舒婷《致橡树》中的诗句。表现战士们面对战争，因紧张导致思绪混乱，以及紧张之余心中尚存的浪漫诗意。从另一个角度观测，在异常紧张激烈，随时有可能牺牲的战斗场景中，这一戏仿的诗句因过于浪漫所以迅速将读者带到小说的似真场景之外，形成对小说似真虚构的自我揭发。

《地震》里考上大学却“胸怀大志”，不惜退学回家以西瓜比况地球，研究地震的蒋大志“趋前一步，屈起中指，敲了敲西瓜，自言自语地说：‘只要给我足够长的杠杆，我就能移动地球。’”②毋庸置疑，蒋大志的自语是戏仿阿基米德在发现了杠杆原理之后，发出的“给我一个支点，我能够撬动地球”这一言论。以西瓜研究地球，本身既已十分可笑，更遑论空有杠杆就能移动地球的无稽之谈。此处戏仿，不仅滑稽，而且荒诞，因此戏谑中悲泪自出。

《飞艇》中表现饥荒年代村民集体外出讨饭，在讨饭的众多妇女儿童中，七老妈资历最深，“俗话说，行行出状元，七老妈是讨饭行里的状元。”③七老妈几乎一辈子都在讨饭，“她是吃百家饭长大的，她是吃百家饭长老的。”④以戏仿的方式，讲述七老妈的贫寒和凄惨，借助七老妈这一苦难者形象，书写特定年代生活的艰辛。在司空见惯、习以为常的生存悲苦中，讨饭已由最初的无奈之举，演变为一种职业习惯，而且就谋生存这一基本意义而言，讨饭与其他职业之间并不存在高低贵贱之别。在叙事者看似心平气和地对上述观点的认同和接受中，读者自是悲从中来。自然，这悲感的来源，是作者有意但又不易被读者察觉地渗透在字里行间，悄悄培植的。

《革命浪漫主义》中在对越战争中被炸掉半个屁股的“我”到疗养院疗养，忧心

① 莫言：《战友重逢》，载《怀抱鲜花的女人》，上海文艺出版社，2012，第259页。

② 莫言：《地震》，载《与大师约会》，上海文艺出版社，2012，第54页。

③ 莫言：《飞艇》，载《白狗秋千架》，上海文艺出版社，2012，第325页。

④ 同上书，第325－326页。

忡忡地问小护士屁股是否能复原,她回答"练太极要意守丹田,你洗温泉要意守屁股"①。毫无疑问,"意守屁股"是对"意守丹田"的戏仿,在语义和语法上尚合逻辑,但风格上则完全瓦解和粉碎了原型的含蓄雅致,难脱粗粝庸俗之嫌,尽显荒诞,然荒诞中渗透着战争造成的创伤以及创伤所带来的无法排遣的痛苦与无奈。

《诗人金希普》和《表弟宁塞叶》两部作品中都以"金希普"戏仿普希金,"宁塞叶"戏仿叶赛宁。需要指出的是,两处戏仿仅是就诗人名字本身而言,未涉及其他。

《高粱酒》中"信驴由缰"②是对"信马由缰"的戏仿,"风一程,火一程"③是对纳兰性德《长相思》首句"山一程,水一程"的戏仿。奶奶新婚回门后,再度回婆家,路上,不禁忆起回门途中被结婚时轿夫头劫持的情景,结婚当天,经行蛤蟆坑时奶奶险些被劫匪劫持,幸得这位轿夫头搭救才逃过一劫,不知今后何去何从,不如听天由命吧。于是,骑着驴,并不拉缰,沟沟坎坎,任由它去,不知不觉又来到蛤蟆坑。"信驴由缰"和"风一程,火一程"两处戏仿一方面表达了"人如蝼蚁,渺小无力"的悲慨,另一方面预设了奶奶似乎注定了的跌宕起伏的命运,以及在大风大浪面前仍然犹如闲庭信步般从容不迫的人生态度。

《狗道》中"一狗当前,群狗奔腾"④是对"一马当先,万马奔腾"的戏仿。小说此处表现野狗与人的战斗中,在战略战术上采取扇面造型,发起进攻。

《丰乳肥臀》中"死驴当成活驴医"⑤语出小说人物樊三之口,是对"死马当成活马医"的戏仿。小说此处表现上官吕氏为拯救家中难产的驴,千方百计地说服兽医樊三帮忙,樊三"临危受命",终于被说服,决定破釜沉舟,放手一搏。

《欢乐》以主人公齐文栋口吻表现破败的家中跳蚤和老鼠的猖獗,"跳蚤像弹丸般射来射去:射到老鼠上,射到老鼠下,射到老鼠前,射到老鼠后,射到老鼠左,射到老鼠右。"⑥"射到老鼠上,射到老鼠下,射到老鼠前,射到老鼠后,射到老鼠左,射到老鼠右"戏仿汉乐府诗歌《江南》中"鱼戏莲叶东,鱼戏莲叶西,鱼戏莲叶南,鱼戏莲叶北"。不同的是,《江南》表现的是鱼儿自由地在莲叶间嬉戏的情趣,而《欢乐》中家里的老鼠和跳蚤显然并不像鱼儿一样受人欢迎,惹人怜爱,更毫无情趣可言,恰恰相反,跳蚤和老鼠猖狂而频繁的活动对一个家庭而言,通常是饱受鼠患和虫患

---

① 莫言:《革命浪漫主义》,载《白狗秋千架》,上海文艺出版社,2012,第345页。

② 莫言:《高粱酒》,载《红高粱家族》,上海文艺出版社,2012,第83页。

③ 同上。

④ 莫言:《狗道》,载《红高粱家族》,上海文艺出版社,2012,第207页。

⑤ 莫言:《丰乳肥臀》,上海文艺出版社,2012,第28页。

⑥ 莫言:《欢乐》,载《欢乐》,上海文艺出版社,2012,第232页。

困扰的贫寒破败脏污之征。如此看来,此处的戏仿更平添了几分荒诞悲凉。

《欢乐》中因屡试不第而万念俱灰的齐文栋仰视天空,目之所及处,"星光灼灼,一钩新月忸怩地从黄麻缝隙里望着你,如一弯似蹙非蹙柳叶眉,如一双似喜非喜含情目,泪光点点,娇喘微微。"①戏拟《红楼梦》对林黛玉的摹写,林黛玉与齐文栋都因为无法承受理想消逝之痛而惨淡离世。区别是一个指向爱情,另一个指向前程,但二者悲戚情状相合,此处戏仿亦在暗示齐文栋的英年早逝。

第二,情境层次。即对历史文本在情境上的呼应与对话,就其效果而言,新文本是对戏仿对象合法性的认同与颠覆。

小说《我们的七叔》开篇提及此篇小说的写作初衷,指出"我"常常梦到七叔,梦时很真,醒时反而模糊,似在梦中,就像"现在我好似坐在桌前写字,又怎知不是在梦中呢?当然,这基本上是对庄周的拙劣模仿,明眼人一看便知但也不必较真就是。"②叙事者坦陈这一情境"是对庄周的模仿"。生活中的七叔,放诞,随性,率真,旷达,自然,惬意,性情酷似庄子。但七叔的执着和破执又与庄子有所不同。小说结尾,在七叔的墓前,"我"看到一只黑蝴蝶,"我"希望它是七叔的灵魂,对庄周梦蝶进行了创造性模仿,实现了对历史文本中庄周梦蝶这一情境的呼应与对话。

在小说中直接揭示戏仿对象的还有《地道》。小说讲述为逃避计划生育政策,方山以地道隐藏违反政策怀孕的妻子:

老婆说:"这不是跟那电影《地道战》一样了吗?"

方山说:"我就是想起了《地道战》才想起了挖地道。"③

小说文本业已表明是对电影《地道战》的戏仿。

《嗅味族》中"我"和于进宝在他家后园的深井里发现了只有一个鼻孔的长鼻子的嗅味族,他们不需要吃东西,只闻味道就饱了,所以尽管制作了丰盛的美味佳肴,但闻过了已足够,对"我们俩人"来说,这无异于天降洪福,于是,饥肠辘辘的"我"和于进宝得以在那里大快朵颐。吃饱喝足,临别之际,嗅味族恳求我们俩"不要把这里的情况向外人说道"④,戏仿《桃花源记》"不足为外人道也"。在贫寒的饥荒年代,深井里的这样一处所在的确如同桃花源般令人神往,或者反过来说,可能正是出于对如此这般的桃花源的向往,才有了关于"嗅味族"的构想。

① 莫言:《欢乐》,载《欢乐》,上海文艺出版社,2012,第251页。

② 莫言:《我们的七叔》,载《师傅越来越幽默》,上海文艺出版社,2012,第67页。

③ 莫言:《地道》,载《与大师约会》,上海文艺出版社,2012,第47页。

④ 莫言:《嗅味族》,载《与大师约会》,上海文艺出版社,2012,第376页。

《狗道》题目“狗道”这一词汇本身即是对“人道”的戏仿。小说重点体现了两类战争，一种是人与狗之间的战争，如“在这个过程中，它们是在向人的世界挑战，是对奴役了它们漫长岁月的统治者进行疯狂报复。当然，把这种原始的朦胧冲动上升到理论的高度的、能够对这一系列行动进行理性思维的，还是我家的三条狗。”①红狗“组织的这次进攻闪烁着辩证法的光辉，连智慧的人类也无可挑剔。”②

另一种是狗与狗之间的称王争夺战，“绿狗对着红狗叫了一声，好像人类发出的一声冷笑。红狗对着绿狗叫了一声，好像人类对冷笑回报的冷笑。黑狗站在它昔日的两个伙伴之间，和事佬般地叫了一声。”“红狗想起，在为烧酒锅主人看家护院时的安宁生活，那时两匹老黄狗还在，五条狗之间虽有矛盾，但基本上能团结一致。”“它讨厌黑狗和绿狗的欺贫爱富、谄肩摇尾的媚态，它知道今日必有一场争夺霸主地位的战斗。”③黑狗“认为绿狗发动的进攻完全违犯狗道。暗下毒口，算不得好汉，赢了也不光彩！”④最终，最符合“狗道”，最具有正义思想的红狗赢得了狗王宝座。

小说对狗的人化书写形式酷似传统的拟人修辞，但其强烈的戏谑成分使之更偏重于戏仿。小说以“狗道”戏仿“人道”，其用意大体有三：其一，旨在说明狗的战斗与人的战斗的目的在本质上具有相似性，即为了维护自身及族群的生存与发展。当对方的存在危及自身的生存或发展时，势必导致战争的发生。其二，狗的战斗与人的战斗一样，血雨腥风，惊心动魄，但抽丝剥茧查考其本质，无不充斥残酷与荒诞。其三，就作战结果而言，虽双方都会各有伤亡，但最终的胜利者多为正义的一方，以此揭示道德和正义的神圣和不可战胜，并披露侵略战丧心病狂的非正义性，以及保卫战浩气凛然的正义性。

《牛》中“我”见到老董同志的手表这一新奇物件，难以遏制强烈的好奇心，从正欲计时听声的麻叔手里夺过手表，不料却被麻叔立即夺回，头上还挨了他两巴掌。“虽然挨了两巴掌，但我的心里还是很满足。我毕竟摸到了老董同志的手表，我不但摸到了老董同志的手表，而且还将老董同志的手表放到了耳朵上听了听，几乎就算听到了手表的声音。”⑤这段描写是对阿 Q 的精神胜利法的戏仿。精神胜利法看起来自欺欺人，但不失为弱势群体聊以自慰的绝佳方法。一旦局面无法按我

① 莫言：《狗道》，载《红高粱家族》，上海文艺出版社，2012，第 202 页。

② 同上书，第 206 页。

③ 同上书，第 203 页。

④ 同上书，第 204 页。

⑤ 莫言：《牛》，载《师傅越来越幽默》，上海文艺出版社，2012，第 5 页。

们的意图扭转，已成必然，无力的我们还能怎样呢？在内心深处累积和设想自己的零星胜利从而赢得对自己的满意，进而重塑一点自尊，不失为构筑健康心理的一剂良策。

类似的还有《藏宝图》中的马可，“你别看我衣衫褴褛，但我们祖上曾经富过，你别看我胸无点墨，但我们祖上学富五车，我们祖上是康熙举人，乾隆进士，你不要拿着豆包不当干粮”①戏仿以阿Q理想化自居的精神胜利法。此时自称被小偷偷了钱包而在街头流浪的马可一文不名，为了挽回面子，他构设了“先前阔”的家世，而且除了物质富足之外，又是书香门第，更别提祖上“康熙举人”“乾隆进士”的尊贵身份了，如此出身，不能不令人肃然起敬。事实上过去已经无法改变，未来尚不能准确预测，人能够支配的只是当下。由此说开去，就某种意义上来说，过去和未来因无法被准确干涉而沦为虚无，所以我们真正能做的只有把握每一个当下。这种借重对理想身世的构设聊以树立自信的方式不甚可取，因为它有别于带有挽救尊严、自我拯救性质的自我安慰，而类似于以夸大家族荣耀方式的自我吹嘘和自我膨胀。即便家族曾经显赫情况属实，但因其指向过去，类同于虚无，故已不足为据。

《扫帚星》中“扫帚星”出生时难产，母亲大出血而死，因之最初被视为不祥之物而装进麻袋弃置冰上，“据说咱家从麻袋里爬出来，在冰上哭泣，一头母狼将咱家叼到杂树林子里，用它的奶，浇灌了咱家的肠胃。咱家依偎在狼的肚皮下，睡得很香。”②戏仿罗马起源的传说，区别在于其一，罗马传说中婴儿被弃，是出于王室篡位斗争，而扫帚星被弃的一个原因是母亲难产而死，另一个原因是父亲与母亲的关系仅是出于奶奶的刻意安排，父亲并不喜欢母亲，拒绝与之登记结婚，导致扫帚星因出生违反生育政策而无法落户；其二，罗马起源传说中母狼养育了一对孪生子罗慕洛和勒莫，而扫帚星是单胎。即便如此，对被狼哺育这一历史情境的肯定与颠覆仍然为扫帚星的身世增加了玄幻砝码，给小说增添了几分情致。

（二）陌生化

“陌生化”是与“自动化”相对的概念，两个概念均出自俄国形式主义批评家什克洛夫斯基，“陌生化”意指文艺创作应力图增加接受者感受的难度和感受时间的长度，打破审美对象的日常性和习见性，实现间离效果，从而增强审美快感。

莫言小说中陌生化现象不胜枚举。莫言常常以稚拙、新奇、扭曲、怪异的方式

① 莫言：《藏宝图》，载《师傅越来越幽默》，上海文艺出版社，2012，第324页。
② 莫言：《扫帚星》，载《师傅越来越幽默》，上海文艺出版社，2012，第363页。

表现恍若初见般的富有生气和活力的新鲜感受。

如《秋水》中写日出："日头从黄水中初冒出来时，血红的一个大柿子，似乎戳一下就会流瘪。后来东半边水天一色，中间夹着个翻转的彻底红球。一会儿显出金色来，显出银色来，形状也由狼亢肥硕变得规矩玲珑。"①不仅以超常神奇的视角表现了日出时太阳的颜色、形状及其变化，还以"似乎戳一下就会流瘪"新奇却忠实地书写了初起时太阳的暴戾、肥硕和不规则。

《高粱酒》中爷爷杀死单扁郎"金黄色的血一股股地往外喷"②。以"金黄色的血"表达对麻风病人单扁郎的嫌恶。《红高粱》中"奶奶的血把父亲的手染红了，又染绿了；奶奶洁白的胸脯被自己的血染绿了，又染红了。"③这里的"血"并非人们习见的单纯的红色，且不时呈现为绿色，以此表达年幼的父亲目睹奶奶凄惨的死所造成的内心深处无以复加的悲痛。奶奶弥留之际模糊地感到"天上的白云擦着高粱滑动。也擦着奶奶的脸。白云坚硬的边角擦得奶奶的脸窸窣作响。"④以此表现天、地、人与高粱的合一。其中，"白云的边角擦得奶奶的脸窸窣作响"间离效果强烈。"最后一丝与人世间的联系即将挣断，所有的忧虑、痛苦、紧张、沮丧都落在了高粱地里，都冰雹般打在高粱梢头。在黑土上扎根开花，结出酸涩的果实，让下一代又一代承受。奶奶完成了自己的解放，她跟着鸽子飞着，她的缩得只如一只拳头那么大的思维空间里，盛着满溢的快乐、宁静、温暖、舒适、和谐。奶奶心满意足，她虔诚地说：'天哪，我的天……'"⑤奶奶因被日军偷袭而牺牲，三十二岁英年早逝，奶奶的一生风风光光，轰轰烈烈，大胆奔放，壮丽昂扬，临终时除了民族仇恨以外，了无遗憾。奶奶临终卸下了所有的负面情绪，它们跌落在黑土地上，"结出酸涩果实"意味着奶奶的杀身之仇因负载着国仇家恨将被世世代代铭记。"缩得只如一只拳头那么大的思维空间"令人惊愕，又不由人不认同。

《高粱殡》中叙事者以大段文字发表了对"爱情"的认知：

爱情是什么？每个人都有自己的答案。这件鬼事儿折磨死了无数英雄好汉、淑女才媛。我根据爷爷的恋爱历史、根据我父亲的爱情狂澜、根据我自己的苍白的爱情沙漠，总结出一条只适合我们一家三代爱情的钢铁规律：构成狂热的爱情的第一要素是锥心的痛苦，被刺穿的心脏淅淅沥沥地滴答着松胶般的液体，因爱情痛苦

---

① 莫言：《秋水》，载《白狗秋千架》，上海文艺出版社，2012，第190页。

② 莫言：《高粱酒》，载《红高粱家族》，上海文艺出版社，2012，第98页。

③ 莫言：《红高粱》，载《红高粱家族》，上海文艺出版社，2012，第62页。

④ 同上书，第68页。

⑤ 同上书，第69页。

而付出的鲜血从胃里流出来，流经小肠、大肠、变成柏油般的大便排出体外；构成残酷的爱情的第二要素是无情地批判，互爱着的双方都恨不得活剥掉对方的皮，生理的皮和心理的皮，精神的皮和物质的皮，剥出血管、肌肉、蠢蠢欲动的内脏，黑色的或者红色的心，然后双方都把心向对方掷去，两颗心在空中碰撞粉碎；构成冰凉的爱情的第三要素是持久的沉默，寒冷的感情把恋爱者冻成了冰棍，先在寒风中冻，又在雪地里冻，又扔进冰河里冻，最后放在现代文明的冰柜里冻，挂在冷藏猪肉黄花鱼的冷藏室里冻。所以真正的恋爱者都面如白霜，体温二十五度，只会打牙巴鼓，根本不会说话，他们不是不想说话，而是已经不会说话，别人以为他们装哑巴。

所以，狂热的、残酷的、冰凉的爱情=胃出血+活剥皮+装哑巴。如此循环往复，以至不息。

爱情的过程是把鲜血变成柏油大便的过程，爱情的表现是两个血肉模糊的人躺在一起，爱情的结局是两根圆睁着灰白眼睛的冰棍。①

将抽象的爱情赋予有形物质，以脏污的血液和粪便比拟爱情，将狂热、冰冷、残酷加诸进爱情的感受中，在残忍、欢乐中将书写和表达尽性、尽情。极尽夸张，极端，足够间离，足够陌生，但不免失真。当然，感受本就是私人化的，更何况是对抽象之物的感受，既然见仁见智，也无从做出准确的是非裁定和价值判断。因此作者对爱情的此番长篇大论有的放矢，有用武之地，也就珍贵。

《高粱殡》“公路上的十几个铁板会会员被巨大的气浪掀起来，断臂残腿，腥肠臭血，像冰雹般、像美丽温柔的爱情一般抛洒在老百姓头上。”②残缺的肢体既不具备美丽温柔的特征，也不具备爱情相关性，大概就“不期而至”这一特征而言，算是有一定关联。此处以一种泥沙俱下、鱼龙混杂的气势营造语言的狂欢，增强陌生化效果，表现战事的激烈与残酷，及其结果的难以预期。

《奇死》“父亲跑到离长长的骡车二十米远的地方，就用他的格外灵敏的鼻子——准确地说也不是鼻子，准确地说是类似嗅觉的先验力量——嗅到了车上散发出来的不祥气息。”③“类似嗅觉的先验力量”生动诠释了并非以认识，而是以感受书写，以此达成陌生化效果。“在父亲的眼里，在父亲的一种类似视觉的感觉里，爷爷的眼像墨水河边的猫眼石一样，颜色瞬息万变。”④父亲不仅是以眼睛，更是以

① 莫言：《高粱殡》，载《红高粱家族》，上海文艺出版社，2012，第269－270页。
② 同上书，第259页。
③ 莫言：《奇死》，载《红高粱家族》，上海文艺出版社，2012，第335页。
④ 同上。

"类似视觉的感觉"探寻爷爷的眼神,并从中发现爷爷起伏的思潮和动荡的情绪。"父亲用他超敏的类视觉感觉,看清了被子下的二奶奶烂茄子般的面孔和小姑姑大张着的僵硬嘴巴。"①"超敏的类视觉感觉"及其捕捉到的"烂茄子般的面孔"都是叙事者对陌生化感觉的刻意表达。"东南方向那个巨大的八角形的翠绿太阳车轮般旋转着碾压过来。"②"八角形翠绿的太阳""车轮般旋转""碾压"无不是以超乎寻常经验的感觉书写习见的太阳落山这一自然场景。"爷爷坐在车上,感到一切物件都是绿色的"。③ 莫言的小说中,常以"绿色"表达厌恶或痛苦,自然,这一特定关联并不是人们司空见惯和习以为常的。此处表现爷爷痛失二奶奶和小姑姑的痛苦心境。"大柳树生在一片洼地中央,如果是白天可以看到柳树干上生着的一绺绺血红色的胡须。夜猫子的叫声把洼地里紧张的空气震动得像单薄透明的芦苇内膜一样颤抖,呜呜作响。"④柳树"血红色的胡须""单薄透明的芦苇内膜一样的空气"的确"如第一次出现在我们的世界"一样,神秘而令人惊奇。

《铁孩》中以儿童视角描写火车"有一个头上冒着黑烟的大东西,又长又黑的大东西,呜呜地叫着……跑得比马还快……我们感到脚下的地皮打起哆嗦来,心里很害怕。"⑤以陌生化的效果摹写火车,增加了接受者感受的难度和时间的长度。

以儿童视角表现陌生化效果的还有《屠户的女儿》,如"路两边总是一排排的树木,在只有星星的时候,我看到它们像一个个高大的、撅着嘴巴生闷气的大男人,我们的小车儿在它们的脚下哧溜溜地滑动着,像它们的玩具儿一样。"⑥如同"撅着嘴巴生闷气的大男人"的树木,我们的车仿佛是"他们的玩具",以极具魔幻性的天真推测达成间离效果。"太阳的边缘红红的,嫩嫩的,像刚出壳的小鸡儿一样,像妈妈的眼睛一样。那上边总是有一些云彩,今天这样形状,明天那样形状,没有重过一次样。但各式各样的云彩总是被每天早晨的太阳染得一样鲜红。我说妈妈这个天下真嫩呀,一掐冒水儿,像小蚂蚱,像小蘑菇,像小萝卜,妈妈就笑。"⑦"太阳的边缘"像"刚出壳的小鸡""像妈妈的眼睛",以超出普遍感受的特殊的离奇的感受书写太阳的红晕。"天下真嫩呀"像"小蚂蚱""小蘑菇""小萝卜",以触觉和视觉感

---

① 莫言:《奇死》,载《红高粱家族》,上海文艺出版社,2012,第335页。
② 同上书,第333页。
③ 同上书,第334页。
④ 同上书,第337页。
⑤ 莫言:《铁孩》,载《与大师约会》,上海文艺出版社,2012,第116页。
⑥ 莫言:《屠户的女儿》,载《与大师约会》,上海文艺出版社,2012,第145页。
⑦ 同上书,第146页。

受，以比拟的方式，表达儿童对世界的认识。“太阳照着我们，它一会儿工夫就有了火性，不像个妞妞，像个发威的大黄狗了。它放射出万道金光，好像大黄狗抖擞着一身黄毛。路一直通到光明里去。路边的树梢上，结着一层毛茸茸的霜花，它们那么冷，像那些大男人一样站着，鼻孔眼子里喷着白气。”①太阳升起后，如同“发威的大黄狗”，放出的万道金光恰如“大黄狗抖擞着一身黄毛”，路边的树像鼻子里“喷着白气”的大男人，香妞感到新奇，神秘，又似乎对它们都怀有某种未知的或不易言明的恐惧。星星“吹熄了手中的蜡烛沉到天的蓝色里去。”②星星的光亮源于它手中的蜡烛，当日光出现，星星的光微渺，如同扔掉了光源，隐遁到蓝天中，上述表达陌生而新鲜，奇异而巧妙。

《爆炸》中听闻妻子二胎怀孕，身为军官的“我”火速回家，带妻子堕胎，一见面，父亲就重重地打了“我”两记耳光。“我的双耳共鸣着，模模糊糊地看到父亲的手臂在空中挥动时留下的轨迹像两块灼热的马蹄铁一样，凝固地悬在我与父亲之间的墙壁上。其实没有墙。”③以有形的“墙”外化“我”与父亲的隔阂，我们都没有问题，问题在于“我”受制于现代社会的公民责任，父亲囿于传统观念的养儿义务，而现代社会公民责任与传统观念养儿义务这二者之间构成了难以调和的矛盾。“父亲的手上凝集着令世界悲痛而起敬的表情，这表情唤起我酸涩的感情，我的舌头在嘴里熟了。”④在社会责任与家族义务之间，“我”也有彷徨和无奈，“我”在刚烈而强硬地坚持履行现代社会公民责任的同时，内心深藏着一份对父亲的愧疚与亏欠。因此“我”的感情酸涩，舌头木讷，丧失了说话和品尝的能力。

《等待摩西》中儿时淘气投掷石块，无意中打中了怀有身孕的摩西妈妈的肚腹，父亲赶来，狠命地踢了我一脚，“我眼前一阵黑一阵白，一阵红一阵黄，我没有害怕，只是感到有一股冰冷的气体，在身体内钻来钻去。我后来听人说，我父亲一脚将我踢出了三米多远。”⑤“我”被踢打，却丝毫未表现疼痛，代之以描述听觉和触觉感受，以色彩地频繁变换和气体地快速流动表现被踢飞的移动感，以陌生化的书写增强了审美快感。

---

① 莫言:《屠户的女儿》,载《与大师约会》,上海文艺出版社,2012,第146页。

② 同上。

③ 莫言:《爆炸》,载《欢乐》,上海文艺出版社,2012,第175页。

④ 同上书,第178页。

⑤ 莫言:《等待摩西》,载《晚熟的人》,人民文学出版社,2020,第126页。

(三)戏谑

“戏谑”有时也称“谐谑”,即以滑稽或幽默的姿态,委婉曲折地表达嘲讽、戏弄或解构、批判意图。莫言小说中的语言常以或深沉冷峻,或滑稽幽默的风格,曲笔表达隐晦、幽深的含义,对某种陈规或意义形成消解、颠覆和重构。

《枯河》中小虎父母反复叮嘱他“不许到小珍家去玩”,但小珍常来找他玩,为什么父母不赞成他到小珍家玩呢?当然,父母的叮嘱一定有其道理,还是非常值得考虑的。此时,在“半冷半热”的树梢上摇摇欲坠的小虎仿佛有片刻参透了“人世冷暖”,下一刻便又跌入懵懵懂懂的深渊,看着树下的小珍,竟突然产生了一种莫名其妙的追问:“女孩就是小珍吗?他很疑惑地问着自己。”①小虎从树上跌下,砸死了小珍,挨了小珍父亲的暴打后,朦胧中看到父亲来了,“他今天才知道父亲的模样。父亲有两只肿眼睛,眼珠子像浸泡在盐水里的地梨”②。“今天才知道父亲的模样”,显然,既不合理,也不可能,当属错觉。但这一错觉又确乎真真切切,此时真切的错觉缘何而起?小虎突然从树上跌落,本就惊魂未定,遭遇暴打后,身体上的疼痛,心理上的疑惑,更加剧了痛苦,意识模糊时,朦胧了父亲的模样。两处看似戏谑之笔,渗透着彻骨的寒冷,一个不谙世事的孩子由高处跌落,混沌中砸死玩伴,因死者父亲势位尊贵,令他和他的家人遭遇无尽的折磨,无边的痛苦。

《高粱殡》中提及在兵荒马乱的动荡年代一些原本善良懦弱的百姓也出于万不得已做起了土匪,“高密东北乡的土匪种子绵延不绝,官府制造土匪,贫困制造土匪,通奸情杀制造土匪,土匪制造土匪。”③“那时候爷爷已经开始了他的土匪生涯,并不是他想钱财而是他想活命,复仇,反复仇,反反复仇”④以戏谑的笔调表现在动荡不安的时代,一些人充当土匪仅仅出于生存需要,一旦生存的权力受到严重威胁,许多固有的界限就容易被打破,为谋求生存所做的一切努力就其出发点而言,都附带一定程度的正义性。当“活命”这一基本诉求已经需要拼命争取来获得,其余的一切便显得微不足道。当活命——复仇——反复仇——反反复仇已经成为无止息的残酷闭环,弱肉强食便成为人所共知的公理,在你死我活的生存竞赛中,殊死搏斗不可避免,这一系列丛林法则已与土匪无异。戏谑中是数不尽的苍凉。

---

① 莫言:《枯河》,载《白狗秋千架》,上海文艺出版社,2012,第 177 页。

② 同上书,第 181 页。

③ 莫言:《高粱殡》,载《红高粱家族》,上海文艺出版社,2012,第 271 页。

④ 同上书,第 270 页。

《奇死》中以戏谑笔调比较城市与乡村，并对城市文明进行了反拨和降解：

我逃离家乡十年，带着机智的上流社会传染给我的虚情假意，带着被肮脏的都市生活臭水浸泡得每个毛孔都散发着扑鼻恶臭的肉体，又一次站在二奶奶的坟头前……二奶奶短暂的绚丽多彩的一生，在我的故乡的“最英雄好汉最王八蛋”的历史上，涂抹了醒目的一笔。她以她诡奇超拔的死亡过程，唤醒了我们高密东北乡人心灵深处某种昏睡着的神秘感情。这种神秘感情只有处在故乡老人追忆过去的、像甜蜜黏稠的暗红色甜菜糖浆一样的思想的缓慢河流里才能萌发，生长，壮大，成为一种把握未知世界的强大思想武器。我每次回到故乡，都能从故乡人古老的醉眼里，受到这种神秘力量的启示。在这种时候，我往往不愿意比较和对照，但逻辑思维的强大惯性，又把我强行拉入比较和对照的漩涡中。在思维的涡旋里，我惶恐地发现，我在远离故乡的十年里所熟悉的那些美丽的眼睛，多半都安装在玲珑精致的家兔头颅上，无穷的欲望使这些眼睛像山楂果一样鲜红欲滴，并带着点点的黑斑。我甚至认为，通过比较和对照，在某种意义上证明了两种不同的人种。大家都按照自己的方式在进化着，各自奔向自己的价值系统里确定的完美境界。我害怕自己的眼睛里也生出那种聪明伶俐之气，我害怕自己的嘴巴也重复着别人从别人的书本上抄过来的语言，我害怕自己成为一本畅销的《读者文摘》。①

为了追求理想，寻求幸福，“我”拼命地逃离故乡，前往城市，而后带着十年的城市生活经验返乡探亲，比较中却愕然发现，“我”多年来心心念念、苦苦追寻的神圣与庄严，鲜活与蓬勃竟然就在当年“我”千方百计逃离的看似恶浊、落后的土地上，城市给“我”的只有精致的陈规、狡猾的复制。经过细腻观察、精心比较，“我”发现乡村和城市的居民甚至分属两类不同人种：“我”故土的乡亲虽然可能表面上野蛮、污浊，本质上却纯净、质朴、率真、强悍、粗粝、具有虎狼之气，而且掌握着神秘力量，而城市的居民虽聪明伶俐，玲珑精致，但充满欲望，人云亦云、缺乏创意，如同家兔。

对城里人与乡村人展开比较，并突出乡村人优越性的还有《藏宝图》。小说人物马可对在城市生活的“我”说：“你们城里人全都是小聪明，你们精明的不聪明，聪明的不高明，高明的不英明，英明的不圣明，圣明的不会装糊涂，而我们全都是揣着明白装糊涂。”②以连缀的“聪明”“高明”“英明”“圣明”戏谑城市人精致的伶俐，然后以简短的“揣着明白装糊涂”概括农村人“装糊涂”的“明白”才是登峰造极的

① 莫言：《奇死》，载《红高粱家族》，上海文艺出版社，2012，第359－360页。

② 莫言：《藏宝图》，载《师傅越来越幽默》，上海文艺出版社，2012，第323页。

真聪明，如此一来，对有关城市人"聪明"的一系列的枚举式评价如高大建筑物轰然倒塌般悉数沦为冗言赘语。至此，戏谑效果进一步达成。

《梦境与杂种》中的"我"具有神奇的以梦境预言未来的本领，"我"将这一神奇本领归因于生吃虾子的习惯："我清楚地感觉到我的正在发育的身体和我的正在扩大体积、加深沟面的大脑需要蛋白质和其他营养。我感到每吃一捧虾子我的体内便产生一阵热烘烘的暖流，这是生命膨胀的感觉，细胞分裂增殖的声音如雨打乱草一般刷刷拉拉地响着。每吃一虾子，我便增长一虾子肉体，增加一虾子智慧。在虾子的滋养下，我的做梦的本领更加成熟了。"①以戏谑笔法表现玄幻感觉：能够如医学透视般清楚感觉到身体和智力的发育动态，准确感知身体对食物的需求以及食物对身体的滋养。"每吃一虾子，我便增长一虾子肉体，增加一虾子智慧"以对医学常识的戏谑表述反映饥饿年代里孩子们对食物的强烈需求和热切渴望。

以对医学常识的无知切入，展开戏谑书写的，还有《革命浪漫主义》。小说中的"我"因在战场上被炸掉一半屁股而痛苦忧伤，看到报纸上类似"一老年妇女一夜之间头上生角"等奇珍异闻后，转而调整心态："跟那么多世界性奇事比较起来，我如果不能再生出个漂亮的屁股只能怨我自己懒惰。我本来是有屁股的，我有过一次生长屁股的经验，与头上生角比较要容易得多；我的屁股还残存着一部分，就像被砍伐的树木，树干虽倒，树根犹在，只要营养足够，就没有理由不生长。"②特别是"有过一次生长屁股的经验""只要营养足够，就没有理由不生长"带有强烈地调侃和戏谑意味，但笑中带泪，慷慨悲凉，更多的是感叹在残酷的战争中存在无谓的牺牲，表达反对战争的人道主义思想。

（四）悖论式矛盾

"悖论式矛盾"意即话语本身前后矛盾，以强烈的自我消解姿态表达自相矛盾的判断或多元且互相抵牾的观点。在莫言小说中，常以悖论式矛盾的语言表达不明确的观点、不唯一的判断或不确定的现象。

最经典的是《红高粱》中的这一段：

我曾对高密东北乡极端热爱，曾经对高密东北乡极端仇恨，长大后努力学习马克思主义，我终于悟到：高密东北乡无疑是地球上最美丽最丑陋、最超脱最世俗、最

① 莫言：《梦境与杂种》，载《怀抱鲜花的女人》，上海文艺出版社，2012，第 347 页。

② 莫言：《革命浪漫主义》，载《白狗秋千架》，上海文艺出版社，2012，第 345－346 页。

圣洁最龌龊、最英雄好汉最王八蛋、最能喝酒最能爱的地方。①

其中，“热爱”与“仇恨”，“美丽”与“丑陋”，“超脱”与“世俗”，“圣洁”与“龌龊”，“英雄好汉”与“王八蛋”都是截然相反、完全对立的概念或性质，这里却熔为一炉，以大起大落、大褒大贬的方式评价故乡，表达“我”对故乡既爱且怨的极其矛盾复杂的情感。人们往往习惯赞颂故乡，习惯表达对故乡的挚爱深情，因此初见这种对故乡波峰波谷般的颠覆式评价，不免惊异，但表述中强烈的自我消解态势又具有足够的吸附力和引导力，指引人们细读、深思，感受这令人震惊的语言的巨大的吞噬力和说服力，通过反复吟咏，便也终于明白，这种客观而辩证地对故乡的审视和评价何尝不是在浓烈情感包裹下丰满的事实和真相呢。况且，对故乡的怨愤和批判何尝不是源于对它的强烈的热爱呢。

生长在这块土地上的“我”的父老乡亲们：

杀人越货，精忠报国，他们演出过一幕幕英勇悲壮的舞剧，使我们这些活着的不肖子孙相形见绌，在进步的同时，我真切地感到种的退化。②

上句中，“杀人越货”与“精忠报国”互相矛盾，“进步”与“退化”截然对立，小说以前后冲突、彼此消解的矛盾话语表达故乡的人如同这片生长于斯的热土，融合了正与邪，善与恶，是与非等种种互相抵牾的特质。如今的我们同过去的他们比较，就文明进程而言，无疑是进步的，但就性格特质而言，我们早已不具备如同他们一样的英勇无畏、豪迈果敢，这又何尝不是退化呢。正如那养育了英雄的祖先的辉煌而凄婉的血红高粱如今已不再栽种，取而代之的是植株小、产量高的杂种高粱。那些高大威武、英勇顽强、养育了祖先的红高粱已成为莫言小说特别是《红高粱家族》中故乡精神的卓越代表。

奶奶弥留之际模糊地感觉到周围的红高粱：

呻吟着，扭曲着，呼号着，缠绕着，时而像魔鬼，时而像亲人，它们在奶奶眼里盘结成蛇样的一团，又忽喇喇地伸展开来，奶奶无法说出他们的光彩了。它们红红绿绿，白白黑黑，蓝蓝绿绿，它们哈哈大笑，它们号啕大哭，哭出的眼泪像雨点一样打在奶奶心中那一片苍凉的沙滩上。高粱缝隙里，镶着一块块的蓝天，天是那么高又是那么低。③

“魔鬼”与“亲人”，“盘结”与“伸展”，“哈哈大笑”与“号啕大哭”，“高”与“低”

---

① 莫言:《红高粱》，载《红高粱家族》，上海文艺出版社，2012，第2页。
② 同上。
③ 同上书，第68页。

又是截然相反的对照，既暗合了奶奶大开大合的性格以及喜忧参半的一生，又消解了对人与物单一的极易偏执的评价。

《高粱酒》奶奶回婆家途中“路两边依旧是坦坦荡荡、大智若愚的红高粱集体，现实中的红高粱与奶奶幻觉中的红高粱融成一体，难辨真假。奶奶满载着空灵踏实、清晰模糊的感觉，一程程走远了。”①此句中，“现实”与“幻觉”，“空灵”与“踏实”，“清晰”与“模糊”对立冲突，正是以难以辨认真实面目的含混向读者发出参与判断的邀请，以唯一真实的不确定性再现生活场景和人物意识。

《狗道》开篇“光荣的人的历史里掺杂了那么多狗的传说和狗的记忆，可恶的狗可敬的狗可怕的狗可怜的狗！”②以“可恶”与“可敬”，“可怕”与“可怜”这样对立又矛盾的评价揭示存在本身的复杂性，同时确立了小说褒贬参半的判别尺度。

《球状闪电》中，日间“我”与妻子在卧房亲密，回头看到贴在窗玻璃上的母亲的脸，“我无法用言语来形容从窗玻璃上看到干瘪脸时那一刹那的感受。两种同样掺杂着野蛮和文明的东西狠狠地撞击了一下子，使我对天地间的一切都感到厌恶。”③以“野蛮”与“文明”的截然对立宣泄“我”与妻子亲密动作被母亲偷窥的不满、愤怒、羞恼等复杂情绪。

《野种》对父亲在军事方面的领导力的评价也充满矛盾，如“在父亲英明又混账的领导下，民夫连的士气调皮地高涨着，运粮车队的前进速度日益加快。”④再如，“父亲对大规模的战争有着强烈的兴趣也有着淡淡的恐惧，他虽然从小就跟着爷爷玩枪杀人，基本上不畏生死，但对于这种集团大战不太适应。”⑤论勇敢和机智，父亲无可指摘，但不足的是，父亲年纪尚轻，而且缺乏统筹管理的成熟经验和统揽全局的战略高度。因此，论领导能力，可能功过兼有，毁誉参半。再者，父亲虽然从小跟随爷爷使枪弄炮，但多半是“散兵游勇”式的小规模游击战，缺乏大型战斗的经验，可能英勇有余，审慎不足。引文中，“英明又混账”“强烈的兴趣”与“淡淡的恐惧”的冲突充分体现了后现代的知识法则——并非单一的一致性，而是多元的矛盾论。

《牛》中“这有点遗憾，但也没有什么好遗憾的”⑥，表现“我”因嘴馋囫囵吞食

---

① 莫言：《高粱酒》，载《红高粱家族》，上海文艺出版社，2012，第91页。

② 莫言：《狗道》，载《红高粱家族》，上海文艺出版社，2012，第156页。

③ 莫言：《球状闪电》，载《欢乐》，上海文艺出版社，2012，第75页。

④ 莫言：《野种》，载《欢乐》，上海文艺出版社，2012，第340页。

⑤ 同上书，第340－341页。

⑥ 莫言：《牛》，载《师傅越来越幽默》，上海文艺出版社，2012，第41页。

杜五花给的鸭蛋黄而未仔细品咂味道感到遗憾，但转念又认为不必遗憾，因为如果“我”动作稍慢一点儿，未吞进口中的鸭蛋黄都极有可能被杜五花的娘夺走。以“没什么好遗憾的”颠覆和消解前一句“有点遗憾”，两种观点既相互矛盾，又彼此作用，既非辩证，也非整合，而是一种平等的对话关系，是并存的更高层次的互识与互证。

《飞艇》中母亲训斥正在梳妆的即将出门讨饭的姐姐“拾掇什么，是去讨饭，又不是让你去走亲戚！”“我同意母亲的观点。”“姐姐反驳道：‘讨饭怎么了？蓬头垢面，谁愿意施舍给你！’”“我同意姐姐的观点。”①在母亲与姐姐两种对立的观点交锋过程中，“我”的态度处在动荡和摇摆之下，在不同观点阐述自身存在的价值和理由时，“我”都赋予了极大的理解和同情，无法也不想做出唯一性的抉择，严格意义上说，“我”不在两者之间做出淘汰性取舍，不是出于“中庸”智慧，而是由于“我”的判断标准不确定，正如后现代唯一能够确定的就是它的不确定一样。

《飞艇》最后，打谷场西边发现一支未爆炸的炸弹，大家都惶惑不安，惊魂不定，小说结尾“这一夜全村里都响着一种类似钟表跑动的咔嚓声，大家都忐忑不安，又满怀希望地等待一声巨响”②。在爆炸或者不爆炸的不确定的可能性中，人们的态度也在“忐忑不安”与“满怀希望”中间游移不定，恐惧是自然，但又满怀希望，疑似对不确定性的焦虑，也许与必然的摧毁相比，不确定的或然性具有更大的毁灭性，因此更令人恐惧吧。

《弃婴》全文笼罩着阴郁冷酷气氛。开篇“明亮的阳光下，包裹婴孩的红绸子像一团熊熊的火，烫着我的眼，烫着我的心，烫得我的心里结了白色的薄冰。”③“烫”得结冰，充满悖谬的话语揭示了“我”饱受煎熬的内心。就自身处境而言，一个拾来的婴儿所引起的花销必定使本已贫寒的“我”们家雪上加霜，更何况此时正值计划生育时期，“我”已经有了一个女儿。从弃婴的角度出发，若“我”对她置之不理，不闻不问，极有可能导致她夭亡。拾起婴儿这个火热得发烫的善意行为却势必给“我”与“我”的家庭带来冰冷的伤害。

《地主的眼神》第一节“我看着贫协主任喷射着黄色火苗的眼睛，看看老地主喷射着蓝色火苗的眼睛，心中仿佛塞进一团乱麻。我承认，我对这个具有高超割麦技艺的老地主没有丝毫好感，但我对他无端挨打又充满同情，我对专横跋扈的贫协

① 莫言：《飞艇》，载《白狗秋千架》，上海文艺出版社，2012，第 328 页。
② 同上书，第 336 页。
③ 莫言：《弃婴》，载《白狗秋千架》，上海文艺出版社，2012，第 301 页。

主任充满反感,但又对他惩治老地主感到几分快意。"①以矛盾而复杂的爱恨交织情绪消解纯然的好感或恶感,揭示"好"与"坏","喜欢"与"厌烦"的相对性以及在适当条件下看似截然相反的双方之间动态转化的可能性。

《扫帚星》"为什么咱姥姥和咱姥爷搭伙生了咱娘后,十八年后又怀孕?这是个大谜,我也许很快就告诉你,也许永远不告诉你。"②以顽皮的不确定性预告展开对后续情节可预期性的消解。"也许很快就告诉你,也许永远不告诉你"既呈现了对前文所质疑的"为什么"的解答,同时也消解了对这一问题的解答。进而,答案的不确定性反过来彻底消解了前文的提问,使得提问本身及此后的并无准确答复的解答活动一同被颠覆和瓦解。如是,上述引文中话语的意义鲜明地指向并取决于它的无意义。

红卫兵们打死了姥姥以后,"呆呆地看着眼前的情景,也许心里有点害怕,也许一点都不怕。"③究竟是害怕还是不害怕,小说以模糊的、不确定的、含混的方式加以表现,以小说细节的不确定性揭示了生活现象本身的两可性和模糊性,无法给予准确表达。

《变》中当张老师以一种夸张而讥讽的语调朗读何志武所做的"我没有别的理想——我只有一个理想——我的理想是做鲁文莉的爸爸"这篇作文时,何志武的脸"似乎有点发红,但仔细一看也没怎么发红。他的表情似乎有点窘,但仔细一看也没怎么窘。"④鲁文莉爸爸何许人?他是"有时候戴着墨镜有时候不戴墨镜;有时候戴着白手套,有时候不戴白手套"⑤的当时人人艳羡的嘎斯汽车司机。引文中,后一句动摇和消解了前一句,前一句又对后一句形成了矛盾和抵牾,看似矛盾的前言后语彼此结合,共同印证了后现代多元并存而非整体划一的芜杂景观。

《藏宝图》开篇第一句:"这个故事从头到尾只有一句真话——这个故事从头到尾没有一句真话。"⑥究竟何者为真,读者无法也不必给予判断,它既是一种自我颠覆、自我披露式的自我解构,也是一种自我扩充、自我繁衍式的自我建构,既表达了小说的现实性来源,也揭示了小说的虚构性本质,它的出现可能使小说趋于圆润饱满,也可能将小说摧毁为零落的碎片,但无论如何,都无可厚非,因为悖谬式的矛

① 莫言:《地主的眼神》,载《晚熟的人》,人民文学出版社,2020,第165页。

② 莫言:《扫帚星》,载《师傅越来越幽默》,上海文艺出版社,2012,第343页。

③ 同上。

④ 莫言:《变》,载《师傅越来越幽默》,上海文艺出版社,2012,第369页。

⑤ 同上书,第371页。

⑥ 莫言:《藏宝图》,载《师傅越来越幽默》,上海文艺出版社,2012,第291页。

盾证实它的本体性,它解构也建构,它唯一的确定性就是不确定性。

(五)作者侵入

莫言的创作中,“莫言”常常作为故事人物出现在小说中,这时,作为小说实际叙述者的作者、作为隐含叙事者的作者和作为小说人物的“莫言”在同一场域同时出现,使阅读活动产生了强烈的间离效果,面对小说中真真假假、时分时合的三重作者,读者不免惊愕,并自发地脱离阅读舒适区,审视小说的真实性,觉知其似真似幻的虚构本质。小说在意义维度上解构审美快感的同时,在策略维度上重构审美快感,以强烈的游戏性引导读者随时出入小说的叙事场域,进入更为广阔的审美之维。

《晚熟的人》中“我”应蒋二之邀,出席他公司举办的“首届滚地龙拳国际擂台赛”,主持人单舒拉介绍到场嘉宾:“首先请允许我介绍……专程从北京赶来的,我们亲爱的老乡,小说《黄玉米》的作者,著名作家莫言老师。”①以《黄玉米》指涉《红高粱》,而且当“我”站起来向观众挥手致意时,听到有人说“老成这个样子了”,小说中不仅侵入作者,而且以谐谑口吻戏言《红高粱》,借观众的“嗨,老喽”的感叹展开自我评说,虽局部气氛不免悲凉,但小说的似真性在得以加强的同时,整体意趣得到显著提升。

《红唇绿嘴》中“我”家的远房亲戚覃桂英听村里的花脖子说“从村委的监控器上看到莫言回来了”②。

《生死疲劳》中“莫言”始终穿插在小说情节中,作为隐含作者讥讽、嘲弄的对象,作者偶尔借助“莫言”穿针引线,勾连情节,如,在“莫言”的引荐下,蓝解放结识了庞凤凰,两人相识后,陷入热恋,蓝解放甚至甘愿放弃一切,与庞凤凰私奔,二人在陌生城市的生活得到了“莫言”的关照。

《酒国》中小说前半段酒国酿造大学博士李一斗与作家莫言通信,李一斗将作品随信寄给莫言,两人通信对作品中的故事及创作方法等问题进行了交流,莫言表示正在构思一部叫《酒国》的小说,酒博士邀请莫言到酒国参加一年一度的猿酒节。莫言应邀来到酒国后,小说中隐含作者与小说人物“莫言”合二为一,现身小说中,并醉倒在宴席上。

莫言在接受采访时,曾经表示:“我认为文学最重要的,区别于其他艺术门类的

---

① 莫言:《晚熟的人》,载《晚熟的人》,人民文学出版社,2020,第48页。

② 莫言:《红唇绿嘴》,载《晚熟的人》,人民文学出版社,2020,第238页。

一点，就是它是语言的艺术……一个作家的语言好，可以把一件假的事情讲得活灵活现，可以让虚构的故事让人感觉非常真实。”①莫言的小说用实践证实了他的观点，其小说语言亲切而不失新奇，冷峻而不失欢乐，玄幻而不失真切，汪洋恣肆而又不失细腻深刻，给读者带来独特而丰富的审美感受，更为重要的是，在融汇中国传统小说语言技巧与西方小说语言实验的过程中，在继承与发展的同时，极富创造性地形成了具有自身特色的语言风格。

① 莫言、刘琛：《把“高密东北乡”安放在世界文学的版图上——莫言先生文学访谈录》，《东岳论丛》2012 年第 10 期。

第五章 莫言小说的审美质素

就审美质素而言，莫言的小说呈现亦真亦幻、延异、黑色幽默、怪诞、新感觉五个方面特征，以下分而述之。

一、亦真亦幻

莫言的小说以民间视角融汇历史与现代，以普世情怀沟通中国与世界，以辽阔的宇宙立场穿越时空，以超验精神贯通生与死、人与物，以举重若轻的高蹈观照人生，以从容裕如的宏阔凝神自我，以独特的幻觉现实主义打造亦真亦幻、虚实相生、综罗百代、广博精微的万千世界。其小说或以曲折离奇的玄幻情节俯仰人生，或穿插民间的奇幻诡谲故事超绝尘世。以下从小说自身的超验情节和民间奇幻故事拼贴两个层次展开探讨分析。

（一）小说超验情节

玄幻是莫言小说独特而显著的特征，小说情节常超出一切可能的经验之上，跨越历史与未来、现实与想象、在场与离场等一切固有的存在形式，已超拔的同一性讲述迷幻朦胧、瑰丽多姿的奇妙世界、绚烂人生。

1. 人与动物对话与互动

莫言秉承中国传统的“天人合一”“民胞物与”观念，融汇自然生态理念与超验思想，在小说中生动表现人与动物的对话与互动、并存与转化、侵略与对抗。

《屠户的女儿》中女孩儿香妞儿与小黑狗的对话与互动亲切而友好：

“小黑狗，小黑狗，我想上街去。”

“香妞儿，香妞儿，跟我上街去。”

小黑狗笑着，一耸肩，从墙洞那儿钻出去了。它在墙外叫我：“香妞儿，香妞儿，快快钻出来。”①

① 莫言：《屠户的女儿》，载《与大师约会》，上海文艺出版社，2012，第152页。

《牛》中“我”饲养的鲁西和双脊两头牛因做绝育手术，必须走动，不能卧倒，目睹它们的痛苦，经年累月喂养它们的“我”充满了理解和同情，而它们仿佛也深切领会到“我”的厚谊深情，与“我”展开了推心置腹的交流：

我看到牛们的眼里流出了对我的理解。它们泪水盈眶，大声地抽泣着。我摸摸它们的脑门，确实感到非常同情它们。我说：“鲁西，双脊，为了你们的小命，咱们还是走走吧。”我听到鲁西说：“蛋子都给人骗了去了，活着还有什么意思?”我说：“伙计们，千万别这样想，俗话说得好，‘好死不如赖活着’，咱们还是走吧……”①

《马语》中“我”一直好奇那匹黑色的、屁股上烙着“Z99”字样的力大无穷的老骒马缘何失明，终于在三十多年后的一天，恍若梦境般地，它来到“我”身边，用饱经沧桑的口气对“我”揭秘：

几十年前，我的确是一匹军马，我屁股上的烙印就是证明。用烧红的烙铁打印记时的痛苦至今还记忆犹新。我的主人是一个英武的军官。他不仅相貌出众，而且还满腹韬略。我对他一往情深，如同恋人。有一天，他竟然让一个散发着刺鼻脂粉气息的女人骑在我的背上。我心中恼怒，精力分散，穿越树林时，撞在了树上，把那个女人折了下来。军官用皮鞭抽打着我，骂我“你这匹瞎马”！从此，我决定再也不睁开我的眼睛。②

这匹马不仅能与人流畅对话，甚至对它英俊潇洒、文韬武略的主人萌生了爱恋，因嫉妒主人的女友，而有意将她从背上折下，又在主人怒骂“瞎马”后，永不睁眼。

《野种》中父亲的坐骑，有着高贵温暖的蛋黄色皮毛、端庄秀丽、性格温顺、脉脉含情的小母驴谦卑而倔强地喜欢着父亲，当父亲为犒劳饥饿、寒冷、疲惫的运粮民兵意欲杀它吃肉时：

父亲听到蛋黄色的小母驴说：“我生为你生，死为你死，死而无憾，你开枪吧！”

当然在不通晓驴语的民夫们耳朵里，听到的只是“昂儿昂儿”的驴叫声，不过凄清点罢了。

驴说：“让我再看一眼。”

父亲说：“看两眼也行。”

驴说：“其实我不想死，熬过了冬天就有嫩草儿吃。”

---

① 莫言：《牛》，载《师傅越来越幽默》，上海文艺出版社，2012，第19页。

② 莫言：《马语》，载《与大师约会》，上海文艺出版社，2012，第168页。

父亲说:“实在没办法了,要不我怎么忍心杀你。”①

嫉妒、愤怒、依恋、痴迷、钟情,将人类的丰富情感交予动物,并调遣动物与人展开情感互动,初读之下,感觉既玄幻,且怪诞,复又顿觉奇异而不失美好。忽而了悟,这绵绵的情谊,何尝不是作者对人与动物彼此依存、人与自然相伴相生的诗意书写,以及人与人、人与世界之间被尘俗遮蔽了的、隐秘、亲切、庄严而神圣的友谊的文学表达。《聊斋志异》《西游记》等一系列经典小说都曾有过类似的情感寄托。不应将其简单粗暴地归为不伦之恋,而应将其纳入更为辽远宏阔的宇宙空间,超越表象的禁锢,给予审慎考量。

莫言小说中有一类以人酷肖动物的方式戏拟人与动物的互动,谐谑人与自然的神秘沟通和隐秘联系。

《地道》中男主人公方山的形貌、爱好以及挖地道的本领都酷肖老鼠,就连他的三个女儿和新生的儿子的形貌与行为方式也都酷肖老鼠。他以类似老鼠的灵敏感官听到家里三个女儿一齐用利齿咬破了计划生育工作队员们的手,既感意外又觉疼痛的计生办郭主任愤怒地骂道:“真是一窝耗子。”几乎与此同时,地道中,方山欣喜地看到妻子这一胎终于生了个儿子,而初生的儿子“跟自己一样,生着尖嘴巴大耳朵”②。

更进一步地,《养猫专业户》中男主人公养猫专业户大响其形其神有类于猫,几近达到乱真的程度,七岁的大响与“我”打架连抓带咬,致使“我”的耳朵血肉模糊,姑姑见状,斥责他“野猫种”,而大响“不住地用舌尖舔着嘴唇,好像猫儿舔唇上的鼠血,眼睛眯缝着,在我姑姑的数落声中,不吱声也不挪动。一只蓝猫从我家磨坊里叼着一匹大耗子蹿出来,耗子很大,把猫头都坠低了。他眯着的眼睛突然睁开,从眼里射出一道光线,绿荧荧的。手提到胸前,身体缩起来,片刻都不到,他直飞到猫前去,把那匹大耗子截获了。”③将猫的神态动作、行为习惯赋予主人大响,离奇之外陡增玄幻。

《翱翔》讲述了一桩由换亲引发的悲剧。母亲做主,将妹妹杨花嫁给哑巴,为四十岁仍未娶亲的麻子洪喜娶回了哑巴的妹妹燕燕。不料,结婚当天,燕燕“看到了洪喜的脸,怔怔地立住,半袋烟工夫,突然哀号一声,撒腿就往外跑,两个女傧伸手去拽她的胳膊,嗤,撕裂了那件红格褂子,露出了雪白的双臂、细长的脖子和胸前

① 莫言:《野种》,载《欢乐》,上海文艺出版社,2012,第359页。

② 莫言:《地道》,载《与大师约会》,上海文艺出版社,2012,第52页。

③ 莫言:《养猫专业户》,载《白狗秋千架》,上海文艺出版社,2012,第383页。

的那件红绸子胸衣。”①“燕燕在街上飞跑着,头发披散开,像鸟的尾巴。”②在众人逐渐逼近的追赶中,“一道红光从麦浪中跃起,众人眼花缭乱,往四下里仰了身子。只见那燕燕挥舞着双臂,并拢着双腿,像一只美丽的大蝴蝶,袅袅娜娜地飞出了包围圈。”“人们都惊呆了,木偶泥神般,看着她扇动着胳膊往前飞行。她飞的速度不快,常人快跑就能踩到她投在地上的影子。高度也只有六七米。但她飞得十分漂亮。”③在众人的追赶下,飞累了的燕燕终于降落在村东老墓田最高大的老松树顶梢的一簇细枝上,令人惊奇的是,那么细的树枝竟绰绰有余地承担了她的重量。洪喜爬上树,手触到燕燕脚尖,正欲抓住时,“听到了一声悠长的叹息,头上一阵松枝晃动,万点碎光飞起,犹如金鲤鱼从碧波中跃出。燕燕挥舞着胳膊,飞离了树冠,然后四肢舒展,长发飘飘,滑翔到另一棵松树上去。他惊恐地发现,燕燕的飞行技术,比之在麦田里初飞时,有了明显的提高。她保持着方才的姿势坐在另一棵树梢上。她的脸正对着西天的无边彩霞,像盛开的月季花一样动人。”④闻讯赶来的杨花哭着劝说:“嫂子,下来吧,咱姐妹俩是一样的苦命人……俺哥再难看,还能说话,可你哥……姐姐,下来吧,认命吧……”“燕燕从树梢上飞起,在人们头上转着圈滑翔。一阵阵的凉露下落,好像她洒下的泪水。”⑤

因不满于换亲嫁给麻子,在悲苦愤懑中,燕燕异化为鸟,意欲以鸟的翱翔逃离人世的悲剧命运,但最终仍被众人抓获,其结局便也可想而知。在强大的保持着良好惯性的由众人制造和遵循的逻辑之网中,追求与众不同的洁身自好,往往被视为异端。不论合理与否,凭借一腔孤勇、单打独斗的以“一”对“众”的抗争,往往终将以付出血泪代价而告终。

值得一提的是,作者将原本一桩凄楚苍凉的换亲悲剧讲述得如此玄幻动人,飞行本身即已承载着古今中外全人类世世代代的美好幻想,更不消说燕燕的飞行身姿犹如蝴蝶状美丽,恍若鸟儿一样轻盈,仿佛金鲤般灵活,她的脸美若月季,双臂雪白,飞得袅袅娜娜,激起万点碎光,洒下滴滴凉露,或许作者正是以极言其美的方式衬托其悲,抑或意欲以令人目眩神迷、心向往之的盛景讴歌真纯质朴的自由。

与之类似的,《丰乳肥臀》中的三姐上官领弟因恋人鸟儿韩被抓获充当劳工,终日以泪洗面,郁郁寡欢中变身为鸟:

---

① 莫言:《翱翔》,载《与大师约会》,上海文艺出版社,2012,第124页。

② 同上。

③ 同上书,第125页。

④ 同上书,第128页。

⑤ 同上书,第130页。

“她跳上石榴树梢，把柔韧的树枝压得像弓一样。母亲急忙去拉她，她却纵身一跃，轻捷地跳到梧桐树上，然后从梧桐树又跳上大楸树，从大楸树又降落到我家草屋的屋脊上。她的动作轻盈得令人无法置信，仿佛身上生着丰满的羽毛……她侧低下头，像鸟儿梳理羽毛一样咬咬肩膀。她的脑袋转动幅度很大，脖子像转轴一样灵活……实际上，我认为三姐骑在屋脊上时，完全进入了鸟的境界，思想是鸟的思想，行为是鸟的行为，表情是鸟的表情。我认为如果不是母亲请来樊三等一干强人，用黑狗血把三姐从屋脊上泼下来的话，三姐身上就会生出华丽的羽毛，变成一只美丽的鸟，不是凤凰，便是孔雀；不是孔雀，便是锦鸡。无论她变成一只什么鸟，她都会展翅高飞，去寻找她的鸟儿韩。”①

在对恋人的极度思念中，三姐为了追寻和持续这份甜蜜爱情，在强烈的飞翔意念驱使下，变身为鸟。作者通过化身为鸟这一情节，表达上官领弟对自由的渴望，对获得远行的超自然能力的向往，对美好爱情的强烈憧憬。

寄托着飞翔梦想的还有《球状闪电》中拼贴翅膀的老头以及身着翅膀、脚尖踮地、凌空飞翔的孩子，从怀有热切飞翔渴望的、终日搜集羽毛、粘贴翅膀的脏污怪异老头，到动作灵巧、身姿轻盈、腾空翱翔、梦想成真的孩子，犹如一个环环相扣、嬗递汰变的序列链，传递并实现着游离尘俗、跳脱羁绊、壮志凌云、神游天外的梦想。

《幽默与趣味》中王三不堪承受重重叠叠的生活重负，在威压、误解的纠缠中，在责任与义务的裹挟下，终于变身为猴，返祖还是异化？回归还是蜕变？逃避还是超脱？退行还是进化？作者没有明言，一切交由不确定，交由读者推测揣摩。

《屠户的女儿》中香妞生就如同美人鱼一般人身鱼尾，无腿无脚，家中大人不在家，孤单的香妞在小黑狗的陪伴下第一次跟村里的孩子玩耍，村里的孩子“瞪着惊愕的眼睛，看着我那两条像鱼尾巴一样的腿”②发出“妖精”“怪物”的惊呼。香妞的畸形所为何因，屠杀生灵的业报还是父女不伦的恶果，小说虽未明言，但仿佛有所暗示。而原因为何，似乎已居于次要，重要的是小说借由未明的因果已然实现了人生规谏。而令人觳觫的变异，启发了读者对于小说创作意图的好奇，激发了读者艺术审美的心理机制与直觉逻辑。

《食草家族》第六梦《马驹横穿沼泽》中马驹与男孩相爱，并变身为美丽姑娘，与男孩结婚，生儿育女，小说前半段如童话般浪漫，后半段则凄楚而恐怖，凄楚的是，二人的两男两女四个孩子违背伦理，两两相爱，气愤中，当年的男孩、如今的父

---

① 莫言：《丰乳肥臀》，上海文艺出版社，2012，第116页。

② 莫言：《屠户的女儿》，载《与大师约会》，上海文艺出版社，2012，第153页。

亲打死了其中的两个孩子，而且违背了承诺，暴露了母亲为马所变的事实，结果“一语未了，就听得一声巨响，犹如山崩地裂，地上升起红色的烟雾，一匹火红色的马驹被那浪涛翻滚的烟雾卷跑了……”①就这样，化为美丽姑娘的马驹复原为马驹。恐怖的是，他们的孩子手上生着蹼膜……

还有些小说，以侵略与对抗的形式表现人与动物的复杂关系。如《筑路》中擅长钓狗的孙巴遭遇白荞麦家狡猾无畏的大狗时感到战栗。

他想：狗啊，我们讲和吧，我愿意放了你，帮你摘下喉咙里的鱼钩子。

狗说：不，你这个恶棍，狗偷，狗克星，你毁了我多少同类，请神容易送神难。②

此中，狗代表被孙巴伤害过的同类对孙巴发起质疑和辩难，而这仅仅是动物向人发起反抗的第一步。

较大规模的激烈争斗在《狗道》中有着更为鲜明的表现：

足智多谋的红狗自从取得了领导权之后，把队伍拉出几十里远，进行了严格的整顿。它组织的这次进攻闪烁着辩证法的光辉，连智慧的人类也无可挑剔。红狗知道，与它们作对的，是几个刁钻古怪的小人儿，其中一个，还模模糊糊地认识。不干掉这几个小畜生，狗群就休想安享这满洼地的美餐。③

激战的结果是双方各有死伤，狗的战斗力不容小觑，转瞬之间就撕毁并吞食了父亲的伙伴王光，甚至连骨头都不剩：“狗对人的仇恨，这时候达到顶点。王光扔掉枪，转身往洼地跑去，十几条狗围住了他。那个小人儿在顷刻间便消逝了。吃惯了人体的狗早就成了真正的野兽，它们动作麻利，技巧熟练，每人叼着一块王光大嚼，狗的牙齿把王光的骨头都嚼碎了。”④

文段生动揭示了人与动物斗争的真相——个体生命出于维护自身的生存与发展之需要的疯狂角力。无论是人还是动物，当最基本的生存权利被撼动时，都会焕发出最野蛮、最凶残的战斗激情和作战能力，在鱼死网破的紧张格局中争取生存的希望。

动物与人的对抗与斗争在《奇死》中表现为更富魅惑性的玄幻情节：

一九三一年秋天的一个傍晚，二奶奶去村外高粱地里挖苦菜时，在血红的霞霭映照着的高粱地里，一个黄草蓬蓬的小坟头上，站着这只老黄鼠狼。它通体金黄，

① 莫言：《食草家族》，上海文艺出版社，2005，第350－351页。

② 莫言：《筑路》，载《怀抱鲜花的女人》，上海文艺出版社，2012，第34－35页。

③ 莫言：《狗道》，载《红高粱家族》，上海文艺出版社，2012，第206页。

④ 同上书，第207页。

嘴巴黑得像点墨一样。二奶奶是在解手时见到它的。它站在坟顶上，身体坐在两腿上，两只前爪举起，对着二奶奶频频挥动。二奶奶像被电住了一样，一阵强烈的抽搐从她的脚底飞蛇一样窜到脊骨，上达头顶。二奶奶瘫倒在高粱地里，口里狂呼乱叫。①

二奶奶疯癫了很久，村里人都说她被黄鼠狼给魅住了。她感到它在暗中牢牢地控制着自己。她必须遵照它的指令行事，大哭，大笑，说一些莫名其妙的话，做一些莫名其妙的举动。每当那电击般的感觉在她的脊椎里奔突时，她就感到自己被一分为二。②

二奶奶被邪秽的黄鼠狼所魅惑，身体仿佛被不可知的力量所控制，言语和行动不由自主，发出的声音时而是动物般的嗥叫，时而是不知所云的胡言乱语。所幸，抓妖驱邪的李山人治好了二奶奶的病，勇敢无畏的二奶奶后来借着黄鼠狼偷鸡被啄瞎眼睛，趁着黄鼠狼疼痛难挨，雪地打滚之机，打死了它，报了仇，雪了恨。

邪魅之事再次降临在二奶奶身上，是她弥留之际。中午时分，父亲看到一只黑猫在屋脊上徜徉。掌灯时，父亲再次感觉到“黑猫在暗夜中磷光闪闪的双眼和黑猫淫邪的叫声。”此时，“二奶奶忽然睁大了眼睛，眼珠不转，眼皮却像密集的雨点一样眨动起来……一声比猫叫春还难听的声音，从她的嘴里冲出来。”③这次是一只黑猫，搅得二奶奶高喊大叫，频出恶语，不得安息。最后，还是李山人用尽气力，除了邪秽，累得昏了过去，待他醒来时，见二奶奶平静地咽了气。二奶奶身上的两桩玄幻事件都是被邪魔动物附着了身体，乱喊乱叫，言语乖张，行为狂放，身不由己。小说似以表现动物潜入人体，控制人行为的方式，反思人与动物之间的侵略和对抗，书写人的动物性以及动物的人性。

2. 弥合生死

莫言小说的玄幻情节还体现在弥合生与死的界限，表现死而复生、死生轮回、生死两忘的直觉思维和超验想象。

《我们的七叔》中多处表现七叔游离于生死之外，或与“我”攀谈，或自言自语，以此揭示“我”与七叔深厚的感情，以及七叔超脱放诞的性情：

其一，七叔已在车祸中去世，“我”去七叔家却看到他正在修理被撞坏的车。

其二，七叔入殓前，家人给他穿衣服，七婶提着擀面杖抽打挂在院子铁丝上的

---

① 莫言：《奇死》，载《红高粱家族》，上海文艺出版社，2012，第319页。

② 同上书，第320页。

③ 同上书，第355页。

庞大棉衣。"七婶每打一棍,七叔的脸就抽搐一下,仿佛挨打的不是他的棉衣,而是他的肉体。我听到七叔低声嘟哝着:看看吧,就这么一件可身的衣裳,她还不给我换上。我原以为七婶耳聋眼花,听不清七叔的话呢,没想到她全部听清了。她侧过头来,泛着白眼,露出两个白眼仁,撇着嘴说:老东西,临死你也不给后人们留点念想吗?"①这时,已逝的七叔跟"我"要烟抽,要抱抱"我"的女儿。此时"七婶道:看你丑得那副鬼样子,别吓着孩子。七叔挠着头,尴尬地笑了。我突然发现,七叔脸上的笑容竟然像一层油彩似的,慢慢地流淌下去,现出了一张血污狰狞的面孔"②。

其三,为给七叔吊唁回来的"我"路遇七叔,与我交谈。

其四,七叔的两个儿子为抬七叔尸体跌倒而互相抱怨,以至拳脚相加,"我真切地听到,七叔发出一声深沉的叹息:嗨……"③

其五,"我"拿酒到七叔坟前祭奠,"七叔吧咂着嘴,赞道:好酒,好酒!"④七叔邀我吃桑葚,又邀我进"屋"坐坐,"我"进入坟墓,与七叔聊天。

值得一提的是,小说虽然弥合了生死界限,但是并没有神神鬼鬼地牵绊,邪魔鬼祟地纠结,而是书写健康温馨敦厚的人间至情。

《战友重逢》讲述"我"探亲回家途中遇见已故战友钱英豪,我们一起喝酒、聊天、回忆往事。在交流过程中,钱英豪说,死人有特异能力,因此他能看破"我"的心思:

"你脑子里想什么,我隔着你的颅骨就看到了。你的脑子里有一块屏幕,像个火柴盒那么大,大嘴巴牛丽芳在那儿闪来闪去,你怎么骗得了我?"

"你这不是具有特异功能吗?"

"在活人的世界里算特异功能,在死人的世界里就不算稀奇了。"⑤

情节虽然穿越生死,但丝毫不晦暗阴鸷,反而明澈平和,充满人间的温情。

《奇死》结尾,"我"从城市回乡探亲,再次来到二奶奶墓前祭奠,面对在强大的工业文明下迷乱而孱弱的"我",果敢而通透的二奶奶倏然跃出坟墓,与"我"交流:

二奶奶从坟墓中跳出来,手捧一面金黄的铜镜,厚嘴唇两侧竖着两道深刻的冷嘲纹,说"并非我生的孙子,照照你的尊容吧!"

二奶奶衣衫褶裾翩翩,一如入殓时的情景,她的实际相貌比我想象的要年轻、

① 莫言:《我们的七叔》,载《师傅越来越幽默》,上海文艺出版社,2012,第89页。
② 同上书,第91页。
③ 同上书,第100页。
④ 同上书,第113页。
⑤ 莫言:《战友重逢》,载《怀抱鲜花的女人》,上海文艺出版社,2012,第290页。

要漂亮；她的声音里透露出的信息说明她的思想比我的思想要无边地深刻；她的思想宽厚、凝重、富有弹性而又安详坚固，我的思想像透明的笛膜一样在空气中颤抖。

……

二奶奶宽容大度地说："孙子，回来吧……你崇尚英雄，但仇恨王八蛋，但谁又不是最英雄好汉最王八蛋呢？"①

二奶奶生前的勇敢无畏已经颇为传奇，死后，面孔更加年轻漂亮，思想更加深刻厚重，她厌烦也痛恨如"我"一样的城里人狡猾、精致、玲珑的家兔气息，希望"我"回归质朴、蓬勃、诚挚、充满生机的农村。借助逝者高贵庄严的神圣思想和姿态赞颂农村的活力和生机，以及生命的力与美。

《奇遇》中"我"从部队探亲回家，夜晚徒步从县城车站回村，行至黎明，红日将出未出时，遇邻居"早起进城"的赵三大爷，他给"我"一个玛瑙烟袋嘴，让我捎给爹，冲抵之前他欠爹的五元钱，"他说，'老三，我还欠你爹五元钱，我的钱不能用，你把这个烟袋嘴捎给他吧，就算我还了他钱。'"②回家提及此事，母亲说"赵家三大爷大前天早晨就死了！"③

赵三大爷为了了偿生前欠下而未及归还的五元钱，穿越生死边界，苦于货币不流通，遂以物折抵，体现了他了却浮生尘缘，寻求安适之境的美好希冀。

《梦境与杂种》三处打破生死界限，表现死生回互之境，体现逝去之人对尘世的眷念。其一，死去的陈圣婴现身向我们打听莫洛亚，给我们分地瓜。其二，已逝的莫洛亚现身向我们讨要蚂蚱吞吃。其三，"我"前往中学报道，在学校门口，与已故的陈圣婴相遇，"我"对他鞠躬致敬，他冷淡地举手示意后，转身离开。

3. 玄幻情节

莫言小说常常以天马行空的想象力铺设奇幻诡谲的情节，表达秘而不宣的情感或朦胧幽渺的意趣。

《铁孩》的主人公是一个在饥饿年代，为果腹而吃铁的孩子。因长期吃铁，他身上锈迹斑斑，虽然铁"好吃极了"，但他一点儿也不吝啬，慷慨地跟"我"分享他的美味铁筋，见"我"犹疑，还做起了示范，"他把铁筋伸到嘴里，'咯嘣咯嘣'地咬着吃起来。那根铁筋好像又酥又脆。"④在铁孩地劝说下"我半信半疑地将铁筋伸到嘴

---

① 莫言：《奇死》，载《红高粱家族》，上海文艺出版社，2012，第360页。

② 莫言：《奇遇》，载《与大师约会》，上海文艺出版社，2012，第12页。

③ 同上书，第12页。

④ 莫言：《铁孩》，载《与大师约会》，上海文艺出版社，2012，第118页。

里,先试着用舌头舔了一下,品了品滋味。咸咸的,酸酸的,腥腥的,有点像腌鱼的味道。我试探着咬了一口,想不到不费劲就咬下一截,咀嚼,越嚼越香。越吃越感到好吃,越吃越想吃……”①吃铁后,“我”习惯了铁的香气,闻到香喷喷的肉包子也感觉臭气扑鼻,难以下咽。小说结尾,我们破坏炼铁被抓,“他们用砂纸擦我们身上的锈,好痛,好痛啊”。② 小说以奇幻的形式表达对饥饿的反抗,对权威的质疑。

深切表达孩子对饥饿的反抗还有《嗅味族》。小说中“我”和于进宝在井底地道发现嗅味族,他们长鼻子,单鼻孔,不需要吃东西,每天仅靠嗅一次食物的气味即可吸收营养。“我”和于进宝来得凑巧,适逢嗅味族嗅完美味佳肴,闲置尚未处理,在嗅味族首领的邀请下,我们得以享受美味无比的饕餮盛宴。

《铁孩子》和《嗅味族》如同一株并蒂莲,两个食量惊人的无法忍受饥饿的孩子,饱受着不被理解的孤独和无助,在无食可吃的隐忍中,万般无奈之下,他们吃无人抢夺,更无人食用的铁,居然吃出了香味和满足。他们多么渴望遇到一群拥有丰盛食物但自身无须吃饭的伙伴,将美食交由饥饿难耐的他们食用,于是,有了“嗅味族”。外显的离奇情节中包含着多少无奈与无助,隐忍与心酸,诡谲的情节包蕴着心中的隐痛,悲泪自出。小说以奇幻的情节表达反抗和批判,效果显著。

《球状闪电》以粘翅膀飞翔的老头和成功飞翔的蛐蛐揭示主人公蝈蝈对平庸生活的不满和意欲逃离的渴望。小说中三次出现翅膀老头,第一次出现是曾经最有前途考上大学的优等生蝈蝈三次高考落榜后,不得已回乡务农,不久娶茧儿为妻,彻底跌入平庸生活的泥潭,蝈蝈心有不甘,痛苦中到村西烧酒铺喝酒,与翅膀老头相遇,面对他人的质疑或打骂,老头始终以一句“别打我,我要飞”渴求理解和接纳。小说暗示蝈蝈与翅膀老头之间在精神上的某种关联。第二次出现是蝈蝈把毛艳带回家时,翅膀老头正在院落里吃蜗牛,爹娘对翅膀老头十分恭敬。毛艳见到翅膀老头先是惊恐,回过神来以后,一根根拔掉了翅膀老头粘在身上的羽毛。似在暗示毛艳冲进蝈蝈的生活,打破了平庸,也击碎了梦想,从此梦想的碎片零落跌进琐碎的生活。第三次出现是蝈蝈被球状闪电击中昏厥,此时的老头十指蜷曲、牙齿掉光、眼睛青蓝色、脖颈细长,越发像鸟了,连叫声也变成“乜塔乌乌乌凹灰”。正当此时,毛艳骑摩托归来,来到蝈蝈面前,昏厥已久的蝈蝈奇迹般地折身坐起,与毛艳谈论球状闪电。几乎与此同时,蛐蛐踮起脚尖,伸开双臂,前进后退,后退前进,如同飞翔。第二天午饭后,蛐蛐率领着十几个孩子训练飞翔,她们一起笑着唱“别打

① 莫言:《铁孩》,载《与大师约会》,上海文艺出版社,2012,第118页。

② 同上书,第122页。

我，我要飞”。小说最后，蛐蛐倏得像鸟一样飞起来。似在隐喻蝈蝈打破平庸生活的梦想在女儿身上得以实现。

“飞天”梦想由《翱翔》发端，经《球状闪电》酝酿，到《你的行为使我们恐惧》中演化为坐化飞仙。

《你的行为使我们恐惧》以“大金牙”他爹炼丹坐化的玄幻情节表达不安现状者对打破平庸生活，实现心中梦想的强烈渴望以及为实现梦想、抵达目标地不懈努力。据说大金牙的爹原是个老实的庄户人，一次锄地时偶遇一白胡子老头送给他一本传授炼丹升仙之法的奇书，回家后日日炼丹，炼了几年，终于炼成，却总是在开炉出丹时，被狐狸精劫取。后来绞尽脑汁得一妙计，请一生理期的女人站在炉边防止狐狸精盗取仙丹，这才顺利服丹坐化，终至功成事遂：

他出丹那天，“大金牙”的娘站在炉边，一开炉门，果然白气冲起，差点没把屋盖掀跑，他的脸在白气中隐现着，赤红赤红，宛若一块炉中钢。白气渐渐散去，低头看炉中，果然有一粒像樱桃那般圆润像樱桃那般鲜艳的仙丹在炉底闪闪发光，空中伸下一串串毛茸茸的大尾巴，房顶上传下来狐狸精焦急的吼叫。他命令女人解开裤腰，放出秽气，狐狸们退了。他抓起仙丹一口吞了，把“大金牙”的娘气得够呛。他吃了仙丹后，满脸是喜气，双眼放着神光。他抱出一堆黄表纸，放在院子里，然后坐在纸前，点燃了纸，对老婆说：我要上天了。他老婆纳着鞋底子看着他的升天仪式。火焰高涨起来，纸灰满院子飞舞。一会儿火熄了，他还坐在那儿，闭着眼。“大金牙”的娘上去，踢他一脚，说：神仙，该吃饭了。竟然没有回声，仔细看时，人已经没了气息。①

炼丹思想源于道家，后经葛洪、陶弘景、孙思邈发展传承，对医药学、化学等领域产生了深远影响。小说中“大金牙”他爹的炼丹吞丹坐化升仙过程书写玄幻之余，多有戏谑，肯定筑梦逐梦、执着追求理想的行为，与此同时，也质疑异想天开的癫狂玄想和荒诞举止。

《养猫专业户》则更进一步引入中国古典的天人合一思想，特别是道家“天人感应”理念，讲述养猫专业户大响组织了一支训练有素的捕鼠“猫之队”，以人猫共舞的盛大阵容，治理鼠患：

大响从猫后提起一面铜锣，用力紧敲三响，锣声凄厉，铜音嗡嗡，不知别人，我的心紧缩起来，更直着腰看大响。他赤着脚，那黑袍上画着怪纹，数百根老鼠的尾巴缀在袍上，袍袖摆动，鼠尾嚓嚓啦啦细响。他提着铜锣，紧急地敲动，边敲锣身体

① 莫言：《你的行为使我们恐惧》，载《欢乐》，上海文艺出版社，2012，第407页。

边转动起来。黑袍张开,像巨大的蝙蝠翅膀。群猫也随着他跳动起来,它们时而杂乱地跳,时而有秩序地跳,但无论杂乱无章还是秩序井然,那只我从关东带回来的山猫无疑始终充当着猫群的领袖。

……

猫们的跳跃舞蹈协调一致时,就好像八颗围绕着大响旋转的行星。阳光灿烂,照耀着光亮的猫皮,垂柳吻着生满青萍的池塘,蜻蜓无声地滑翔。猫的身体都拉得很长很细,八猫首尾连接,宛若一条油滑的绸缎。大响与群猫旋转舞蹈,约有两袋旱烟的功夫,众人正看得眼花缭乱时,锣声停了,人与猫俱定住不动,好像戏台子上演员的亮相。天气燥热,大响脸上挂着一层油光光的汗。大家都不错眼珠地盯着他,他嘴里振振有词,语音含糊,听不清什么意思,两条洁白的泡沫挂在他的嘴角上。定住的猫在他的"咒语"中活动开来,猫嘴里发出瘆人的叫声,猫腿高抬慢落,徘徊行走,八匹猫好像八个足登厚底朝靴在舞台上走过场的奸臣。①

大响以敲响铜锣作为号令,带领以山猫为首的猫之队跳动舞蹈,八猫首尾相连,如旋转在大响周围的行星,舞步协调一致,团团转转,阵势拉开,景象壮观,令人目不暇接。只见大响嘴唇翕动,口中似念念有词,嘟嘟哝哝,嘀嘀咕咕,虽观者不得其意,猫们却已深切领会,随即服从指挥,放缓了行动节奏,徘徊行走。

忽然,猫叫停止,八匹猫在大响身前一字儿排开,山猫排在最前头,俱面北,弓着腰,尾巴旗杆般竖起,胡须奓煞,嘴巴里咈咈地喷着气,猫眼发绿,细细瞳仁直竖着,仿如一条条金线。我的汗马上变得又冷又腻,眼前幻影重重,耳朵里钟鼓齐鸣,恍惚中见群马奔驰在塞外的冰凉荒漠上,枯黄的羊儿在衰草中逃窜……赶忙晃头定神,眼前依然只有八匹发威的猫。大响从腰里掏出一支柳笛,嘟嘟地吹起来,笛声连续不断,十足的凄楚呜咽之声。斜目一看,周围的观众都紧缩着头颈,脸上挂着清白的冷汗珠。不知过了几多时光,人背后响起了一片嘈杂声,低声忽而高亢如秋雁嘹唳,群猫也大发恶声。有人回头,喊一声"来了",人群便豁然分开,裂开了一条通衢大道,数千匹老鼠吱吱叫着,大小混杂,五色斑驳,蜂拥而来。众人都不敢呼吸,身体紧缩,个个矮下一截。大响闭着眼,只管吹那柳笛,群猫毛发戗立,威风大作,逼视着鼠群。鼠们毫不惊惧的样子,一个个呆头呆脑,争先恐后地跳到池塘里去,池塘里青萍翻乱,落水的老鼠奋力游动着,把青萍覆盖的水面上犁出一条条痕迹。后来都沉下去,挣扎着,露出红红的鼻尖呼吸,又后来,连鼻尖也不见了。②

① 莫言:《养猫专业户》,载《白狗秋千架》,上海文艺出版社,2012,第391页。

② 同上书,第392页。

群猫一字排开，威武雄壮，虎视眈眈，仿佛威逼着四面八方不见其形的老鼠纷纭而至，此时，伴随着大响凄楚呜咽的笛声，数千只老鼠果然先是如中了邪一般呆头呆脑蜂拥而至，又争先恐后跳入河中，最后纷纷溺死。

大响携群猫所做的极具道家风骨的合乎自然之理的法事从此声名远播，尤其是大响凭借自然之理，融汇人与猫的力量，成功解除鼠患的消息传开后，名声大噪。邻县因粮库大闹鼠患，派轿车迎接大响和群猫，请大响做法。在录像机、照相机的围攻中，在强光灯的照射下，大响和群猫的法事以失败告终。小说借此隐约表达了对自然之理的敬畏和对工业文明以及工具理性的不满。

《司令的女人》中吴巴说司令因唐丽娟与宋河关系暧昧，杀死唐丽娟，被判死刑。范小鬼子凭借司令憨厚善良不可能杀人这一公认事实提出质疑，认为吴巴才是真正的凶手，却将罪行嫁祸给司令。正当此时，窗外响起熟悉的女声，窗纸外应声出现一模糊的身影，吓坏了吴巴。小说以这一玄幻情节暗示杀死唐丽娟的真正凶手确是吴巴。虽未明言，但有明确依据可循。

最为复杂难解的玄幻情节应属《夜渔》。小说讲述，一天夜里，九叔带我捕蟹，我们到达目的地，布好网以后，九叔专注地吹树叶，不理会“我”，“我”用手指戳九叔脊背，竟然凉得刺骨。莫非这是妖魔邪秽而不是九叔？“我”感到害怕。幸而河水中散发幽香的洁白荷花令我忘掉了恐惧：

荷花的出现使我沉浸在一种从未体验过的洁白清凉的情绪中。我不知不觉地站起来，脱掉蓑衣，向荷花走去。我的腿浸在温暖的水中，缓缓流淌的水轻轻抚摸着我的大腿，我感到快要舒服死了。离荷花本来只有几步路，但走起来却显得特别漫长。我与荷花之间的距离仿佛永远不变，好像我前进一步，它便后退一步。我的心处于一种幸福的麻醉状态，我并不希望采摘这朵荷花，我希望永远保持着这种荷花走我也走的状态，在这种缓慢的、有美丽目标的追随中，温暖河水的抚摸，给了我终生难忘的幸福体验。①

花开得突然，落得急促，转眼花瓣凋落，花茎萎靡倾倒，化成了水的波纹。“荷花虽然消逝了，但清淡的幽香犹存，它在水面上漂漾着，与清冽的月光、凄婉的虫鸣融为一体……”②正当“我”沉醉于此，险被淹没时，一只有力的大手将我抓起，提出水面。“我”以为是九叔，但九叔的陌生而愠怒的目光又好像透露着不是他。“我”面前的九叔是人是妖，是谁救了将要溺亡的“我”，不得而知，玄幻难解。

---

① 莫言:《夜渔》，载《与大师约会》，上海文艺出版社，2012，第 30 页。

② 同上。

更为玄幻的是后来“一只软绵绵的手摸我的头颅，抬头一看，竟是一个面若银盘的年轻女人。她头发很长、很多，鬓角上别着一朵鸡蛋那么大的白色花朵，香气扑鼻，我辨不出此花是何花。她满脸都是微笑，额头正中有粒黑痞子。她身穿一袭又宽又大的白色长袍，在月光中亭亭玉立，十分好看，跟传说中的神仙一模一样。”①问明“我”是来捉螃蟹的，“她回手从身后拖过一根带穗的高粱秆，往河沟中的两道栅栏间一甩，那些青色的大螃蟹就沿着秆儿飞快地爬上来。她把高粱秆的下端插进麻袋，那些螃蟹就一个跟着一个钻到麻袋里去了。瘪瘪的麻袋很快就鼓胀起来，里边嘈杂着万爪抓搔、千嘴吐泡沫的声音。”②很快，装满了两只麻袋。“我”疑她要么是神仙，要么是狐狸，她答说，都不是，她是人。

我说：“怎么会是人呢？哪有这么干净，这么香，这么有本事的人呢？”她说：“二十五年后，在东南方向的一个大海岛上，你我还有一面之交，到时你就明白了。”

她把鬓角上那朵白花摘下来让我嗅了嗅，又伸出手拍拍我的头顶，说：“你是个有灵气的孩子，我送你四句话，你要牢牢记住，日后自有用处：镰刀斧头枪。葱蒜萝卜姜。得断肠时即断肠。榴梿树上结槟榔。”③

未及她的话说完，“我”便睡眼蒙眬了。醒来时，红日初升，家人远远近近在河边呼唤着“我”的名字。九叔说，夜里，进了高粱地，他摔了一跤，爬起来，就找不到“我”了。回家带着全家人一起找了“我”一夜。可见，那个只顾吹树叶不理会我的并不是九叔。那个白衣女人呢？

今年夏天，在新加坡的一家大商场里，我跟随着朋友为女儿买衣服，正东挑西拣地走着，猛然间，一阵馨香扑鼻，抬头看到，从一间更衣室里，掀帘走出一位少妇，她面若秋月，眉若秋黛，目若朗星，翩翩而出，宛若惊鸿照影……她对着我妩媚一笑，转身消逝在熙熙攘攘的人流里……回到旅馆后，我突然想起了那个帮我捉螃蟹的女人，时间正是二十五年，而新加坡正是一个“东南方向的大海岛”。④

小说中的玄幻情节令人心醉神迷，流连忘返，但也负载着重重谜团，使人如入五里雾中，百思不得其解。其一，当夜，陪“我”一起夜渔的究竟是谁呢？其二，倏忽而开，倏忽而逝的荷花与白衣女子是何关系呢？其三，白衣女人是什么人呢？人耶？仙耶？神耶？魔耶？其四，二十五年后，“我”在新加坡遇到貌似白衣女人的

① 莫言：《夜渔》，载《与大师约会》，上海文艺出版社，2012，第31页。
② 同上。
③ 同上书，第33页。
④ 同上书，第33－34页。

少妇,是巧合还是缘定?凝神结想之下,读者不禁醒悟,答案为何,已然不重要。重要的是那幽幽渺渺、散发奇香的荷花,袅袅娜娜、翩若惊鸿的白衣女子所形成的令人心荡神驰又目眩神迷的迷幻世界。而这时,读者也终于明白,那飘飘摇摇的白衣女子正是冰清玉洁的荷花仙子,二十五年后,又与"我"在海岛之上圆了一面之缘,九叔是谁呢,更像是另一个"我",感性的,热情的,参与的,在场的"我"沉醉于荷花,痴迷于白衣女子,捕了蟹;而理性的,冷漠的,旁观的,离场的另一个"我"则是静默沉潜,心斋坐忘的"九叔"。

4. 梦境

作家借助梦境书写将人的意识、潜意识纳入情节,以梦境映衬现实,以现实烛照梦境,突破小说反映现实生活的平面维度,以时空的转换跳荡映射瞬息万变的生活图景,延展小说的叙事场域,拓宽小说的审美空间。莫言小说中的梦境大体包含睡中梦的梦寐、白日梦的梦幻、隐隐约约的幽梦三类。

第一,梦寐。

将睡梦中的情境连缀进小说情节中,形成梦境与现实的互渗、互识和互证、互动。

《梦境与杂种》"我"大概五岁时,可能由于虾子的滋养,突然获得了梦中预知常人不可知事件的超能力。"睡梦中我看到院子里的水缸无声无息地碎了,缸里的水汹涌地四处奔流,缸中养着的两只绿毛大螃蟹随水涌出,在潮湿的泥土中爬动,也是在缸中养着的那两条青背鲫鱼在泥巴水中弹跳,一只红色的公鸡奓着羽毛,歪着头,啄鲫鱼的眼睛。"①"我"一骨碌爬起来,冲到院子里,对母亲说"水缸破了","一语未了,院里的水缸随即破了。所有的景象与我梦中的景象相同。"②见"我"梦得真切,母亲央"我"帮她做梦寻找去年家里丢失的五个饽饽的下落,祖母至今咬定五个突然莫名消失的饽饽被母亲偷吃。"我"答应了母亲。晚上,果然梦到院子里陈草堆中的黄鼠狼偷走了饽饽,母亲在陈草堆中的确找到了七零八碎的饽饽,洗刷了清白。又一天梦见一早上学路遇同学赵忠良,他说陈圣婴老师死了。结果梦醒后,现实中的一切情形果然与梦境分毫不差。还有一次晚上梦见第二天上学会与树叶一起出丑,果然应验。起初,"我"对自己身怀能够预知未来的做梦绝技颇为得意,日久,渐渐生出焦虑和惊惧,"我今天压抑了生吃虾子的欲望,我不敢让我的大腿继续发达下去了。昨天那两大把活虾子,立竿见影地提高了我做梦的清晰

① 莫言:《梦境与杂种》,载《怀抱鲜花的女人》,上海文艺出版社,2012,第347页。

② 同上书,第347-348页。

度，而且还使我的梦有与物事本色的颜色，草是绿的，花是红的，各种味道在梦醒后尚在唇边缭绕。与我的梦境相比，青天白日的真实生活反倒显得朦朦胧胧地不真实起来。”①

《大嘴》中喜欢热闹的九岁的大嘴梦中坐上村里到县城迎接茂腔剧团的马车，一去一回情景真真切切。梦境结尾“他听到有人悄悄地说：这孩子，好大一张嘴啊！嘴大吃八方，这个孩子必定是个有福的。他又听到一个人响亮地说：快掐住他的脖子！果然就有两只冰凉的大手，掐住了他的脖子。他努力挣扎着，听到从自己的鼻孔里发出了尖利的、类似鸡叫的声音……”②继之以“公鸡叫响了第三遍，大嘴猛然惊醒。”宣告大嘴所讲的前述情景只是个梦。

《学习蒲松龄》以梦境结尾：

得知我写小说后，这位马贩子祖先就托梦给我，拉着我去拜见祖师爷。祖先骑一匹白马，我骑一匹红马。我们纵马西行，跑得比胶济铁路上的电气列车还要快，一会儿就到了蒲家庄大柳树下。祖师爷正坐在树下打瞌睡，我们的到来把他老人家惊醒了。祖先说：“快下跪磕头！”我慌忙跪下磕了三个头。祖师爷打量着我，目光锐利，像锥子似的……他说：“你写的东西我看了，还行，但比起我来那是差远了！”③

祖先令“我”磕头认师，“我”虔敬遵从，于是“祖师爷从怀里摸出一只大笔扔给我，说：‘回去胡抡吧！’”④

第二，梦幻。

将白日梦邀进小说，引发小说人物和隐含作者的意识、潜意识与小说世界交错互渗，彼此关照，协同互进，共同构成斑驳陆离又融合为一的小说胜境。

《奇死》开篇和结尾都描写了“我”站在二奶奶坟前，恍然若梦、错综复杂的内心世界。开篇处“黄色的潮湿沙土埋住了她的弹性丰富的年轻肉体，埋住了她的豆荚一样饱满的脸庞和死不瞑目的瓦蓝色眼睛，遮断了她愤怒的、癫狂的、无法无天的、向肮脏的世界挑战的、也眷恋美好世界的、洋溢着强烈性意识的目光。二奶奶其实是被埋葬在故乡的黑土地里的……但二奶奶乌黑发亮的肉体被金黄色的沙土掩没住的景象，却牢牢地刻印在我的大脑的屏幕上，永远也不漶散地成像在我的意

① 莫言：《梦境与杂种》，载《怀抱鲜花的女人》，上海文艺出版社，2012，第356页。
② 莫言：《大嘴》，载《与大师约会》，上海文艺出版社，2012，第444页。
③ 莫言：《学习蒲松龄》，载《与大师约会》，上海文艺出版社，2012，第296页。
④ 同上。

识的眼里……二奶奶性感的双唇从金沙中凸出来，好像在召唤着一种被华丽的衣裳遮住了的奔放的实事求是精神……我知道这一切都是幻象，我知道二奶奶是被故乡的黑土掩埋的。”①

“我”虽然明确而笃定地知道，二奶奶被埋葬在故乡的黑土地里，但是在“我”的意识里，二奶奶更应该被埋在金色的沙土里，因为惟其如此，才能充分地体现她的酣畅、她的不驯、她的刚烈和尊贵。小说尾声处，二奶奶倏然跳出坟墓，又倏然进入坟墓，以她宽厚而凝重的思想启发因懦弱而狡猾的“我”，对“我”发出了宽容的回归土地，回归活力的邀请。最后，包含爷爷、奶奶、二奶奶、父亲在内的“我”的整个家族的亡灵对“我”发出了指点迷津的启示：

可怜的、孱弱的、猜忌的、偏执的、被毒酒迷幻了灵魂的孩子，你到墨水盒里去浸泡三天三夜——记住，一天也不能多，一天也不能少，洗净了你的肉体和灵魂，你就回到你的世界里去。在白马山之阳，墨水河之阴，还有一株纯种的红高粱，你要不惜一切努力找到它。你高举着它去闯荡你的荆棘丛生、虎狼横行的世界，它是你的护身符，也是我们家族的光荣的图腾和我们高密东北乡传统精神的象征。②

以家族亡灵地指引外显深藏于意识深处的情感和追求，以梦幻形式，将主人公的意识和隐含作者的潜意识引入小说，以看似朦胧的思绪清晰小说的思想内涵和驳杂情感。

小说中，成麻子禁不住日本人的威吓，为其带路炸毁草鞋窨子，炸死同胞，回到家却发现妻子女儿都死在日本人手中，小说以白日梦境的形式渲染成麻子内心的矛盾和悔恨：

西南方向玫瑰色的天空，漂游着一大片圆圆的红云，妻子、女儿、村里许多熟悉的男女老幼，都站在上边。他在地上飞跑、仰着脸、追赶那片缓缓移动的云。云上的人都不理他，都对他啐唾沫，连妻子女儿也对他啐唾沫。③

《幽默与趣味》中急着买拖把的王三在过马路时面对车流生发幻想：

彩色的车龙此时仿佛在围绕着自己团团旋转，彩色的气流团团旋转，那张纸——他的身体在车流与气流中的巨大漩涡里扭曲成一团细绳，扭呀扭，越扭越热，终于扭断，终于燃烧，变成一股蒸气，变成一股白烟。

……

① 莫言：《奇死》，载《红高粱家族》，上海文艺出版社，2012，第308页。

② 同上书，第362页。

③ 同上书，第348页。

后来他感到自己的思想已经脱离躯壳，而躯壳则变成一坨半干的牛粪，紧贴在马路中央的斑马线上。他的思想漂浮在车流上空三米处，同样团团旋转着，俯视着旋转的车，旋转的气体。旋转的车与旋转的气体混成一个旋转的光环，没有一处破绽，要想突破比登天还难。①

后来跌了一跤，才使他摆脱幻境。小说把原本无形无体的抽象情感具象为纠结缠绕的绳索，团团旋转的光环将王三日常生活中的隐忧和焦虑以白日梦境的形式做了形象化的表现，生活中无可奈何的凌乱、妻子无孔不入的威压、工作上无休无止的压力、人际交往中无所不在的误解，这一切萦萦绕绕将王三紧紧围拢，令他插翅难飞。显然，一系列幻境外化了王三意识深处的苦闷，揭示了他一地鸡毛的杂沓而混乱的内心，预示了他痛苦不堪的异化命运。

《战友重逢》中钱英豪父亲去南疆带回儿子尸骨，父亲在途中时，钱英豪心中产生了一系列莫名其妙的幻觉，“那些天我一直精神恍惚，许多往事盘旋在心头，并进行一些莫名其妙的组合：一会儿仿佛是大嘴姑娘牛丽芳带着我家那条狗来找我，她穿着一条红裙子，挺着一个大肚子，说：‘钱英豪，我肚里怀着你的儿子’。我说你胡说。她笑嘻嘻地领着狗走了。我喊：‘巴鲁’，‘巴鲁’跑过来，把一条咸带鱼放在我面前。我捡起那条鱼，鱼立刻化成鸟，鸟立刻变成枪，枪立刻射击，一个深眼窝，凸嘴巴的男孩子中弹躺下，我跑上去为他包扎，他立刻化在地上，一棵仙人掌生出来，掌上先开花，花谢，随即长出一些粉红色的小刺球，吃一颗酸溜溜。”②夜里带队巡逻时，不知不觉越过边界，与对方四人扭打起来，追踪途中，见到了形同枯槁的爹。幻觉与现实交织，表现了钱英豪喧嚣不已的内心世界，这些无厘头的、快速流动的幻觉应为钱英豪既留恋连队，又思念故乡，既坚守军人职责，又心系家庭义务的矛盾心理的复杂反应。

《断手》中断手退伍军人苏社回乡后居功自傲，游手好闲，备受诟病，绝望中“他看到自己头朝下栽到井里，井水沉闷地响着，溅起四散的浪花去冲刷井壁，他挣扎着，身体慢慢下沉，井底冒上来一串串气泡……他漂到了水面上，仰着脸，望着圆圆的蓝天。蓝天里突然镶进了小媞魅力的脸，他笑嘻嘻地面对着她，听到她惊叫起来……全村人都围到了他身边，他躺在那儿，虽然死了，心里却充满了报复后的快感……几颗泪珠悄然无声地落到井里，砸破了水面，金黄的太阳照着他的脸，他的

① 莫言：《幽默与趣味》，载《怀抱鲜花的女人》，上海文艺出版社，2012，第390页。

② 莫言：《战友重逢》，载《怀抱鲜花的女人》，上海文艺出版社，2012，第333页。

脸照亮了井水。”①幻境中，苏社感到自己投井而死，后文却与独臂寡妇留嫂挑水、采桑叶，证实他没有死，可见死亡幻境只是苏社痛改前非、重新做人这一潜意识的外化反应和具象映射。

第三，幽梦。

睡耶，醒耶，隐隐约约，难以分辨，是为“幽梦”。似乎是在睡梦中，又恍若是清醒之后，梦寐还是梦幻，难于确定，明白无疑的是确乎并非现实，而是源于幻觉或梦境。

《模式与原型》中主人公是一个名为“狗”的壮汉，小说里“狗躺在炕上似睡非睡时经常看到一些用黄纸剪成的小人儿在墙壁上走动，它们的身体与墙壁垂直，但从来没掉下来过。”②以动物为人命名反映其卑贱地位和卑微人生，以小纸人的随意活动表达主人公对自由的渴望。“狗看到那些小纸人从窗眼里钻出去，跳到树枝上，雨珠儿很快便把它们拦腰打折，使他们有的随着雨滴落下去，有的悬挂在树枝上。他听到了小纸人的呼唤。”③半梦半醒中的主人公狗儿神思恍惚中感知母亲和一个男人的性活动，被迫接受性启蒙的狗儿思绪纷乱复杂，以小纸人的从窗眼的逃离和在室外遭遇雨水打击表达狗儿既无奈恐惧又跃跃欲试的复杂心理。

《红耳朵》中富商王百万“似睡非睡之间，见一满身脏污，生着两只格外显眼大耳朵的叫花子手拄要饭棍闯了进来。他急忙起身去拦挡，拦挡不住，叫花子直冲到三姨太太的产房里去了，大太太二太太正在他身边说：‘恭喜老爷！恭喜老爷！老三生了一个儿子’。”④王百万膝下无子，那日三姨太生产，却遭遇难产，心生焦急的王百万先是在祖宗牌位前虔诚祷祝，继而为消除紧张情绪，独酌几杯黄酒，加之阳光普照，不禁睡意袭来，在半睡半醒间，梦见叫花子拦挡不住进了产房，而此时儿子降生。他梦中惊醒，看到新生婴儿如梦境中叫花子般格外显眼的大耳朵，心生忐忑，惊惧不安。何曾料想，令他恐惧不安的睡与非睡间的似梦非梦却成了儿子王十千一生命运的预设。

《拇指铐》连夜给母亲抓药，在回家路上被锁树上，又煎熬了一个上午的阿义，迷迷糊糊，在太阳的炙烤下，阿义又累又饿，又热又渴，睡去又醒，醒了又睡，似梦非梦中，产生了幻觉，小说中集中表现了他的四次幻觉：

---

① 莫言：《断手》，载《白狗秋千架》，上海文艺出版社，2012，第239页。

② 莫言：《模式与原型》，载《怀抱鲜花的女人》，上海文艺出版社，2012，第440页。

③ 同上。

④ 莫言：《红耳朵》，载《怀抱鲜花的女人》，上海文艺出版社，2012，第123页。

其一,求救无果的阿义痛苦而无助,“他的眼前模模糊糊地出现了一幅可怕的图像:一只被绑住后腿的青蛙,悬挂在树枝下,一个斜眼睛的少年,用火烧烤着它。它的身体嗞嗞地响着,冒着白烟,渐渐地,白烟没了,火把也熄了,它变成了一具焦黑的尸首。他闭上眼睛,身体软下去。”①小男孩似梦非梦之间见到的这一景象像是回忆自己曾经的恶作剧,又像是以青蛙的处境自况。阿义的悲惨、凄楚、荒诞处境究竟是什么造成的?具体原因未明,本质原因已明:恃强凌弱的人性弱点。

其二,下午,经过阳光炙烤的阿义发烧了,头痛欲裂,昏昏沉沉地睡睡醒醒,见“母亲从炕上下来,身披一块白布,像披着一朵白云,高高地飞起来,低低地盘旋,缓缓地降落。草根脱出,他下坠着,飘飘摇摇,似乎没有一点重量。母亲一伸手抓住了他,带着他飞升,一直升到极高处,身下的白云,如同起伏的雪地,身前身后全是星斗,有的大如磨盘,有的小似碗口,都放光,五彩缤纷,煞是好看。母亲搂着他,站在一颗青色的星上,星体上布满绿油的苔藓,又滑又冷。他仰望着母亲,欣慰地问:‘母亲,您好啦,您终于好啦。’母亲微笑着,伸出一只手,摸着他的头。”②暗示着母亲已经死了。“他的头上一阵剧痛,像被蝎子蜇了一样。他看到母亲的脸扭曲了,鼻子弯成鹰嘴,嘴巴里吐出暗红色的分叉长舌。”③似在影射人性善与恶的转换总是在一念之间。

其三,傍晚时分,急于解开拇指铐,以便回家照顾母亲的阿义朦朦胧胧的幻境中咬断拇指,“他往前探过头去,咬住了一根拇指,好像咬住了一个于己无关的、冷冰冰的、令人厌恶的东西。他用力咬着,毫不客气,决不动摇。他感到那节拇指落在嘴里了,便低头张嘴把它吐在地上。他听到了落在地上。他张嘴咬住另一根拇指,牙齿上灌注着仇恨。他吐掉它,又听到了它落地的声音。他不去看它们,但能想象到它们是如何地欢欣鼓舞着逃跑了。”④阿义的头与拇指指尖隔着大树,实际上他根本无法咬到拇指。史铁生曾经说,“人所不能者,即是限制,即是残疾。”作者之所以去表现这一不可能的可能,可能正是意欲表明:人很难摆脱自身的局限,即便意识到自身的局限,虽然有摆脱它的意识和主观能动性,落实起来却仍然是困难重重。

其四,小说结尾“后来,他看到有一个小小的赭红色的孩子,从自己的身体里钻

① 莫言:《拇指铐》,载《怀抱鲜花的女人》,上海文艺出版社,2012,第179页。
② 同上书,第183页。
③ 同上。
④ 同上书,第185-186页。

出来，就像小鸡从蛋壳里钻出来一样。那小孩身体光滑，动作灵活，宛如一条在月光中游泳的小黑鱼。他站在松树下，挥舞着双手，那些散乱在泥土中的中药——根根片片颗颗粒粒——飞快地集合在一起。他撕一片月光——如绸如缎，声若裂帛——把中药包裹起来。他挥舞双臂，如同飞鸟展翅，飞向铺满鲜花月光的大道。从他的两根断指处，洒出一串串晶莹圆润的血珍珠，丁丁冬冬地落在仿佛玛瑙白玉雕成的花瓣上。他呼唤着母亲，歌唱着麦子，在瑰丽皎洁的路上飞跑。他越跑越快，纷纷扬扬的月光像滑石粉一样从他身上流过去，馨香的风灌满了他的肺叶。一间草屋横在月光大道上。母亲推开房门，张开双臂。他扑进母亲的怀抱，感觉到从未体验过的温暖与安全。"①影射阿义也死了，他心中仍然牵挂着母亲的病，不忘捡拾来之不易的中药，与母亲相会。结尾母子相会的温馨融化了冰冷的世界，温暖了痛苦麻木的心灵。

（二）民间奇幻故事

莫言的小说中还有一类将民间传说中的玄幻故事或假托为民间传说，实为自己创造的玄幻故事拼贴穿插进来，这些枝蔓故事或衬托或点缀，与主干情节形成同构或映射，或泾渭分明或相得益彰，呈现异彩纷呈、缤纷烂漫的斑斓景观。

1. 动物化人形

小说中，随处可见拼贴民间故事以讲述鱼鳖、狐狸、白兔等动物幻化为人形，与人或争斗，或沟通，或婚恋，或交欢的玄幻故事，书写人与动物之间的良性互动或矛盾纷争。

《罪过》主干情节之内拼贴了三个由三爷讲述的关于鳖精的玄幻故事。

第一则故事之前的渲染和铺垫不仅营造了玄幻氛围，而且本身既已带着强烈的故事性和感染力：

我听三爷说，有一天夜里他在河堤上打猫头鹰，扛着一杆土枪，土枪里装进满药。那天夜里本来挺晴的天，可一到袁家胡同，天呼噜就黑了，黑呀黑，好妈呀黑，乌龟的肚子洗砚台的水。猫头鹰在河边槐树上哆嗦着翅膀吼叫。三爷说他的头皮一炸一炸的，趴在河堤上一动也不敢动。②

故事中穿插三爷当时的反应以及"我"与三爷的问答，增强了小说的似真性：

一会儿，河里哗啦哗啦水响，一盏通红的小灯笼先冒出了水面，紧接着上来一

① 莫言：《拇指铐》，载《怀抱鲜花的女人》，上海文艺出版社，2012，第186页。

② 莫言：《罪过》，载《白狗秋千架》，上海文艺出版社，2012，第283页。

个傻不愣登的大黑汉子，挑着小灯笼，呱嗒呱嗒在水皮上走，像走在平地上一样。走了三圈，大黑汉子下去了，鳖湾里明晃晃的，水平得连一丝皱纹都没有。三爷耐住心性，趴着不动。约莫过去了吃袋烟的工夫，就见到那大黑汉子又上来了，站在鳖湾上，像根黑柱子一样，一动不动——当时我问：还挑着灯笼吗？三爷说：挑着，自然是挑着的——又见一桃花木八仙桌子，从鳖湾正中慢悠悠地升上来。几个穿红戴绿的丫头子，端着七个盘八个碗，碗里盘里是鸡鸭猪羊，奇香奇香。丫头子下去了，上来两个白胡子老头，头顶都光溜溜的，一看就知道满肚子学问。两个老头子坐在那儿推杯换盏，谈古道今，三爷都听得入了迷。①

三爷的枪刚瞄准八仙桌，就听红脸的白胡子老头大声说道："明枪易躲，暗箭难防！"惊惧中，三爷迷迷糊糊地搂倒了枪机，接着：

只听得震天价一声响，河里一片漆黑，天地万物都像扣在锅里，三爷听到了铁砂子打在水里的声音。紧接着狂风大作，风是白色的，风里裹挟凉森森的河水，哗啦哗啦淋到槐树上。三爷紧紧地搂住了一棵大槐树，才没被风卷到鳖湾里去。大风刮了半个时辰方停，三爷满身是水，冻得直打哆嗦。这时星星现出来了，蓝色的天压得很低，槐树上的白花像一团团毛茸茸的乱毛，附着在黑魆魆的叶丫里，放着浓烈的香气。猫头鹰在花叶间愉快地歌唱。三爷起身想回家，但十个手指都套了环，怎么也解不开。三爷着急得啃树皮，嘴唇都被槐树皮磨破了。后来好不容易松了扣。②

第二天早晨，三爷来到鳖湾旁，见一条被斩掉了头的五尺长、二百斤重的大黑鱼浮在水面上，原来就是前一天放哨的大黑汉子，因为侦察失职，被鳖精们斩首。

第二则故事讲述富家女嫁考中进士的大才子，后发现大才子实为鳖精：

三爷说，袁家胡同北头鳖湾里的老鳖精经常去北京，它们的子孙们出将入相。有一个富家女嫁与一个考中进士的大才子，结婚三日，回娘家诉苦，说夫婿身体冷如冰块，触之汗毛倒立，疑非同类。其母嘱其回去用心观察。女归，发现这个大才子每日都在一个静室沐浴两次，且需水量极大。大才子沐浴时戒备森严，任何人不许窥测。这一日，大才子又去沐浴，女抱一套干净衣服，走至沐浴处，被一仆人拦住，女怒骂：是夫婿唤我送衣！仆人诺诺而退。愈近，听到室内水声响亮。女窥牖，见一鳖大如笸箩，甲壳灿烂，遍被文章，正在一大池中踊跃戏水，欢快活泼如孩童。女骇绝，惊叫，弃衣而走，金莲交错，数次倒地。女归室，想千金之躯，竟被鳖精玷

① 莫言：《罪过》，载《白狗秋千架》，上海文艺出版社，2012，第283页。

② 同上书，第284页。

污，遂解腰中带，自缢。这些文字不是三爷的，故事是三爷的。①

以极简省的古风语言复述三爷讲述的故事，方式机巧，风格活泼，故事诡谲，妙趣横生，令人心醉神迷。

第三则故事由神奇的精灵胡同说起：

三爷还说过，北京有条精灵胡同，寒冬腊月也出摊卖西瓜，皇宫里没有的东西在精灵胡同里也有。②

暗示精灵胡同奇异非凡，名副其实地由精灵掌管。

有一个人回故乡，精灵胡同里托他捎一封信，信封上写“高密东北乡袁家湾”，这个人找遍了东北乡也没找到个袁家湾。他爹说，八成是鳖湾里的信，你去那儿吆喝吆喝看看吧。③

送信人于是来到鳖湾，对着潭水大声说：

家里有人吗？出来拿信！喊了三声，水里没动静，这人骂一句，刚要走，就见水面豁然开裂，一个红衣少年跳出来，说：是俺家的信吗？那人把信递过去。少年接了信，瞄了一眼，说：噢，是俺八叔的信，你等着，我告诉俺爷爷去。红衣少年潇洒入水。那人退后一步，坐在河堤漫坡上，心中嗟呀不已。俄顷，水又中分，红衣少年引出一个白衣老者。老者慈眉善目，可敬可亲。

老者邀请送信人到家坐坐，那人感到恐惧，赶紧拒绝，老者嘱咐少年回去取些礼物，俄顷，少年提着一只盛有绿豆芽的篮子回来，老者客套着将篮子交予送信人，送信人一见豆芽，不是稀罕物，不以为然地将豆芽倒回水中，见篮子精制，舍不得丢弃，便拿了回家，说明整个过程，并表达了对鳖湾白衣老者的不满，家里珍宝不缺，单拿不值钱的豆芽相赠。父亲指了指篮子角落里挂住的一根闪闪发光的金豆芽数落他“真是穷鬼”，原来，那是一篮金豆芽！④

三则看似与主题关联不大的玄幻故事，实则营造了鳖湾神秘莫测、魅力无穷的氛围，它的神奇和它生生不息的隐秘都深深地吸引着“我”和小福子，我们带着对它的无限亲近和眷恋来到它身边。见到鳖湾里那株奇异而魅惑的红色金琉璃般的花朵，我们目眩神迷，毫不设防地亲近它，小福子追得太远，以至于沉溺水中，停止了呼吸。追梦少年的死，谁之罪？是他自己？是另一个追梦少年的“我”？还是那

① 莫言：《罪过》，载《白狗秋千架》，上海文艺出版社，2012，第284－285页。

② 同上。

③ 同上。

④ 同上。

些玄幻魅惑的故事？都是，又都不是。

《我们的七叔》中七叔讲过一个狐狸变人形的玄幻故事：旧时一个戏班子，正愁没有演出，这时，两个十分气派的人来约演出，并交了一摞大洋做定金，十几辆马拉轿子前来迎接，路上车马在空中飞驰，班主震惊，演员恐惧，到达目的地，见府邸富丽典雅，侍者彬彬有礼，吃过山珍海味，好不享受，演出开始，班主用朱砂涂大红脸谱，扮关老爷上场，结果美景消失，鬼哭狼嚎，原来是狐狸精的寿宴，被“关老爷”一镇，现了原形。①

《麻风的儿子》中张大力讲过一只兔子变人形的玄幻故事：

他说有一年他夜里到南洼里捉蟹子，点着灯笼，披着蓑衣。半夜时分，一个周身缟素的女人抱着个孩子过来，讨吃的。大力说他直对着女人的脸看，越看越觉得那女人眉眼不清，便一口咬破中指，大吼一声，将指上血淋过去。那女人怪叫一声，扔下孩子一溜火光走了。大力惊出一身冷汗，低头一看，哪有什么孩子？原来是只又肥又大的野兔子！这真是天送肉来也！②

以上故事情节简单，但语出滑稽，言简意赅，别具一番魅力，令人过目难忘。

2. 奇方治奇病

一些小说以拼贴民间故事的形式讲述神奇的治病药方，玄幻神秘，令人称奇，增强了小说的神秘色彩和感染力。

《麻风儿子》中生产队善讲故事的“老猴子”曾经讲过一个奇方治病的玄幻故事：

他说江南有一些女麻风病人每逢五月端阳这一天，就要找一个健康男人睡觉，谓之“放毒”，把毒气放到男人身上，女人便好了。他说有一年有一个年轻的小伙子，到浙江一带去贩丝绸，晚上宿在一个店里，一个还算漂亮的女人钻进他的被窝。小伙子说，我家里有未婚妻，回去就结婚，不能破了童身。女人百般挑逗，小伙子始终不乱。③

后来女子心生敬佩，道明了“放毒”企图，小伙子暗自庆幸。小伙子临行时，女子送了一站又一站，小伙子猛然想起，自家舅舅正巧会治麻风，便把姑娘带回家治病。回家后第二天小伙子便与未婚妻完婚。这女子独栖空屋，心中凄苦，“想死又想活，泪流了很多。后来口渴极了，又不敢出去寻水喝。正好屋里有一口缸，缸里

---

① 莫言：《我们的七叔》，载《师傅越来越幽默》，上海文艺出版社，2012，第81页。

② 莫言：《麻风的儿子》，载《与大师约会》，上海文艺出版社，2012，第157页。

③ 同上书，第158页。

有些许脏污水，不知何年储存。渴极了，就掬缸中水饮。饮罢，周身发痒，一两日后，遍身褪了一层皮，露出了如脂如玉的新鲜皮肉，变成了一个嫩油油的奇俊大闺女。小伙子一见，差点认不出来了。问，姑娘如实告知。小伙子忙去问舅。舅说，那缸里肯定有一条白花蛇。白花蛇是一种毒性极大，行动如风的蛇，轻易见不到，是宝。用它的水治风症，哪有不好的道理。"①后来女子说服了小伙子的妻子，做了小伙子的小老婆。故事玄幻曲折，引人入胜，更为可贵的是，遵循了善恶有报的因果逻辑，具有一定的道德劝诫作用。

《良医》中讲述了两则奇方治奇病的奇幻故事：

第一则故事中王大成的脚被扎，被神医陈抱缺宣判"活不过三天"，一路沮丧回家，却奇迹般康复，去找神医问原因，回答说"你的脚被正在交尾的刺猬咬死的雄蛇的刺扎了，夜里又沾了女人，一股淫毒攻进了心肾；治这种病除非能找到一对正交尾的刺猬，用雄刺猬的刺扎出腿上的黄水，然后再把腿放在浮萍水荇水里泡半个时辰，这才有救。"②奇幻的是，王大成在回家路上正好有此遭遇治好了病，更为奇幻的是，"刺猬都是春天交尾"。

第二则故事中爷爷三十几岁时，有一天正在厢房弯腰刨木头，被三叔和二叔在嬉闹中碰倒的木头砸到爷爷的尾骨上，痛得就地蹦了一个高，出了一身冷汗。当天夜里，腿痛得上不了炕，后来右腿疼痛难忍。吃药无数，也用过偏方，但病情非但不见缓解，反倒日渐沉重，最后请来"大咬人"诊治，诊断为"贴骨恶疽"，以尖铁条在病腿上插孔，又将麦秆戳进导流脓血。排完脓血后，吃了三服药，病愈。

《草鞋窨子》中五叔讲了两则奇方治奇病的故事。故事一，郭庄主以蚂蚱酱治愈"百草疮"。

五叔说：你别不信，偏方治大病。我听俺爹说，那一年郭家官庄郭庄主脚背上生了一个疮，白药无效，后来来了一个串街郎中，那郎中说，你去抓来十只蚂蚱，用两块石片捣烂了，糊到疮上，第二天就消了肿，第三天就收了口。第四天那郎中又来了，郭庄主请郎中到家里喝酒，那郎中说，这是个百草疮，一物降一物，所以灵了。③

第二则也是五叔讲的，热牛屎糊治愈"屎壳郎疮"：

说一个人脖子上生了一个疮，奇痒难挨，百药无效，后来来了个郎中，抓了一摊

① 莫言：《麻风的儿子》，载《与大师约会》，上海文艺出版社，2012，第158页。

② 莫言：《神医》，载《与大师约会》，上海文艺出版社，2012，第72页。

③ 莫言：《草鞋窨子》，载《白狗秋千架》，上海文艺出版社，2012，第254页。

热牛屎糊到那人脖子上，从疮里立刻钻出了成百上千的小“屎壳郎”，那是个“屎壳郎”疮。①

以令人耳目一新的药方治愈疑难杂症，种种不拘一格，超脱凡俗的疗病方式颇有南宋高僧济公活佛之风，奇方治奇病出奇效，不仅治愈过程曲折，变幻莫测，为小说增添了无限魅力，而且言辞幽默，轻松诙谐，杂症最终得以治愈，从形式到内容无不令读者若吐浊纳清般如释重负，大有酣畅淋漓之感。

3. 灵异传奇

莫言自述，从1984年之后的创作开始将乡村生活经验中耳朵听到的故事，融合进来。这类民间故事以超验精神感知自然与社会，讲述灵异、魅惑的玄幻传奇，形成诡谲、奇幻的特异景观。

如《屠户的女儿》中屠户的女儿以超越感官的知觉表现超自然现象与超自然力量：

妈妈说她小时候这路两边有很多大坟墓，还有一些黑松树林子，夜里，那些鬼火呀，就像小毛人提着小灯笼，碧绿的，鲜红的，金黄的，好多好多，多得数不清，在坟地里飞来飞去。嗤，一条绿火线；嗤，一条红火线；嗤，一条金火线。多吓人呀，但又多么好看呀。黑松树林子里有很多白色的夜猫子，哇哇地叫，叫得人的脊梁沟里凉飕飕的，头皮一炸一炸的，不知不觉冷汗流出来了。树林子里有一些穿小红袄的小毛人，拖着一根蓬蓬的、像毛谷穗一样的大尾巴，在树林里藏猫猫、过家家。②

与之类似的还有《爆炸》中做妇产医生的姑姑所讲的两段关于狐狸的故事。第一段——

姑说：当然！前十几年，咱这地方人烟稀少，孩子少得像星一样，人只要少，邪魔鬼祟就多。那时候，我常常半夜三更去给人看病，遍野都是闪闪烁烁的鬼火。你大爷爷说，只要把鞋子倒穿着，就能追上鬼火，踩在脚下一看，不是一块破布，就是一块烂骨头。还有狐狸，天漆黑一团，你迷了向，四面都是大崖坎，怎么爬也爬不上去，这时候，狐狸就来救你了。你的眼前，跳出一盏小灯笼，影影绰绰地照着灰白的小路。你只管跟它走，保险到家，你能听到吱吱悠悠灯笼把子响，吧嗒吧嗒的脚步声，到了村头，灯笼跳几下，像跟你点头，你不及回答，就见那灯笼变成一溜火光去了。③

① 莫言：《草鞋窨子》，载《白狗秋千架》，上海文艺出版社，2012，第255页。
② 莫言：《屠户的女儿》，载《与大师约会》，上海文艺出版社，2012，第145页。
③ 莫言：《爆炸》，载《欢乐》，上海文艺出版社，2012，第193页。

第一段故事中的狐狸友好善良，提着灯笼照亮夜路，一路引导晚归的人回家，暖意融融，温情满满。与之相反，姑姑讲的第二段故事则鬼影幢幢，令人毛骨悚然：

眼见着远远地过来一道火光，停在离我几十步远的地方，八嘎八嘎地响一阵，就看到有一颗碗大的火球慢慢地升起来，升到五六米高的光景，在空中停停，又慢慢落下。连升三次，那火球就在空中舞起来，像两个孩子在抛球，划一道红线，又一道红线。那个球发出不刺眼的红光，照清了我眼前的一片绿草……好久好久，火球没了，我模模糊糊地看到一个狐狸露了一下相，紧接着一溜火线走了。这时，黑雾散了，我看到了满天星星和遍地的坟头，我被邪到老墓田里了……①

一次夜间行医回家途中，姑姑巧遇狐狸炼丹奇观，借着火光发现自己已经被邪秽引至老墓田，幸而大爷爷前来迎接，才平安到家。引导姑姑行至老墓田的邪秽源自哪里，小说虽未明言，但似乎暗示正是炼丹的狐狸。看来，狐狸究竟善良还是邪恶，在民间传说中具有不确定性，因时、因地、因人而异，而这种不确定无疑也为小说增添了几分玄幻韵味。

莫言的小说中，“鬼火”“小毛人”“狐狸精”“话皮子”等精灵鬼怪形象频繁出现，追溯原因，与童年时期所听闻的各种各样奇幻故事不无关联，莫言以“耳朵阅读”了大量丰富驳杂、玄幻神奇的民间故事。这些民间故事的产生应与齐鲁大地万物有灵的观念有关。万物有灵观念经人们口耳相传，代代传诵，甚至成为民间草根阶层的共识和集体无意识。小说中引入民间玄幻传奇，一则出于怀旧心理，在一定程度上还原和回归了童年生活原生态，二则丰富小说内涵，增强了小说思想容量和艺术上的创造性。

莫言自陈，故乡高密离蒲松龄的故乡淄博很近，鬼怪故事发达，民间口头传承的文化资源丰富。从精神和文化的角度出发，他与蒲松龄一脉相承。②

《草鞋窨子》小轱辘子讲了两段玄幻故事，第一则是他父亲张老三一日掌灯时分在酒醉回家路上，见墙头上身着蜡红袄，像人一样站起来，来来回回踱步的“话皮子”，边走边喊，“张老三，张老三，我会走了，我会走了！”张老三知道这是话皮子想借助人的话做鉴定，只要他应声说“你会走了”，话皮子就真的会走了，张老三非但没说，还拿起砖头，猛摔到墙头上，结果把原本就半倒不倒的墙头打倒了，话皮子匆忙四脚着地跑掉了。后来每逢夜晚，那只话皮子就带着一群话皮子在断墙处喊：

---

① 莫言：《爆炸》，载《欢乐》，上海文艺出版社，2012，第195页。

② 莫言、刘琛：《把“高密东北乡”安放在世界文学的版图上——莫言先生文学访谈录》，《东岳论丛》2012年第10期。

“哎哟天,哎哟地,从西来了张老三;哎哟爹,哎哟娘,一砖打倒一堵墙……”①

小轱辘子的第二则故事更为玄幻曲折:

高密南乡有一个四十多岁的老婆,去年伏天里,带着两个十七岁的闺女在河堤上乘凉。这对闺女是双生子,长得一模一样,双眼皮大眼睛,小嘴插不进根葱白去。两个闺女累了一天,躺在河堤上,铺着凉席子,小风吹得舒坦,娘用扇子给赶着蚊子,两个闺女呼呼地睡着了。老婆扇扇子的手也越来越慢,马马虎虎的似睡不睡。这时候,就听到半空里有两个男人说话。一个说:“有两朵好花!”一个说:“采了吧。”一个说:“先去办事,回来再采。”老婆听到两阵风从空中往正北去了。她吓坏了,急忙把两个闺女摇醒领回家。那老婆鬼着呢,她找了两把扫帚放在凉席上,扫帚上蒙一床被单子。老婆就躲在远处偷偷看着,过了一个时辰,听到半空中“嗞啦嗞啦”两声响,然后,什么动静也没有了。到了第二天早晨那老婆去河堤一看,我的亲天老爷!那床被单子上两大摊像米粒那么大的小蜘蛛。要不是那老婆机灵,这两个闺女就毁了……②

原来两个蜘蛛精意欲采花,幸而老婆机灵,两个如花似玉的女儿才得以安然无恙。

《草鞋窨子》中寡言的五叔破天荒地讲了一个故事:

五叔说,我们村里刚死去的老光棍门圣武家住着“阴宅”,门圣武胆大极了,他每天夜里喝醉酒回家,就看到有一个穿一身红缎子的女人在门口站着等她,一扑,必定撞到门上。那女人就在他身后叽叽嘎嘎地笑。门圣武睡下后,还能看到一个小黑孩赶着四小毛驴在屋里格登格登地走。五叔说,前几年我们这里邪魔鬼祟多啦,后河堤上有一个大奶子鬼,常常在半夜三更嘿嘿地冷笑。③

莫言的故乡——山东高密,民间素来有谈鬼说怪的传统,上一则故事即是这一传统的反映。

小说后续情节中,于大身讲述了一个怪异故事:

我倒是亲身经历过一件事,有一年我劈木头把中拇指弄破了,就把血抹在一个笤帚疙瘩上,随手扔了。过了几个月,有一次夜里我出去撒尿,是个月明天,地上像下霜一样,看到有个小东西在墙根上跳,我寻思是个黄耗子,几步扑上去,一脚踩住,你猜是什么?是那个抹过我中指血的笤帚疙瘩!我点起火来烧它,烧得它吱吱

① 莫言:《草鞋窨子》,载《白狗秋千架》,上海文艺出版社,2012,第244页。

② 同上书,第250页。

③ 同上书,第255页。

啦啦冒血沫子。记住吧，中指上的血千万不能乱抹，它着了日精月华，过七七四十九天，就成了精了。①

讲述人意欲以“亲身经历”之说增强故事的真实性。与莫言其他小说里中指血驱邪避秽不同，这个故事中的中指血落在笤帚上却着了魔，成了精，这一细节在一定程度上说明了民间玄幻故事的随意性和主观性。当然，奇幻故事情节逻辑上的是非不应予以深究，关键是神奇迷幻的故事增强了小说的表现效果和艺术感染力。

《月光斩》中讲述了一把神奇宝刀的锻造过程。

铸成宝刀的材料奇异特殊，是大炼钢时期两个被打成右派的专家利用“由化尸炉改造成的炼钢炉，炼出了一块纯蓝的钢，就像国王的妃子抱了钢柱而受孕产下来的那块铁一样玄妙。”“这是真正的金属的精华，七道凌厉的蓝光直冲云霄，有七颗流星沿着蓝光落到钢水勺里，它们在降落时，金光与蓝光剧烈摩擦，放射出刺目的强光，并散发出浓烈得让人昏迷的烧冰的香气。”②

这块奇异的蓝钢几经辗转，后来一个姑娘带着图纸将蓝钢带到铁匠坊，要求按照图纸锻造一把古老样式的刀。由四层布包裹，由外而内依次为黑布、蓝布、红布、白布，包裹一一解开，现出蓝钢，“被烟熏火燎的黝黑的铁匠铺子顿时被一种幽蓝的光芒照亮，四面的墙壁和房顶，仿佛都刷了一层明亮的釉彩，焕发出动人的光芒。”③锻造宝刀之前，老铁匠“将右手中指塞进嘴巴，咬破，在那蓝光的映照下他的血也成了蓝色，滴滴下落到那钢上，先发出叮叮咚咚的声响，仿佛珍珠落到冰上，然后又咬破左手中指，将血滴上去，又发出滋滋啦啦的声响，仿佛那钢是灼热的。”④老铁匠血滴在常温下的钢上，竟然在短时间内先后发出了遇冰块才会发出的叮叮咚咚声和遇灼热物体才会发出滋滋啦啦声，以此表明钢的超常神奇。铁匠们“用了比烧透一般钢铁十倍的时间，才将那块蓝钢烧透。当爷儿们用头号大钳把那蓝钢抬到铁砧子上时，铁匠铺里变成了冰一样透明的世界。屋子里的人和物，都仿佛远古时的物体，被凝固在一块浅蓝的琥珀里。此时，只有凝神观察，才能看到那块像鱼一样形状的钢，活泼泼地躺在砧子上，浑身抖动不止，不知是痛苦还是兴奋。”⑤以本属静物的钢“浑身抖动”表达其天资异禀。锻打结束时，“三个儿子如同三株

---

① 莫言：《草鞋窨子》，载《白狗秋千架》，上海文艺出版社，2012，第256页。

② 莫言：《月光斩》，载《与大师约会》，上海文艺出版社，2012，第406页。

③ 同上书，第408页。

④ 同上书，第410页。

⑤ 同上。

朽木,瘫倒在地上,只有老铁匠还站着。炉子里的火半明半暗,蓝色的火苗软弱无力,犹如微风中的丝绸。老铁匠头顶光秃,嘴角下垂,脖子上老皮垂挂,仿佛老了二十岁,或者三十岁。"①铁匠父子四人耗尽精力,疲惫不堪。以"仿佛老了二十岁,或者三十岁"渲染锻造过程中铁匠们殚精竭虑、全力以赴、耗尽心血。当铁匠父子四人鞠躬尽瘁锻成宝刀之时,"砧子上似乎什么都没有,好像那块奇异的蓝钢,被铁匠父子们打成了空气,或者打成了光,涂抹到这房间里的所有物体上,连人的皮肤上、头发上、眼睫毛上,到处都是。"②姑娘咬破右手中指,将血滴在砧子上,见一股碧绿的烟雾升起,闻到房间里溢满烧烤荷叶包裹人血馒头的香气,此时刀的形状才在砧子上渐渐显现出来。在血的滋养下,宝刀才显露形状,姑娘又咬破左手中指,将血滴在刀上,如同珍珠落冰,刀的形状又渐渐朦胧,犹如雾里看花,水中望月,表现宝刀从无到有,又从有到无,书写中饱含道家哲学思辨精神,给神奇的宝刀更平添了玄幻神秘色彩。宝刀炼成,三个铁匠魂兮归去,姑娘邀仅存的最小的铁匠一道携刀离开,不知去向。这把刀就是"月光斩"。

行文至此,虽仍有若干疑问悬而未决,但跌宕起伏、异彩纷呈的故事告一段落,读者喧嚣不已的内心复归平静。这是莫言的力量,既能于宁静中刀光剑影一石激起千层浪,也能于纷乱中平息喜怒品香茗,但看庭前花开花落。以其高超的语言魅力和叙事技巧讲述亦真亦幻、朦胧迷离的故事,虚实相生,令读者难辨也不忍辨别真假。留给读者的是惊心动魄、荡气回肠后又泰然自若、从容不迫。

《战友重逢》中钱英豪转述了他爹讲的三则奇幻故事。第一则:蛟河里有一条大白鳝,比扁担还长,能变化成一个白衣书生到岸上作孽。第二则:包公斩在河中频频作乱的鱼精、鳖精、蟹子精。后来,从河里上来一身穿青布衫的蓝胡子老头央求别斩了。第三则讲蛤蟆"龟儿——呱儿"叫的原因:"两个大闺女下河洗衣裳,光顾着泼水嬉戏,让水把褂子和棒槌冲跑了。她俩下河捞,双双淹死,变成了一对儿小蛤蟆,一个叫棍(棒槌),一个叫褂。"③三则故事将魔幻的灵异精怪与习见的生活场景以及真实的历史人物关联,亲切而自然,增强了似真性和生动性,读者在亦真亦幻中游离摇摆,在朦胧迷离中感觉故事真切地恍若似曾发生。

小说中对玄幻故事的讲述与对现实生活的摹写相得益彰,在同构或映射中,形成了对话与互动,共同铺就了五彩斑斓的壮阔画卷,谱写了恢宏磅礴的多声交响。

① 莫言:《月光斩》,载《与大师约会》,上海文艺出版社,2012,第411页。

② 同上。

③ 莫言:《战友重逢》,载《怀抱鲜花的女人》,上海文艺出版社,2012,第302页。

二、延异

这里所说的“延异”并非指时间的延宕或空间的分隔，而是阐释学美学意义上的意义多元性，“用于描述意义生产过程及其阐释的无限可能”①。

实际上，中国古典文论素有“神余言外”“言近旨远”“韵外之至”“含蓄蕴藉”“寄托遥深”的创作论，亦有“妙悟”“意会”“言有尽而意无穷”“妙不可言”的审美观，与后世西方阐释学、美学领域的“意义的遮蔽”“形而上的意蕴谜思”“缺席的所指”意义相关。

莫言深谙此理，其小说往往通过隐喻、象征、寓言等方式，制造文本的间隙和意义的阙如，呈现为含义深邃、旨趣幽远的美学风格，展示出不可言、不能言、无以言，纵以千言解说，犹有余韵未尽的审美旨趣。

（一）隐喻

这里的“隐喻”意为“隐含的类比”，即两种事物之间因某种实存的关联或作者寄之以相似的情感，建立起的替代性指向。

《金发婴儿》至少有五处隐喻。

其一，裸体女人塑像隐喻天球的性符号。某市警备区七连指导员孙天球对军队驻地附近的裸体女人塑像从愤怒、质疑到偷窥、喜爱的情感变化对应着他对妻子的情感变迁，即从不满、不屑到思念、向往，遗憾的是，他对妻子态度的转变迟来了一步。裸体女人塑像正是天球眼里的性符号，隐喻着他眼中的妻子。

其二，大公鸡是妻子紫荆眼里的情欲符号，自从黄毛第一次带大公鸡来，紫荆立即被它吸引，甚至脸红心跳，以后每次与黄毛云雨，大公鸡都堂皇地立于墙头，如同一面高扬的旗帜。

其三，家里的猪隐喻紫荆心中的伦理防线。这头猪在黄毛初次登门时就心怀嫉妒得连吼带叫，甚至冲出圈门，蹿至院中，疯狂地折腾。后来，狡猾的黄毛以两个酒馒头投喂，趁着猪醉倒之际，将蜜蜡灌至耳内，将其抬进圈中，加固圈门。此后，这头猪变得终日醉眼蒙眬，呆头呆脑，丧失了全部攻击力。正如紫荆的变化。起初紫荆是个好妻子，忠诚于婚姻，倾心于丈夫，孝顺于婆婆。但面对丈夫的冷淡，她异常孤独和痛苦，加之黄毛的见缝插针、穷追不舍，紫荆内心的情欲被激发，原本牢固

① 赵一凡：《西方文论关键词》，外语教学与研究出版社，2017，第766页。

的心理防线彻底卸下，走上了出轨的不归路。所幸，良心未泯，孝心还在，对婆婆依然孝顺。

其四，被子上的龙凤图案象征盲母对儿子与儿媳幸福生活的期许。每逢盲母对儿子的婚姻感到担忧时，就反复抚摸被子上的龙凤图案，她对儿子儿媳婚姻幸福有着强烈的期许。凭借一颗母亲敏感的心，她早已察觉到儿子对儿媳本不应有的冷漠，也意识到儿媳对儿子情感的变化，以及对婚姻的背叛，便更加渴望儿子儿媳婚姻幸福。

其五，酷似狮子狗的黄云吞月隐喻黄毛与紫荆偷欢。

有一团橘黄色的云不知从哪儿冒出来，在无边无际的空中追赶着月亮。那团黄云毛茸茸的，形状像只长毛狮子狗。月亮不时被狮子狗吞没，又不时从它肚子里钻出来。这种残酷的游戏一直延续了两个多小时，那天晚上出来走动的人都有幸看到了这场只有童话中才能出现的好戏，如果想象力丰富，完全可以听到狗吞月亮时那种野性的咆哮和月亮匆匆逃跑的喘息，还可以看到幽蓝的狗眼和鲜红的狗舌，狗嘴里的涎水像玻璃纤维一样在空中飘舞。①

小说中两处以像长毛狮子狗一样的橘黄色的云隐喻黄毛，以月亮隐喻紫荆，以黄云吞月隐喻二人云雨之欢。月亮无辜而美好，黄云狡猾，残酷而凶狠，表现出强烈的情感倾向。整部小说表现了对紫荆的同情，对天球的不满，对黄毛的批判。

《爆炸》中有三处隐喻。

其一，飞行训练。文中六次出现飞行训练，隐喻头顶高悬的现代社会公民责任。第一次出现是在第一部分，听说妻子怀孕，作为军官的“我”意识到在计划生育形势下妻子二胎怀孕的严峻性，为了带妻子去做流产火速回家，未料父亲迎面给我两耳光，窘迫中“我”听到来自脸上的一声爆响。而此时“飞机训练，飞机进入拉烟层”②。第二次出现在小说的第二部分，“我”拉着妻子，一路上河堤、下河堤，不由得回忆起当初她拉着“我”去结婚登记的场景。为了达成目的，“我”试图以妻子可能喜欢的方式，对她展开劝说，此时，“空中突然有强光交错，耀得河沙像水银。一架抿翅翘尾的飞机翻着筋斗往下掉，掉一会，又猛地竖起头，斜刺着冲上去，冲去了之后，响声才震动河道。飞行训练，还在继续进行”③。第三次出现在小说的第三部分，“我”和妻子走进姑姑担任主任的妇产科准备做流产手术，透过窗户，看到

① 莫言:《金发婴儿》，载《欢乐》，上海文艺出版社，2012，第161页。

② 莫言:《爆炸》，载《欢乐》，上海文艺出版社，2012，第170页。

③ 同上书，第185页。

一群人追狐狸。此时,“飞行训练继续进行,飞机的银影子在原野上滑来滑去”①。第四次出现在小说的第四部分,“我”和妻子候诊时,听到产房里正在生产的女人凄厉的叫声。此时,“飞机在我头上逆着阳光飞,驾驶员是个小伙子,黑黑瘦瘦,嘴里嚼着一颗奶糖,他把奶糖根吐出来,吐到玻璃上,吸引来三只红头绿苍蝇”②。第五次出现在小说的第五部分,妻子见别人生了大胖儿子,执意不肯流产,在安护士对“我”的追捧和“我”对妻子劝说的综合作用下,妻子妥协了。此时,“飞行训练继续进行”③。第六次出现是在第六部分,妻子做了流产手术,父亲母亲和女儿都对“我”感到不满,小说结尾,“那架通红的大飞机无声无息地从东边扑了过来,直冲着医院前这片土地,直对着我的头。飞机像个醉汉,飞机的翅膀流着血一样的光……”④

小说两处出现“我”奋力推车上山场景,隐喻在社会责任与家族义务的剧烈拉扯中,“我”权衡、周旋、角力,最终征服了家庭羁绊,承担起社会责任。

《罪过》中有两处隐喻。其一,以鳖湾里的金琉璃般诱人的大红花隐喻人的欲望及其毁灭性,弟弟小福子正是受其吸引而溺亡。其二,以脓疮隐喻复杂幽微的人性。在绘声绘色地描绘“我”腿上流着脓血的毒疮后,大发感慨“你不要恶心,这就是生活,我认为很美好,你洗净了脸上的油彩也会认为很美好。其实,我长大了才知道,人们爱护自己身上的毒疮就像爱护自己的眼睛一样,我从坐在草垛边上那时候就朦朦胧胧地感觉到:世界上最可怕最残酷的东西是人的良心,这个形状如红薯,味道如臭鱼,颜色如蜂蜜的玩意儿委实是破坏世界秩序的罪魁祸首。后来我在一个繁华的市场上行走,见人们都用铁钎子插着良心在旺盛的炭火上烤着,香气扑鼻,我于是明白了这里为什么会成为繁华的市场。”⑤以“我”戳穿脓疮隐喻“我”看穿了人性,这人人嗤之以鼻的脓疮正如同洗净了油彩的灰暗的脸一样,丑陋而真实,在繁华的市场,人们果断地藏起这丑陋的真正的人性,高高地举起被烧烤了的泛着香气的良心贩卖,如同能够正确认识人性的罪恶的人不多一样,保有丝毫不伪装的纯粹良心的人也不多。

《夜渔》与“我”一起到河边,却只顾吹树叶不理会我的人究竟是谁?是谁救了即将溺亡的我?白衣女人是什么人?二十五年后遇到的果然是她吗?白衣女人当

---

① 莫言:《爆炸》,载《欢乐》,上海文艺出版社,2012,第192页。
② 同上书,第200页。
③ 同上书,第206页。
④ 同上书,第214页。
⑤ 莫言:《罪过》,载《白狗秋千架》,上海文艺出版社,2012,第288页。

年给我留下的四句话是什么意思呢？一切都是难解之谜。小说的高妙之处在于虚实相生，亦真亦幻，梦境般虚幻的白衣女人馨香高妙得极不真实，但她帮助“我”捉得两袋子蟹又切切实实地存在着，二十五年后，在东南方向海岛上仿佛如约而至地对“我”妩媚一笑的女子是否应看作当年白衣女子的预言应验？与“我”一起夜渔吹树叶男子不是九叔，那么是谁呢？或许是另一个“我”？而白衣姑娘是“我”对爱情的最初的也最美好的想象。

（二）象征

这里的“象征”取自拉康①的“象征秩序”说，即若某事物能指及其镜像所指之间在一定程度上存在和谐一致性，或两个事物间存在类同于能指与镜像所指之间的和谐一致性，那么能指既是对所指的象征。其中，能指比所指具有更宽广的意义内涵。

《高粱殡》中八处以“金色”“金黄色”表现肉欲，以“蓝色”表现爱欲。

第五部分有三处象征，“恋儿转回身，用洁白的牙齿咬了一下肥厚的嘴唇，嫣然一笑，灰暗的房子里像亮开了一团金色的光”②。奶奶带着父亲奔丧回娘家，被连日大雨隔住未归，恋儿带着强烈的性暗示只身来到爷爷房间，“金色的光”即是恋儿对爷爷的强烈渴望的象征。恋儿尴尬而短暂的离开爷爷房间后，很快便再次回来，“恋儿咬着嘴唇，莞尔一笑。爷爷看到房子里又成了金黄色的一片。”③此番回来用意已然明显，又主动提出陪爷爷喝酒，酒后，“爷爷看到屋子里到处燃烧着黄金一样的火苗，在遍屋黄金火里，有两朵蓝色的小火苗跳跃着。黄金火烧着爷爷的身体，蓝火苗烧着爷爷的心”④。

第六部分有四处象征，“三天三夜雨脚如麻，房子里的金黄色和天蓝色滤散时，爷爷就听到原野里传来灰绿高粱唰唰啦啦的响声”。⑤“金黄色”“天蓝色”再次出现，映射和象征爷爷与恋儿三天三夜的云雨之欢。“爷爷能闻到骡子味道时，总感到它是个巨大的威胁，爷爷想总有那么个机会到来，那时就用匣枪打碎它呆板的脑门。有好几次爷爷把枪都举起来了，但当他一举起枪时，金黄的火焰便在房子里熊

① 雅克·拉康（Jacques Lacan，1901 年 4 月 13 日— 1981 年 9 月 9 日），法国作家、学者、精神分析学家，也被认为是结构主义者。

② 莫言：《高粱殡》，载《红高粱家族》，上海文艺出版社，2012，第 275 页。

③ 同上书，第 276 页。

④ 同上。

⑤ 同上书，第 278 页。

熊燃烧起来。”①以黑骡子的出现暗示事情的败露，正欲射杀时，恋儿肉欲袭来。“阳光像血一样地从高粱地里冒出来，恋儿还在酣睡，爷爷看着她像黑骡皮一样光滑的身体，眼前又毕毕剥剥地迸出金色的火星。窗户上的太阳红光把那些金色的火星吞没了。爷爷用匣枪捅捅恋儿的肚子，恋儿睁眼一笑，眼里又跳出蓝色火苗。”②奶奶奔丧回来，发现了苗头，三天后，奶奶谎称给外曾祖父烧纸钱，晚上不回来，结果当天夜里，奶奶回来发现“房子里又燃起金黄色的火苗”③，暗示爷爷和恋儿的秘密被奶奶发现。结果是奶奶抓伤了恋儿，爷爷带着恋儿离开。

第七部分仅有一处象征，被曹县长抓获后逃走的日子里，每逢想起恋儿，爷爷就“想起围绕着她的躯体的金黄色的火苗和从她眼睛里迸出的蓝色火花”④。

小说以“金色的”“火苗”“光”“火星”“火焰”表现肉体欲望，以“蓝色的火苗”表现情感欲望，奶奶奔丧的三天三夜里每逢爷爷与恋儿行云雨之欢，黑骡子必站在窗前，像是守卫二人爱情，又像是代表奶奶，代表伦理监控二人的偷欢。

《透明的红萝卜》中以“红萝卜”象征小说主人公黑孩子纯真的内心世界和美好的理想，“红萝卜的形状和大小都像一个大阳梨，还拖着一条长尾巴，尾巴上的根根须须像金色的羊毛。红萝卜晶莹透明，玲珑剔透。透明的、金色的外壳里包孕着活泼的银色液体。”⑤失去了透明的红萝卜的黑孩子如同丢失了自己一样失望，如同丢失了理想和希望一样迷茫，于是他到处寻找，不惜拔光整个萝卜地的萝卜，无奈始终没有找到。

《辫子》题目即为象征，在机关宣传部报道组工作的“大主笔”胡洪波娶了相貌一般、辫子特长的郭月英为妻。谈恋爱时，每当胡洪波对郭的相貌表示不满时，郭月英就把辫子缠在胡洪波脖子上，三缠两缠，锁定了关系。新婚之夜，郭月英说“只要我的辫子在，你就别想跑”⑥。婚后，有了孩子，家务活增多，胡洪波劝说郭月英剪成短发，免于长时间打理，郭月英眼泪汪汪，嘟嘟哝哝，纠缠不清，胡洪波正被一篇稿子弄得心烦，拍桌子，吼了一声“精神病”，郭月英一番哭闹后睡着，第二天目光呆滞，反应迟钝，应验了胡洪波那句吼叫“精神病”，住进医院治疗半年，依然不见好转。因照料妻子任劳任怨，被提拔为宣传部副部长，工作中结识了另一个大辫

① 莫言：《高粱殡》，载《红高粱家族》，上海文艺出版社，2012，第278页。
② 同上书，第278－279页。
③ 同上书，第280页。
④ 同上书，第286页。
⑤ 莫言：《透明的红萝卜》，载《欢乐》，上海文艺出版社，2012，第32页。
⑥ 莫言：《辫子》，载《与大师约会》，上海文艺出版社，2012，第14页。

女人余甜甜，竟也以郭月英的那句“只要我的辫子在，你就别想跑”①相逼。胡洪波的一句“我已经被大辫女人吓破了苦胆”②，使余甜甜剪断辫子，扔给胡洪波，胡洪波回家后，对着反复念“只要我的辫子在，你就别想跑”③咒语的郭月英抽了一辫子，剪断郭月英的辫子后，郭月英竟恢复了神智。情节怪诞，结局令人意外。小说中“辫子”象征着对人类的某种限制性力量，既存在于婚姻内，也存在于婚姻外，既存在于家庭，也存在于事业。小说结尾处暗示，它既存在于现实，也存在于内心。意即真正能够束缚我们的力量恰恰源于我们自己的内心。

小说《火烧花篮阁》采用第三人称视角叙事，讲述某市城中央湖心建筑花篮阁历经六任市长兴建——起火——升迁，俨然成为巨大的象征符号，新任市长、建筑学博士本不想复建屡建屡烧的花篮阁，但因屡屡收到群众要求重建花篮阁的信件，遂决定以耐火材料重建花篮阁，不料启用耐火材料却遭到众人反对，新任市长在日记中发出“难道人民群众需要火灾”④的质疑。正当此时，一来访群众来到市长办公室，而来访者身份、装扮，乃至性别充满或然性，“或者是一个面容清秀、不施粉黛的年轻女子，或者是一个珠光宝气、浓妆艳抹的半老徐娘，或者是一个柳眉紧蹙、泪光点点、头戴白花的小寡妇，或者是一个鹤发鸡皮、手拄拐杖的老太太，或者是一个身穿洗得发白的中山装、腋下夹着一个磨破了边的旧皮包的老男人，或者是一个身穿乌亮的黑皮夹克、挺着大肚子的中年男子，或者是一个弓腰缩颈、犹犹豫豫的小公务员……”⑤推门出现在市长面前，来者何人？充满不确定性，又充满趋同性，既然趋同，那么来者何人答案已然无关紧要，问题本身已然消解了答案以及问题自身。小说以“市长知道，接下来的故事，无论他怎样努力地想不落俗套，都会变成对时下流行小说的拙劣模仿”⑥结束。小说结束，读者心中仍疑问重重：其一，花篮阁为什么屡建屡焚？它象征着什么？作者意欲借此表达什么？其二，众人为什么希望复建花篮阁？却拒绝使用耐火材料？若是盼望起火，原因为何？其三，来市长办公室的究竟什么人？其四，小说结尾“市长知道，接下来的故事，无论怎样努力也无法摆脱对时下流行小说的拙劣模仿”，市长无法不落俗套尚可解释，他与拙劣模仿时下小说有何干系？或许是指市长不得已而继续的复建和可预见地再焚烧花篮

① 莫言：《辫子》，载《与大师约会》，上海文艺出版社，2012，第21页。

② 同上。

③ 同上书，第22页。

④ 莫言：《火烧花篮阁》，载《与大师约会》，上海文艺出版社，2012，第401页。

⑤ 同上书，第401－402页。

⑥ 同上。

阁,而这一行为酷肖作者对小说的创作常常摆脱不掉既往的习惯和影响的焦虑?一切都悬而未决,一切都充满或然性,一切都无法确定。其中最重要的核心问题是花篮阁象征什么?从其屡次被烧而无害这一角度而言,似乎只是无用之物。而每次被烧后,市长必然升迁,新市长再建、花篮阁再莫名被烧、市长再升迁,从这一角度思考,似乎是功劳簿,而屡建屡焚,再焚再建,劳民伤财,人们却乐此不疲,习惯成自然,不建或不焚,百姓拒不接受,莫不是耻辱柱?推测至此,深感,每一次阐释恐怕都是误解,如是,任何阐释便又都失去意义。而唯一的意义就是存在本身,不盲目揣测,也就避免了误读和偏见。

(三)寓言

这里的"寓言"取自本雅明①的概念,意为经过一系列严格整理的能指,能指与所指之间呈任意性、断裂性和混乱性,寓言不同于隐喻和象征,不对事物的表象进行模仿式再现。②

《遥远的亲人》题为"遥远的亲人",看似意在重点表现远在台湾的八叔,但在八婶身上着墨最多,从外貌到经历,从性格到行动,塑造了坚忍、刚烈、重情义的八婶形象,从新婚进门,八婶的婆婆大奶奶就对八婶态度恶劣,但八婶对大奶奶一家始终以礼相待,尽管后来八叔失踪,杳无音信,八婶仍然履行儿媳的职责,直到大奶奶过世,大姑姑、大姑父、小姑姑继承了大奶奶对八婶的恶劣态度,但八婶依然执着地做着她认为该做的一切。如是分析,"遥远的亲人"更像是指代八婶,一来,无血缘关系,二来,不见容于婆婆家,远在台湾的八叔多年后的来信也清楚表明已又另外娶妻,组建家庭。但八婶仍然坚守自己内心的执着,认为自己与婆家是永远割不断的姻缘关系。那么,如果说"遥远"是描述婆家对八婶的态度,"亲人"则是八婶对婆家的执着。

《人与兽》何者为人,何者为兽?也许可以将作者的用意做以下解释,其一,爷爷在日本穴居十四年,练就了兽一般的野外生存本领,但为人的良心始终未泯,如此说来,"兽"指向本领,"人"指向良知;其二,爷爷和日本侵略者比较起来,更像是人与兽,日本人当年在中国烧杀抢掠,恣意凌辱女人,"奸杀了我的女人,挑了我闺女,抓了我的劳工,打散了我的队伍,作践了我的乡亲,烧了我的房屋,我与你们事

① 瓦尔特·本迪克斯·舍恩弗利斯·本雅明(德文:Walter Bendix Schoenflies Benjamin,1892 年 7 月 15 日—1940 年 9 月 27 日),犹太人,学者。

② 汪民安:《文化研究关键词》,江苏人民出版社,2020,第 532 页。

血海般的深仇”①,而爷爷却因抓捏日本女人留下青红伤而“感到深重的罪孽”,两相比较,善与恶昭然若揭;其三,爷爷与狐狸等野兽为争取生存权的搏斗,究竟是何用意?无论怎样解释,好像都有依据,但无论怎样解释,又都意犹未尽。

《鱼市》淡化故事,重气氛渲染,小说结尾,小耿独自赶着垂头丧气的毛驴姗姗来迟,凤珠“揭开毛驴肚腹两侧的驮篓盖子,嚎叫一声,萎软在路旁”②。鱼香酒馆老板娘凤珠心心念念、苦苦等候的老耿,看似已经离世,然而,老耿素来憨厚老实,不曾与谁结怨,竟然遭遇奇死,原因为何?凶手是谁?因小说未做表述,遂成难解之谜。

《地震》中蒋大志预言,过了十月一日三天村里将发生地震,不惜点燃自家柴垛以劝说乡亲们搬家,乡亲们既半信半疑,又故土难离,不肯搬家,在蒋大志反复劝说之下,乡亲们勉强答应等到那一天出去躲躲。蒋大志无奈,一家三口赶着牛车离开村庄。小说结尾,路上颠沛流离在父母对儿子预测不准的抱怨声中,蒋大志痛苦万分地说“错了,我计算错了……”而此时已经对蒋大志的预言痴痴迷迷的老同学“花猪”拿着半导体收音机冲进来,大声说:“昨天秘鲁发生了六级地震……看起来蒋大志那小子并不完全是瞎说。”③是耶非耶,实乃扑朔迷离,变幻莫测。读者只能依照理性做出判断:十之八九是巧合。

《天才》中从小即被视为天才的蒋大志县中学毕业考取名牌大学,却退了学,回家专门研究西瓜与地球的关系,冬天关在家里绘图、计算。开春以后,终日在西瓜地里苦思冥想搞研究,有一次甚至冻僵在西瓜地里,被“我们”以门板抬着送进了医院。出院后,蒋大志给“我们”讲解西瓜与地球构造的相似性以及用西瓜预报地震的合理性。讲解过后,蒋大志以高处不胜寒的孤独和强烈的遗憾感悲哀地提出了一连串我们理应质疑的问题。“从此之后,我们再也无法安宁,尤其是夜晚在瓜棚里看瓜时,抬头看到漫天的星星,低头看到遍地的西瓜,就感到一种巨大的恐惧,无数疑问像成群的蚂蚁一样在脑子里爬:西瓜是地球,瓜叶是什么?瓜花是什么?瓜子是什么?玉米是什么?大豆是什么?吃瓜的獾是什么?沙地是什么?尿素化肥是什么?……人又是什么?”④如何看待这个结局?至少有两个角度,其一,谁是真正的天才?什么样的生活是值得的?何为“我们”应该追求的真正幸福?

---

① 莫言:《人与兽》,载《白狗秋千架》,上海文艺出版社,2012,第419页。
② 莫言:《鱼市》,载《与大师约会》,上海文艺出版社,2012,第43页。
③ 莫言:《地震》,载《与大师约会》,上海文艺出版社,2012,第60页。
④ 莫言:《天才》,载《与大师约会》,上海文艺出版社,2012,第69页。

是安于现状，坚守本分，尽应尽的职责，还是力求高远，寻求更重大的意义？而意义又如何界定呢？它来自火热的生活还是坚硬的思想？其二，在一个被“科学”异化了的个体的搅扰下，一个群体被异化，看来“天才”是可传染的。另外这些看似接近本原的追问值得吗？

《姑妈的宝刀》，对其做直接的书写仅在结尾很小篇幅。此前大篇幅的叙写与此关联不大。“张老三说那是一把缅刀，杀人不见血，吹毛寸断”①，但至今已无用武之地，勉强可在厨房使用，却又轻又软，不及两块钱一把的菜刀。作者借此似在表达两层含义：其一，再好的宝贝也需要特定的时空场合，如若没有用武之地，终究只能束之高阁。其二，应以发展的眼光处世行事、看问题，不应拘囿于传统或成见。

《神嫖》对应情节却只占了最后的小幅篇幅，主要讲五件轶事，塑造了季范先生乐善好施、风流潇洒、任诞洒脱、不滞于物、不拘礼法、聪颖过人、特立独行的形象。小说为何以占很小篇幅且与主题关联不高的“神嫖”命名？这是一个见仁见智的问题。

《屠户的女儿》小说以女孩儿香妞的视角讲述了一个复杂、曲折、玄幻、离奇的故事。小说以优美的语言、舒缓的节奏、平和的情绪、朦胧隐晦地讲述了一桩极不平常的故事：乱伦、人鱼、弑父。

《与大师约会》题为“与大师约会”，小说却更多表现“我们”对大师的长久的等待，在结尾处，“大师”终于露面，却未及与“我们”交谈，如是，与大师的约会只切实存在于我们的期待中，“大师”一旦出现，期待即宣布告终，隐约传达“愿望”与“现实”只有保持在尚未聚合的紧张关系中才有意义。一旦实现，便失去了张力，因而沦为荒诞。此外，小说发出的一系列诘问，何为大师？何为艺术？私密空间公开化是否值得提倡？行为艺术究竟是不是艺术？无不凝结着艺术追求，乃至生活自身的深沉与荒诞。

《木匠和狗》小说以最终面目全非的故事寄寓人言可畏、阐释产生误解的必然性。将四体不勤的管六、游手好闲的管大爷与不辞辛劳的木匠父子进行对比，表达对含辛茹苦的劳动者的赞美。以三次讲述故事中人与动物道德次第降解表现人性的异化，人与他者关系的疏离，在隐喻工具理性模式下道德的降解，人性的堕落和异化。人与狗，兔与鹰，人与人之间的纠葛与斗争多是为了生存与发展，当一方威胁或侵害另一方时，另一方若不希望坐以待毙，势必由防守之势转而发起猛烈进攻，关联生存与发展斗争的双方，其结局必然只有两种：生存或者毁灭，体现竞争的

① 莫言：《姑妈的宝刀》，载《与大师约会》，上海文艺出版社，2012，第142页。

残酷性。

《养兔手册》小说讲述“我”在火车上偶遇昔日班花江秀英带女儿乘车，回忆起二十年前作为英武的年轻军官回乡探亲时，特地看望在新华书店做店员的江秀英，见面前“我”百般设想她见到我如何激动、惊讶、兴奋，不料江秀英见到我时却异常平淡，只报以浅浅一笑，话都不曾说。尴尬中，“我”随意买了一本书，名为《养兔手册》。当年读书时，漂亮迷人、落落大方的文艺骨干江秀英是许多男孩子心中的女神。原本以为在军队好好发展还是有机会与江秀英谈婚论嫁的，结果转业回家安置工作后遭遇下岗，子承父业，做了修鞋匠……小说主旨在于描写带着懵懂的暗恋和爱而不得的淡淡感伤，却以与主题并无关联的《养兔手册》为题，淡淡感伤又轻盈释怀，忧伤又甜蜜，俏皮而巧妙。

《小说九段》朦胧隐晦，难解其意，只能猜测；《手》感叹光阴易逝，容颜易老，可谓“最是人间留不住，朱颜辞镜花辞树”；《脆蛇》万物一理：为维护自身的生存与发展而拼搏；《女人》若界限与尺度有期限，那么其意义何在；《狼》江山易改，本性难移，无论怎样掩饰也无法改变本质；《井台》一个敢于自轻自贱的人的力量是无法估量的，无人能与之抗衡；《贵客》许多人难于摆脱“面子”哲学，一而再三地无谓牺牲，大可不必；《井台》与《贵客》表现了两个极端；《翻》似乎在传达因果逻辑，无中生有，翻云覆雨，假戏成真；《船》时过境不迁，总有些东西一如既往。《驴人》主客体地位并不是一成不变的，往往互逆或倒转。

小说题名为《欢乐》，究竟何为欢乐？出人头地？追名逐利？齐文栋背负着家族的希望、母亲的厚望、上大学的热望，对抗着哥嫂的嫌弃、邻里的嘲讽、青春期的躁动，各种情绪盘根错节，纠缠扭摆，导致屡试屡败，面对无法改变的存在的失序、无法摆脱对未来的焦虑，绝望的齐文栋在狂欢中以死寻求宁静的欢乐。小说结尾发出追问“什么是欢乐？哪里有欢乐？欢乐的本质是什么？欢乐的源头在哪里？”①篇外篇似乎透露了答案，欢乐其实很简单，摆脱重负，心怀感恩，平淡简单中俯拾皆是。

《你的行为使我们恐惧》“他真的把传家的宝贝割下来了？我们是否真的站在他的门外呼唤过他？都不确定”②。小说结尾“劳改农场那边又响起了也许是枪毙罪犯的枪声。我们是不是站在你家门前敲过门板呢？也许真是幻觉，即便在真幻

① 莫言：《欢乐》，载《欢乐》，上海文艺出版社，2012，第292页。

② 莫言：《你的行为使我们恐惧》，载《欢乐》，上海文艺出版社，2012，第410页。

觉里，我们也感到恐惧”①。吕乐之有没有像传说中那样去世，我们有没有去他门前敲门，一切都不确定。

《怀抱鲜花的女人》中女人什么来历？为什么不说话？缘何始终追随王四，哪怕千难万险，哪怕路途遥远，哪怕遭到拒绝？王四为何轻率地与陌生女人亲密接触？一切都是难解之谜，怀抱鲜花的女人可做多重解读。其一，诱惑。女人妩媚而迷人的微笑、凸凹有致的身材、神秘而庄严的气息、怀中鲜嫩而妖冶的鲜花无一不对王四形成强烈的诱惑。其二，欲望。王四对这个陌生女子产生兴趣更多是源于满足欲望的感性冲动，而非爱恋。其三，泛指无法摆脱的情绪。这个梦魇般追随和纠缠着王四的，看似高贵的散发着腐草气息的女人似乎可以用来指代所有难以摆脱的情绪。而文中的黑狗则是王四潜意识的外化体现。

《幽默与趣味》第三章“事情终于有了结局”②：汪小梅牵着变成猴子的王三在山东南部一县城车站广场路遇一牵猴子杂耍的男子，两只猴子互致亲切问候。第二章中则预设王三又由猴子变回了人，如往常一样工作生活。两种说法似有相悖，形成了结局的不确定性。

《模式与原型》以“狗”命名主人公，体现其身份和地位的微贱。“狗”的泄欲、纵火、焚母都是出于模仿，但却被逮捕入狱、游街示众，而真正的教唆犯和犯罪原型却逍遥法外，毫发无伤。

《晚熟的人》中生意做得轰轰烈烈的蒋二，擂台和展览馆因建在滞洪区而被拆除。蒋二居然在非法用地上大兴土木，“建功立业”，岂不是做得越大损失就越大，根基不正越长越歪，其痴其愚，实为“晚熟”。

《贼指花》究竟是谁偷了胡东年的钱包，结尾悬而未决。“偷了胡东年钱包的人，也许是尤金，或者，真的就像他们怀疑的那样，那个贼，就是我。”③文本的空白与不确定性为阐释的多元性提供了可能，而此时“谁是那个贼”确凿的答案似乎已经不十分重要，重要的是，对现象世界的质疑和对本质世界的追问，始终应该继续。

莫言小说深得中国古典美学“奇诡”“玄妙”“幽深”“化境”精髓，汲取西方“反对智性穷究”的阐释理念，形成了“微旨幽邃，妙趣难详”的美学意趣。就此而言，本书对莫言小说的分析也只是管中窥豹，难脱管窥蠡测之弊。

---

① 莫言：《你的行为使我们恐惧》，载《欢乐》，上海文艺出版社，2012，第420页。

② 莫言：《幽默与趣味》，载《怀抱鲜花的女人》，上海文艺出版社，2012，第430页。

③ 莫言：《贼指花》，载《晚熟的人》，人民文学出版社，2020，第107页。

三、黑色幽默

“黑色幽默”即以幽默、嘲讽甚或赞赏的态度表现生活中的丑恶、畸形和非理性现象。在二律背反的矛盾律中临摹和体察生存的悲感、荒诞与无奈。

莫言小说往往以看似喧嚣、嬉闹、狂欢的场景，表达主人公的悲凉、窘迫、尴尬处境，以看似幽默的语言、赞赏的态度表达无奈、厌恶和嘲讽，具有强烈的讽刺与批判色彩。作者自述《师傅越来越幽默》带有荒诞感的黑色幽默，《牛》表现的是苦难生活中的农民的幽默，《三十年前的长跑比赛》则是处在苦难中的知识分子的幽默。①

莫言式的黑色幽默与西方式充满玩世不恭的绝望情绪的黑色幽默不同，多了淡泊，多了慈悲，多了深邃，究其本质，是以“入乎其内”的深切体察社会，以“出乎其外”的磊落书写宇宙人生。

《三匹马》以难以弥合的二元对立表现小说人物生存的悲感与无奈。如酷爱马的农民刘起狂热却荒诞的梦想与现实存在冲突。追求梦想固然值得提倡，但小说中刘起的梦想因不切合自身实际生活而显得荒诞不经，可笑又可悲。再如站岗士兵张搴长因救人与站岗职责存在冲突所引发的对“究竟何谓军人职责”的现实拷问。在救人于危难与“不得擅离岗位”的“第二十二条军规”般神圣职责之间的矛盾充满黑色幽默。

《弃婴》中“我”去乡政府安置弃婴，被狗咬伤。乡领导有愧意，愤怒地指责狗主人“人民政府，又不是地主宅院……为什么要养看家狗？难道要切断与人民的血肉联系吗？”“我”指指伤腿，幽默地说，“不是切断，而是建立起血肉联系”②。以含泪的微笑表达“我”的窘迫与尴尬，更为窘迫、尴尬和无奈的是“我”出于道义和良知将弃婴抱回家，这一本应为人称道的高尚行为却给“我”与家人，也给弃婴带来了无尽的烦恼。先是本就贫寒的家庭遭遇喂养之忧，继之是“我”家已有一女，弃婴的到来势必违反计划生育政策，随之而来的是落户的困扰……

《革命浪漫主义》中有一段细节生动表现了生活中明规则、潜规则、元规则之间的吊诡：

我狠狠啐了一口唾沫，一个中年人走到我身边，严肃地说：根据市政府规定，随

① 《〈韩国每日经济报〉书面采访》，载莫言《碎语文学》，作家出版社，2012，第326页。

② 莫言：《弃婴》，载《白狗秋千架》，上海文艺出版社，2012，第313页。

地吐痰者罚款五角。我说我吐的是唾沫！他说唾沫和痰之间没有不可逾越的鸿沟。我付给他一元钱，他说找不开钱，我灵机一动，又往地上啐了一口唾沫，我说一口五角，两口一元，甭找了。他说：根据市政府规定，对卫生监督人员进行侮辱诟骂，罚款五元！我愤怒地骂：他妈的！他说：十元！你再骂，骂一句十元！我说：大叔我错了，我只有五元一角钱，给您五元，剩下一角我还要买票回家。他通情达理地说：行啊！他递给我一张发票，我说不要，他说拿着吧，让你们领导给你报销去。①

引文中的明规则即随地吐痰者罚款五角；对卫生监督人员进行侮辱诟骂罚款五元。潜规则呈现为以累加的违规行为化解“找不开钱”所引起的不对等交换。元规则表现为双方的讨价还价，并最终达成一致，罚款五元。冷峻、幽默地再现了人与秩序的背离与失衡，这一现象绝非特定的社会问题，而是普世性的生存问题。另外，小说以“我”在战场上被炸掉半个屁股这一看似可笑，实则悲凉的情节映射“革命浪漫主义”，幽默中，悲泪自出。小说渗透了反对战争、主张和平的思想。

《拇指铐》中八岁男孩儿阿义为给母亲治病，连夜跑到药铺抓药，回家途中看到路边石供桌旁坐着非正当关系的一男一女，男人因疑心阿义偷窥告密，将阿义用拇指铐锁在树上。随后一男一女走了。阿义拼命挣扎寻求锁断无果，反而加剧了拇指的肿胀和疼痛。两男一女试图锯断拇指铐，但未成功，随后沮丧地参加他们的酒宴去了。另一个背着婴孩来田间给丈夫送水的女人试图以镰刀砍树拯救阿义也未成功，便奔赴自家田地劳作去了。只剩下孤苦伶仃、无辜又无奈的阿义，他被锁在树上动弹不得，焦急地惦念着母亲，只能任思绪飘飘摇摇，飞回去探视母亲，体现了“心之所向”与“行之所不及”之间难以弥合的矛盾，小说以看似冷漠的笔法，表现最为深沉的痛苦，生动呈现了作用于每一个生命个体的生存无奈。

《长安大道上的骑驴美人》讲述了一个异常荒诞的故事：一天京城办公室职员侯七下班骑车回家，途中听到西边传来一阵喧哗，循声望去，见一红裙少妇骑着一匹油光闪闪的黑驴，紧跟一骑着英武白马的全身盔甲、全副武装、执矛佩剑的男人穿过马路。一群人调转方向蜂拥着跟随，侯七也调转车头，背离着回家的方向，跟随着看个究竟。骑驴美女穿一件单薄的红绸裙子，而此时多数人都穿着毛衣毛裤，有的还穿上了羽绒服。红裙少妇皮肤粉嫩，溜肩细腰。驴行速度在每小时十五公里左右。人们一路跟随，跟随过程中发生了摔倒、挤压、受伤事故，警察疏散后，跟随者明显减少，最后只剩下侯七一个人，“当驴马后边只剩下侯七一个人时，白马停

① 莫言：《革命浪漫主义》，载《白狗秋千架》，上海文艺出版社，2012，第356页。

住脚步,黑驴也停住了脚步。侯七的心一阵狂跳,期待已久的结局也许就要出现了,让他怎能不心跳!"①作者做足了铺垫,"期待已久的结局"终究是怎样的呢?随后却以"白马翘起尾巴,拉出了十几个粪蛋子。黑驴翘起尾巴,拉出了十几个粪蛋子。然后马和驴像电一样往前跑去。"②稀释了预设,瓦解了意义,颠覆了神圣,平淡无奇,荒诞至极。作品仿佛意在表达好奇心、物欲、魔力、感染力及其存在的普遍性,反映追求欲望的荒诞和无意义。

《沈园》讲述了一个有些令人莫名其妙的忧伤故事。女主角不断地吐露心心念念的愿望:"我每次来北京,都想到沈园去看看,但总是去不了。"③而事实上沈园明明在浙江绍兴,并不在北京。女主角好像误认为沈园在北京,而且面对男主角对这一误解的纠正毫不理会,甚至充耳不闻,反复强调"这一次,我一定要去沈园"④。女主角丝毫不顾及现实合理性的执念带有浓厚的非理性色彩。在出租车上面对司机"去哪"的问询时,男女主角两番争执后,终究依循了男主角以圆明园代替沈园的决定,意味着理性与非理性的角逐以及理性对非理性的规训。

小说结尾,当男主角注意到时间时,"已经七点了",而女主角的列车是八点开。表现苍茫辽远的时空场域中,人们为抵达目标,往往锲而不舍、百折不挠,但若出现方向性错误,其结果势必事与愿违、不尽人意。另外,小说人物未命名,而代之以抽象性、符码化的"他"和"她",隐喻他们的遭遇代表着多数人的人生窘境,表现人生的趋同性、荒诞的普遍性。

《高粱殡》中铁板会员悲戚地说:"我们原来都是邻庄隔疃的亲戚,抬头不见低头见,不是沾亲,就是带故,为什么弄到这步田地!"⑤批判和控诉在动荡的年代里战争的残酷和荒诞。

四、怪诞

"怪诞"即以夸大、变形等方式呈现奇特、怪异、打破常规的现象,通过离奇想象和荒诞情节表现特定内容,增强艺术效果的审美质素。

《苍蝇·门牙》中连队里苍蝇成群结队,已然泛滥成灾:

---

① 莫言:《长安大道上的骑驴美人》,载《与大师约会》,上海文艺出版社,2012,第199页。
② 同上。
③ 莫言:《沈园》,载《与大师约会》,上海文艺出版社,2012,第286页。
④ 同上。
⑤ 莫言:《高粱殡》,载《红高粱家族》,上海文艺出版社,2012,第301-302页。

苍蝇们一哄而起，满饭堂乌云翻滚，苍蝇们愤怒地叫着，冲撞着，玻璃窗子和墙壁嘭嘭啪啪地响，铁丝惊恐不安地跳动，我们的耳朵都被苍蝇的尖啸声给震聋了。①

不仅如此，而且屡杀不绝，甚至越杀越多：

我们曾喷洒过大量的“敌敌畏”，头两次也确实有效，死去的苍蝇和半死不活的苍蝇把地皮都遮没，一脚踩下去，咯吱咯吱响，听着让人齿底生津。药死了一批苍蝇，又飞来更多的苍蝇，后来的苍蝇对“敌敌畏”毫无恐惧，竟有越喷越活泼机灵的荒唐效果。②

苍蝇之多，生命力之顽强，影响和危害之大，达到了超乎想象的程度，似乎以苍蝇影射粗俗鄙陋、百无聊赖的思想状态：

我在片刻的意识泯灭状态中，突然看到苍蝇们的极不规则的、生着无数倒刺挂钩的、半流质的、黏稠的、红中透绿的思想。它包围了我，刺着我、扎着我、胳肢着我、努力渗透着我。我动员了每一个细胞的力量进行着顽强的抵抗，像拔河一样。第一个细胞的失败导致了全线崩溃。我一头扎到我们班长背上。③

“我”的意识中正向的、积极的力量与粗俗且鄙陋的力量彼此纠缠、斗争，虽然正面力量顽强抵抗，但依然败给了腐蚀性强大的平庸、粗俗而鄙陋的思想。

《罪过》中“我”带弟弟小福子到河边玩耍，他不幸溺水身亡，父亲愤怒中很用力地踢了“我”一脚，本想大哭一场的“我”“看到人们的像鬼火一样的，毒辣的眼睛，所以，我紧紧咬住嘴唇，把干嚎压下去。于是，我感到胃里燃烧起绛紫色的火焰。”④面对周边的对抗性力量，“我”狠狠地压抑自己，把真实的自己深深地埋藏起来，求得自我保全。“小福子淹死之后，我一直装哑巴，也许我已经丧失了说话的机能，我把所有的话对着我的肠子说，它也愉快地和我对话。”⑤表现“我”的孤独以及对孤独的反抗。对生活中危险和苦难的过度认知，使“我”深深陷入巨大的恐惧漩涡中难以自拔，于是，为了求得安全，“我”以装哑巴主动放弃交往，沉入保卫自我的崇高的英雄主义孤勇中。

《革命浪漫主义》中为了安抚自己接受在战场上被炸掉一半屁股的惨痛事实，

---

① 莫言：《苍蝇·门牙》，载《白狗秋千架》，上海文艺出版社，2012，第 259 页。

② 同上书，第 268－269 页。

③ 同上。

④ 莫言：《罪过》，载《白狗秋千架》，上海文艺出版社，2012，第 294 页。

⑤ 同上书，第 297 页。

劝服自己相信"你认为绝对不可能发生的事情,肯定是能够发生的事情,这才是世界"①。并列举"我们家一匹母骡生了一匹小骡子,我们以为这个小骡子是个怪异,不久又听说东村里一头黄牛生了一个小男孩,南村里一只母猫生了一窝小耗子,我们家的母骡生的小骡与黄牛生的男孩母猫下的耗子比较起来算什么怪异呢?"②罗列奇异古怪的现象,意欲说明荒诞是世界的本然属性,如是,接受荒诞即是遵循本然的必然选择和明智态度。以举重若轻的幽默态度表达对荒诞的接纳。

《怀抱鲜花的女人》中的怪诞表现可分别从男女主人公两个审美对象出发加以审视:男主人公王四回家结婚的路上偶遇这一怀抱鲜花的女人,虽并不十足爱恋,却莫名其妙地反复与她亲吻、拥抱,甚至最后与之相拥而死。他弃置早已预设妥当的爱情与婚姻,不顾家人的劝说,放弃一切既定的社会和家庭的责任,恍若迫不得已,又似乎奋不顾身,最终孤注一掷地背弃了道德与责任,走向放纵和毁灭。女主人公考究的装束与草率、疯狂的行为形成巨大的落差,她何以如此钟情于一个毫无了解的、路上偶遇的异性,并克服一切障碍、历经长途跋涉,不惜九死一生地追随,实属不可思议,怪异得有悖现实。小说并未表明男女主人公对彼此的爱恋,两人的关系似乎仅仅出于情不能已,这种无法控制的激情甚至不是自发,而是自动,而这种自然而然的情感以毁灭一切规定性的颠覆性力量紧紧吸附和裹挟着他们一道离心旋转,直至毁灭。这种力量究竟是什么呢,也许是欲罢不能的诱惑抑或违逆常规的心魔。

《幽默与趣味》中大学教师王三出去买拖布,忘记带钱,匆匆回家取钱路上,躲闪车辆时不小心碰撞了协警老太太乳房,老太太叫了一群协警一起追赶被误解为"流氓"的王三,憨厚老实的王三仓皇逃回家,他有口难辩,情急之下变成了一只绿毛猴子。小说意欲表达在强悍妻子的统治、社会交际的误解、生活与工作的重压、城市车水马龙的聒噪的综合作用下,无处逃遁的王三异化为一只猴子。如是,协警地追踪仅仅是异化的导火索。

五、新感觉

"新感觉"即以多元、开放、融合的感知方式传达活跃、新鲜、奇异、灵动的审美体验。以下从莫言小说中的独特感觉与呈现方式两个方面展开讨论。

① 莫言:《革命浪漫主义》,载《白狗秋千架》,上海文艺出版社,2012,第344页。

② 同上书,第345页。

（一）独特感觉

莫言小说往往以绚丽的色彩、嘈杂的声音、浓烈的味道、陌生化的书写呈现独特的感觉。

1. 色彩

《黑沙滩》《白狗秋千架》《透明的红萝卜》《红高粱》《金鲤》《金发婴儿》《白棉花》《红树林》《红蝗》《红耳朵》，这些标题既已透露了莫言的色彩逻辑——浓烈、明艳、绚烂，真实与虚幻融合，以浓墨重彩的极致临摹热气腾腾的生活图景，以生机盎然的原始生命强力歌颂生命的自由与欢乐。火红、金黄、乌黑、洁白、苍翠、靛蓝，更多的则是诸种颜色的并陈或混合，“红红绿绿，白白黑黑，蓝蓝绿绿”①……，四脚夹杂些许黑毛的白狗，乌黑眼睛的绿毛猴子，金色翅膀的红鲤鱼，火红的高粱与墨绿的叶，洁白的棉花与殷红的血，苍翠的庄稼与赤粉的蝗虫，红的、蓝的、绿的、黑的血，白的、黄的、粉的、黑的、金色的、锈色的皮肤，黄色、红色、白色、蓝色的光辉……莫言笔下的颜色有些源于叙述者现实，有些则源于独特感觉，如血红的月亮，蓝色的血，绿色的泪水，金黄色的微笑，“螃蟹吐出五彩的泡沫”“眼睛红得像辣椒”……以超现实的陌生化书写，表现异于寻常的残酷惨烈、艰难困厄、明艳欢乐。莫言也常用颜色表现抽象的情感和难以描摹的复杂情状，如书写愤怒，罗汉大爷脑子里燃着“紫红色的火苗”，余司令“眼睛黑得出红光”，摹写残阳和高粱掩映下的父亲和伙计们“半边脸红半边脸绿”以烘托战争的残酷和结局的难以预期，以“东北天空抖着一个血红的闪电，一道残缺的杏黄色阳光，从浓云中嘶叫着射向道路”②预设奶奶花轿被匪徒所劫，“喇叭口里飘出暗红的声音”映射战场上的血雨腥风，战士们的誓死战斗。以“灰白色的暗语”③咒骂和嘲弄母亲，书写对“偏心”的母亲的不满。“我”被父亲踢飞的愤怒和恐惧致使“胃里燃烧起绛红色的火焰”④。

小说中的颜色时而变化万千，“黑沙滩的沙滩其实是一种成熟的麦粒般的颜色……在清晨丽日下，它呈现出一种温暖的玫瑰红；正午的阳光下，它发出耀眼的银光；傍晚的夕阳又使它蒙上一层紫罗兰般的色泽”⑤，时而层层叠叠，“泛着青幽

① 莫言:《红高粱》，载《红高粱家族》，上海文艺出版社，2012，第 68 页。
② 同上书，第 42 页。
③ 莫言:《罪过》，载《白狗秋千架》，上海文艺出版社，2012，第 292 页。
④ 同上书，第 295 页。
⑤ 莫言:《黑沙滩》，载《白狗秋千架》，上海文艺出版社，2012，第 54 页。

幽蓝幽幽光的铁砧子上，有一个金色的红萝卜……红萝卜晶莹透明，玲珑剔透。透明的金色的外壳里包孕着活泼的银色液体”①，小说中俯拾皆是的颜色描摹宛若斑斓璀璨的视觉盛宴，诠释着独特的色彩美学。

谈及对色彩的摹写，莫言自述源于对凡·高、高更等现代派绘画风格的借鉴②，其小说生动新奇、亦真亦幻的色彩呈现正是对鲜活蓬勃的民间生活的诗意临摹。

2. 声音

与颜色同样绚烂、别致的还有小说中的声音，这些声音融汇了乡村、城市、自然、人世的各种声响，惯常的有莺啼鸟鸣，家禽、家畜的叫声，男女老幼的独白或对话，特别的如鱼儿的唼喋，发丝落地……很多时候，即便是惯常的声音，通过新奇的加工，表达效果也便不同凡响，如河水“低沉的呜咽”，“悠长的毛驴叫声”，“寻偶狐狸的兴奋鸣叫”，高粱“嚓嚓啦啦幽怨鸣声”，“鹅叫般的喘息声”，婉转的口哨，炮孩子梦呓般的讲述，朴素的民谣，沧桑的茂腔。

《红高粱》中仅奶奶乘花轿一节，就表现了各种声响：轿内苍蝇的嗡嗡声，远处传来的悠扬哭声，高粱地里奇鸟珍禽高鸣低啭，风吹高粱哗哗哗啦啦啦的声响，大喇叭小唢呐呜呜咽咽、凄凄惨惨的吹奏声，高粱叶子摩擦轿子的嚓嚓声，拴轿杆的生牛皮吱吱声，轿夫们均匀的脚步声、粗重的喘息声和粗野的说笑声，轿夫脚踏尘土的噗噗声，隆隆雷鸣，雨打轿顶的噼啪声，“蛤蟆的叫声忧伤，蝈蝈的唧唧凄凉，狐狸的哀鸣悠怅”③，诸种声响既映衬了奶奶内心的犹疑不安，也预设了这桩婚姻的不幸。奶奶弥留之际，追忆高粱生长的声音、爱情之火哔啵燃烧的声音，以及朦胧中所听闻的来自天国的、用唢呐、大喇叭、小喇叭合奏出的庄严音乐，夹杂着真实场景中遥远的枪声，豆官的脚步声，鸽子的鸣叫，想象中“高粱的呻吟和呼号”“白云的坚硬的边角擦得奶奶的脸窸窣作响”④，种种现实的和想象的声响交汇融合，既烘托了豆官的丧母之痛，也映射了奶奶高贵、绚烂、果决却短暂的一生。

值得一提的是，莫言笔下的声音逼真而生动地传达了独特的感觉，有放大夸张，如“逃逸的雾气碰撞着黄麻叶子和深红或是淡绿的茎秆，发出震耳欲聋的声响。

① 莫言：《透明的红萝卜》，载《欢乐》，上海文艺出版社，2012，第32页。

② 莫言：《先锋·民间·底层——与人民大学博士生杨庆祥对谈》，载《碎语文学》，作家出版社，2012，第306页。

③ 莫言：《红高粱》，载《红高粱家族》，上海文艺出版社，2012，第42页。

④ 同上书，第68页。

蚂蚱剪动翅羽的声音像火车过铁桥”①，“草甸子上响起了一阵阵青草拔节的声音”②；有通感联觉，如“墨河水明亮的喧哗”③，“声响初如圆球，紧接着便拉长变宽变淡，像一颗大彗星。我认为我确凿地看到那声音，它飞跃房屋和街道，跨过平川和河流，碰撞矮树高原，最后消融进初夏的乳汁般透明的大气里”④，声音不仅可视，而且可闻，“叫声粘腻冰凉，带着潮湿的霉变气息”⑤。写急雨“瓦片被急雨抽打得一片欢腾”⑥，写小雨“瓦上的雨声越来越淡薄”⑦，写静谧“安静如月球”⑧。莫言笔下的独特感觉绝非逼真的素描，而是综合了写意画的大气磅礴和油画的浓墨重彩，美得也许不够缜密周详，但足够宽广、热烈、明艳、赤诚。

特别是20世纪80年代后期，莫言小说中的声音负载了额外的叙事功能，不仅建构了小说的叙事哲学，甚而推演为小说的叙事模式。

小说常以无标点语句，将声音内涵化，让语言承载节奏，营造局促、紧张或热闹、狂欢氛围。例如，写紧张地求饶，“大叔大爷亲爹亲爷爷老祖宗我再也不敢了呀”⑨，写焦急地劝说，“金库金库你消消气算了算了何必跟个小孩子动真格的呢”⑩，写吃肉迅捷“他抓起猪肝猪肚猪心猪耳朵往嘴里塞腮帮子鼓起来”⑪写热恋时的羞涩与欢乐“那时汪晓梅咕嘟着小嘴像个花骨朵儿说不让你摸不让你摸男人摸了长得快长得大俺姐说男人手中有酵母一摸就发了馒头”⑫，写孩子们的活泼踊跃“教师让我们各报名字。于是李栋材张立身王阿宝郭进财一阵乱纷纷”⑬。标点符号的减省和缺位，令小说人物语言和行为频次更趋紧凑，赋予语言以声音张力和情绪穿透力，干预读者阅读节奏，增强情境感和感染力。

有学者指出，自《天堂蒜薹之歌》和《酒国》起，莫言作品中的声音进一步演化

---

① 莫言：《透明的红萝卜》，载《欢乐》，上海文艺出版社，2012，第6页。
② 莫言：《球状闪电》，载《欢乐》，上海文艺出版社，2012，第50页。
③ 莫言：《红高粱》，载《红高粱家族》，上海文艺出版社，2012，第3页。
④ 莫言：《爆炸》，载《欢乐》，上海文艺出版社，2012，第174页。
⑤ 同上书，第211页。
⑥ 莫言：《球状闪电》，载《欢乐》，上海文艺出版社，2012，第48页。
⑦ 同上书，第50页。
⑧ 同上书，第53页。
⑨ 莫言：《战友重逢》，载《怀抱鲜花的女人》，上海文艺出版社，2012，第313页。
⑩ 同上书，第313页。
⑪ 同上书，第315页。
⑫ 莫言：《幽默与趣味》，载《怀抱鲜花的女人》，上海文艺出版社，2012，第398页。
⑬ 莫言：《梦境与杂种》，载《怀抱鲜花的女人》，上海文艺出版社，2012，第353页。

为更加形式化的叙事模式，在《檀香刑》《生死疲劳》和《蛙》中达到炉火纯青的境地。①

《天堂蒜薹之歌》以叙述者、瞎子张扣、官方报纸三种声音讲述同一故事，三种声音互相补充，形成了复调与对话，多角度、立体化展现了故事全貌。《酒国》中叙述者、作家莫言、酒博士李一斗由各说各话到汇总融合，三者拼贴互文，共同讲述了一个异彩纷呈的曲折离奇故事。《檀香刑》中轰鸣的火车，悠长的茂腔，施刑者、帮凶、受刑者、看客的唱腔，各种声音交汇，谱写成一曲悲壮交响。《生死疲劳》大刀阔斧地将主人公西门闹变形为驴、牛、猪、狗、猴、大头婴儿，用不同声音讲述半个世纪以来农村的变迁以及农民与土地的血肉联系。《蛙》以四封长信与一部九幕话剧结构全篇，交织小说自述者蝌蚪、姑姑、众乡亲的不同声音，将寓意生命的“哇”“蛙”“娃”之声贯穿始终，强化了作品讴歌生命这一主题意蕴。

3. 气味

莫言认为，“一个作家应该有关于气味的丰富的想象力，一个具有创造力的好的作家，在写作时，应该让自己笔下的人物和景物，放出自己的气味。即便是没有气味的物体，也要用想象力给它们制造出气味。”②

莫言小说中的气味践行了他对气味的理解，令人难忘。频繁出现的如代表高势能符号的“香皂的气味”和代表低势能符号的“腐草的气味”，好闻的如“浓郁的香气”，“清新的香气”；难闻的如“酸溜溜的臭气”，“热烘烘的骚气”③，“鞋旮旯子味”，“牙龈发炎的味道”；扭结纠缠的如“成熟小麦的焦香和麦秸的苦涩”④“香气扑鼻的龌龊的臭气”⑤，怪诞的如“蛇身上放出来隔夜蒜泥般的味道”⑥。

莫言笔下的香气既关联着形状，是可见的，如“像云雾一样的香气”⑦，“父亲身上散发着的汗酸和炒面香气从我的眼睛里进入我的意识”⑧，“你们跑，钻，像烟一样，像气味一样”⑨；又关联着味道，甚至可食用，如“槐花开得那个香啊！多么香？

① 严锋：《感觉的世界谱系：重新发现莫言的现代性》，《中国比较文学》2013 年第 1 期。
② 莫言：《小说的气味》，载《用耳朵阅读》，作家出版社，2012，第 74 页。
③ 莫言：《罪过》，载《白狗秋千架》，上海文艺出版社，2012，第 279 页。
④ 莫言：《爆炸》，载《欢乐》，上海文艺出版社，2012，第 174 页。
⑤ 莫言：《欢乐》，载《欢乐》，上海文艺出版社，2012，第 259 页。
⑥ 同上书，第 265 页。
⑦ 莫言：《四十一炮》，上海文艺出版社，2012，第 145 页。
⑧ 莫言：《爆炸》，载《欢乐》，上海文艺出版社，2012，第 212 页。
⑨ 莫言：《欢乐》，载《欢乐》，上海文艺出版社，2012，第 242 页。

小磨香油炸斑鸠”①；而且可触可感，“柔软芳香灼热的麦秸和麦糠”②，“浓郁得像生蜂蜜般黏稠的生命的气味”③，“炒面的香味像小虫子一样在我的鼻孔里爬，在我喉咙里爬”④。

气味追随情绪，丰收季节大卖场“满场散着炒面香”，高兴时，即使汗水也“芳香”，连腥气都是“香喷喷”的，感伤时，桂花释放臭气，嫉妒时，糖是酸的。最愁肠百结的是土地的味道，如“冰冻的土地放出新鲜的清冷味道，醉人芳香”⑤；最牵肠挂肚的是植物的味道，如“幽淡的薄荷气息和成熟高粱苦涩微甘的气味”，“黄红相间的腥甜气息”⑥，“沙土里的豆饼味儿和揉烂了的西瓜藤叶的味道”⑦。气味负载想象，“父亲”的草帽“一旦破碎，就会变成焦糊的粉末辛辣的粉末”⑧，星星散发“淡雅香气”⑨。气味渲染氛围，槐花发出“沉重的闷香”，“父亲嗅着从奶奶夹袄里散出的热烘烘的香味，突然感到凉气逼人”⑩，预示戴凤莲的牺牲。

颜色有气味，“一阵比一阵浓烈的绿的味道”⑪，“阴凉的绿铜臭”⑫；气味也有颜色，“营院外唐家埠生产大队的养狗场里的臭味是黄色的，营院外唐家埠生产大队的绿豆粉丝作坊里的臭味是蓝色的，还有厕所、沤肥池、马圈等等臭味。五彩缤纷的臭气包围着我们这座小小的兵营”⑬。

在莫言笔下，气味无孔不入，“白炽的阳光里携带着一股恶毒的辣味”⑭；气味也无孔不出，“宽阔的背上散发着热烘烘的大葱的气味”⑮。

读莫言的小说，恍若享受空前的感官盛宴，读来时如身临其境般投入其中，时而于短暂地错愕和震惊后会心微笑，偶尔大惑不解，但又不由得拍案叫绝，这传神的感觉描摹，非此无他。何以令读者形成如此强烈的认同或震撼，莫言的主张是最

---

① 莫言：《罪过》，载《白狗秋千架》，上海文艺出版社，2012，第283页。
② 莫言：《爆炸》，载《欢乐》，上海文艺出版社，2012，第189页。
③ 莫言：《弃婴》，载《白狗秋千架》，上海文艺出版社，2012，第302页。
④ 莫言：《革命浪漫主义》，载《白狗秋千架》，上海文艺出版社，2012，第292页。
⑤ 莫言：《野种》，载《欢乐》，上海文艺出版社，2012，第354页。
⑥ 莫言：《红高粱》，载《红高粱家族》，上海文艺出版社，2012，第2页。
⑦ 莫言：《苍蝇·门牙》，载《白狗秋千架》，上海文艺出版社，2012，第265页。
⑧ 莫言：《爆炸》，载《欢乐》，上海文艺出版社，2012，第178页。
⑨ 莫言：《欢乐》，载《欢乐》，上海文艺出版社，2012，第264页。
⑩ 莫言：《红高粱》，载《红高粱家族》，上海文艺出版社，2012，第1页。
⑪ 莫言：《欢乐》，载《欢乐》，上海文艺出版社，2012，第287页。
⑫ 同上书，第291页。
⑬ 莫言：《苍蝇·门牙》，载《白狗秋千架》，上海文艺出版社，第259页。
⑭ 莫言：《爆炸》，载《欢乐》，上海文艺出版社，2012，第175页。
⑮ 同上书，第184页。

好的答案,“作家在写小说时,应该调动起自己的全部感觉器官,你的味觉、你的视觉、你的听觉、你的触觉,或者是超出上述感觉之外的其他神奇感觉。这样,你的小说也许就会具有生命的气息。它不再是一堆没有生命力的文字,而是一个有气味、有声音、有温度、有形状、有感情的生命活体。”①

(二)呈现方式

莫言小说中的新感觉呈现方式按奇异的比喻、通感联觉、超常想象三种类型予以讨论。

1. 奇异的比喻

《民间音乐》中以奇异的比喻表现小瞎子的吹箫声。“突然,从院子里响起了一种马桑镇居民多少年没听过的声音,这是小瞎子在吹箫!那最初吹出的几声像是一个少妇深沉而轻软的叹息,接着,叹息声变成了委婉曲折的呜咽,呜咽声像八隆河水与天上的流云一样舒展从容,这声音逐渐低落,仿佛沉入了悲哀的无边大海……忽而,凄楚婉转,一变又为悲壮苍凉,声音也越来越大,仿佛有滔滔洪水奔涌而来,堤上人的感情在音乐的波浪中起伏……箫声越加苍凉,竟有穿云裂石之声。这声音有力地拨动着最纤细最柔和的人心之弦,使人们沉浸在一种迷离恍惚的感觉之中。”②以“少妇深沉而轻软的叹息”比拟初起的箫声,继之以“八隆河水与天上的流云一样舒展从容”比拟箫声呜咽,而后以仿佛“滔滔洪水奔涌而来”比拟箫声苍凉。小瞎子拉二胡,“曲子轻松明丽,细腻多情,仿佛春暖花开的三月里柔媚的轻风吹拂着人们的脸庞。”③以“三月里柔媚的轻风”吹拂脸庞表现曲调的轻松细腻,温婉明丽。小瞎子弹琵琶“奏出了银瓶乍裂,铁骑突出,珠落玉盘,间关莺语般的乐章”④以“银瓶炸裂”“铁骑突出”“珠落玉盘”“间关莺语”化用《琵琶行》诗句,表现小瞎子技艺精湛。以生活场景和自然现象作为喻体,比喻乐音,新颖奇异,而又亲切自然。

《天花乱坠》麻脸女高音一开腔,惊艳四座:“人的嗓子,怎么能发出如此美妙的声音呢?不像公鸡打鸣,也不像母鸡下蛋;不像鲜花,也不像绿草;不像面条,也

① 莫言:《小说的气味》,载《用耳朵阅读》,作家出版社,2012,第75页。

② 莫言:《民间音乐》,载《白狗秋千架》,上海文艺出版社,2012,第120页。

③ 同上书,第122页。

④ 莫言:《民间音乐》,载《白狗秋千架》,上海文艺出版社,2012,第124页。

不像水饺;比上述的那些东西都要好听好看好吃。"①"不像……也不像……"的排比句式既排除了声音的寻常感和一般性,又吊足了读者的胃口,令人不由得琢磨这声音究竟什么样呢,随即以令人为之震惊的"好听好看好吃"表现声音美妙,调动并聚合五官一起感受声音,摹写声音的穿透力、震撼力和感染力,表现其非比寻常的魅力。"那条嗓子,光滑得像景德镇的瓷器,连一点儿炸纹都没有,简直是绝了后了,盖了帽了,没法子治了,只能用天生地养来解释了,除此之外别无解释。"②以景德镇瓷器般的"光滑"表现嗓音的圆润柔和,以"天生地养"极言嗓音的空前绝后,妙不可言。

《麻风的儿子》中"老猴子的镰快,刷刷刷,像割水一样。"③将割麦子比拟为"割水",体现老猴子割麦动作的流畅,可见这是一个做农活的高手,手法高妙,不费力,熟练异常。

《我们的七叔》中我们革命小将押解"反革命"七叔去公社的那天晚上,我们七次超过一老人一小孩一头牛,吓得要命。感叹那个晚上"天比墨汁还黑,黑得我们呼吸都很困难"④那晚上的事情终生难忘,"那晚上的黑暗是一种类似海绵的物质,可以裁来缝成长袍。"⑤"比墨汁还黑"的比喻已经足够博人眼球,"类似海绵物质"可以用来"缝制长袍"的黑暗则更是令人拍案叫绝。

《司令的女人》中"我"被家人误解偷钱买糖送给唐丽娟,挨了一顿打骂:"骂声和毒打像雨点般落在了我的身上。我紧咬牙关,一声不吭。我闭上眼睛,心中想起了'风箱'的声音,想起了打碗的声音。我仿佛看到,'茶壶盖子'站在一边,看着我的亲人毒打我,她的脸上挂着笑容。她的笑容像冰一样把我的心冻住了。我绝望地闭上了眼睛。我听到绳子和棍子打在皮肉上发出的扑通声,好像在遥远的地方,有人在拍打一条破面被。"⑥父亲抡起绳子抽打"我",其疼痛程度可想而知,但引文仅以"雨点""风箱""打碗""拍打棉被"的各种声音表现"我"挨打的场景,无痛感的冷漠叙事更加突显了场景的惨烈和"我"的痛苦和无助。

《罪过》中弟弟小福子溺亡后,同行的"我"陷入看管不利的自责中,同时承受着父亲的责打和邻居们的冷眼,痛苦中"我"意识到:"世界上最可怕最残酷的东西

---

① 莫言:《天花乱坠》,载《与大师约会》,上海文艺出版社,2012,第277页。

② 同上书,第278页。

③ 莫言:《麻风的儿子》,载《与大师约会》,上海文艺出版社,2012,第161页。

④ 莫言:《我们的七叔》,载《师傅越来越幽默》,上海文艺出版社,2012,第95页。

⑤ 同上。

⑥ 莫言:《司令的女人》,载《师傅越来越幽默》,上海文艺出版社,2012,第260页。

是人的良心,这个形状如红薯,味道如臭鱼,颜色如蜂蜜的玩意委实是破坏世界秩序的罪魁祸首。"①以比拟的方式描摹"良心"的形状、味道、颜色和功能,表达人物不被理解的苦闷和深切的孤独感。

《高粱殡》以"太阳像一个椭圆的血饼子慢慢坠落,洼地里的白冰上像喷了一层红血"②表现惨烈的战后场面。日军凶残反扑后,村庄里幸存者不足十人,将太阳比拟为"血饼子",反射在冰面的阳光比拟为"红血",这一场景铺叙生动地表现了战争的血腥残酷。

2. 通感联觉

莫言的作品中常常表现丰富而奇异的视觉、听觉、嗅觉、味觉感受,而且常以通感联觉的方式,调动多种感官表现同一感觉,别有情致。

《透明的红萝卜》中的黑孩子有着异常敏锐的感觉系统,作者以摹写热情表现他的视觉、听觉、味觉感受,唯独不直接摹写他的痛觉体验,而是以视觉、听觉和味觉感受代替对痛觉的摹写,实现了"零度情感叙事"。小说对黑孩的无痛感书写至少有四次:

其一,他被后娘打:"笤帚打在他屁股上,不痛,只有热乎乎的感觉。打屁股的声音好像在很远的地方有人用棍子抽一麻袋棉花。"③以触觉和听觉感受替代痛觉体验,以"不痛"的无辜反衬无故被打的痛苦和无人理解的哀愁。

其二,黑孩在劳动中砸伤指甲,菊子姑娘帮他用白手绢包扎后:"黑孩默默地坐着,目不转睛地看着手绢上的红花儿。在红花旁边又有一朵花儿出现了,那是指甲里的血渗出来了。"④砸伤导致指甲出血,伤得不轻,但小说丝毫未对黑孩的痛感加以表现,而是以"白手绢上现出红花"摹写伤势之重。

其三,拉风箱时被小铁匠打:"黑孩听到头上响起一阵风声,感到有一个带棱角的巴掌在自己头皮上扇过去,紧接着听到一个很脆的响,像在地上摔死一只青蛙。"⑤以触觉和听觉感受替代痛感,由"带棱角的巴掌""很脆的声响""像摔死一只青蛙"不难判断打得很用力。

其四,小铁匠命令黑孩捡起刚烧好的滚烫的钻子,黑孩依令捡起,"听到手里

---

① 莫言:《罪过》,载《白狗秋千架》,上海文艺出版社,2012,第288页。

② 莫言:《高粱殡》,载《红高粱家族》,上海文艺出版社,2012,第266页。

③ 莫言:《透明的红萝卜》,载《欢乐》,上海文艺出版社,2012,第6页。

④ 同上书,第11页。

⑤ 同上书,第14页。

'滋滋啦啦'地响,像握着一只知了。鼻子里也嗅到烧猪肉的味道。"①以听觉和嗅觉感受替代痛感。

黑孩的视觉、听觉、嗅觉、味觉、触觉感受超乎寻常、异常敏锐,对痛感的体验却显得迟钝以至麻木到近乎丧失,小说正是以痛感的缺失烘托黑孩对挨打、受伤、承受痛苦早已习以为常,以至毫不在意,以此表现黑孩的生活孤独、痛苦而凄楚。

《红高粱》开篇爷爷带父亲伏击日本人,奶奶与他们告别:"父亲没吱声,他看着奶奶高大的身躯,嗅着从奶奶的夹袄里散出的热烘烘的香味,突然感到凉气逼人。"②由"热烘烘的香味"而感知"凉气逼人",由嗅觉到触觉,由"热""冷"地急速转换预示奶奶的性命之忧。"在这次雾中行军里,我父亲闻到了那种新奇的、红黄相间的腥甜气息。"③以"红黄相间"的视觉感受描摹"腥甜气息"新奇而具象,充满情趣。"墨水河明亮的喧哗"④以"明亮"这一视觉感受描摹墨水河的声音,将视觉感受调动进听觉系统,陌生、新鲜而情味十足。

《麻风的儿子》中张大力自治土枪打鸟不成,反伤了自己的手。他患麻风病的母亲在屋里骂"作死吧,你个穷种","这声音灰白阴冷,给我留下极恐怖的印象。"⑤将视觉和触觉感受融合进听觉感受,反映了当时人们对麻风病的惧怕心理。

《爆炸》父亲打"我"耳光,"六十年劳动赋予父亲的手以沉重的力量和崇高的尊严,它落到我脸上,发出重浊的声音,犹如气球爆炸。"⑥以视觉和听觉感受替代痛觉,奇异而新颖。"我"看到这声音幻化为形状,"这声响初如圆球,紧接着便拉长变宽变淡,像一颗大彗星。我认为我确凿地看到了那声音,它飞越房屋和街道,跨过平川与河流,碰撞矮树高草,最后消融进初夏的乳汁般的透明大气里。"⑦以视觉感受表达听觉体验,它由圆形球体拉长变宽,状如彗星,随后飞行跳跃,融合进透明的大气中。似乎在揭示"我"的无辜,父亲的无奈。

《野种》中"驴声显得暖烘烘热乎乎,驴声里有驴的胃里泛上来的草料的味道。"⑧将温冷觉和嗅觉感受融进听觉体验,新奇而真切。父亲看到了民兵们的思想:"这个思想如几百朵花瓣旋转成一朵美丽的花朵,充实而饱满地悬挂在河道上

---

① 莫言:《透明的红萝卜》,载《欢乐》,上海文艺出版社,2012,第21页。

② 莫言:《红高粱》,载《红高粱家族》,上海文艺出版社,2012,第1页。

③ 同上书,第2页。

④ 同上书,第3页。

⑤ 莫言:《麻风的儿子》,载《与大师约会》,上海文艺出版社,2012,第156页。

⑥ 莫言:《爆炸》,载《欢乐》,上海文艺出版社,2012,第174页。

⑦ 同上。

⑧ 莫言:《野种》,载《欢乐》,上海文艺出版社,2012,第329页。

空，父亲用思想看着它的鲜艳，用思想嗅着它的芬芳，用思想触摸着它润泽的肌体，寒冷和饥饿通通被排挤到意识之外，只有这朵花，这朵奇异的花，还有馨香醉人的音乐。"①赋予思想以形状、颜色、味道和声音，以视觉、嗅觉、触觉和听觉的综合感受表述无形、无色、无味、无声的抽象的思想，使之丰满、灵动、活泼，色、形、味俱全，以此反映父亲通过观察、猜测、判断和分析对民兵们的想法了如指掌。

《高粱殡》中为奶奶出殡前，"司师爷叮嘱父亲，要把这指路歌儿连喊三遍，在亲人的深情眷眷的喊叫里，欢送着灵魂向西南方向的极乐世界进发。但父亲只喊了一遍，就被酸麻的泪水堵塞了咽喉，他拄着长枪，再也不捣动，又一声长'娘'出嘴，便一发不可收拾，颤抖的、悠长的'娘'像一团扇般大的深红色蝴蝶——蝴蝶双翅上生满极端对称的金黄色斑点——一起一伏地向西南方飞去。"②赋予声音以形状，将声音可视化，将视觉感受汇入听觉感受中，陌生，新鲜又创意十足，意在表达父亲对奶奶逝去的深切悲痛。

3. 超常想象

莫言的小说中常以超验的感觉、超常神奇的想象丰富对感觉世界的书写，令人耳目一新，过目不忘。

《透明的红萝卜》黑孩以超乎寻常的感受力捕捉到："逃逸的雾气碰撞着黄麻叶子和深红或是淡绿的茎秆，发出震耳欲聋的声响。蚂蚱剪动翅羽的声音像火车过铁桥。"③"雾气"碰撞植物茎秆发出的声响、"蚂蚱剪动翅羽的声音"前者几乎是没有声音，后者的声音亦是微乎其微，不易察觉。小说却以"震耳欲聋""火车过桥"的响亮声音夸大表现微弱的声响，意在表达黑孩对声音超乎寻常的敏感。

在砸石头的过程中，黑孩的注意力被一种奇异的声音所吸引，他敏锐地感受到"河上传来了一种奇异的声音，很像鱼群在唼喋，声音细微，忽远忽近，他用力地捕捉着，眼睛与耳朵并用，他看到了河上有发亮的气体起伏上升，声音就藏在气体里。"④原本细微得几乎不存在的声音被无限夸张和放大，形成黑孩子敏锐而独特的感觉世界，以衬托其孤苦寂寥的内心，感觉世界越热闹喧嚣，内心世界越寂寞寥落，正是"蝉噪林愈静，鸟鸣山更幽"。

在敏锐的感知力和丰富的想象力的综合作用下，"他看到了一幅奇特美丽的图

---

① 莫言：《野种》，载《欢乐》，上海文艺出版社，2012，第350页。

② 莫言：《高粱殡》，载《红高粱家族》，上海文艺出版社，2012，第252页。

③ 莫言：《透明的红萝卜》，载《欢乐》，上海文艺出版社，2012，第6页。

④ 同上书，第10页。

画:光滑的铁砧子。泛着青幽幽蓝幽幽的光。泛着青幽幽蓝幽幽光的铁砧子上,有一个金色的红萝卜。红萝卜的形状和大小都像一个大阳梨,还拖着一条长尾巴,尾巴上的根根须须像金色的羊毛。红萝卜晶莹透明,玲珑剔透。透明的、金色的外壳里包孕着活泼的银色液体。"①"青""蓝""金""红""银",虽然经过一系列驳杂的颜色叠加,但又丝毫不觉凌乱,"晶莹透明""玲珑剔透"极言"红萝卜"明亮、通透、清澈、精致,正如黑孩子纯真美好、通透清澈的内心世界。"透明的红萝卜"既是题眼,也是黑孩子内心世界与美好追求的象征。

《红高粱》中奶奶弥留之际,"奶奶三十年的历史,正由她自己写着最后的一笔。过去的一切,像一颗颗香气馥郁的果子,箭矢般坠落在地,而未来的一切,奶奶只能模模糊糊地看到一些稍纵即逝的光圈。只有短暂的又粘又滑的现在,奶奶还拼命抓住不放。"②表现奶奶雄奇奔放的青春,不逊须眉的英名,凄凄惨惨又轰轰烈烈的死。

《奇死》中,早上醒来,小姑姑一反常态,主动要求起床穿衣,异常懂事地配合穿衣,"二奶奶的眼泪夺眶而出,她不敢看女儿那张带着不祥的苍老颜色的脸庞……小棉袄在跳动不安的火苗中翻卷着,犹如一面沉重的破烂旗帜,炽烈的火苗像寒冷的冰刺扎着二奶奶的手。"③"炽烈的火苗"像"寒冷的冰",由热得极致到冷得极致,表现二奶奶对即将发生的兽行的预感,以及紧张恐惧的内心世界,预设日本兵闯进家门,虐杀二奶奶母女。"小姑姑憋在喉中的哭声终于冒出来,异常高亢、反动,有一股淡淡的血腥气。"④由声音而气味,将味觉感受引入听觉体验,"淡淡的血腥气"预示即将到来的性命之忧。

《欢乐》中"你看到高大同的耳朵里流出蓝墨水一样的血,高老四眼睛里流出了红墨水一样的眼泪。"⑤"蓝墨水一样的血""红墨水一样的泪"都属于并非生活中实存的超验感受,前者表现高大同的死,后者表现打死不争气的儿子的高老四的极度悲痛。

《扫帚星》中姥爷见狗剩忘恩负义,竟然打死姥姥,悲痛不已,怒不可遏。咱姥爷"身体背着山林后边升起的太阳,缓缓地长高,长高长高越长越高,长得像一个驼

---

① 莫言:《透明的红萝卜》,载《欢乐》,上海文艺出版社,第32页。

② 莫言:《红高粱》,载《红高粱家族》,上海文艺出版社,2012,第66页。

③ 莫言:《奇死》,载《红高粱家族》,上海文艺出版社,2012,第317页。

④ 同上书,第323页。

⑤ 莫言:《欢乐》,载《欢乐》,上海文艺出版社,2012,第250页。

背垂臂的大猩猩时暂时停住。”①将姥爷行动上的起身与内心的复仇欲望的升腾融合,同步展开,生动而逼真地表现了姥爷做此决定的艰难。“咱姥爷趴到咱姥姥身上时下巴上的胡子还是黑的,现在已经变成了红的。铜眉般的皮肤一片片从他的脸上脱落下来,恰似骤然冷却了的热铁。在大猩猩的状态上他又把身体猛地一挺,双眼随即闪烁着火红的光芒。他的铜皮脱尽的脸也焕发出钢铁般的烧蓝,下巴上的胡子简直就是一团燃烧的火焰。男人在什么时候最壮丽?男人在复仇前夕最壮丽。”②当姥爷真切意识到姥姥确定无疑地死了,他对狗剩的痛恨之情便迅速而猛烈地生长,此时的姥爷被心中升腾起的复仇火焰炙烤、燃烧,复仇行动一触即发。

祖母接生行当被二曼取代,深受打击。“她挺直的腰板瞬间就塌陷了,身体眼见着就矮了下去。光滑的大脸上顿时出现了成千上万条皱纹,一条比一条深刻。”③将心理上因地位被取代而导致的失落外化在身形上,刻印在脸庞上,鲜明而生动。

《红高粱》父亲回忆与罗汉大爷捉螃蟹场景,“夜色灰葡萄,金风串河道,宝蓝色的天空深邃无边,绿色的星辰格外明亮。”④“灰葡萄”一样的夜色,“绿色”的星辰,摹写超凡特出,令人眼前一亮。

《红高粱》“奶奶的血把父亲的手染红了,又染绿了;奶奶洁白的胸脯被自己的血染绿了,又染红了。”⑤“绿”摹写血,本已玄幻,甚而红而又绿,绿而又红,意欲表达父亲目睹奶奶凄惨的死带来的无以复加的悲痛。奶奶弥留之际模糊地感到“天上的白云擦着高粱滑动。也擦着奶奶的脸。白云坚硬的边角擦得奶奶的脸窸窣作响。”⑥飘忽迷离中降解了白云的高度,消弭了天与地的界限。“最后一丝与人世间的联系即将挣断,所有的忧虑、痛苦、紧张、沮丧都落在了高粱地里,都冰雹般打在高粱梢头。在黑土上扎根开花,结出酸涩的果实,让下一代又一代承受。奶奶完成了自己的解放,她跟着鸽子飞着,她的缩得只如一只拳头那么大的思维空间里,盛着满溢的快乐、宁静、温暖、舒适、和谐。奶奶心满意足,她虔诚地说:‘天哪,我的天……’”⑦奶奶因被日军偷袭而牺牲,三十二岁,英年早逝,奶奶的一生风风光光,

---

① 莫言:《扫帚星》,载《师傅越来越幽默》,上海文艺出版社,2012,第344页。

② 同上。

③ 同上书,第355页。

④ 莫言:《红高粱》,载《红高粱家族》,上海文艺出版社,2012,第5页。

⑤ 同上书,第62页。

⑥ 同上书,第68页。

⑦ 同上书,第69页。

轰轰烈烈，大胆奔放，壮丽昂扬，临终时除了民族仇恨以外，了无遗憾。

《高粱殡》以“太阳冲出雾霭的海洋，金光四顾，普天之下涂抹着血样的温柔和厚爱”①表现战争短暂平息的祥和宁静。

《月光斩》中幽蓝宝刀的下落不明，只留下一些含糊的证词，“如果沿着这些证词调查，那就如同太阳的光线一样，射向四面八方，有的变成植物，有的变成气体，有的变成人类无法认识的物质。”②表明宝刀下落的不确定性。

① 莫言：《高粱殡》，载《红高粱家族》，上海文艺出版社，2012，第 303 页。

② 莫言：《月光斩》，载《与大师约会》，上海文艺出版社，2012，第 406－407 页。

第六章　莫言小说海外接受

中国当代文学承担着“描述中国和对话世界”的责任①，当代作家莫言作为首位中国籍诺贝尔文学奖获得者，其作品代表了中国当代文学璀璨的一环，自1986年莫言小说开启海外传播以来，在中外文化交流中发挥了重要作用。

莫言自1981年以短篇小说《春夜雨霏霏》初涉文坛至今，已经发表了11部长篇小说，27部中篇小说，其中多部作品被葛浩文（Goldblatt，Howard）（美国汉学家）、陈安娜（瑞典翻译家）、吉田富夫（日本佛教大学文学部教授）、藤井省三（日本东京大学教授）、尚德兰（法国翻译家）等著名翻译家译介到海外多地，成为中国当代作家中作品被翻译成外语语种最多的作家②，这也促成了莫言作品研究文章在国际刊物的“遍地开花”，其中不乏国际权威数据库EBSCO和A&HCI（艺术与人文科学引文索引），这些都深刻印证了莫言小说在世界范围内的巨大影响力。

葛浩文认为，莫言小说“具有吸引世界目光的主题和感人肺腑的意象，很容易就跨越国界”③。

深究莫言小说在海外影响之大的原因，主要有五个方面：其一是融合了中国传统小说技法与西方后现代叙事实验的玄之又玄、亦真亦幻的故事讲述；其二是能够引发心灵震颤的感人肺腑的意象；其三是激发全人类心灵相惜与情感共鸣的强大磁场；其四是凝结着精神救赎与人性拷问的深邃主题；其五是直击生存奥秘的普世价值。

一、莫言小说海外接受的后现代因素

后现代主义是一股自20世纪60年代开始兴起的哲学思潮，它既生发于现代主义又反叛于现代主义，是对现代性思维方式乃至哲学精神的批判与解构。学术

① 张剑：《译介与出版的双重过滤和诠释——谈莫言文学作品在日本的传播》，《出版科学》2017年第5期。
② 刘梅：《莫言作品在中西文化中的接受度比较》，《学术界》2013年第10期。
③ 杨四平：《跨文化的对话与想象：现代中国文学海外传播与接受》，东方出版中心，2014，第254页。

界至今仍很难赋予后现代主义一个精准的理论性概括，主要原因在于，后现代主义的主要理论家均反对以任何既定形式对其进行界定，他们认为，后现代主义文本具有无限开放和多元的阐释空间。一般认为，后现代主义文学创作包括存在主义文学、魔幻现实主义文学、荒诞派戏剧、"黑色幽默派"、新小说派。

莫言小说海外接受的后现代因素体现在创作理念、叙事艺术、主题选择、审美阐释、语言风格、思想意蕴等方面，具体表现有：

其一，亦真亦幻、虚实相生的创作理念，实现了对魔幻现实主义的改造、创新和超越，被学界称之为"幻觉现实主义""莫言现实主义"。如《翱翔》中人变鸟的传奇；《幽默与趣味》中由人到猴的异化；《生死疲劳》中六道轮回的劳顿与自在；《十三步》中乾坤挪移的诡谲奇幻；《酒国》中食婴案的扑朔迷离；《战友重逢》《我们的七叔》《奇遇》中生死界限的消弭；《奇死》中黄鼠狼对人的魅惑；《夜渔》中的鬼气森森与仙气缭绕；《梦境与杂种》中的梦境书写，以及诸多极具超验色彩的民间玄幻故事。

其二，叙事艺术的大胆实验与创新。小说中叙事人称的频繁切换，叙事视角的交叠更替，叙事时空的交错并置，灵活运用迷宫叙事、元叙事、反体裁、拼贴等方式形成变幻莫测的叙事景观。如《天堂蒜薹之歌》的三重叙事；《檀香刑》的多角度叙事；《生死疲劳》的视角变换；《十三步》中的笼中叙事；《藏宝图》中的嵌套叙事；《木匠和狗》中的迷宫叙事；《蛙》《酒国》中的反体裁叙事；《球状闪电》中人与动物的交替叙事。

其三，聚焦社会底层，关注边缘人物，书写民间传奇，传达民间智慧。以民间视角观照历史，消解崇高，降解英雄。《红高粱》《丰乳肥臀》《檀香刑》以民间视角书写战争，将历史交予小人物的小叙事。《红高粱》《丰乳肥臀》的民间视角实现了对崇高的消解，对英雄的解构。《秋水》对高密东北乡的创世纪书写，《红高粱家族》中的爷爷奶奶，《四十一炮》中的父亲母亲，《丰乳肥臀》《生死疲劳》中的"我们"，《天堂蒜薹之歌》《十三步》《红树林》中的他们，都来自生活，源于民间。

其四，以戏仿、反讽、互文等方式，致敬经典，表现穿越时空的存在之悲，如《白狗秋千架》对鲁迅《故乡》的戏仿；《灵药》对鲁迅《药》的戏仿；《月光斩》对鲁迅《铸剑》的戏仿；《生死疲劳》对《聊斋志异·席方平》的戏仿；《十三步》对《聊斋志异·陆判》的戏仿；《酒国》与《西游记》的互文；《丰乳肥臀》与《红楼梦》的互文。以审丑书写奇异与怪诞，如《食草家族》《酒国》对滥情纵欲的夸张表现，对排泄物的恣意渲染，以狂欢化的书写体现世相的奇异与怪诞。

其五，以混杂、误用、冗余、复调、悖论等方式进行语言游戏，以胡椒味辛辣讽刺，彰显黑色幽默风格。形形色色的语言游戏，如《球状闪电》的混杂叙事，《欢乐》中的冗余与误用，《天堂蒜薹之歌》的复调书写，《红高粱》中"最美丽最丑陋、最超脱最世俗、最圣洁最龌龊、最英雄好汉最王八蛋"，令"我""极端热爱"又"极端仇恨"的高密东北乡所承载的悖论式矛盾。黑色幽默式的辛辣讽刺，如《弃婴》和《爆炸》中"我"在取与舍之间的角逐与尴尬，《酒国》中丁钩儿对"纵欲"与"禁欲"的抉择，以及由"侦察"到"被侦察"的角色转换，《金发婴儿》中天球由"得而不爱"到"爱而不得"的境遇变迁，无不以含泪的微笑加以呈现。

其六，思想意蕴指向普世价值。如《白狗秋千架》《欢乐》《弃婴》《爆炸》中体现的存在的悲感与无奈；《红高粱家族》《食草家族》中对原始生命强力的张扬；《怀抱鲜花的女人》《长安大道上的骑驴美人》对人性幽微的探看；《藏宝图》《红唇绿嘴》对社会万象的洞察；《丰乳肥臀》《生死疲劳》带来的心灵撞击；《酒国》《蛙》引发的灵魂叩问，其中所蕴含的深邃思想和普世价值早已超越一切时空界限，进入辽远而广阔的宇宙和人生场域，其同情的触角和批判的锋芒指向全人类。

莫言正是这样，以兼收并蓄的气度，视域融合的姿态，兼顾民族与世界、传统与外来，融合历史与现代、虚构与现实，其写作艺术丰富而多元，灵活而新奇，创作既植根于传统，又不失现代性表达策略，同时彰显后现代书写特色，以独特的风格和十足的魅力令人不由得拍案惊奇，叹为观止。

二、莫言小说海外译介与接受概观

莫言小说的海外译介自20世纪80年代末期开始，伴随1988年影片《红高粱》斩获第38届柏林国际电影节金熊奖，作为电影原著作者的莫言及其作品在海外持续升温，此后越来越多的作品不断被译介到海外，20世纪90年代逐渐增多，21世纪呈现爆发式增长，至2012年莫言获诺贝尔文学奖时，其作品已被翻译成近20种文字，在世界范围内，产生了较大的影响。特别是在法国、越南和日本，接受和悦纳程度高，反响热烈。

（一）海外译介

莫言作品在海外的译介最早见于1986年4月日本的《中国语》杂志，日本评论家近藤直子对《透明的红萝卜》给予了介绍性评价。同年7月，井口晃在日本中国书籍专营店《东方》杂志上发表文章介绍《金发婴儿》。[①] 伴随电影《红高粱》(1988年获第38届柏林电影节金熊奖)和《暖》(2003年获第16届日本东京国际电影节金麒麟奖)带来的轰动效应,莫言作品进一步被带入大众视野,引发持续关注。1989年,井口晃将《红高粱》译介到日本。继之,经由藤井省三和吉田富夫两位卓越翻译家的分别译介,实现了莫言作品日文译介的繁盛景观,中、短篇小说日译版见诸各大报纸期刊,并结集出版,长篇小说《酒国》(1996年)、《丰乳肥臀》(1999年)、《檀香刑》(2003年)、《四十一炮》(2006年)、《生死疲劳》(2008年)、《蛙》(2011年)、《变》(2013年)、《天堂蒜薹之歌》(2013年)日译本相继出版。足见,至21世纪初期,莫言作品在日本的译介已然蔚为大观。值得一提的是,1994年日本作家大江建三郎在诺贝尔文学奖授奖演说中提及莫言,自2000年起就多次预言莫言一定会获得诺贝尔文学奖。

莫言小说在越南第一个译本是《红高粱》,随后是《丰乳肥臀》(2001年),《檀香刑》(2002年)、《红树林》(2003年)、《天堂蒜薹之歌》(2003年)、《四十一炮》(2004年)、《酒国》(2004年)、《生死疲劳》(2007年)、《蛙》(2016年),其间大量中短篇小说结集出版。

研究显示,在亚洲国家中,莫言作品在越南最受欢迎,尽管越南对莫言作品的译介直至21世纪才开始起步,但其是版本最多,影响最广的亚洲国家。在欧美国家,法国接受程度最高,这应与法国的深厚传统、浪漫气质、好奇心理,以及文化包容心态密不可分。

法国1988年出版了第一本莫言小说译作《枯河》,继之是《红高粱家族》(1990年)、《天堂蒜薹之歌》(1990年)、《透明的红萝卜》(1993年)、《十三步》(1995年)、《酒国》(2000年)、《铁孩》(2004年)、《藏宝图》(2004年),至2012年莫言获奖前已有18部法文译本问世。

莫言作品的英译本最早和最重要的翻译者是葛浩文,1993年出版英译本《红高粱》,随后是《天堂蒜薹之歌》(1995年)、《酒国》(2000年)、《师傅越来越幽默》(2001年)、《丰乳肥臀》(2004年)、《生死疲劳》(2008年)、《变》(2010年)、《檀香刑》(2012年)、《四十一炮》(2012年)、《蛙》(2012年)等。

莫言小说最重要的瑞典语翻译家是陈安娜,第一部瑞典语译本《红高粱家族》于1997年出版,随后是《天堂蒜薹之歌》(2001年),此后,于2006年启动,历时6年,经过7次改动的译本《生死疲劳》于2012年在瑞典问世。

---

① 杨四平:《莫言小说的海外传播与接受》,《澳门理工学报(人文社会科学版)》2013年第1期。

德国出版的第一部莫言小说译作是 1993 年由彼得·韦伯(Peter Weber-Schäfer)翻译的《红高粱家族》,1997 年长篇小说《天堂蒜薹之歌》及《枯河》等一系列短篇小说德译本问世,继之,《酒国》(2002 年)、《檀香刑》(2009 年)、《生死疲劳》(2009 年)、《蛙》(2013 年)纷纷与公众见面。

俄罗斯出版的第一部完整的莫言小说译本是2007 年由德米特里·玛雅茨基翻译的短篇小说《姑妈的宝刀》。同年《花花公子》杂志刊载了伊戈尔·叶果罗夫翻译的《酒国》片段,该译作完整版于 2012 年 10 月在俄罗斯问世。

海外各大书评网站和售书网站调查数据显示,就总体而言,莫言作品在海外受众中,接受程度较高,好评率达到 80% 以上。但具体而言,海外对莫言小说的评价也存在两极分化现象,比较而言,好评意见多出于文学、叙事学、美学、阐释学等本体论角度,而差评意见多出于政治因素、意识形态因素等经验论角度,根源于冷战思维、西方中心主义或狭隘民族主义,甚至存在恶意中伤情结。事实胜于雄辩,莫言小说在海内外的频繁获奖较好地说明了其作品在海内外的接受度。

莫言小说在海外获得的重要奖项包括:2001 年《酒国》荣获法国儒尔·巴泰庸外国文学奖,2005 年意大利诺尼诺国际文学奖,2006 年日本福冈亚洲文化奖,2008 年《生死疲劳》获第一届美国纽曼华语文学奖,2011 年韩国万海文学奖,2012 年获诺贝尔文学奖。

(二)海外研究焦点

伴随莫言小说在世界范围内的广泛传播和频繁获奖,海外学界及读者对莫言的关注和研究也全面升温,总体而言,汉学家及海外华人因对中国文化及文学传统具有广博而深入的了解,学养深厚,评述大都客观公允,言之有物,切中肯綮,见解独到,出现了一批层次较高的研究性专著及论文,研究焦点主要集中在以下 5 个方面:

1. 小说主题

在对莫言小说主题的探究过程中,许多研究者注意到其对中国小说传统的延续传承。

美国学者 Duke Michael 在《二十世纪八十年代莫言小说中的过去、现在和未来》①中提出了莫言小说主题与五四小说中农民形象的延续关系。

---

① Duke Michael. *Past, Present, and Future in Mo Yan's Fiction of the* 1980*s* (Cambridge: Havard UP, 1993), p. 295 - 326.

旅美学者王德威(Wang,David)的《想象中的原乡:沈从文、宋泽莱、莫言和李永平》,He,Donghui 的《托马斯·哈代、沈从文、莫言小说中的乡土重构》,韩国韩美香的《关于沈从文的〈边城〉和莫言的〈檀香刑〉的“故乡”相异的运用研究》,从不同角度分析了莫言对沈从文“乡土”精神的继承与重构。

孔海立(Kong,Haili)在《端木蕻良和莫言小说世界中的“乡土”精神》中指出了从鲁迅、沈从文、王鲁彦、端木蕻良到莫言小说对“乡土”精神呈现的传承,并重点比较了端木蕻良与莫言小说的“乡土”情结。

杨小滨的《〈酒国〉:一种奢华的堕落》、《盛大的衰颓——重论莫言的〈酒国〉》中认为就丁钩儿这一“反英雄主义”形象而言,《酒国》是对《西游记》中孙悟空的重写,也是对《智取威虎山》中杨子荣形象的戏仿;就对美食的追求而言,是对《论语·乡党》的戏仿;从“吃人”主题而言,《酒国》是对《狂人日记》的戏仿。

岳刚的《从吃人到吃肉:莫言的〈酒国〉》也对“吃人”问题进行了探讨。

葛浩文在《莫言的“阴郁的”禁食》中认为《酒国》继承了鲁迅对吃人问题的探讨,对官员的腐败生活进行了揭露,但没有呼吁和说教,是对鲁迅作品的部分模仿。

德国学者 Dorothea Wippermann 在《莫言〈酒国〉中的享乐与权力:与中国现代文学之父鲁迅对照》中提出,《酒国》中对吃人现象和看客心理的揭示是对鲁迅小说主题的继承与发展。

海外相关研究准确捕捉到莫言小说对中国传统小说主题的延续与传承,特别是对鲁迅和沈从文等作家“乡土”精神的继承与发展,深入探讨了莫言小说对鲁迅小说所揭示和批判的“吃人”现象和看客心理的再度审视和崭新呈现,具有很高的研究价值。

海外相关研究中尚有未及之处,如关于莫言对鲁迅更深层次的精神继承的探究未及深入。实际上,鲁迅的由绝望到反抗绝望的精神动态,“救救孩子”的深切呼唤在莫言作品中都有不同程度的表现。

2. 叙事艺术

海外研究者对莫言小说的叙事艺术给予了高度关注。

谈及莫言小说的最大魅力,许多学者认为,主要来自叙事技巧的大胆创新。旅美学者王德威在《千言万语,何若莫言》①中指出,莫言小说中的时空错置、主客交流的叙述线索,巧妙融合了家族叙事与国族叙事,营造了丑怪荒诞的美学史观。王

① 王德威:《千言万语,何若莫言》,《读书杂志》1999 年第 3 期。

德威认为,《十三步》中令人眩晕的叙事网络形成了特立独行的风格与特色,而《生死疲劳》则是以叙事视角的诡谲多变与结尾即开篇的循环叙事取胜。王德威在《莫言的文学世界》①中通过《红高粱》《天堂蒜薹之歌》《十三步》《酒国》《丰乳肥臀》五部小说分析了莫言小说的历史空间。认为莫言小说借助想象突破原有历史时空格局,自主创建符合小说情境的文学意义上的历史空间,用以表达特定情感。

美国学者 M·托马斯·英奇②认为,莫言小说中尝试了一种现代叙事手法,其中的事件并非严格按照事件顺序,而是按照意识顺序,随意打断事件,进行任意组合,这真的令人惊奇。另外,不同人称的交互使用,突破了单一叙事视角的呆板和局限,使小说风格更趋向灵活自由。

旅美学者宋明炜③认为,莫言的叙事中有一种奇异的力量,那是天马行空的自由、幽默滑稽的语言,怪诞诡谲的情节,气定神闲的语调,丰富离奇的想象综合作用的结果,他的那些具有魔力的狂欢化的小说令人爱不释手。

法国读者尤其喜欢莫言的叙事技巧,其雄奇奔放的想象,亦真亦幻的风格,变幻莫测的叙事时空,求新求变的叙事实验与艺术趣味,无不引发有着深厚文化底蕴的法国读者的欣赏与赞叹。

意大利学者芭芭拉④认为,莫言对小说叙事形式的探索和实验非常大胆,也特别成功,小说中最成功、最有效的修辞是通感和联觉,这一切都能够极好地带动读者进入小说情境中。

德国学者 Dorother Wippermann 认为,莫言小说的叙事技巧多姿多彩,叙事方式灵活多样,叙事跨越时空,视角多变,极具创意,令人目眩神迷。⑤

俄罗斯弗拉基米尔·克拉斯诺斯洛鲍采夫盛赞《酒国》结构新颖,叙事精准,寓意深刻。⑥

越南阮氏净诗在其博士论文《莫言小说的叙事艺术》中从叙事时间、叙事视角、叙事结构及语言等角度对莫小说的叙事艺术展开分析,着重探讨了莫言小说中

---

① Wang, David Der. "The Literary World of Mo Yan." *World Literature Today* 74 (2000) :487 - 494.

② Inge, Thomas M, "Mo Yan Through Western Eyes." *World Literature Today* 74(2000):501 - 506.

③ 宋明炜:《莫言三十年的文学长跑》,《新民周刊》2012 年第 43 期。

④ 芭芭拉:《在意大利看莫言》,《海南师范大学学报(社会科学版)》2014 年第 6 期。

⑤ 包汉毅:《红高粱文化对日耳曼民族的冲击》,载王俊菊《莫言与世界:跨文化视角下的解读》,山东大学出版社,2014,第 22 页。

⑥ 李建刚等:《莫言在俄罗斯的译介与接受》,载王俊菊《莫言与世界:跨文化视角下的解读》,山东大学出版社,2014,第 10 页。

多人称视角、动物视角等不同视角的综合运用。① 越南学者阮氏明商②认为，莫言小说动人心魄的叙事艺术具有很强的感染力，这既与他对中国古典小说传统的继承密不可分，又得益于它对西方现代主义叙事风格的借鉴。

得到莫言高度评价的日本翻译家、学者吉田富夫认为《十三步》中不断变换的叙事人称对小说情节形成了多面性乱反射，③《酒国》以三重文本立体化组合为一幅讽刺画，④另外，吉田富夫还特别指出莫言小说中的叙述空白，玄妙幽远，引人深思。

在读者层面，海外评论最多的是莫言小说的叙述方式。⑤ 读者纷纷称赞海外传播最为广泛的《红高粱家族》是一部“叙事时间复杂有趣”“大胆拓展叙述视域与形式”的“叙述有力”，异彩纷呈的作品。⑥ 读者对“我爷爷”“我奶奶”“我父亲”“我母亲”这种新颖的“复合人称视角”感到新奇和惊异，不少读者表示，这种拓展叙述者视域和知域的“我向思维叙事”真是“美极了”，是“来自中国的杰作佳构”⑦。也有读者表示，非常不习惯这种时空倒错、人称繁复的叙述方式，认为这给阅读造成了极大的障碍，甚至成为阅读灾难。

读者对叙述方式盛赞和不满的两极态度负载着两个信息：其一，从读者角度衡量，不同的读者因其自身文化背景、审美水平、阐释角度、判别标准、个人喜好等各方面存在极大的差异，极易形成对同一现象的不同评价，有些评价带有强烈的主观色彩甚至个人偏见，不足为据。就整体而言，读者对莫言小说的接受以悦纳为主调。其二，反观小说的叙述风格，褒贬不一的评价从另一个角度彰显了莫言的叙事方式是一种前所未见的“陌生化”叙事形式，是许多海外读者未曾有过的阅读经验，是一种“有中国特色”的、“莫言体”的新历史主义叙事，⑧并非出于有述者论之的简单模仿和复制，而是具有高度创新意识、鲜明而独特的风格与特色的与众不同的“这一个”。

---

① 宁明：《海外莫言研究》，山东大学出版社，2013，第 16 页。

② 阮氏明商：《论莫言小说对越南读者的感召》，《南方文坛》2016 年第 3 期。

③ 吉田富夫：《莫言神髓》，上海文艺出版社，2015，第 38 页。

④ 同上书，第 39 页。

⑤ 王西强：《意义在阅读中生成——莫言小说英语世界读者接受调查》. https://baijiahao. baidu. com，访问日期：2020 年 11 月 2 日。

⑥ 同上。

⑦ 同上。

⑧ 同上。

3."莫言现实主义"

在讨论莫言创作风格时,海外学术界常常将莫言的写作形态描绘成福克纳和马尔克斯作品的融合形态,比如,美国资深书评人 Johathan Yardley 曾在论述莫言的书评中提道:"莫言出生在中国山东省的一个农民家庭里,小说里虚构的高密东北乡就像福克纳笔下的约克纳帕塔法小镇",①艾丽斯·H. G. 菲利普斯认为莫言的作品《红高粱》有着马尔克斯作品的震撼力。②

深谙莫言小说创作风格的俄罗斯翻译家伊·叶果夫则认为,莫言小说并非魔幻现实主义,而是不同于任何人的带有明显自身特色的鹤立鸡群、非同寻常的现实主义。在接受俄罗斯"新闻调查通讯社"记者采访时,叶果夫表达了对莫言小说风格的准确评价:莫言既不是卡夫卡,也不是福克纳,更不是马尔克斯,他属于他自己,他的创作手法是独一无二的"莫言现实主义"③。他指出,相对于异域影响,莫言的现实主义更多植根于中国古典主义文学传统,比如《水浒传》《西游记》《红楼梦》等。④

法国《视点报》记者玛丽·弗朗索瓦·勒克莱认为,莫言扎根于传统文化,以虚幻与现实融合的方式讲述中国。⑤ 法国《世界报》认为,支撑莫言作品的全部是东方智慧,他的小说关注小人物的命运,书写小人物的生活⑥,体现小人物的疾苦。

瑞士《时代日报》刊文评价莫言小说融合现实与想象,虚幻与历史,悲剧与喜剧。⑦

日本学者、翻译家藤井省三在接受《朝日新闻》采访时指出,莫言的魔幻现实主义是其小说的一大特色,不仅勾起了遥远的历史记忆,而且激发了人们审视当

---

① Johathan Yardley. Mo Yan:'Big Breasts & Wide Hips'. *The Washington Post*. no.28(2004):5.

② 曹文刚:《莫言作品的海外译介与接受》,《语文学刊》2015年第7期。

③ 伊·叶果夫:《鹤立鸡群的莫言》,载王俊菊《莫言与世界:跨文化视角下的解读》,山东大学出版社,2014,第7页。

④ 娜·米哈伊洛娃:《莫言——一个不怕讲真话的作家》,载王俊菊《莫言与世界:跨文化视角下的解读》,山东大学出版社,2014,第9页。

⑤ 玛丽·弗朗索瓦·勒克莱:《莫言:介于粗野与写实主义的中国作家》,载王俊菊《莫言与世界:跨文化视角下的解读》,山东大学出版社,2014,第31页。

⑥ 陈曦:《他者的眼光:莫言作品在法国的译介与接受》,载王俊菊《莫言与世界:跨文化视角下的解读》,山东大学出版社,2014,第31页。

⑦ 埃雷诺尔·苏尔策:《莫言:奇怪的作家》,载王俊菊《莫言与世界:跨文化视角下的解读》,山东大学出版社,2014,第32页。

下。[1] 日本作家诹仿哲史认为,莫言的魔幻现实主义不同于马尔克斯,并不是单纯的运用魔幻手法写作,而是描绘魔幻般的现实。他的写作超出了诺贝尔文学奖,在他的杰作面前,诺贝尔奖显得微不足道。[2] 著名翻译家、学者吉田富夫认为,莫言以丰富充沛的想象力,将现实世界与灵异世界穿插交织起来,形成天马行空的故事。[3] 其丰沛奔放的想象力主要来源于《西游记》《水浒传》等中国古典小说,以及童年时所听闻的民间传说和话本小说。

韩国学者沈奎浩认为,莫言小说的趣味性来源于他异常丰富的想象力,正是这样的想象力使读者常常穿梭于现实与幻觉中,难辨真假。[4]

俄罗斯学者达·齐列诺娃认为,中国的魔幻现实主义文学是从斑驳陆离、多姿多彩的民间口耳相传的故事中诞生的。

王德威认为,莫言小说虚实交错的手法,将虚幻的想象融进现实人生,展现出了独特情怀和别样风采。被记者问及"莫言的作品对于西方以及海外华人来说,最大的吸引力是什么"时,王德威回答:他的魔幻写作和他的想象力。[5] 托马斯·英奇在《西方人眼中的莫言》中以《红高粱》为例,分析莫言小说所述事件在于内心的真实,而非事件的真实。

陈建国在《幻想逻辑:出没于当代文学想象中的鬼魂》[6]中从莫言的《战友重逢》出发,由鬼魂出没场景研究小说生死问题,继而探讨小说中现实与非现实的融通。

莫言的小说将已经发生的事件、应该发生的事件、可能发生的事件熔于一炉,融汇浪漫与现实、当下与未来、过去与现在,营造了亦真亦幻、虚实相生、诡谲离奇、绮丽繁复的壮丽景观。论者对莫言的幻觉现实主义往往付之以不同的比拟,称其为"巴洛克风格"的有之,称其为"超自然"的有之,称其为"超现实"的有之,最多的

---

① 藤井省三:《寄语莫言获诺贝尔文学奖》,载王俊菊《莫言与世界:跨文化视角下的解读》,山东大学出版社,2014,第53页。

② 诹仿哲史:《洞察矛盾的微笑》,载王俊菊《莫言与世界:跨文化视角下的解读》,山东大学出版社,2014,第53页。

③ 吉田富夫:《寄语莫言获奖》,载王俊菊《莫言与世界:跨文化视角下的解读》,山东大学出版社,2014,第54页。

④ 沈奎浩:《诺贝尔奖为什么关注拿"笔"的人民解放军莫言》,载王俊菊《莫言与世界:跨文化视角下的解读》,山东大学出版社,2014,第64页。

⑤ 杜方舒:《王德威:莫言在美国知名度很高 魔幻写实激发西方想象》,http://www.chinawriter.com.cn,访问日期:2012年10月12日。

⑥ Chen, Jianguo. "The Logic of the Phantasm: Haunting and Spectrality in Contemporary Chinese Literary Imagination." *Modern Chinese Literature and Culture* 14(2009):231-265.

是以“魔幻现实主义”代之。实际上，上述任何比拟都存在着一定程度的似是而非，莫言的现实主义不完全等同于中国古典小说和话本小说，更远非传统意义上的魔幻现实主义堪可概括，他仿佛融汇了这一切，又分明彰显着独步天下的唯一性，如是，叶果夫谓之的“莫言现实主义”无疑是最接近真相。

综观海外现有相关研究，不难发现，东方学者对莫言特有的幻觉现实主义有着更为精确细腻、切中肯綮的把握和考量，而西方学者通常潦草地贴上一份“魔幻现实主义”标签。深究这种随意草率的贴标签行为背后的原因，最为本质的恐怕是东西方交流中的文化障碍，另外，在翻译过程中无法避免的文化负载词意义的消解也会干扰对等交流和阅读接受。

4. 创造力与想象力

莫言的创作追求不同于其他人，也不同于此前的自己，因此，他每部作品都呈现为独立的样貌，体现了非同凡响的创造力和超乎寻常的想象力。

葛浩文在2009年诺曼奖提名演讲中说：大多数好的小说家很难一贯保持作品的高水平，可莫言却是例外。他的每部小说都受到了普遍的赞扬，每部作品都展现了他非凡天赋的深度和宽度。他是多种创作风格和形式的大师，他的作品从寓言到魔幻现实主义，到坚定的现实主义，以至后现代主义等等。莫言描写的景象引人注目，他的故事使人着魔，他的人物形象极富吸引力。一句话，他是独一无二的。[①]

在托马斯·英奇看来，莫言是一位多才多艺、想象力奇谲、才智聪慧的作家。他带给传统文学创作艺术无限的变化与惊奇。他的每部书都不同于以往的作品，从审美的意义上促进了中国文学乃至世界文学的发展。在这一点他很像福克纳，由自己的多种灵活的创作方式和实验带给几代作家多种小说创作的可能性。如同福克纳一样，可以毫不夸张地将莫言称之为文学创作界的真正的天才。[②]

王德威认为，莫言作为民间说话人，坚持了乡土文学的传统，而他的想象力，是最让人赞叹的。他在相对局限的创作环境中，通过杰出的想象力实现突破、逆转和解决。莫言的作品有毛泽东延安文艺座谈会上的讲话中提倡的社会主义现实主义的传统，他作品中，有对赵树理、柳青等人的沿袭，可以称之为社会主义现实主义乡土文学。而莫言的最大长处在于，他知道如何运用和整合资源，采取魔幻现实主义

① 宁明：《西方文化视野下莫言作品的美国研究》，《理论学刊》2013年第12期。

② 同上。

的方式创作自己的世界。①

5. 民间立场

莫言曾在多个场合明确他的创作定位:“作为老百姓写作”。他的小说确乎如此,聚焦小人物生活,关注小人物命运,以百姓视角审视社会百态,反观自我人生,彰显了浓厚的乡土气息和民间智慧。

吉田富夫认为,莫言以农民身份叙事,将历史还给农民,②书写出了农民的灵魂。

王德威指出,莫言小说中充分体现了民间智慧、农民性,以及求生存的本能。他认为莫言所追求的“自在”不同于西方人所追求的“自由”,称“自在”是一种既不在乎嘲弄自己,又有肚量包容一切的激进的慈悲。③

在王德威看来,莫言小说中的狂欢性也是民间性的体现,是民间活力的突出展示和集中爆发,他指出,莫言小说中既有集中了民间美好理想的精神乌托邦,也有对理想不能实现的隐忍和宽容,而这正是民间智慧最集中的体现,是最理想的生存之道。

叶果夫认为,莫言是当之无愧的“人民作家”,他无须走入人民中间了解人民,他的灵魂属于人民。④

日本评论界认为,莫言“从社会底层出发”⑤“以农民的目光观察世界”⑥“表现农民情感和伦理”⑦,再现了波澜壮阔的生活图景。

韩国评论界认为,莫言站在民众中间,展现百姓生活,其人物虽身处中国荒僻

---

① 杜方舒:《王德威:莫言在美国知名度很高 魔幻写实激发西方想象》,http://www.chinawriter.com.cn,访问日期:2012年10月12日。

② 吉田富夫:《徜徉在莫言的文学里》,《东岳论丛》2014年第12期。

③ 杜方舒:《王德威:莫言在美国知名度很高 魔幻写实激发西方想象》,http://www.chinawriter.com.cn,访问日期:2012年10月12日。

④ 李建刚:《莫言在俄罗斯的译介与接受》,载王俊菊《莫言与世界:跨文化视角下的解读》,山东大学出版社,2014,第8页。

⑤ 棚部秀行语、王慧荣:《日本媒体眼中的莫言》,载王俊菊《莫言与世界:跨文化视角下的解读》,山东大学出版社,2014,第54页。

⑥ 吉田富夫语、王慧荣:《日本媒体眼中的莫言》,载王俊菊《莫言与世界:跨文化视角下的解读》,山东大学出版社,2014,第54页。

⑦ 藤井省三语、王慧荣:《日本媒体眼中的莫言》,载王俊菊《莫言与世界:跨文化视角下的解读》,山东大学出版社,2014,第54页。

乡村，所表达的情感却能够超越国界和文化藩篱，令所有读者为之动容。①

莫言小说的民间立场不仅体现对小人物命运的关切，对百姓生活的关照，对历史的民间表达，对原始生命张力的书写，而且表现为敦厚朴拙的民间视角，光怪陆离的民间故事，通俗生动的民间语言，灵活亲切的民间说唱，以及无所不在的民间情怀、民间智慧和民间理想。其小说的广度、密度和深度都来自民间。

另外，海外学界和读者习惯将莫言纳入自身文学语境中对其与异域作家展开比较研究。

福克纳研究专家M·托马斯·英奇在《莫言与福克纳：影响和相似之处》中，分析了《民间音乐》《大风》《白狗秋千架》的艺术特色，指出了莫言写作与福克纳在技法与精神上的相似性，同时评价了莫言写作的个性特征，认为对于莫言来说，重要的是福克纳的启示，是改变传统讲故事方法的自觉，是独特的历史观和叙事观，是对人类命运及发展动态的书写，而不是照搬他的内容和技巧。② 陶文琉在《以〈丰乳肥臀〉为例论莫言小说对越南文学的影响》中，探究了莫言对越南作家陈清河、阮玉姿、杜黄耀的重大影响，指出莫言小说中浓郁的古典气息和时尚的现代风格，给越南作家提供了在维系传统的基础上实现开拓创新的绝妙方法和可行进路。此外，将莫言与鲁迅、沈从文、马尔克斯建立关联，展开比较的也较为多见。

三、从获奖看海外接受

迄今为止，莫言是获得国际文学奖项最多的中国当代作家③，在一定程度上体现了莫言小说的海外传播效果和海外接受程度，莫言小说何以引发海外关注和悦纳，颁奖词中可见一斑。

（一）2000年法国儒尔·巴泰庸外国文学奖

法国儒尔·巴泰庸外国文学奖（Prix Laure-Bataillon）于1986年设置，由法国文学评论家儒尔·巴泰庸创办，是面向外国文学法文译作的著名翻译文学奖项，奖金用于奖励原著作者和译者。

---

① 韩梅：《天才的说书人——韩国人眼中的莫言》，载王俊菊《莫言与世界：跨文化视角下的解读》，山东大学出版社，2014，第61页。

② Inge, Thomas M, "Mo Yan and William Faulkner: Influence and Confluence." *Chinese Culture The Faulkner Journal* 6 (1990): 15 - 24.

③ 赵丽萍、董国俊：《从颁奖词看莫言小说的域外接受》，《甘肃社会科学》2013年第4期。

2000 年,莫言凭借长篇小说《酒国》获得该奖项,颁奖词为:《酒国》这一实验性文本,思想大胆,结构新奇,情节迷幻,人物魅惑,业已超出了大多数读者的阅读经验。这样的作品不见得被广泛阅读,但必定为刺激小说的生命力而持久发挥效应。①

颁奖词从小说主题、结构、情节、人物塑造等多个角度,对《酒国》进行了中肯的评价,高度赞赏了莫言小说的实验性及其开创性贡献。值得一提的是,该评价不仅指向创作观,而且从欣赏与接受的角度出发,评述莫言小说独到的创造力和特有的艺术品位,以及因此导致的阅读和接受的难度。自然,这恰好从另一侧面反映了莫言小说在创作艺术上的突破与创新,正是这种超越普通读者阅读经验的写作方式征服了学养深厚的法国读者。

莫言作品在法国深受欢迎,究其原因,自然首先取决于作品本身的思想价值和艺术魅力,另外,也与法国对异质文化的开放包容态度及其与中国文化由来已久的渊源密不可分。早在 18 世纪,以伏尔泰为代表的法国启蒙思想家即从儒家“仁政德治”思想中寻得理想王国,并开启了如火如荼的“中国文化热”,此后,法国文化界在生存感悟、思想境界、美学追求等方面实现了与中国文化的交流和对话。进入 21 世纪,法国读者对莫言小说的深入理解和广泛接受自有其建立在长期了解基础上的心灵相通的默契。

(二)2005 年意大利诺尼诺国际文学奖

意大利诺尼诺国际文学奖于 1975 年设置,由意大利诺尼诺家族创办。该奖项起初只面向意大利国内作家,其国际奖的颁发始于 1984 年。

莫言于 2005 年获得该奖项,颁奖词为:莫言的作品植根于古老深厚的文明,具有无限丰富而又科学严密的想象空间,以其新颖独特的思维方式和激烈澎湃、柔情似水的语言,展现了中国这一广阔的文化熔炉在近现代史上经历的悲剧与战争,进而反映了一个时代充满爱、痛和团结的生活。②

这段颁奖词重点着眼于莫言小说的思想内容及文化内涵,同时涉及想象空间和语言风格。纵观莫言的小说创作,不难看出,莫言从中国悠久的历史和璀璨的文明中汲取了丰富的养分,其小说以天马行空又自成一体的想象力,独出机杼又别开

---

① 杨梅:《读者的“欣喜”:莫言外译小说海外成功传播启示》,《阜阳师范学院学报(社会科学版)》2014 年第 2 期。

② 胡铁生、孙宇:《莫言魔幻现实主义的是非曲直》,《社会科学战线》2015 年 8 第 8 期。

生面的思维方式,以一部部史诗般的民间传奇呈现一个饱经风霜而又充满生机与活力的世界,其中所蕴含的灿烂辉煌的华夏文明满足了海外读者对古老东方的神秘想象,而那涌动着无限欢乐与痛苦、忧虑与希望的火热生活场景则承载着适用于全人类的普世价值,赋予读者以人生思考和智性启迪。

意大利与中国文化的交流历史源远流长,自古希腊和罗马时期,拥有华丽丝绸的中国印象负载着无限魅力唤醒了西方世界关于东方的想象。1597 年意大利出版的第一部中国题材的小说《皇帝》可谓 17—18 世纪欧洲盛行的中国热的前奏。① 两个有着悠久文化传统的民族在沟通与交流中更容易实现互识与互证,产生心有灵犀的互动默契。如是,意大利读者对莫言小说的理解便也更为透彻深刻。

(三)2006 年日本福冈亚洲文化奖

福冈亚洲文化奖于 1990 年设置,奖项设立的宗旨是弘扬、保护和发展亚洲文化,着力为亚洲各国相互学习与广泛交流提供平台。

莫言于 2006 年获得该奖项,颁奖词为:莫言先生是当代中国文学的代表作家之一,他以独特的写实手法和丰富的想象力,描写了中国城市与农村的真实现状,作品被译成多种语言。莫言先生的作品引导亚洲走向未来,他不仅是当代中国文学的旗手,也是亚洲和世界文学的旗手。

该奖项聚焦莫言小说对城乡生活状态的关注与思考,赞誉其亦真亦幻的风格与特色,由亚洲立场出发,对莫言文学的引导性地位和榜样性力量给予了高度肯定。

莫言作品能够在日本获得广泛认可和好评,这与中日两国同属儒家文化圈,具有相似的文化背景密切相关。

日本学士院院士、国际比较文学协会前会长川本皓嗣直陈,“直到江户末期,日本所有的知识分子都必须学习中国文化”②。尽管第二次世界大战几乎中断了日本对中国文化的学习,但长期以来的中国文化传统无法也并未中断。芥川龙之介、谷崎润一郎、佐藤春夫、森鸥外、夏目漱石、永井荷风、武田泰淳、宫城谷昌光等日本作家对中国文化具有浓厚的兴趣,且有着极为深厚的汉学素养,他们的作品都在不同程度上彰显了中国文化的深远影响。

深厚的文化渊源,相似的审美趣味,为日本读者细腻感知中国文学提供了坚实

---

① 王宁、葛桂录:《神奇的想象——南北欧作家与中国文化》,宁夏人民出版社,2005,第 227 页。

② 王晓平:《梅红樱粉——日本作家与中国文化》,宁夏人民出版社,2002,第 13 页。

基础和必备前提。

（四）2009 年美国纽曼华语文学奖

纽曼奖由俄克拉荷马大学美中问题研究所赞助。该奖项每两年颁发一次，以表彰在中文写作中最能反映人类状况的杰出作品和最具有文学功绩的作家。莫言被国际评审团选为首届纽曼中国文学奖得主。

莫言凭借长篇小说《生死疲劳》问鼎首届美国纽曼华语文学奖，这是莫言在英语国度获得的第一个奖项。

葛浩文在推荐词中写道："莫言作品的各个方面使他成为中国最杰出的小说家和国际知名人物，从多样化的写作风格到非凡的意象以及出色的语言运用，对我来说，正是他的历史想象力，一种创造人类历史的能力，让他与众不同。艺术性和人文性在小说和故事中完美地融合在一起，这些小说和故事的意义和价值不仅属于现在，更属于未来。"①

这一评价涉及莫言的写作风格、意象、语言运用、想象力、创造力、艺术性、人文性，全方位、多层次地对莫言小说给予了高度肯定，极力赞誉莫言小说的永恒价值，认为莫言的小说会在未来被读者更好地理解和接受。作为文学素养深厚的汉学家和翻译家，葛浩文对莫言的评价是深入而确切、客观而公允的。

（五）2011 年韩国万海文学奖

韩国万海奖于 1998 年设置，是一个以韩国僧侣、诗人、独立运动家韩龙云的法号"万海"命名的国际性综合奖项，包括万海和平奖、万海文学奖、万海艺术奖、万海佛教传播奖。

莫言于 2011 年获得万海文学奖，是首个也是至今唯一一个获得该奖项的中国作家。万海文学奖给出的理由是：莫言是中国当代文学具有代表性的国际知名小说家。韩国人熟悉其作品，几乎他所有的主要作品已经被翻译成韩语。他作为全球最有潜力的华人作家，为世界范围内引入亚洲文学做出了巨大贡献。②

这一颁奖词着重指向莫言在中国文坛的地位，特别关注莫言为亚洲文学走向世界所做的突出贡献。在这一点上，与日本福冈文学奖达成一致。可见，东方国家

---

① 2009 Inaugural Winner Mo Yan. https://www.newman-prize-for-chinese-literature.oucreate.com/winners/2009 – mo-yan/

② 杜庆龙：《诺奖前莫言作品在日韩的译介及影响》，《华文文学》2015 年第 3 期。

对亚洲文学走向世界的强烈渴望，这也在一定程度上体现了亚洲世界对西方国家长期秉持的“东方主义”偏见的纠偏努力，以及东方文学走向世界，并昂然屹立于世界文学强手之林的吁求。

基于相似的文化背景和地理场域，日韩读者对莫言的接受度和认可度较高，对莫言小说的理解较为细腻深切。韩国读者认为，莫言的作品叙述方式奇特，叙事技巧高妙，语言新奇，想象丰富，小说具有高超的思想性和艺术性，尽管作品大多集中于高密一隅，所揭示的问题却属于全人类，小说中的痛苦与欢乐，忧虑与希望，存在的悖谬，抉择的尴尬，都跨越了时空界限，属于更为宏阔辽远的过去、现在与未来，属于全人类。

(六)2012 年诺贝尔文学奖

诺贝尔奖于 1895 年设置，根据瑞典化学家、工程师、发明家、军工装备制造商和“黄色炸药”的发明者阿尔弗雷德·贝恩哈德·诺贝尔的遗嘱设立，包括 5 个奖项，文学奖是其中之一。诺贝尔文学奖致力于奖励在文学领域创作出具理想倾向之最佳作品者，堪称世界文学奖项的最高水准。

莫言在 2012 年获得该奖项，颁奖词为：莫言是个诗人，他撕下了程式化的宣传海报，让个人在芸芸众生中凸显而出。莫言用讥讽和嘲弄的手法向历史及其谎言、向政治虚伪和被剥夺后的贫瘠发起攻击。他用戏弄和不加掩饰的快感，揭露了人类生活的最黑暗方面，在不经意间找到了有强烈象征意义的形象……莫言的幻想超越了整个人类……莫言的故事伪装成神话和寓言，将所有的价值观置于故事的主题中……在莫言的作品中，一个被人遗忘的农民世界在我们的眼前崛起、生机勃勃，即便是最刺鼻的气体也让人心旷神怡，即便是令人目瞪口呆的冷酷无情也充满欢乐。他的笔下从来没有一刻枯燥乏味。这个作家知道所有的一切，并能描述所有的一切，各种手工艺、铁匠活、建筑、开沟、畜牧和土匪的技艺。他的笔尖附着了所有的人类生活。

该颁奖词较为全面地概括了莫言小说的写作风格与审美特征，充分体现了海外学者眼中的莫言小说特质，彰显了其广受海外读者关注和悦纳的原因。

莫言作为首位获得诺贝尔文学奖的中国籍中国作家，获奖后进一步引发了全球范围内的更多关注和评价。

Song B 指出，莫言获得 2012 年诺贝尔文学奖，是中国文学在全球语境中的一件大事，外界对中国文学的认识和中国文学的自我认识也随之发生了深刻的变化，这意味着当代中国作家在全球文坛上找到了自己独特的话语模式，因此，对他们作品的解读也应该放在世界文学的语境中。①

确乎如此，毋庸置疑，莫言获奖就个体而言，是由于其作品的独特魅力，就全局而言，自然是基于中国当代文学整体上的较高水平。经历了风起云涌的中国文学，从未放弃对生命的赞颂、对人性的探析、对心灵的叩问，特别是20世纪80年代以来，更是一路锐意求索，一路高歌猛进，取得了举世瞩目的成就。

四、海外热评作品

莫言小说综合运用传统与现代技法，将现实与想象融汇，以民间视角观照历史，在植根民族传统的基础上，融合西方经验，形成了极富特色的“莫言现实主义”，其小说以“高密东北乡”为阵地，所表现的不仅是中国，更是极具普世价值的人类共情问题②。

（一）《红高粱》

《红高粱》是莫言的一部中篇小说，后收入《红高粱家族》（包括《红高粱》《高粱酒》《高粱殡》《狗道》《奇死》五个部分），主要展现了以“我爷爷”“我奶奶”“我父亲”“我母亲”，罗汉大爷为代表的高密人民在残酷的抗日战争中不惧外侮，以顽强的生命力、豪迈的英雄气质和高昂的战斗精神与敌人斗争的故事。作品以民间视角书写历史，表现出鲜明的新历史主义倾向和后现代主义精神。

《红高粱》是莫言所著小说中外译语种最多的一部，迄今为止海外发行的版本已经被翻译成二十余种文字，当属莫言小说中第一部被成功推介至海外的作品。其在海外的第一部译介作品发行于日本，时间是1989年，1993年英译版出版，打破了莫言作品在英语世界零出版的历史。③《红高粱家族》的英译本相对于其他语种的译制相对迟滞，不过译介过后在传播过程中表现出的商业化和大众化，却是其他版本所无可比拟的，这在中国文学作品的英译过程中是非常少见的，在一定程度上反映了莫言小说在英语世界的认可度和接受度。

《红高粱》这部作品最为海外读者所津津乐道的，便是整部小说散发出的史诗

---

① Song B. “Mo Yan’s Reception in China and a Reflection on the Postcolonial Discourse,” *CLCWeb: Comparative Literature and Culture*, 20(2018):5.

② 聂英杰、周景辉：《海外读者视野中的莫言小说特质》，《参花（上）》2020年第10期。

③ 蒋剑峰：《莫言作品在英语国家的翻译和接受》，《北京第二外国语学院学报》2018年第5期。

般的文学气质。哈佛大学教授王德威在其发表的《莫言的文学世界》中指出:“我们听到(也似看到)叙述者驰骋在历史、回忆与幻想的‘旷野’上。从密密麻麻的红高粱中,他偷窥‘我爷爷’‘我奶奶’的艳情邂逅……过去与未来,欲望与狂想,一下子在莫言小说中化为血肉凝成的风景”。另外,他还提到,之所以在文章中多次提到“历史”二字,是因为他将历史视为莫言小说世界的基本力量。①

美国汉学家、美国纽约圣若望大学历史系教授 Jeffrey C. Kinkley(中文名金介甫)称《红高粱》为 20 世纪最感人心魄的英译中文文学作品,其最令人过目不忘的,是笼罩在神秘感下的荒诞感、反英雄主义和神话色彩,而造就这一切的,是莫言小说中升腾着的魔幻现实主义。

可见,莫言的《红高粱》之所以受到英语世界乃至国际世界的广泛认同,与四个因素密不可分,其一,是他独具特色的幻觉现实主义写作手法,其二是以民间视角审视历史的新历史主义倾向,其三是融合了民间奇闻轶事的多元叙事,其四是中国传统小说通感联觉技法的运用使阅读活动呈现了后现代性“新感觉”。上述特征不仅使小说与众不同,又令人神往,既彰显了民族小说传统,又契合了世界文学的发展方向,必然引发海内外读者的广泛关注和热烈欢迎。

(二)《天堂蒜薹之歌》

《天堂蒜薹之歌》是莫言于 1988 年创作的一部长篇小说,作品围绕一起因蒜苔滞销引起的农民暴动事件展开,不仅体现了复杂的人物关系,而且反映了政府与农民之间的纠葛,这是一部表现边缘群体恶劣生存状况的小说,体现了莫言对农民生活及命运的深切关注。

《天堂蒜薹之歌》发表之后在国内曾一度遭受非议,1995 年经英文世界地位最高的中国文学翻译家葛浩文译介出版后,在海外备受欢迎,学者 Duke M S 在其《莫言 20 世纪 80 年代小说中的过去、现在和未来》中评价《天堂蒜薹之歌》是“20 世纪的中国小说作品中立意最出奇、艺术造诣最高超,且充分显示了农民生活复杂性的叙事性作品”。《天堂蒜薹之歌》以主人公高羊、高马、金菊、方四叔、方四婶等人物形象的生活为核心,多角度描摹了挣扎在社会最底层的农民的悲惨生活,并借此深刻分析了农村思想落后、文化贫瘠、生存困窘乃至命运多舛的成因,小说中涉及反腐败问题,也因此被海外读者打上了“政治小说”的标签。一些海外国家的政客出于抹黑中国的险恶用心和不怀好意的政治企图借机大造声势,恶意宣传,有些期刊

① 刘江凯:《本土性、民族性的世界写作——莫言的海外传播与接受》,《当代作家评论》2011 年第 4 期。

如《出版人周刊》《纽约时报书评》等美国社会意识形态与文化价值观念的引导者和传播者①,甚至给该书打上了"禁书"的标签,希图引起西方读者的阅读兴趣。

好在大多数读者还是能够对小说给予正确的认识和公允的评价,比如加拿大学者杜迈克指出,"该作品并不涉及特殊的政治因素,只是支持改革罢了。"看来,"标签事件"只是海外个别别有用心的政客的拙劣表演和少数为获取特定利益的媒体的低劣营销手段。

应该看到,《天堂蒜薹之歌》所反映的社会问题,揭示的人性弱点以及政府与群众的矛盾是普适性的,并非局限于一时一地,具有高度的概括性、思想性和社会价值。另外,小说中的叙述实验彰显了鲜明的后现代精神:其一,小说以瞎子张扣的说唱、隐含作者的讲述、《群众日报》的新闻报道三重叙事视角,既实现了多声与复调讲述,又达成了文本间互相指涉、彼此补充的互文效果;其二,小说结尾以拼贴新闻报道的方式实现了对传统小说体裁的突破,达成了反体裁叙事;其三,时空交错的叙事方式造成了文本的断裂与间离;其四,以梦境与现实的融合,生与死的交互实现了亦真亦幻的审美效果,达成了莫言独特的幻觉现实主义。海外读者对小说的接受,更多来自其深刻的批判性、思想的普世性和艺术的独创性。

(三)《丰乳肥臀》

《丰乳肥臀》是莫言在1996年写就的作品,在这部小说里,莫言热情讴歌了平凡而伟大、质朴而无私、温柔而坚忍的母亲,同时对"母亲"所处的硝烟弥漫的时代不带任何偏见地予以还原,带领读者深切领会了一段尘封的历史,发出了贯穿生命更迭与代际传承的生命颂歌。

《丰乳肥臀》是莫言最受海外读者关注的作品之一,1999年首先发行了日译版,英译版于2004年首发。小说经海外译介发行后,受到了不少学者和媒体的关注,引发热烈反响。

美国著名作家约翰·厄普代克评价道:"1955年出生于中国北方农民家庭的莫言,借助残忍的时间、魔幻现实主义、女性崇拜、自然描述及意境深远的隐喻,构建了一个令人叹息的平台。"Johathan Yardley对莫言在作品中所塑造的女性形象予以高度评价,认为莫言是站在激情的女性立场对中国女性予以剖白,这种写作方式是非常不易且值得赞扬的。日本翻译家吉田富夫在其《丰乳肥臀》的日译版本中以后记的形式评价这部小说:"莫言是以一位普通百姓的视角关注着中国现代史的转

① 张晶:《框架理论视野下美国主流报刊对莫言小说的传播与接受》,《当代作家评论》2015年第3期。

变,在这其中,他发挥了丰富的想象力,一方面描绘了历史的流转,一方面描画了背负着不幸出生的主人公的爱欲经历,母亲的形象在二者的碰撞中岿然耸立,就如同那一片高密东北乡的大地。”

小说中,如大地一般孕育一切也承载一切的“母亲”,隐忍、宽容,浑厚、博爱,她丰乳肥臀,性感而宽厚,虽然经历了无数磨难和屈辱,但是在精神上依然高贵而端庄,从这个意义上说,她是所有妻子与母亲的化身,是一切家与国的图腾。她不仅爱她那些个性张扬的女儿,而且爱她的儿子,尽管他恋乳、懦弱、一事无成,不成体统。小说将历史与传说,过去与现代,真实与虚幻,交织杂糅,以民间视角,讲述家族传奇,渗透存在之思,透视人生百态。

小说鲜明的后现代倾向体现在以下两个方面。

其一,由悖论式矛盾语言、陌生化书写、混杂、戏仿形成的语言游戏。如:

菩萨显灵,天主保佑,没有儿子,你一辈子都是奴;有了儿子,你立马就是主。我说的话你信不信?信不信由你,其实也由不得你……①

这是小说第一章中上官鲁氏待产时婆婆吕氏对她说的一段话,其中包含着丰富的意趣。首先,“没有儿子……有了儿子……”的鲜明对比体现了根深蒂固的男尊女卑思想,以女性的男权观念映射无处不在的“父权”思想,实际上渗透着作者对此的质疑,而这一质疑更为集中,也更为鲜明地表现在上官家族唯一的男性继承者、鲁氏唯一的儿子上官金童的懦弱、恋乳、性无能,而恋乳和性无能亦可作为上官金童懦弱的表征和佐证,就此而言,作者则是以反讽的方式,隐晦表达了女权思想。上官家族中吕氏、鲁氏及鲁氏所有的女儿无不是雷霆万钧的风云人物,而家族中的男性从上官福禄到上官寿喜再到上官金童,以其愈演愈烈的懦弱与无力一路将男性雄风跌至谷底。其次,“信不信由你,其实也由不得你”,呈现了悖论式矛盾逻辑,无论“你”“信”还是“不信”,“真理”就在那里,因之,就此而言,“你”的态度因无碍局面,故丝毫不重要。甚或可以说,这一论断,实则以“你”的观点无济于事推定“你”的存在聊等于“无”,继之借由“你”“存在的荒诞”质疑进而颠覆“你”的主体性地位,表达了作者深切的存在之思。最后,“菩萨”属于佛教话语体系,而“天主”则属于基督教话语体系,二者并置,则是以语言的混杂表达对界限的消弭,反映了后现代“填平鸿沟”“弥合界限”的思想意识。

再如:

闪电。闷雷。绿血。横飞的皮肉。美国电影。手榴弹。枪口里喷吐出的金色

① 莫言:《丰乳肥臀》,上海文艺出版社,2012,第8页。

火蛇。弟兄们，不要乱。又是一阵爆炸。娘呀。儿呀。一条活着的死胳膊。脚上绊着肠子。比银圆还大的雨点。烫眼的光。神秘的夜。乡亲们。趴下。不要动！①

上述引文是小说第二十二章末尾表现正在看露天电影的“我们”面对突如其来的轰炸，先是短暂的错愕，继而是强大的恐惧引发的四处逃窜。小说中将视觉感受、听觉感受错综交织，混杂对轰炸场面的描写，乡民对电影的痴迷和眷恋，满目血肉横飞，耳朵里传来巨大的轰炸声、善意的劝降声，意料之外，混乱不堪。作者以短句子，甚至以单一的词语为独立的句子单元，又以局促的句号间隔，表现突如其来的战争引发的混乱场景。以语言的混杂映射场面的混乱，从形式到内容，综合形成了统一的叙事场和审美域，给读者带来了如临其境的震撼。

其二，由复调、时空交错、拼贴、元叙事，虚实相生等方式形成的叙事革命。如小说第十三章：

俺本是窈窕一娇娘——哪——在放声歌唱的袅袅余音里，我二姐上官招弟头戴一朵红绒花，身穿蓝士林偏襟褂，扫腿裤子蓝绣鞋，左手挎竹篮，右手提棒槌，迈着流水般的小碎步，从司马家大门里流出来，流到耀眼瓦斯灯光下，在席地上煞住浪头，亮了一个相。……二姐绕场旋转一周，气不喘，神不乱，顿喉唱出第二句：嫁给了司马库英雄儿郎——这一句平稳过渡，尾腔没有往上扬，但引起的反响如石破天惊。众人交头接耳，窃窃私语：这是谁家的女儿？——这是上官家的女儿——上官家的女儿不是跟着鸟枪队跑了吗？——这是二女儿——啥时攀上了司马库做小老婆？②

引文中，二姐上官招弟的唱词、唱腔、衣着、神情、动作，以及众人的议论与评说混杂融合，形成众声喧哗的复调与对话景观，不仅再现了火热喧闹的生活场景，而且体现了融合复调、混杂、狂欢特质的叙事的后现代气质。

再如：

鸟儿韩被捉走后第三天，三姐从炕上爬下来，赤着脚，……走到院子里。她跳上石榴树梢，把柔韧的树枝压得像弓一样。母亲急忙去拉她，她却纵身一跃，轻捷地跳到梧桐树上，然后从梧桐树又跳到大楸树，从大楸树又降落到我家草屋的屋脊上。她的动作轻盈得令人无法置信，仿佛身上生着丰满的羽毛。她骑在屋脊上，双眼发直，脸上洋溢着黄金般的微笑。……她侧低下头，像鸟儿梳理羽毛一样咬咬肩

① 莫言：《丰乳肥臀》，上海文艺出版社，2012，第208页。
② 同上书，第106页。

膀。……实际上，我认为三姐骑在屋脊上时，完全进入了鸟的境界，思想是鸟的思想，行为是鸟的行为，表情是鸟的表情。①

三姐领弟深爱的鸟儿韩被日寇抓走充劳工后，三姐茶饭不思，以泪洗面，后来竟恍若变身为鸟，体态轻盈，动作灵活，在某种程度上，还具有预知未来的神秘本领。这一情节与《翱翔》中的燕燕化身为鸟互文。人化身为鸟，这一超验的玄幻情节与现实生活水乳交融，形成了虚实相生、亦真亦幻的美学效果。由人而鸟的跃迁，因负载着飞翔与自由的梦想而带有人类文化学意义上的进化成分，多半是出于痛定思痛的逃离或对浪漫理想的热切渴望与唯美追求。因此，在此意义上有别于人类向纯然意义上的低级种属的带有自暴自弃、自甘堕落成分的异化。

（四）《生死疲劳》

《生死疲劳》是莫言2005年推出的作品，是莫言的代表作之一。该小说描绘的是跨越了50年（1950—2000年）的中国农村风云巨变，莫言透过一幅幅生死轮回的艺术图景，将农民与土地之间的关系全盘托出，展现了新中国成立以来中国农民饱经磨难但仍旧顽强乐观的生生不息的向上精神。该书中，莫言以“六道轮回”为依托，大胆采用了前无古人后无来者的实验性叙事视角（分别以人、驴、牛、猪、狗为视角）展现了一出魔幻色彩十足的历史变形记，将中国农民对土地的眷恋之情描绘得淋漓尽致。

《生死疲劳》在海外市场的反响颇为热烈，不同于莫言其他作品英译版上市迟滞于其他语种的先例，这部小说在中文版本出版不久，于2008年由葛浩文翻译并面世，成为海外市场的第一个译本。出版后，评论界对其褒贬不一，不过许多颇有影响力的海外媒体和汉学家都给出了正面的评价。比如美国权威书评杂志《科克斯书评》称其为史诗型的黑色喜剧，盛赞莫言是辛辣的、拉伯雷式的讽刺作家；著名中国史研究专家乔纳森·斯宾塞（中文名史景迁）在其名为《重生》的书评中将《生死疲劳》视为对中国50年历史发展做出忠实记录的纪实史料，称其是一部极富远见和创意的作品。介于乔纳森·斯宾塞在美国学界的重要影响力，经他推介后，这部作品对美国读者形成了巨大的影响力。

① 莫言：《丰乳肥臀》，上海文艺出版社，2012，第116页。

五、海外读者视野中的莫言小说特质

自20世纪80年代从事创作以来，莫言就以其素朴温情的创作格调引起了文坛老作家的称赞。1985年开始，先后发表《透明的红萝卜》《金发婴儿》《球状闪电》《秋水》《红高粱》《高粱酒》《爆炸》《欢乐》《十三步》《天堂蒜薹之歌》《丰乳肥臀》《酒国》《檀香刑》《月光斩》《生死疲劳》等作品，更以其先锋前卫的书写技巧和雄奇瑰丽的叙事风格引起了学界的广泛关注。伴随莫言小说在世界范围内的广泛传播和频繁获奖，海外对莫言的研究与接受也全面升温，其小说叙事的现代气质、神秘的东方传奇、变幻的时空之维、深邃的主题意蕴无不令人叹为观止。

（一）叙事的现代气质

莫言作为中国当代文坛先锋作家中的一员，特别是1985年进行叙事革命以后，更以浓墨重彩的叙述，雄奇恣肆的风格而独标一格，这与他大胆使用魔幻、戏仿、解构、拼贴等艺术手段展开小说创作密不可分。莫言叙事技巧的现代性特征不仅拓宽了小说叙事场域，给叙事革命提供了多种可能，也令海外读者感到新奇和震撼。

莫言作品的英文译者葛浩文认为：莫言是一位寓言与幻想的行家，多重叙事与文本转换的高手。荷兰翻译家马苏菲指出，“我喜欢那些敢于实验创新的作者，如小说家莫言。莫言的小说技巧和结构非常多样化，读者仿佛可以看到、闻到、吃到、听到和感受到书中所写的东西。”①无独有偶，意大利学者芭芭拉也认为莫言的叙述能够特别精细地描绘日常生活，通过颜色、光线、味道、声音和感知活动的描写，带给读者身临其境之感。莫言一直在尝试叙述的新形式，叙述者的不断变化，不仅使意大利读者关注表象的形式，而且更被其实质内容所打动。②

美国批评家托马斯·英奇在《西方人眼中的莫言》中指出：“莫言最大的魅力在于小说技巧上的革新。”③他认为《红高粱》采用全新的现代叙事方法，弱化传统小说的情节关联，引领读者将小说各部分建立联系。④ 其中不同人称的交互使用，也

① 马苏菲、吴锦华：《莫言小说荷文翻译随想：从〈蛙〉谈起》，吴锦华译，《山西大学学报（哲学社会科学版）》2014年第1期。

② 芭芭拉：《在意大利看莫言》，《海南师范大学学报（社会科学版）》2014年第6期。

③ M. Thomas Inge. “Mo Yan: Through Western Eyes,” *World Literature Today* 74, no. 3 (2000): p501 – 506.

④ 宁明：《简评莫言海外研究之热点》，《首都师范大学学报（社会科学版）》2014年第4期。

给小说的叙事风格注入了活力。①《酒国》则将事实和虚构混融叙述，寓言般呈现了普世性的宏大主题。②《纽约时报》书评赞赏《酒国》的叙述风格，认为这部小说"从功夫小说、侦探小说、中国神话、美国西部小说和魔幻现实主义小说中借鉴多种叙述元素而形成了一个迷人的后现代大杂烩"。③ 法国读者也认为《酒国》汇集怪诞想象、讽刺寓言和侦探小说为一体的叙述风格体现了世界各国文学思潮与流派的融合，彰显了对社会风尚与潮流的审视和思考。④《酒国》于 2001 年获得法国儒尔·巴泰庸外国文学奖，其颁奖词指出：《酒国》这一实验性文本，思想大胆，结构新奇，情节迷幻，人物魅惑，业已超出了大多数读者的阅读经验。这样的作品不见得被广泛阅读，但必定为刺激小说的生命力而持久发挥效应。⑤

上述评价赢得了莫言本人的认同，谈及作品在法国受欢迎的原因时，莫言说："法国是文化传统较为深厚的国家，非常注重艺术创新。而创新也是我个人的艺术追求，我每部小说都在艺术形式上有新的尝试和探索。《天堂蒜薹之歌》是现实主义写法，《十三步》在形式探索上走得很远。可能这种不断变化符合法国读者求新求变的艺术和审美趣味，也使得不同的作品引起不同层次、不同趣味的读者的兴趣。"⑥

莫言几乎每部长篇小说都采用了独特的叙事风格。《天堂蒜薹之歌》从三个角度讲述同一个故事：瞎子张扣、叙述者和官方报纸分别以各自的方式和视角讲述蒜薹事件。如同三个声部的交响，多维度完整呈现了事件的全过程。⑦《生死疲劳》在保留中国古典章回体小说传统的基础上，大胆采用充满野性想象和黑色幽默的民间叙事，通过西门闹几次三番生死轮回的悲欢故事，探寻和叩问荒诞历史进程中生命的坚忍、人性的复杂以及存在的悲感。⑧ 哈佛大学王德威教授认为，《十三步》的表达方式更为不同，书名的"十三步"在书中并没有明确指涉，它或许代表了生命中的不可测变数，又或许代表叙述逻辑上的逆反。读者被笼中讲述者拉进了故事之中，与他共同编织故事。在倾听叙述及重述的过程中，读者与笼中人撕扯、拉锯……或欲言又止，或意犹未尽，或言不及义，而就在种种语言难尽其妙而又不

---

① 姜智芹：《西方读者视野中的莫言》，《当代文坛》2005 年第 5 期。
② 宁明：《西方文化视野下莫言作品的美国研究》，《理论学刊》2013 年第 12 期。
③ 张晶：《框架理论视野下美国主流报刊对莫言小说的传播与接受》，《当代作家评论》2015 年第 3 期。
④ 刘海清：《法兰西语境下的莫言文学》，《当代作家评论》2017 年第 2 期。
⑤ 赵丽萍、董国俊：《从颁奖词看莫言小说的域外接受》，《甘肃社会科学》2013 年第 4 期。
⑥ 莫言、李锐：《"法兰西骑士"归来》，《新京报》2006 年 11 月 11 日。
⑦ 姜智芹：《西方读者视野中的莫言》，《当代文坛》2005 年第 5 期。
⑧ 同上。

知所云的时刻,“历史的味道,涌上心头。”①

美国卫斯理学院宋明炜副教授认为莫言纵横恣肆、天马行空的自由书写,给中文小说带来了惊喜。他的语调看似气定神闲、悠然自得,却又怪诞玄妙、变化万端,仿佛一个被置于现实和叙述之间的神秘透镜,令历史和现实中荒唐、悲惨、尴尬的情境在小说中恍若奇幻境界,异人异境,如醉如痴。②

诚然,叙事革命与叙事的现代性彰显了莫言对小说艺术创新的尝试和探索,而莫言小说的形式创新绝非炫耀技巧博取关注,其作品中深沉的文化历史内涵、对社会人生的普世性思考、对人性问题的揭示和挖掘无不昭示着作家深沉的社会责任感与人道主义情怀。

(二)神秘的东方传奇

莫言作品中神秘的东方传奇与悠久的华夏文明所构成的文化冲击令海外读者惊讶赞叹、驻足流连。应该说,本土经验与民族文化正是莫言千变万化的小说形式下始终如一的坚守和秉持,而这份坚守与秉持在小说创作中又幻化成引人入胜的无穷风景。也许可以说,莫言作品的世界性影响和无穷魅力在很大程度上源于深植其中的深厚民族文化内涵。

2005 年莫言荣获意大利诺尼诺国际文学奖,颁奖词是:“作品植根于古老深厚的华夏文明,想象空间无限丰富而又科学严密,写作思维独特新颖,语言激烈澎湃而又柔情似水,表现了中国在近现代历史进程中经历的欢乐与忧伤,和平与战争,展现了爱、苦痛、团结、友善。”③颁奖词聚焦莫言作品的四方面特色,即古老深厚的文明、丰富严密的想象、新颖独特的思维、激情澎湃的语言。无疑,居于首位的“古老深厚的文明”既引领了后续诸种特征,又为之提供了营养和可能。

莫言小说法语版翻译、普罗旺斯大学中国语言文学教授诺埃· 杜特莱曾经指出,莫言即使在写作中或多或少地融入了西方理论及思想,然而毋庸置疑,作品中最本质、最核心的部分是出自中国本土。这种融汇中国民族文化和地方色彩的作品经过岁月沉淀,必将在世界文坛崭露头角,获得属于自己的一片领地。④

意大利学者芭芭拉认为,在莫言的文学世界中,读者感受到了他曾经所经历

---

① 王德威:《千言万语,何若莫言》,《读书》1999 年第 3 期。

② 宋明炜:《莫言三十年的文学长跑》,《新民周刊》2012 年第 43 期。

③ 赵丽萍、董国俊:《从颁奖词看莫言小说的域外接受》,《甘肃社会科学》2013 年第 4 期。

④ 郑娜:《莫言小说在海外的传播与接受》,《重庆邮电大学学报(社会科学版)》2014 年第 1 期。

的、所感悟的生活，以及中国的传统文化生活。莫言使用的材料引起了读者对中国的历史、地理、生活习惯、传统故事、家族等中国独特性的兴趣。① 莫言作品的意大利文译者李莎指出，莫言作品的异域风格与特色会带领读者感受一个不同以往的新鲜世界，接触从未接触和了解的东西能够让读者产生兴趣，丰富阅历，增长见识，促进成长。“莫言小说能够引领读者快速进入角色，迈入非同凡响的时空领域，并从中发现个人独特的领悟和感受。我认为这就是很多外国人喜欢莫言作品的原因。”②

越南学者阮氏明商认为，莫言小说民族性和世界性适切融合，使得莫言的作品超越国家疆域，获得世界各国读者的欢迎与喜爱。如《丰乳肥臀》中的上官鲁氏，这一母亲形象，受到了东方西方读者的认同，而这一形象正是中华民族无私高尚而又坚忍倔强母亲形象的表征和凝华。③

莫言在谈到其作品何以打动评委荣获诺奖时说：“最主要的原因是我作品中的文学素质。我的作品是中国文学，也是世界文学的一部分，我的作品表现了中国人民的生活，表现了中国的独特文化和民族风情。”④意大利翻译家李莎也认为诺奖授予莫言的最本质的原因在于，其作品能够令读者身临其境，通过小说这扇大门真正进入中国这个东方国家，并且在阅读过程中获得顿悟和惊喜，产生共鸣：原来大家都是一样的。⑤

从《民间音乐》到《爆炸》，从《丰乳肥臀》到《生死疲劳》，无论是古老神秘的东方故事还是灵异传奇的中国式魔幻，无一不呈现华夏民族的文化基因和遗传密码，莫言将民族色彩、中国风格与文化魅力巧妙融合，以玄幻的故事和深邃的思想赢得了本土读者的喜爱，也征服了海外读者及研究者。

（三）素朴的民间世界

自 1985 年发表小说《白狗秋千架》以来，莫言便将“山东高密东北乡”作为其小说的文学地理，这个熟悉又亲切的名字仿佛一下子打开了灵感的闸门，源于儿时

① 芭芭拉：《在意大利看莫言》，《海南师范大学学报（社会科学版）》2014 年第 6 期。

② 帕特里西亚·里贝拉蒂：《莫言作品意大利文译者谈“外国人为什么喜欢莫言”》，http://gb.cri.cn/27824/2012/11/01/6651s3909114.htm，访问日期：2012 年 11 月 1 日。

③ 阮氏明商：《论莫言小说对越南读者的感召》，《南方文坛》2016 年第 3 期。

④ 莫言：《说吧，莫言》，二十一世纪出版社，2012，第 12 页。

⑤ 帕特里西亚·里贝拉蒂：《莫言作品意大利文译者谈“外国人为什么喜欢莫言”》，http://gb.cri.cn/27824/2012/11/01/6651s3909114.htm，访问日期：2012 年 11 月 1 日。

的记忆及据此记忆所引发的想象源源不断喷涌而出，素朴的民间风情裹挟着瑰奇玄幻的想象，席卷起深沉雄浑的历史记忆，一路狂欢着倾泻而来。

"高密东北乡"承载了莫言对儿时乡村生活的记忆，对此，莫言小说的英文译者葛浩文说："莫言的所有小说都以其类似虚构的高密家乡为场景。孩提时从祖父和亲戚处听来的故事为其丰富的想象添加了燃料……"①莫言小说日文译者之一吉田富夫在接受记者采访时，回忆起与莫言的交谈："莫言说自己是农民，我也是农民，我们出身一样。我在日本农村长大，从小务农。我父亲是打铁的，莫言《丰乳肥臀》里就有打铁的，小说里母亲的形象和我母亲的形象完全一致。"②

日本东京大学教授、著名翻译家、莫言小说日文译者之一藤井省三评价说：中国作家中，"描写农民情感和伦理的作者当推莫言为翘楚。"③

"高密东北乡"激发了莫言的原乡想象。正如吉田富夫所言，"我到过莫言的故乡山东高密，那里是一片一望无际的平原，既没有小说中写的断壁悬崖和大河，更没有漫山遍野的红高粱，这些完全出自作者的想象，如此绚烂瑰丽的、自由自在的想象力真是令人拍手称奇。"④

越南学者在全面阅读莫言小说后指出：莫言作品中的故事大多发生在"高密东北乡"，然而可贵的是莫言已经把这个有迹可循的乡村，幻化成玄想中的抽象文学王国。高密东北乡的故事和人物遭际，牵涉着全人类的整体性和共性问题。⑤

杜迈克以莫言的《天堂蒜薹之歌》为例，指出小说形象地再现了农民生活的复杂性，是20世纪最具想象力和艺术造诣的作品之一。作品系统深入地进入中国农民的内心，引导读者感受农民的感情，理解他们的生活。⑥

"高密东北乡"这一神奇的地域承载了莫言太多的情感和记忆，也激发了他的灵感和想象，从这个意义上说，"高密东北乡"不仅仅是一个简单的地域概念，更是莫言叙述动机的发源地，是作者心心念念的精神家园，是他发现世界的窗口，认知社会的突破口，倾泻情感的爆发口，在这里，过去与现在、乡村与城市、落后与进步、精致与粗糙、原始与文明相互碰撞、抵消、转化、融合，它是莫言的童年记忆，更是凝

---

① 葛浩文、吴耀宗：《莫言作品英译本序言两篇》，《当代作家评论》2010年第2期。

② 《专访莫言作品日文版翻译吉田富夫：愿莫言获奖后多多保重》，http://world. people. com. cn/n/2012/1119/c1002 - 19623145. html，访问日期：2012年11月19日。

③ 藤井省三：《寄语莫言获诺贝尔文学奖》，载王俊菊《莫言与世界——跨文化视角下的解读》，山东大学出版社，2014，第54 - 55页。

④ 同上。

⑤ 阮氏明商：《论莫言小说对越南读者的感召》，《南方文坛》2016年第3期。

⑥ 杜迈可、季进、王娟娟：《论〈天堂蒜薹之歌〉》，《当代作家评论》2006年第6期。

结了他无限想象的原乡，这里热情似火，激情澎湃，敢爱敢恨，敢闯敢拼，勇武良善的乡民何尝不是华夏儿女的化身和写照，这块土地上发生的传奇故事何尝不是华夏历史的微缩景观？

“高密东北乡”凝结了莫言的家国情怀和“人民作家”的使命，俄罗斯著名翻译家叶果夫曾经指出：莫言是“人民作家”“中国人民的灵魂”，“他不必走入人民中间去了解人民，他的作品中包含了所有的民族特征……”①

莫言本人在获得诺贝尔文学奖后接受采访时也曾经表示，自己的作品表现了中国民族风情和独特文化。莫言说“我的作品是中国文学，也是世界文学的一部分，我的文学表现了中国人民的生活，表现了中国独特的文化和民族风情。我一直是站在人的角度上立足于写人，超越了地域、种族的局限。”

（四）深邃的主题意蕴

如若单纯追求艺术技巧的革新，或为传奇而传奇，可能给读者带来一时的惊喜，但绝不会引发深入的思考和持久的关注。莫言小说的厚重绝不仅仅取决于艺术技巧的革新，也不完全在于其作品中的东方传奇和家国镜像，因其小说主题的深邃幽眇，导致阅读的过程并不见得愉快流畅，但是当读者合上小说的最后一页，往往会产生一种审美上的愉悦和满足，深入斟酌研讨的热情和兴趣。

莫言小说的叙事风格千变万化，故事情节千姿百态，作品的主题却无不以深沉的悲悯和热切的祈愿展现对生命的讴歌、对人性的审视、对历史的沉思。这一切都深植于作者高度的社会责任感和人文关怀意识，而这也正是古今中外文学殿堂里经过时间洗礼、岁月沉淀、千淘万漉仍然历久弥新绽放永恒光芒的经典之作所共有的特征。

莫言自陈，其作品是站在人的角度，立足于写人②，不是为老百姓写作，而是作为老百姓写作③。正像所有跨越时空仍历久弥新的经典著作的伟大创造者一样，莫言豁达而高蹈地站立于“高密东北乡”苍茫雄浑的土地上，以其深沉的悲悯情怀探看人性的幽微复杂，洞悉恶浊与良善、鄙俗与高贵、丑陋与美丽的更迭嬗变，表现普通人的善与恶、爱与恨、生与死，表达人类存在的悲或喜，无可奈何或春风得意，

① 《伊戈尔·叶果夫谈莫言获诺贝尔文学奖》，载王俊菊《莫言与世界——跨文化视角下的解读》，山东大学出版社，2014，第8－9页。

② 莫言：《说吧，莫言》，二十一世纪出版社，2012，第12页。

③ 王尧：《“我是作为老百姓在写作”》，《上海文汇报》2001年11月9日。

他的书写酣畅淋漓、汪洋恣肆，看似横无涯际，实则无不立足于人，以其强烈的人道主义情怀和气度礼赞生命、审视人性、甄别善恶、表达祈愿。作为为老百姓写作的莫言，同情普通人生存的苦难和艰辛，并挖掘造成悲剧或困扰的性格局限和弱点，直击人物的灵魂，引领人们正视自我的丑与人性的恶，实现肉体和精神的双重救赎。

莫言作品既有如《红高粱》般对壮丽血性生命的引吭高歌，如《生死疲劳》般对个体生命与历史沉浮紧张关系的深沉追问，如《檀香刑》般对生命内在的强悍与悲壮的狂欢抒写，如《蛙》般对生命伦理的深层探论，如《酒国》般对人类生存的虚无与荒诞的叩问与思考，如《透明的红萝卜》般对美好生活和纯净理想的执着追求，如《白狗秋千架》般对故乡的逃离与复归，如《民间音乐》般对自我存在价值的找寻，也有如《丰乳肥臀》般对坚忍生命的热情讴歌和对生命更迭与代际传承的感喟与吟唱。他的小说不仅直面生命的蓬勃，讴歌生命的强力，也敢于正视生命的枯萎凋零，如《美丽的自杀》中的表妹、《欢乐》中的鱼翠翠和齐文栋、《天堂蒜薹之歌》中的金菊，即便书写生命的早谢也并不凄婉悲凉，而是以如打翻了调色盘般绚烂至极的书写表达生命存在的价值和对生命陨落的深挚思考。他笔下的人物打破了善与恶，甚至冲出了任何疆域任何界限，更跨越了生与死。即便离开、故去、死亡，也仍然顽强地绽放生命的美感，借此引发人们对生命展开深刻的体认，而这种体认必将超越爱与恨，生与死。

第七章　莫言现象对中国当代文学的启示

莫言的小说鲜明体现了他推陈出新的语言实验倾向和革故鼎新的叙述革命主张。他温情，以其浓烈地对土地的眷念与爱恋书写涌动着无限欢乐与忧伤的大地赞歌；他犀利，以其独特的敏感和锐利剖析人性，识别和鞭笞恶浊；他慈悲，以悲天悯人的胸襟观照生存真相，包容美与丑；他果敢，以剖白自我的坦荡推己及人，追溯是是非非；他宽广，立足乡土，胸怀家国，又囊括世界；他普通，如同千千万万游走于集市的歌者，以耳朵阅读，以声音绘声绘色地讲述；他特别，现实、超现实、魔幻现实，前现代、现代、后现代，历史与传奇，民族与世界，古典与当今，尽收笔底。他继承了华夏文化智识通变的智慧，以其任达不拘的语言实验，豪放不羁的叙述革命，端庄间或雅痞，优美间或粗鄙的语言，天马行空的想象，丰富奇异的感觉，用中国语言探讨普世情感，呈现了中文的魅力，拓展了母语语言文化的审美空间，以响遏行云之势，令喧嚣的世界安静下来，聆听并瞩目中国。

一、创作理念

在 2019 年召开的亚洲文明对话大会开幕式上，习近平主席所做的主旨演讲中指出：当前，世界多极化、经济全球化、文化多样化、社会信息化深入发展，人类社会充满希望。同时，国际形势的不稳定性不确定性更加突出，人类面临的全球性挑战更加严峻，需要世界各国齐心协力、共同应对。应对共同挑战、迈向美好未来，既需要经济科技力量，也需要文化文明力量。① 讲话中，习主席提出了亚洲及世界各国文明开展平等对话、交流互鉴、共创和谐未来的重要性和必要性。

全球化来临之际，机遇与挑战并存。就文化领域而言，全球化带来陌生新鲜的异质文化的同时，也将民族文化带向了更广阔的空间。然而，盛景之下，一个不容忽视的问题是：在异质文化碰撞冲突的过程中，由发达科技理念及文化创意产品裹挟的西方文化正以其志在必得的雄心和势不可挡的强劲态势意欲吞并、覆盖和淹

① 习近平：《深化文明交流互鉴 共建亚洲命运共同体》，载《人民日报》2019 年 5 月 16 日。

没异己文明,试图走向文化霸权主义和文化单边主义。显然,这既不符合文化生态规范,也不利于文化长足发展。面对文化“全球化”与“本土化”的剧烈拉扯,我们究竟应以何种态度调和与消解矛盾?理论家的观点见仁见智,不一而足。笔者认为坚守和秉持“文化自觉”,进而展开“文化间性”对话,达成“视域融合”,不失为一条理想进路。

(一)当代语境与理想进路

“文化自觉”这一概念最早是由中国社会学家费孝通先生于1997年提出的。费老认为,文化自觉是指处在一定文化语境中的人明白其文化的来历,形成过程,特色和发展趋向。① 他同时指出,文化自觉是一个艰巨的过程,认识自身文化,并理解其他文化,在多元文化世界里确立自己的位置,自主调试、取长补短,才能与其他文化并肩建立有共同认可的基本秩序和各种文化和平共处,各舒所长,联手发展的共处守则。② 在此基础上,费孝通先生进一步提出“各美其美,美人之美,美美与共,天下大同”的目标和理想。并进一步解释:在欣赏本民族文明的同时,尊重和欣赏其他民族的文明,如此往复,地球上不同文化、不同民族、不同国家之间就达到了一种和谐,就会出现持久而稳定的“和而不同”。③ 毋庸置疑,费孝通先生的文化自觉观念和美美与共的目标与理想为异质文化间的流通、交换、循环、改善和进化提供了切实有效的可行策略:唯有坚守民族文化阵地,充分保持民族文化自觉,更加清醒地建构本土文化主体性话语体系,并对全球文化进行系统性观照,才能在多元文化格局中,守正创新、多元发展。

“文化间性”最早是佩茨沃德于1999年提出的。但他仅仅区分了“文化间性”的正反两面,“反面”即处在霸权地位上的西方文化黑化其他文化,而“正面”则建立在文化、政治相互承认的基础上。④ 雷蒙·潘尼卡认为,每一个特定文化只有变成“文化间的文化”,才能对人类及其共同体有意义。⑤ 中国学者金元浦认为,文化间性是全球本土化与本土全球化双向互动的必然结果。它以平等交流与沟通为基础,以中国和合文化为参照。他指出,中国文化的和合理念,执两用中的中庸之道,从根本上讲,是一种文化间性本位,是即此即彼,非此非彼、亦此亦彼的第三生成

---

① 费孝通:《反思·对话·文化自觉》,《北京大学学报(哲学社会科学版)》1997年第3期。

② 同上。

③ 费孝通:《“美美与共”与人类文明》,《学习与研究》2006年第5期。

④ 林曦:《“文化间性”的图型论》,《燕山大学学报(哲学社会科学版)》2016年第9期。

⑤ 思竹:《巴别塔之后:雷蒙·潘尼卡回应时代挑战》,宗教文化出版社,2004,第199页。

物,是世界各共同体间相互协商,谈判、让步、融合的结果。① 刘悦笛认为,"文化间性"关注不同文化传统之间的融汇,进而形成相互理解,最终达成全球性的"文化整合"。② 受国内外学者启发,笔者认为,"文化间性"即在不同文化际遇中正视和承认文化间的差异与关联,通过对话与沟通,达成文化间的理解、包容,互动、并进,进而实现文化间的采借、置换、意义重组的相互作用及其过程。

"视域融合"(1989)是德国学者伽达默尔本体解释学的重要部分,这一理论超越了主客两分的理解传统,认为理解既是历时性的,也是共时性的。在理解过程中,读者视域与文本视域应形成互相融合关系,即历史和现实、自我和他者构成无限的统一整体。"'本文化'和'异文化'作为'自我'和'他者',在相互理解中超越自身,各自升华出新的'自我'解释,生成某种'交叠共识'",相互促成文化的创新与文明的共同进步。③

综上足见,在全球化进程中,文化自觉、文化间性、视域融合是应对文化冲突、消解文化霸权、调适文化差距、谋求异质文化对话与融通、维护多元文化和谐并存、形成平等互惠格局的理想范式和可行进路。

事实上,中国人自古崇尚"贵和尚中""和而不同"的相处之道,倡导"和羹之美,在于合异""存异求同"的和谐之道。《中庸》中有"喜怒哀乐之未发,谓之中;发而皆中节,谓之和。中也者,天下之大本也;和也者,天下之达道也。致中和,天地位焉,万物育焉",生动阐释"中和"之下的和乐景观。直到今天,这些思想方法和理念仍然适用,甚至能够帮助我们消解当下在全球化语境中的文化殖民与文化霸权现象,并以中国智慧、中国经验、中国策略建构共荣共生的世界多元文化格局,营造健康和谐的文化生态贡献中国力量。

在全球一体化形势下,处于东亚文化圈核心地位的中国,在经济迅猛增长的同时,急需关注文化的传承与创新,既要保持民族文化的自觉与自信,坚守、传承和发扬民族文化中的优秀传统,也要对世界文化进行系统性观照,以便在多元文化互动过程中,将传统文化中的优势资源向世界推广,并对世界文明做出原创性贡献。

20 世纪 80 年代,经历风雨的中国文学再度复苏,文艺创作一派生机盎然,此时新老作家在热情创作之余,共谋复兴大计,并得出一致结论:新时代、新契机,中国

---

① 金元浦:《全球本土化、本土全球化与文化间性》,《国际文化管理》2013 年第 6 期。

② 刘悦笛:《中国人文科学的"自创性":以文化间性以柔克刚》,《文艺理论研究》2015 年第 1 期。

③ 李景平、王婷:《视域融合理论下百年中国跨文化交往之省思》,《西安交通大学学报(社会科学版)》2018 年第 11 期。

文学要锐意改革，走出一条自己的路。改革的目标一为向内，即取法传统经典，一为向外，即学习外国文艺。而后的中国文学在向内与向外的两条道路上实验创新，日益成熟，日益丰盈。率先出现的"伤痕文学"发端于刘心武的《班主任》(1977)，得名于卢新华的《伤痕》(1978)，"伤痕文学"继承了五四新文学批判时弊的传统，揭露"文革"给人们带来的肉体和精神伤害，特别是给青少年带来的精神创伤，展现特定历史造成的时代悲剧。继之而起的"反思文学"则在展现悲剧的同时，探讨悲剧发生的主客观原因，在感性悲慨之上多了理性省思。1979年到1980年，王蒙陆续发表了小说《布礼》《蝴蝶》《春之声》《夜的眼》《海的梦》《风筝飘带》，实现了意识流手法的中国化。1981年，高行健《现代小说技巧初探》的发表引发了人们对西方现代派的关注。张辛欣、刘索拉、徐星、残雪等作家相继开始了现代小说的创作。1983年开始，文学界展开了对民族传统和文化之根的追寻和重拾，"寻根文学"应运而生。阿城的《棋王》《树王》《孩子王》，韩少功的《爸爸爸》《女女女》，郑义的《老井》，贾平凹的《商州》系列小说，王安忆的《小鲍庄》，李锐的《厚土》系列小说，莫言的《红高粱》系列小说是其中的卓越代表。1984年开始，马原、洪峰、余华、苏童、叶兆言、莫言等作家率先在小说结构、文体、语言各方面展开了小说创作的实验。纵观20世纪80年代中国文学，清晰可见"寻根"与"先锋"，"民族"与"世界"两条轨迹时而并行，时而交错，犹如由新时期文学这一原点出发的两条抛物线，交错互进，滚动向前。20世纪90年代以后，中国文学呈现多元并进的繁盛局面，比起20世纪80年代的思潮流派迭起，20世纪90年代以来的中国文学更加彰显个性化、民间化，注重精神内省和生存关怀。

时至今日，中国当代文坛更是百花齐放、硕果累累。其中莫言的创作以其鲜明的"寻根"与"先锋"色彩，将民族性与世界性融汇，充分体现了作家对民族文化的自觉坚守和参与文化间性对话，达成视域融合的热忱与果敢。

（二）莫言小说的文化自觉

莫言在初期创作时，其作品素朴又不失温情，与孙犁小说风格相近。20世纪80年代中期以后，莫言开始尝试创作革新和语言实验，此后创作风格波谲云诡，气贯虹霓。但纵观其创作，在万般变幻的风格之下恒定不变的是文化自信与自觉。

许多研究者将莫言的获奖归于域外作家如福克纳、马尔克斯等人影响，实际上，这样的观点未免偏颇。其一，在接受美学领域，有一个人所共知的现象，即"他者"之所以对"自我"造成影响，最重要的原因乃是"他者"唤起和激发了"自我"内心潜藏的隐秘情感；其二，莫言多次坦言，他在创作之前并不曾读完整本域外小说，只是翻阅几页之后,激发灵感,遂捉笔一挥而就;其三,莫言读域外作品,并非母语阅读,而是阅读中文翻译版本,其接受和认同的方式、角度与中文母语密切相关,这其中包含多少域外小说本身的因素尚待深入探讨。

季红真认为,莫言是高度自觉的,他把高密东北乡写成中国的缩影和世界历史片段,他的文化自信即建立在这个自觉的前提之下①,而文学的文化自信尤其依赖对于母语艺术语用的高度自觉。杨守森认为,莫言笔下的人物与意象,传达了中华民族疾恶如仇、坚忍刚毅、正直善良,向往社会公正与人性圣洁的文化精神的光辉,以及莫言对故乡的深情,对本民族传统文化精神的充分自信。②

1. 华夏文化基因

中国文化博大精深、虚怀有容,其中涵容的天人合一的生存观,贵和尚中的处世观,明道济世的价值观,智识通变的发展观,刚毅有为的人生观无不体现宽厚仁和的气度,厚德载物的胸怀,济世明理的责任,奋发向上的担当和自强不息的毅力。

与对外国名著的浏览式阅读不同,莫言专注于中国名著,特别是古典名著的阅读,他曾说,最基本的几本古典小说如果不读你会找不到源头,起码《三国演义》《水浒传》《儒林外史》《西游记》《红楼梦》《聊斋志异》要读一读,这是基本功,作为一个中国人,这是文学方面必修课。这也是在浩如烟海的小说中经过了历史的淘汰剩下的一部分,真正的经典。

正如莫言大哥管谟贤所说:有人说莫言是魔幻现实主义,这是不正确的。魔幻现实主义代表作《百年孤独》只是少女坐在毯子上飞,而中国早在先秦时期的《山海经》中人面兽身、人身鸟首、人首蛇身等描写已经琳琅满目,东晋干宝的《搜神记》、唐代段成式的《酉阳杂俎》、清代蒲松龄的《聊斋志异》,一直到鲁迅的《铸剑》都充满了玄幻神奇的书写,莫言的小说与之一脉相承。③

莫言的小说世界既有孩子的顽强,如《四十一炮》《透明的红萝卜》《铁孩》,又有女人的坚忍与倔强,如《春夜雨霏霏》《丰乳肥臀》《翱翔》,亦有男人的硬朗与担当,如《岛上的风》《黑沙滩》《大风》《红高粱》《檀香刑》《断手》。有致敬传统文化和传统写作技法的《民间音乐》和《檀香刑》《生死疲劳》,揭露人性弱点的《枯河》《酒国》《生死疲劳》《拇指铐》《红树林》,颂扬真善美的《秋水》《五个饽饽》,追求美好理想的《透明的红萝卜》《长安大道上的骑驴美人》。

① 季红真:《文化自信与母语艺术语用的高度自觉》,《东方论坛》2018 年第 1 期。
② 杨守森:《莫言的乡土情怀与文化自信》,《东方论坛》2018 年第 1 期。
③ 管谟贤、毛维杰:《莫言与中国文化自信》,《东方论坛》2018 年第 1 期。

即便表现人性的弱点、生活的残酷，他也以一种弃恶扬善的高度自觉、恢宏深邃的悲悯情怀塑造“千磨万击还坚劲，任尔东西南北风”般坚忍顽强、“君子量不极，胸吞百川流”般宽厚包容的人物形象。他小说的乡土元素越多，在残酷的拷问里，悲悯的情感就越浓。这是建立在中国哲学、宗教基础上的悲悯。莫言的文字击碎了萎缩与暧昧之维，令人想起汉唐诗文里的“如决大川，如奔骐骥”的气象。回望近代以来的历史，他于血色与悲剧里唤回了消失的尊严与梦想，他的厚重感所昭示的哲学让人读出了中国文化生生不息的隐秘。①

莫言的文字涵容了老子的玄妙幽深，孔子的仁爱担当，庄子的汪洋恣肆，承续了先秦散文的酣畅辩丽、气势丰沛，汉代文学的铺采摛文、体物写志，魏晋文学的任性自由、放诞潇洒，唐代文学的豪放俊逸、雄健奔放，元代散曲的诙谐幽默、率真洒脱，明清小说的笔参造化、奇谲变幻。这些特征或隐或显，纵横交错，共同铸就了莫言小说的丰厚富赡，使其小说字里行间凝结和渗透着华夏文明的血脉传承。

2. 齐鲁遗传密码

“齐鲁”缘起于先秦齐、鲁两国，是齐、鲁两国的合称，周武王将两个最得力的干将周公旦和姜太公分别封于商奄和薄姑旧地，建立鲁国和齐国②。

齐鲁文化即“齐文化”和“鲁文化”的合称，齐国产生了以姜太公为代表的道家思想，又吸收了当地东夷文化并加以发展。齐国是神仙方士的发源地。鲁国则产生了以孔子为代表的儒家思想。一般认为，齐文化尚功利，鲁文化重伦理；齐文化讲革新，鲁文化重传统。两种文化在发展中逐渐有机融合，形成了具有丰富历史内涵的齐鲁文化③。

齐鲁大地，万物有灵的观念十分流行。齐鲁古人认为人的精神和肉体活动分别受制于魂和魄。人逝去以后，形魄入土，而灵魂尤在，且具有超乎寻常的能力，甚至能施祸降福于世人。因此人们常将生活中的一些突如其来的“灵异”事件付诸鬼神以做解释。齐鲁民间对狐狸、黄鼬等动物的神灵诠释也较为普遍。这里人们认为，狐狸、黄鼬等动物具有灵性，不仅能够予人祸福，还能够成仙说道、幻化成人形，与人类进行情感沟通。正像 17 世纪山东小说家蒲松龄在《聊斋志异》中所呈现的一样④。

① 孙郁：《莫言：中国文化隐秘的书写者》，《传承》2012 年第 21 期。

② 杨金秀：《齐鲁文化》，吉林出版集团有限责任公司，2010，第 5，17 页。

③ 同上。

④ 郭墨兰：《齐鲁文化》，华艺出版社，1997，第 428 页。

莫言的故乡高密隶属于山东省潍坊市，蒲松龄的故乡位于山东省淄博市，而潍坊与淄博两市毗邻。莫言的故乡高密距离蒲松龄居住的淄川蒲家庄不到一百千米。同属齐文化圈，都有谈鬼说狐讲故事的民间传统，可以说两人的文学才华都是从这样的文化土壤里孕育出来的①。

莫言多次表达过蒲松龄这位同乡前辈对他的影响。也不无感叹地疑惑：很小的时候，在他阅读蒲松龄的《聊斋志异》之前，就曾经听家里的爷爷、大爷爷及同乡的老年人讲述过狐狸化人、白鳝成精等灵异故事，令他难以区分究竟是老人们阅读或听说了《聊斋志异》中的故事，还是蒲松龄听了这块土地上人们口耳传颂的灵异故事，才写就了不朽传奇《聊斋志异》。莫言的许多作品，如《红高粱》《丰乳肥臀》《奇遇》《食草家族》等都不同程度地带有玄幻和神秘色彩，彰显了他对齐鲁文化神秘风格的追慕、向往和传承。

3. 乡土记忆与家国书写

莫言的创作植根于传统，立足于乡土。他认为，在文学创作中，只有继承和发扬中国传统文化，传承地方语言，不脱离地方的人文语境，讲述地方历史故事，才可以通达人类共性，同世界不同地域、不同语种的人产生共鸣与共振。② 自《白狗秋千架》《秋水》开始，莫言构建了自己的文学领地——高密东北乡，并始终坚守和捍卫这片领地。他深信，只有立足于高密东北乡这块版图，书写乡土记忆，讲述家国故事，才能够立稳脚跟，进而走出国门，走向世界。在这个意义上说，“高密东北乡”已不只是地理名词，而是文化原型和集体记忆，是人类生命的存在场域。③ 正是这本源的“生命”和“原乡”，构成莫言与“中国文化自信”的本质元素。

莫言的许多小说取法中国传统小说的结构形式，吸收中国传统民间信仰和宗教元素，传承古典神怪小说魔幻手法，④实现了真正意义上的以中国声音讲述中国故事的创作诉求。

有些小说，如《红高粱》《金发婴儿》《酒国》虽然表面上接近于域外文学的某种情态，但实际上更多的是中国乡土的独特精神逻辑。⑤

莫言小说往往彰显一种恢宏恣肆的生命意识和自由精神，这使得他的作品潇

① 喻晓薇：《接过“讲故事”的薪火——从蒲松龄到莫言》，《东方论坛》2018 年第 1 期。

② 管谟贤、毛维杰：《莫言与中国文化自信》，《东方论坛》2018 年第 1 期。

③ 孙基林：《莫言：生命的诗性》，《东方论坛》2018 年第 1 期。

④ 管谟贤、毛维杰：《莫言与中国文化自信》，《东方论坛》2018 年第 1 期。

⑤ 孙郁：《莫言：中国文化隐秘的书写者》，《传承》2012 年第 21 期。

洒酣畅，荡气回肠。孙郁评价莫言的写作“有点京剧的花脸的意味，是奔放、遒劲、大气之所，有浑厚、刚健、敢于笑对群雄的朗然精神”①。莫言自陈他欣赏魏晋风骨的潇洒自由，或可作为莫言小说风格来源的一个注脚。中国文艺美学风格自古至今有两种倾向：一为酣畅豪放、快意潇洒；一为柔美婉约、内敛斯文。莫言 1985 年以后的创作风格更接近于前者。

家国情怀在莫言小说中，从形式到内容都得到了有力彰显。《檀香刑》《生死疲劳》以中国古典小说章回体的形式讲述故事，《天堂蒜薹之歌》《檀香刑》引入民间地方戏曲进行复调叙述。莫言以惊人的规模、令人惊异的革命彻底性把小说带回了他的家乡高密，带回我们古典和乡土的伟大传统的地平线。②《红高粱》表现中国农民誓死与日本侵略者对抗到底的决心和意志，《檀香刑》书写抗德英雄孙丙“位卑不敢忘忧国”“捐躯赴国难，视死忽如归”的豪迈情怀，这种刚毅有为、百折不挠的执着毅力正是华夏民族生而有之的精神内质，也是成就中华民族内忧外患中浴火重生，再造辉煌的精神道统。

(三)莫言小说的视域融合

莫言有“巨大的胃口”“旺盛的食欲”“充沛的体能”，他的欢乐和残忍，他的宽阔、绚烂，乃至他的古怪、刚健、粗俗、汹涌澎湃，他阐扬着中国精神中更宽阔的一面，那既是经验的、感觉的、身体的，又是超验的、终极的，超越自我、超越历史理性。③ 他的小说纵横捭阖，飞扬凌厉，视通万里，思接千载，其小说世界姿态万千，泥沙俱下，犹如海纳百川，包容万物。莫言的小说融合了东方与西方，历史和现代，民间与庙堂，贯通了现实与想象，雅言与俚语，感性与理性，弥合了热烈与沉静，悲慨与狂欢，慈悲与残忍，甚至凌驾于善与恶之上，俯视众生世相，沟通自我与他者，感悟人生况味，抒写生命的野蛮奔突、隐忍旷达。

正如山东大学宁明教授所言，莫言的作品植根中国本土文化、接续中国文学传统，融贯中西、连接古今，其文学作品的流变和海外传播与接受恰是中国文化愈发自信的体现。一方面，莫言的文学创作路径就是对本土文化愈发欣赏的历程；另一方面，莫言作品的海外影响也是中国文化逐渐被认同以至被欣赏的过程。④

① 孙郁：《莫言：中国文化隐秘的书写者》，《传承》2012 年第 21 期。

② 李敬泽：《莫言与中国精神》，《小说评论》2003 年第 1 期。

③ 同上。

④ 宁明：《文化自信·本土化·全球化》，《东方论坛》2018 年第 1 期。

1. 寻根与先锋

在中国当代文学史上，莫言常被称为“寻根作家”“先锋作家”。“寻根”与“先锋”这两组看似矛盾的评价，却非常和谐熨帖地融合为一，并共同体现了莫言的创作风格内核。

笔者认为，“寻根”之谓，原因有二：其一，就思想意蕴而言，莫言的作品更多地回归传统，自《白狗秋千架》提出“种的退化”观念，至《红高粱》《食草家族》《秋水》《大风》《父亲在民兵连里》等作品对前辈豪侠之气浓墨重彩的书写和讴歌，无不生动体现着莫言对彰显着原始生命强力和自由精神的生命之“根”的追求；其二，就创作方式而言，莫言的多数作品都蕴含着浓厚的中国传统小说特色，长篇小说《红高粱》《丰乳肥臀》《生死疲劳》，短篇小说《拇指铐》《月光斩》《夜渔》《奇遇》《球状闪电》《草鞋窨子》《生蹼的祖先们》等作品中包含的灵异传奇不无魏晋以来志怪小说和蒲松龄《聊斋志异》的影响，特别是《檀香刑》《生死疲劳》两部小说，充分表达了作者致敬中国传统小说的态度和决心。莫言自陈，他的小说在不同程度上受到中国民间故事、口头文学、民间戏曲技法的影响。无论是思想意蕴还是创作手段都表现了莫言小说的“寻根”色彩。

笔者认为，“先锋”之谓，主要在于其小说结构和语言上锐意求新的胆识和推陈出新的多元尝试，莫言的每一部长篇小说，从形式到内容，可谓风格各异，姿态万千。

《红高粱》以“我爷爷”“我奶奶”这一新鲜的叙事人称开启了新一轮叙事革命和家族叙事之维；《天堂蒜薹之歌》采用复调叙事技法，从不同角度讲述同一故事，展现生存悲剧；《十三步》以视角和人称不断变换的诉说，突显人生的荒诞；《酒国》中“丁钩儿”探案、李一斗与莫言通信、李一斗的试水之作构成互文的三重文本，揭示人性的幽微复杂；《食草家族》既各自独立又互相联系的故事连缀，表现对自然的敬畏与崇拜；《丰乳肥臀》则以充满象征和隐喻的文本，展现了人与人、人与社会关系的微缩景观；《红树林》三种人称交叉使用的基础上，以第二人称“你”的引入展开了主人公与自身的对话，探讨和揭示人性的善与恶；《檀香刑》引入民间地方剧种，实现了小说的多声部交响，并表达了家国情怀；《四十一炮》通过拼贴跳荡挪移的三重叙事，揭示生存之谬和存在之思；《生死疲劳》引入佛教六道轮回观念表现特定时代的历史变形记，以后现代气息十足的方式标新立异地书写历史，通过对农民与土地关系的呈现，表现农村的变革；《蛙》以书信与话剧结合的形式，表达对生命的礼赞和讴歌。

莫言的成功凝聚着几代人的精神追求，展现了新文学传统经过百年发展而自然形成的成果①。他的“寻根”充分表明：中国的古典文学自有其恒久的生命强力，并在作家富有创造力的师法与借鉴中焕发出新的光彩②。而他的“先锋”不仅佐证了中国文学吐故纳新的气度和革故鼎新的自觉，而且彰显了中国文化守正创新、谋求发展的海纳百川的气派和豪情。

2. 民族与世界

2012 年莫言获诺贝尔文学奖后，中国作家协会主席铁凝接受记者采访时评价莫言：一直身处中国文学探索和创造的前沿，他的作品始终深深扎根于乡土，他的视野亦从来不拒“外来”。③ 这段评价入木三分，凿凿可据。莫言小说之所以引起海内外读者的关注和喜爱，并摘得诺奖桂冠，其中最重要的原因莫过于其小说植根于中国土壤，以中国智慧融汇世界经验，兼具民族性与世界性。对莫言小说的评价，如果单纯强调“民族性”或“世界性”，都未免偏颇。实际上，恰是两者的综合，共同作用，成就了如此这般的莫言小说。

莫言的成功源于两个方面，一方面在其对国外文学及思潮的积极借鉴与学习上，另一方面在借鉴国外文学的基础上有着很强的创作主体意识及文学创造力。④这使得莫言的作品既保有民族文学的高度自觉，又具备接纳外来思潮的敏感度。因此，莫言的作品兼具中国气派和全球视野。

莫言的创作手段不仅继承了来自民族传统的想象、联想、象征、隐喻，也吸收了民间说书人的经验，还将地方戏曲、地方小调、民间传奇嫁接进小说，而且采纳西方现代派、后现代派技巧，如意识流、蒙太奇、复调与对话、延异与反讽、怪诞与狂欢、混杂与冗余、后设与互文、黑色幽默、戏仿、拼贴、元叙事。

莫言曾在访谈中表示，改革开放后，外国文艺理论和作品大量译介到中国，小说表现的天地一下子拓宽了许多。许多作家在阅读中被激活了灵感。许多过去认为不能写进小说的东西，都可以写到小说里去了。这些记忆被激活后，赶快把别人的书丢掉，动笔写自己的东西。⑤

在赴世界各地的演讲和与各国作家、学者的访谈过程中，莫言曾述及对他产生

---

① 郭杰：《独创性与超越性：莫言的启示》，《华南师范大学学报（社会科学版）》2012 年第 6 期。

② 樊星：《在不断探索中建构文学的自信》，《东方论坛》2018 年第 1 期。

③ 铁凝：《谈莫言获奖：讲述中国故事洋溢着悲悯的人类情怀》，http://culture.people.com.cn/n/2012/1012/c87423-19241834.html，2012 年 10 月 12 日。

④ 李萌羽：《“文学借鉴”与“文学创造”——“莫言与中国文化自信”之我见》，《东方论坛》2018 年第 1 期。

⑤ 莫言、王尧：《与王尧长谈》，载莫言《碎语文学》，作家出版社，2012，第 125 页。

影响的作家作品中,既有中国作家,如蒲松龄、鲁迅,中国小说如《封神演义》《聊斋志异》《红楼梦》《金瓶梅》《故事新编》等,也有外国作家,如美国作家福克纳,哥伦比亚作家马尔克斯,日本作家川端康成,外国小说如《百年孤独》《雪国》等。提到外国作家和小说,莫言说"我对他们的阅读并不认真,但他们开天辟地的豪迈精神激励了我……尽管我没有很好地去读他们的书,但只读过几页,我就明白了他们干了什么,怎样干的。我该干的事情其实很简单,就是用我自己的方式,讲自己的故事。"莫言述及他曾经积极向西方现代派小说学习,但最终回归了传统。特别是自《檀香刑》以后的小说,是在继承中国古典小说传统又借鉴西方小说技术的混合文本。①

"民族"与"世界"两个元素是莫言小说的宝贵品质,"民族"是他作品的出发点,而"世界"是他作品的落脚点。正因为涵容了这两个元素,他的作品才能够立足于中国,而又瞭望世界。"高密东北乡"这一文学地理属于中国,却又包容了世界,这块土地上发生的故事表征性地发生在中国,但实际上,其中所揭示的人性善恶,所暴露的生存悲喜,所激发的思考和探讨,所表达的慈悲与救赎,无一不是普世性的,囊括了全人类的离合悲欢,爱恨情仇。

3. 故乡与他乡

莫言曾说,"一个作家对乡土、对故乡的情感,是一个解不开的情结"。② 莫言对故乡的浓烈情感在其创作中得到了良好体现。谈及创作与故乡的关联,莫言认为,"作家在开始创作的时候是寻找故乡,然后是回到故乡,最后是超越故乡。"③纵观莫言的创作,不难发现,其中有一条脉络关乎故乡,那便是逃离故乡——回归故乡——超越故乡。对故乡的寻找、发现、回归和超越,从故乡到他乡,再从他乡到故乡,不仅体现着莫言的精神轨迹,也彰显着其小说创作的运化变迁。

莫言从故乡的土地走向军旅,后来又专职写作,这一人生轨迹本身包含着一个重要原因,即摆脱故乡,告别农村。他多次说,"饥饿"与"孤独"是他创作的重要灵感和宝贵财富,但也坦陈,若以富足快乐的童年换取如今的创作成就,他愿意。也就是说,正因为故乡给予他的如"饥饿""孤独"等这般惨痛记忆,才使他抱定宗旨:离开故乡。而如今,莫言虽早已定居北京,但仍然每年定期回到故乡写作,因为那

---

① 莫言:《讲故事的人——2012 年 12 月在瑞典学院的演讲》,载莫言《盛典:诺奖之行》,长江文艺出版社,2013,第 68 - 85 页。

② 莫言、力夫:《莫言:中国文学已经达到世界文学高度》,《文学》2013 年第 1 期。

③ 《猫腔大戏——与〈南方周末〉记者夏榆对谈》,载莫言《碎语文学》,作家出版社,2012,第 8 页。

里有他的血地，那里能够给予他丰沛的创作激情与灵感。

莫言参军后，开始了文学创作，他的早期创作，如《春夜雨霏霏》《岛上的风》《丑兵》等小说有意远离故乡，意欲寻找一块精神圣地，但当他在身心和创作两方面尝试离开故乡时，才发现，故乡是永远的梦境，摆脱不掉，逃离不了。

于是，自《透明的红萝卜》《白狗秋千架》起，开始构建"山东高密东北乡"这一文学地理，算是回到了故乡。莫言的笔一旦触及故乡，他的记忆便如同打开了闸门，一触即发，童年印象，故乡的风土人情，父老乡亲，孩提旧事，经历见闻，灵异传奇……关于这土地上的所有现实与想象，如滔滔江河，裹挟而下，倾泻而来。这时作家欣喜地发现，当他笔下的文字触及故乡，便如同发生了化学反应般流畅，滚烫，雄奇，奔放！《白狗秋千架》中的故乡贫窭，《秋水》中的故乡空旷，前者发生的故事几分甜蜜，几分凄凉，几分狂放，后者发生的故事多少神秘，多少玄幻，多少离奇。种种故乡印记融汇化合，便形成了《红高粱》及后续作品中"最美丽最丑陋、最超脱最世俗、最圣洁最龌龊、最英雄好汉最王八蛋、最能喝酒最能爱"①的轰轰烈烈、蓬蓬勃勃的故乡图景。

许多中外读者慕名来到高密东北乡，寻找莫言笔下那些高山大河，桥梁堤坝，火红的高粱，泥泞的沼泽……结果往往是失望而归。这时，众人才明白，原来莫言作品所述及的故乡，实际上是对故乡的寻找、发现和超越。带着这样的顿悟和洞悉，再次品味《白狗秋千架》，便不难发现这其中所包含的丰厚情感和深邃意蕴，离开故乡在城里工作定居的井河，十年离乡后再度归来，与青梅竹马的初恋情人偶遇后的情感羁绊，都是巨大的象征：那是游子对故乡的逃离、回归和守望，是游子对故乡的怨愤和不满，更是拨开迷雾，是怨愤和不满表象之下地对故乡的热爱和执念。只有离开故乡，才能真正认识故乡，才能了悟游子心中对故乡始终怀有的牵牵绊绊、萦萦绕绕，永远无法断绝的血脉关联和情感牵系。在莫言笔下，"故乡"已不单纯地属于地理名词，而是存在之家，承载着现实与想象，融汇了移植与扩张。

莫言 1985 年到 1989 年发表的长篇小说，如《红高粱》《天堂蒜薹之歌》，1985 年到 1998 年发表的中篇小说如《球状闪电》《金发婴儿》《爆炸》《秋水》《筑路》《欢乐》《红蝗》《你的行为使我们恐惧》《父亲在民夫连里》《白棉花》《红耳朵》《幽默与趣味》《模式与原形》《梦境与杂种》《牛》《三十年前的一场长跑比赛》或书写故乡传奇，或追叙故乡记忆，或带有明显的故乡印记，堪可作为作者回归故乡、致敬故乡的注脚。而 1988 年到 2009 年发表的长篇小说，如《十三步》《酒国》《丰乳肥臀》

① 莫言：《红高粱》，载《红高粱家族》，上海文艺出版社，2012，第 2 页。

《红树林》《檀香刑》《四十一炮》《生死疲劳》《蛙》，同期发表的中篇小说，如《长安大道上的骑驴美人》《师傅越来越幽默》《我们的七叔》《藏宝图》《野骡子》《司令的女人》《扫帚星》《变》则以故乡或他乡的土地为依托，叙写人类共通情感，探讨人性善恶，讴歌生命强力，则可视为对故乡的超越。从对故乡的逃离到再度回归到对故乡的超越，这最后的定格犹如以故乡为原点的无限向外延伸的同心圆，在变动的表象之下，是恒久并越发浓烈地对故乡浓得化不开的热爱，而此时，涉入笔底的所有他乡都会化为故乡，故乡与他乡的界限也就此消弭。

莫言自陈，自己不是为老百姓写作，而是作为老百姓写作。[①] 其作品《红高粱》《檀香刑》《生死疲劳》《丰乳肥臀》《蛙》等无不以民间视角，运用民间语言，书写民间风物、民间故事与情感，而表达的却是人类共通的普遍情愫。正像所有跨越时空仍历久弥新的经典著作的伟大创造者一样，莫言豁达而高蹈地站立于高密东北乡苍茫雄浑的土地上，以其深沉的悲悯情怀探看人性的幽微复杂，洞悉恶浊与良善、鄙俗与高贵、丑陋与美丽的更迭嬗变，表现普通人的善与恶、爱与恨、生与死，表达人类存在的悲或喜，无可奈何或春风得意，他的书写酣畅淋漓、汪洋恣肆，看似横无涯际，实则无不立足于人，以其强烈的人道主义情怀礼赞生命、审视人性、甄别善恶、表达祈愿。作为老百姓写作的莫言，同情普通人生存的苦难和艰辛，并挖掘造成悲剧或困扰的性格局限和弱点，直击人物的灵魂，引领人们正视自我的丑与人性的恶，进而实现肉体和精神的双重救赎。

正因民族文化千姿百态，世界文化才得以丰富多彩，文化繁荣的盛景需要凝聚各方力量，只有在坚守民族文化自觉、各美其美的基础上，通过对话互动、学习互鉴实现美人之美，顺时应势，推陈出新使得美上加美，才能达成视阈融合、美美与共的共荣境界，反过来，世界文化百花齐放的繁荣胜境也必将推动民族文化历久弥新，仪态万方。就此而言，莫言的小说实践给我们提供了鲜活范例和有力证明。从这个意义上讲，莫言在始终保持对民族文化自觉坚守的基础上，与异域文化展开文化间性对话，从而达成视域融合，既实现了小说创作的革故鼎新，又获得了海内外读者的悦纳。而莫言小说的海内外接受与传播也必将推进中国文化的全球推广和世界文化的多元繁荣，和谐并进。

（四）莫言小说的悖论与辩证

莫言小说广博而精微，多元而丰富，复杂而含蓄，体量庞大，含意深远。因感情

① 莫言、王尧：《“我是作为老百姓在写作”》，《上海文汇报》2001年11月9日。

饱满，语言流畅，读来倍感酣畅淋漓，又因立意宏阔高远，情感起伏多变，语义含混未名，偶有如堕云雾之感。阅读的复杂感受，源于小说从运思到行文无所不在的矛盾悖论、辩证统一性质。例如，《丰乳肥臀》中表达上官金童第一次以羊奶代替母乳时的复杂感受："满嘴的膻气，我想呕吐；满嘴香草与野花香，我不想呕吐。"①"膻气"与"香气"之间，带着几分戏谑，"想"与"不想"之间，蕴含着多少无奈、多少感伤。这一表述含混而矛盾，仿佛不尽如人意，但又的确合情合理。语言层面的相关分析，本书第三章已有述及，以下着重从创作立场着手展开分析。

1. 个性与共性

莫言的小说大都以高密东北乡为故事发生的场域，看似写故乡人事物景，实则是借这一方"小小的邮票"表达人类共通的普适性情感。莫言曾说："好的文艺作品、世界性的文学作品具有一些普世的观念和普世价值。尽管我们有人性差异，有文化差异、认识差异，但是人在最基本的情感方面是一样的，我们的喜怒哀乐、我们的审美观念应该大部分还是可以被全人类所接受的。"②因此，他认为，小说既要表现文化差异，表现出文化的独特性质和人性的特异性，更要表现人类最基本的普适观念和共同情感，表现人性。唯其如此，才能吸引人，打动人，进而影响人。

莫言作品的普适性情感体现在：

其一，对于自然的敬畏。如《养猫专业户》中大响与猫凭借对自然之力的召唤治理鼠患，传达了天人合一的理念。《大风》中的农活儿高手爷爷带我割草归来遭遇大风，满满一推车的草最后仅剩下夹在车梁榫缝里才得以留存的一根茅草，《红蝗》中那铺天盖黑压压一片片乌云一样涌来，所及处寸草不留、疯狂肆虐的蝗虫，都展现了来自大自然的威力，表达了人们对自然的敬畏之情。

其二，对于生命的书写与讴歌。如《红高粱家族》中的爷爷余占鳌血气方刚，野性十足，从轿夫到土匪的成长历程中，曾杀人越货，也曾保家卫国，奶奶戴凤莲和二奶奶恋儿大胆追爱，誓死不渝，小说中的主要人物皆如红高粱般雄壮、强悍、豪迈、炽烈，生机勃勃。

《丰乳肥臀》以近一个世纪的家族兴衰变迁，是讲述历史，更是书写生命，表达对母亲的敬意、崇仰和讴歌、赞颂，小说中如大地般宽厚无私的母亲不仅含辛茹苦哺育了九个儿女，而且呕心沥血精心抚养了女儿们的孩子，却眼见着女儿们一个个

① 莫言：《丰乳肥臀》，上海文艺出版社，2012，第181页。

② 刘琛：《把"高密东北乡"安放在世界文学的版图上——莫言先生文学访谈录》，《东岳论丛》2012年第10期。

离世，最后，饱经沧桑的母亲在她曾寄予厚望的懦弱无能的唯一儿子上官金童的陪伴下寿终正寝。体现了对生命陨落与更迭的慨叹。

其三，对于人生与社会的思考。如《天堂蒜薹之歌》聚焦农村生活场景，讲述当年农民困窘与无助的生存状态，其中所揭示的青年人爱而不能得的苦闷，受害人呼告无门的愁绪，无不具有震撼人心的普世价值。

《十三步》对生活的摹写可谓细腻精到，小说以异常魔幻诡谲的乾坤大挪移的易容举动，表达了以方富贵、张赤球为代表的知识分子阶层生活上的无奈与心酸。与之类似，张赤球妻子李玉婵、方富贵妻子屠小英又何尝不在忍受着无法摆脱的来自生活的重压与煎熬。

《食草家族》满溢着对人与自然、人与人、人与社会关系的思考，呈现了文明的断裂与赓续，以及在此过程中社会生活的诸多变化和人类内心世界的起伏波动。

《枯河》中阴差阳错从树上跌落而砸死小珍的小虎，《拇指铐》中为母亲买药途中莫名其妙被铐在树上的阿义，《罪过》中水中追梦而溺亡的小福子，因照顾不利而深受父亲谴责的大福子，无不是火热的生活场域中无辜、无助又无奈的小人物，他们虽在各自不同的位置上努力生活，却往往不明所以地遭遇莫名的甚至是致命的打击，仿佛是出于偶然，又恍若源于某种必然。作品从不同角度，不同程度地表达了人的生存困境与存在之悲。

《爆炸》和《弃婴》表现了主人公在责任与义务之间的抉择之痛。《老枪》体现了仿佛冥冥中注定了的代际相传的悲剧。《生死疲劳》揭示了生生不息的生命隐痛。《辫子》《长安大道上的骑驴美人》《怀抱鲜花的女人》《火烧花篮阁》表达了生活中某种难以言传、无法克服、不可遏制的操纵性力量，它们往往以秩序、欲望、定数、怪圈等形式彰显。

《与大师约会》《你的行为使我们恐惧》《贼指花》则在不同程度上展现了存在的虚无与生活的荒诞。谁是真正的大师？吕乐之究竟有没有自宫？到底谁偷了胡东年的钱包？一切仿佛恍然若现，又好像幽渺难测，似是而非之间真假难辨，引人遐想。

《金发婴儿》中大胆追求爱情的紫荆，《白狗秋千架》中渴望获得幸福的暖，《球状闪电》中期盼美好婚姻的蛐蛐，《革命浪漫主义》中渴求恢复健康体魄的伤残军人，都真切地仿佛生活在读者中间。

《翱翔》中燕燕和《球状闪电》的蝈蝈对自由的憧憬，《民间音乐》中的小瞎子和《欢乐》中齐文栋对突破自我的渴望，《三匹马》中的刘起和《透明的红萝卜》中的黑孩对梦想的追逐，种种诉求无不跨越种族和地域，属于全人类。

其四，对于灵魂的拷问，对于人性的探论。《狗道》《人与兽》中对于人性幽微的揭示，对于善与恶的思考，深切细密。《幽默与趣味》《罪过》《遥远的亲人》《地主的眼神》书写了误解、流言和偏见给人的心灵造成的巨大伤害。《筑路》中时隔经年，筑路场地上的变化的表象下不变的本质，所有的不变皆源自亘古不变的人性欲求。《四十一炮》《酒国》《牛》《司令的女人》《红树林》《生死疲劳》对人类无限膨胀的食、色、性、权势欲望的揭示酣畅淋漓。《檀香刑》中对害人者、被害者、旁观者各自微妙心理细腻入微的探看。《枯河》中权势引发暴力，对权势的惧怕同样引发暴力，两种暴力同样可怕，同样致命。《丰乳肥臀》中以上官金童为代表的，对强大力量的依赖心理而导致的懦弱。《蛙》中的姑姑出于履行职责由生命缔造者到生命扼杀者的角色转变之下的心灵变迁，以及晚年在对生命、对自我的进一步审视和思考中的自我救赎。

莫言小说中千姿百态、个性十足的人物身上无不承载着适用于全人类的普适性情感，从对自然的敬畏，对生命的讴歌，到对人生与社会的思考，对灵魂的拷问，对人性的探论，都表现了穿越时空的共通性和普遍性。更为难能可贵的是作者对笔下人物，不论善恶，总是抱有相当的同情、理解与怜悯，而这正源于一个拥有一定高度的作家的慈悲。

莫言曾说："人类的残酷是基本差不多的，无论一个现在看起来是多么和善的民族，灵魂深处都隐藏着残忍的一面。在一个特殊的，不正常的社会环境下，人性中被压抑的部分，恶的方面就膨胀出来。只有当一个社会高度文明和进步以后，人性中的恶才会得到有效的控制，人性的善才会放出光芒……通过文学暴露人性恶的一面，批评人性恶赖以产生和膨胀的社会现实，共同创造美好世界。"①从"把坏人当好人写"到"把好人当坏人写"进而"把自己当罪人写"②体现了莫言对人与社会关系的深切体察，对人性幽微的深入省思。这份深沉而浑厚的情感势必渗透进作品，并形成难以抗拒的魅力和不可估量的影响力，传达给世界。

2. 历史理性与个人情感

莫言曾经表示："历史当中是充满悖论的，历史的发展经常会以牺牲个性作为代价。"③并列举《生死疲劳》中涉及的土地改革和《蛙》里讲到的计划生育，指出这

① 《与王尧长谈》，载莫言《碎语文学》，作家出版社，2012，第 214 页。

② 莫言：《他人有罪，我也有罪》，http://www.aisixiang.com/data/58465.html，访问日期：2012 年 10 月 28 日。

③ 莫言、高博：《莫言与军艺学员对话录》，《解放军艺术学院学报》2016 年第 1 期。

两个政策就宏观而言,有着毋庸置疑的必然性与合理性,但具体到每一个个体身上看,又有不尽如人意之处。① 两者之间的悖论为作家提供了审视和省思的空间,因为这一过程中必定充斥着善与恶的较量,甚至于人性的扭曲。

莫言小说中,直接聚焦土地改革的作品除长篇小说《生死疲劳》以外,还有短篇小说《地主的眼神》。

《地主的眼神》中地主孙敬贤并无剥削压榨之举,倒是节俭到近乎吝啬的程度,凭借着一手好农活儿和勤俭的优良传统以及对土地的热爱,积累起大量土地,孙敬贤对土地的热爱近乎达到病态的痴狂的程度,他对土地的占有欲旺盛到甚至不顾及土壤质量,单纯以量取胜,农作物产量以及土地获利虽不见得高,但也因占有大量土地而被划为地主。村民们知道孙敬贤被划为地主有点冤,一面同情他,一面屈从于历史理性的洪流严厉地批判他。

《生死疲劳》中地主西门闹凭借着勤劳、节俭传统积攒起大量财富与土地,土地改革期间被划为地主,且被击毙,西门闹大闹阴曹地府,鸣锣申冤,结果不知是出于阎王刻意安排,还是阴差阳错命运使然,西门闹历经五次转世都投胎为动物,分别为驴、牛、猪、狗、猴,最后终于脱胎为人,即患有先天性不愈疾病的大头儿蓝千岁。西门闹六次转世并未脱离亲人和土地,五十年的生生死死,都始终围绕西门闹及其长工蓝脸后裔展开。地主西门闹善良、勤俭,却被裹挟进土地改革的时代洪流中,在万千地主的罪恶及对地主罪恶的声讨中,百喙难辩,终未逃脱惩治,而被击毙身亡。莫言认为,就整体而言,"地主占有的财富和付出的劳动是不成比例的,从历史正义和历史理性来讲,剥夺他们的财产是合理的,但是有的地主的财富积累可能是通过他自身的勤劳智慧得到的"②,因此,对于如西门闹一样的勤劳、聪慧、善良、节俭的地主而言,历史理性与个人情感之间即存在着深刻的悖论,而这种悖论又是不可避免的,这一现象与萨特的"世界是荒谬的,人生是痛苦的"这一存在主义认识论观点一致,表达了世界的荒诞,生存的痛苦与无奈。

在莫言小说中,直接表现计划生育题材的除长篇小说《蛙》以外,还有短篇小说《地道》《弃婴》以及中篇小说《爆炸》。

长篇小说《蛙》围绕主要角色姑姑和叙述者蝌蚪的忏悔与救赎展开。姑姑的父亲生前为八路军军医、革命烈士,新中国成立后,姑姑继承父业,经过新法接生培训,成为妇产科医生。姑姑迅速成长为优秀的妇产医生,她的手对孕妇和胎儿充满

① 莫言、高博:《莫言与军艺学员对话录》,《解放军艺术学院学报》2016 年第 1 期。

② 同上。

魔力，给她们以信心和力量，经姑姑手接生的孩子成千上万，人们爱戴她，并赞誉她为“送子娘娘”。20世纪60年代中期，为控制人口数量，全国推出“男扎”政策，积极响应国家政策的姑姑声誉从此一落千丈。20世纪70年代末期，全国大力推行计划生育政策，姑姑积极动员并亲自操刀为违规孕妇做流产手术，手段强硬，甚至六亲不认，引发群众的怨恨，赠名“杀人魔王”。由“送子娘娘”到“杀人魔王”的转变并非姑姑个人原因，实为时代使命，职业需要，职责所在。就社会责任和职业操守而言，无论接生手术还是流产手术，姑姑的坚守都无可厚非。但是到了晚年，姑姑嫁给民间捏泥匠人郝大手，以捏泥人的方式吊唁那些在她手上夭折的孩子，借以实现对自我的救赎。小说中的叙述者蝌蚪为军队排职军官，在妻子违规二胎怀孕时，与姑姑联合，逼迫妻子做流产，终至妻子在手术台上大出血而死。续娶姑姑的助手小狮子，两人退休后，小狮子偷取蝌蚪精子，找人代孕成功。蝌蚪起初不接受代孕产子，后来隐约感觉这个新生儿可能正是前妻所怀的未得出生的那个夭折的孩子转世而来，于是欣喜地接受了他，并借此完成了对自我的忏悔和救赎。

短篇小说《弃婴》以部队军官“我”在回家途中捡拾弃婴前后的心路历程为表述重点，讲述了弃婴给捉襟见肘的困窘家庭带来的沉重经济负担，以及计划生育政策下已经育有一女的“我”和妻子带来的巨大精神压力。面对在葵花地里的发出明亮哭声的弃婴，在救与不救之间，“我”别无选择，而一旦救起这个被弃的女婴，“我”便陷入了更为剧烈的拉扯中，无力摆脱。除却弃婴带来的物质和精神上的负担，还有无法落户的尴尬，难以名状的感伤以及纠缠不清的误解……

中篇小说《爆炸》讲述部队军官“我”听闻妻子违规怀上二胎，火速回家劝说妻子流产，未及开口，即被识破真相的年迈的父亲扇了两个耳光，“我”恍若听到如剧烈爆炸般的两声巨响。“我”身为军官，率先垂范，说服妻子，落实国家政策，就此而言，“我”并无过错。年迈的父亲，秉持着千百年来农村观念里根深蒂固的传宗接代的责任，把生儿子的希望寄托在理应担此重任的“我”身上，倒也无可厚非。“我”与父亲之间的矛盾恰在于历史理性与个人情感之间的悖论。小说的高妙之处就在于将“历史理性”与“个人情感”具象和外化在“我”与父亲两个形象上，而这两者交锋中的尴尬、窘迫与无奈恐怕只有“爆炸”能够负载和呈现了。尽管承担着“无后”的风险，顶着不孝的罪名，“我”还是带着妻子做了流产。小说也借此体现了两者的交锋，以“历史理性”的胜利而告终，这一结果就全局而言，顺理成章，就个体而言，不无遗憾。

短篇小说《地道》则讲述已经育有三个女儿的农民方山因渴望有个儿子，而苦心孤诣地挖掘地道，隐藏和掩护怀孕的妻子，并终于如愿以偿喜得一子的故事。农民通过地道掩护，反抗计划生育政策。

小说《断手》《凌乱战争印象》《革命浪漫主义》《战友重逢》《丰乳肥臀》《人与兽》《红高粱家族》都不同程度地表达了反战主题。不论是《断手》中的退伍伤残军人苏社，《凌乱战争印象》中在战场上抬过担架的许聋子回来后痴痴巴巴，还是《革命浪漫主义》中战场上被炸掉半个屁股的"我"无不表现了战争的残酷与荒诞。《战友重逢》中无论是已逝的战友钱英豪还是幸存的战友郭金库都各有各的苦闷和烦恼，其根源是一致的，即无的放矢的英雄主义。《丰乳肥臀》《人与兽》和《红高粱家族》则表现了战争给百姓带来的摧残和痛苦。这些反战题材小说虽程度不同，但批判的锋芒都指向非正义的侵略战争。

小说《欢乐》《球状闪电》从不同层面呈现了高考落榜给当时别无出路的农村青年带来的巨大打击。《地震》《天才》则表现了学校教育培养人才的同时，也给一部分人带来了不切实际的妄想情绪。《十三步》和《普通话》表达了对教师、对知识分子生存状态的关注。

小说《变》表现了现代化进程中人们生活和心理上日新月异的变化。《养猫专业户》则体现了工业文明对人与自然和谐关系的进犯。《枣木凳子摩托车》讲述现代化转型过程中极左与极右两种情形之弊。

莫言探论《檀香刑》中的酷刑和刽子手时说，"看起来是在写刽子手，写酷刑，实际上是在探讨人性，探讨每一个人在特定的条件下，有可能变成坏人，我觉得坏人不是说天生的就是坏，是历史把他放到这个位置上"。①

上述种种，作者以特色鲜明的故事诉说历史理性与个人情感的对峙和悖论不可避免。书写个人与全局的矛盾，内心善与恶的搏斗，书写灵魂深处最痛的地方，其价值超越国界，属于全人类。正如莫言所说："我的作品之所以能走向世界，主要是我站在人类的立场上写作，我的写作超越了阶级、政党、国族的限制，描写了人类共同关心的问题，揭示了人类的共同本质。"②

3. 虚构与现实

莫言曾说："文学确实是从现实当中成长起来的，但它应该超出这个现实的层面，在超越了现实的层面之后应该有一个膨胀的树冠，树冠上长满了各种各样的

① 莫言、张旭东：《当代写作中的表象、自律性、与历史》，https://www.guancha.cn/ZhangXuDong/2014_11_18_300567.shtml，访问日期：2014 年 11 月 16 日。

② 《〈韩国每日经济报〉书面采访》，载莫言《碎语文学》，作家出版社，2012，第 327 页。

花，果子，垒满了各种各样的鸟巢。”①莫言感叹《红楼梦》之所以包罗万象，便在于其中的超现实性引发的张力。他也曾表述，“没有虚构就没有文学”②亦真亦幻，虚实相生，这一创作理念生动体现在他的小说创作实践中。

《透明的红萝卜》中黑孩眼里散发出水晶般光泽、带着光晕的金色、透明的红萝卜，虚幻、美好，恍若梦中。《嗅味族》中以嗅味满足口腹之欲的嗅味族桃花源般的存在充满玄幻色彩。《金鲤》中美丽善良的金枝姑娘为了给作家疗伤，连夜游泳过河前往对岸姨父家取药，归程中因过度劳累而溺亡，后化身为金翅鲤鱼将药推上岸。事情发生的背景是“文革”期间，作家在被批斗中受伤。亦真亦幻中作者讴歌了如金枝一样美好善良的心灵。《夜渔》中倏忽而至又倏忽而逝的散发幽香的白衣仙女，黑暗中拯救“我”免于溺水，又帮助我捉蟹，二十五年后，兑现承诺，与“我”在“东南方向的岛屿”新加坡了却一面之缘。这一情节亦真亦幻，魅力十足。

《酒国》中餐桌上似是而非、真假难辨的婴孩，《月光斩》中超常神奇的钢以及玄幻的锻造宝刀的过程，《十三步》中李玉婵改头换面、足以以假乱真的易容术，生活中已无立足之地的张赤球无奈靠在动物园铁笼中食粉笔讲故事为生的情节都充满了神秘玄幻色彩。

《养猫专业户》中大响与猫群的对接自然的魔力舞蹈灭绝了鼠患，《你的行为使我们恐惧》中大金牙的爹炼丹坐化情节离奇玄幻。

《筑路》《狗道》中人与动物的对话、交锋及斗争亦真亦幻，《奇死》中黄鼠狼和黑猫对二奶奶的魅惑虚实相生。

《幽默与趣味》中变成了绿毛猴子的大学教师王三，《铁孩》中全身铁锈的吃铁的孩子，《翱翔》中不满沦为换婚牺牲品命运而展翅逃离婚礼的燕燕，《丰乳肥臀》中因恋人被日本人抓劳工而化为鸟仙的上官领弟，《球状闪电》中具有人的思维的刺猬和奶牛，踮脚蓄势而后腾空飞起的蛐蛐，《屠户的女儿》中人身鱼尾的香妞，《四十一炮》中与肉对话的罗小通，《生死疲劳》中先后投胎为驴、牛、猪、狗、猴，以动物视角观测人生的西门闹无不是亦真亦幻、虚实相生的神秘角色。

《拇指铐》中阿义身体里钻出的赭红色的孩子飞奔回家在与母亲拥抱中感受到前所未有的温暖，以亦真亦幻的情境暗示阿义和母亲的死。

《学习蒲松龄》中祖先给“我”托梦，梦境中“我”与蒲松龄相见，对话，恍若亲

① 莫言、张旭东：《当代写作中的表象、自律性、与历史》，https://www.guancha.cn/ZhangXuDong/2014_11_18_300567.shtml，访问日期：2014 年 11 月 16 日。

② 莫言、高博：《莫言与军艺学员对话录》，《解放军艺术学院学报》2016 年第 1 期。

历。《大嘴》中爱凑热闹的大嘴梦境中坐上前往县城迎接茂腔剧团的马车，情景真真切切。

《梦境与杂种》中“我”具有梦见未来的神秘能力，梦中所见皆会成为现实。《模式与原型》中狗似梦非梦中看到许多黄色的小人先是在房间墙壁上走动，继而跳到院中的树枝上。

《断手》断手退伍军人苏社刚刚复员时终日沉浸在英雄主义幻梦中，好逸恶劳，乡民对他的态度也由敬佩仰慕转变为嫌弃甚至鄙视。苏社意识到这一情形时，毅然以独臂尝试担水，屡试屡败中，他恍然感到自己投井而死，而后文中，苏社却与独臂寡妇留嫚挑水、采桑叶。如是，亦真亦幻的投井而死这一情节便是苏社白日梦境般的幻想。

《红耳朵》中富翁王百万在三姨太生产之际，似睡非睡之间看到一乞丐进了产房，拦挡不住，正当此时，三姨太腹中胎儿降生。王百万感到不祥，认为儿子是乞丐投胎所为。

《牛》中“我”与牛的对话与互动，《马语》中的马暗恋主人、与“我”对话讲述情感历程，《野种》中暗恋主人的驴不仅貌美，而且为了成全主人的威信不惜自我牺牲，《食草家族》中的马因与主人恋爱而化为人形，与主人生儿育女，无不带有亦真亦幻的离奇色彩。

《奇遇》《我们的七叔》《奇死》《战友冲锋》则以死者现身的方式，营造虚实相生、玄幻离奇的效果。

另外一些小说则通过在现实场景中拼贴民间玄幻故事的方式，表现亦真亦幻的审美效果。如《草鞋窨子》小轱辘子讲的学人说话、走路的“话皮子”的故事，采花未遂的蜘蛛精的故事，五叔讲的门圣武住“阴宅”，遭遇奇事，于大身讲笤帚遇中指血成精的故事。《罪过》中拼贴了三爷讲的三段关于袁家湾里鳖精的故事，其一是袁家胡同鳖湾奇遇鳖精聚餐，其二是富家女嫁考中进士的大才子，后发现大才子实为鳖精，其三是鳖精为感谢传送家书之人，赠金豆芽。可能正是出于对三爷所述玄幻故事的信任和向往，小福子在见到湾中金琉璃般诱人的大红花幻象时，毫无戒备又心甘情愿地奔赴水中终至溺亡。《麻风的儿子》中张大力讲述的野兔变人形讨饭，被中指血淋后现了野兔原型，反被捕获。《爆炸》中拼贴姑姑转述大爷爷讲述的关于狐狸提着灯笼送夜行的人回家以及狐狸炼丹的故事。《战友重逢》中钱英豪复述父亲所述关于白鳝化为书生上岸作孽的故事，蛤蟆“龟儿——呱儿”叫的原因。《我们的七叔》中七叔曾经讲过狐狸精为办寿宴，化为人形请戏班子助兴，府邸富丽典雅，仪式奢华隆重。《藏宝图》中马可转述战友讲述口含虎须，可洞察人的兽本质。《檀香刑》中赵小甲进一步证实了口含虎须窥探人性隐秘的玄幻传奇性。

莫言小说“以虚写实，烛虚显实，藉虚蕴实，借虚映实，这种虚实之间的相互映衬和移步换形，体现了小说家的叙事功力”①。许多时候，现实未免坚硬甚而寒冷，而超验的梦境所携带的玄幻与温暖无疑更为浪漫，情节上的虚幻不仅是对冷酷现实的悬搁，更是对它的超越和融合，是枯藤老树昏鸦以外的云雾氤氲，仙乐袅袅。

二、书写策略

莫言在演讲和访谈中曾多次提及他心目中好小说的标准：一是一定要有好故事，二是叙事技巧高妙，三是结构恰当而新颖，四是语言准确，传神又令人惊喜。关于莫言小说的语言本书第三章已有详尽分析，此处不再展开。以下结合莫言创作实践对故事、叙事和结构展开分析。

（一）故事

莫言小说中的故事大多依托现实，又饱含况味，或浪漫，或玄幻，或幽默，或荒诞，细密的叙事中又常常留白，以文本空白给读者留下想象与阐释的空间和余地，可谓张弛有度，疏密有节，既令人流连，又引人深思。莫言曾对此做出了解释和说明：“好看的小说既让读者充满期待，也不必每次都让读者的期待得到满足……我没写出的，读者已经自己写了，而且甚至比我写得还要好。”②这一理路与后现代可写文本理念如出一辙。

《民间音乐》中小瞎子的到来给花茉莉的生活增添了无尽的色彩和趣味，小瞎子如泣如诉的悠扬琴声，不仅为花茉莉招揽了生意，更填补了花茉莉内心的空虚，于花茉莉而言，小瞎子如同人间的四月天，是一树一树的花开，是燕在梁间呢喃。于小瞎子而言，举目无亲的地界，意欲借宿，连遭拒绝，唯有花茉莉好意收留，悉心照料，花茉莉是软，是暖，是娉婷。本应是一场郎情妾意的美好爱情，小瞎子却忽有一天决绝离开，这一离开在读者心里实属意外，缘何离开，小说并未明言，而后花茉

① 张川平：《〈晚熟的人〉：莫言的小说万花筒》，http://www.chinawriter.com.cn/n1/2020/0808/c404030-31815123.html，访问日期：2020 年 8 月 8 日。

② 莫言：《我想做一个谦虚的人——答〈读书周刊〉陈年问》，载莫言《碎语文学》，作家出版社，2012，第 3 页。

莉关闭生意红火的酒店前去追踪倒在意料之中,然而结局为何,悬而未决。文本中关键处的两次空白,给读者留下了丰富的想象空间。

《白狗秋千架》以"游子回乡"为结构框架,叙写了城市与乡村、异乡与故乡、梦想与现实的交锋与对话,小说以叙事人井河的口吻讲述自求学离乡,与故乡阔别十年后再次回到故乡,与青梅竹马的昔日恋人暖相遇,暖的情感与生活历程由此次第展开:经历了对蔡队长和井河的两次无望等待,无奈之下嫁给哑巴,小说的表述重心是以暖为代表的农民。小说结尾暖在高粱地里等待井河,渴望得到一个会说话的孩子。至此小说戛然而止,后续情况如何,读者不得而知,这一文本空白却涵盖了诸种可能,给读者留下了无限想象。小说中的女主人公暖盲目而执迷,面对艰辛的生活、失语的丈夫和孩子,仍然抱有炽烈的渴望,寄希望于痛苦的挣扎。暖的生活充斥着苦难、不幸和命运的不公,暖是盲目的,她对爱情的理解也是盲目的,对幸福的认知是盲目的,将希望寄托于他人这一思维逻辑是盲目的,而右眼残障是她一切盲目的外显。暖是执迷的,起初执迷于摆脱乡村前往城市,后来执迷于倚重他人获取幸福,执迷于摆脱生活拘囿获得希望。哑巴是失语的,痛苦时失语,幸福时失语,愤怒时失语,平和时依然失语,而失语者,不仅是他,还有他的一个、两个、三个孩子。井河则矛盾而尴尬,面对生长于斯的故乡,他在爱与怨之间矛盾犹疑,怨它的贫瘠荒凉,爱它的亲切熟悉,上大学后,面对残障的暖,他在取与舍之间矛盾犹疑,而小说的最后,井河更是面临着两难尴尬:救赎还是二过,这一来自伦理的恐慌,使井河陷入举步维艰的尴尬之境。小说通过暖的诉求表现乡民的辛苦与辗转、挣扎与渴望,通过以红高粱为代表的造型符号表现蓬勃的原始生命张力。

《秋水》中彪悍勇猛的爷爷带着贵为富家小姐的奶奶,一路杀人放火,才得以逃脱,来到荒无人烟的高密东北乡开荒种地谋生活。小说中果敢强悍的爷爷奶奶颇有开天辟地的豪迈气概,后来,苍茫浩渺的秋水中先是漂来通医术、晓武功的紫衣女子,继而漂来一黑衣人推着釉彩大瓮,瓮中端坐一如花似玉又如梦如幻的白衣盲女。后来紫衣女子击毙了黑衣人。而紫衣女子和白衣女子的来历、纠葛与去向则并未言明,文本空隙给读者留下了巨大的想象空间。

《三匹马》中刘起对马酷爱到近乎痴迷,为了买马省吃俭用,甚至气跑了老婆,终于花八千元买了三匹好马,一挂马车。不想,还未及到家,路上因邻居议论关于老婆的闲言碎语引发刘起暴怒,怒火中烧的刘起疯狂打马,致使三匹马发狂乱跑,为避免伤及无辜,驻地站岗哨兵击毙了三匹马,刘起肝肠寸断。三匹马的惨死不仅使得刘起拥有良种马的梦想泡了汤,八千元钱打了水漂,而且牵连得站岗哨兵违规违纪。小说中刘起买良马的理想狂热到几近荒诞,荒诞的还有哨兵张奉长救人与站岗职责的冲突,那"第二十二条军规"般的站岗职责充满黑色幽默。

《辫子》中机关宣传部报道组主笔胡洪波娶了一头长发、相貌一般的郭月英为妻,谈恋爱时,每当胡洪波对郭月英相貌表达不满时,郭月英即用长长的辫子缠住胡洪波的脖子。新婚之夜,郭月英更是直言"只要我的辫子在,你就别想跑"。此后,郭月英每每以这句话要挟和管束胡洪波。有了孩子以后,家庭琐事增多,胡洪波建议郭月英剪掉长发,免于花费大量时间打理,未料郭月英哭哭啼啼,嘀嘀咕咕,纠缠不清,此时,正被一篇稿子折磨得烦心的胡洪波怒不可遏,大喊一声,"精神病"。结果第二天,郭月英竟真的双眼发直,神志不清,成了精神病。在医院治疗半年,依然不见好转,遂接回家休养。因照顾妻子任劳任怨,胡洪波被提拔为宣传部副部长,因工作原因,接触到另一个大辫子女人、漂亮的电视台女主播余甜甜。巧合的是,余甜甜竟以与郭月英完全一致的那一句"只要我的辫子在,你就别想跑"约束胡洪波。在胡洪波觳觫地表示已被大辫子女人的咒语吓破了胆后,余甜甜索性剪掉了辫子。胡洪波仿佛受到神启般,脖子上缠着余甜甜的辫子,回家狠命砍断了郭月英的辫子,结果未料,郭月英被剪断了长辫后竟奇迹般地恢复了神智。小说中的"辫子"极具象征韵味,既可视为家庭伦理,也可看作公共秩序,而无论是家庭伦理还是社会秩序,一旦成为个体对他人病态控制的绝对理由,便难免走向另一极端,极容易导致被控制者走向失序和无序的混乱中,难以自持,正所谓"物极必反"。

《长安大道上的骑驴美人》中京城上班族、办公室职员侯七一日下班回家途中,听闻背离家的方向传来一阵喧闹,喧闹声来源于人们对鲜有景象表现出的惊愕:一红衣女子骑着黑驴,身后跟随一骑着白马,手持戈矛,全副武装的男子护卫。人们纷纷跟随着欲探究竟,出于好奇,侯七甚至掉转车头,顾不上回家,夹杂在人群中跟随骑驴美人,一睹芳容,一探究竟。因驴行速度缓慢,而跟随者众多,甚至一度出现踩踏事件,经警察疏散,最后只剩下侯七跟随骑驴美人,当马和驴相继停下脚步时,侯七心里悸动不已,热切地期待着发生点什么,然而,马和驴停下脚步,却单纯地为了排泄粪便,随后马和驴风驰电掣般地向前奔跑,小说也就此结束。作品中的侯七们厌倦了循规蹈矩、按部就班的生活,他们渴望突破陈旧的生活秩序,不顾一切地追新猎奇,试图重建秩序,发现意义,最后在意义的解构中才怅然觉察一切终归指向虚无,生活终究沉重而荒诞。如是,小说便是对那些试图破坏既定社会秩序的不安定份子的规劝和训诫。就此而言,侯七堪可作为对胡洪波另一侧面的策略性书写。因此,在意义层面,《长安大道上的骑驴美人》又是对《辫子》的进一步延伸和周全。

《沈园》中男女主人公为一对当初错过姻缘而未能终成眷属的青梅竹马恋人,

二人虽各自婚嫁，生活在不同城市，但仍然难以忘却当初的懵懂爱恋。女主角每次进京，都心心念念，要到沈园看看。此番进京，对男主角申明去沈园的愿望，不顾男主角反复说明“沈园在绍兴而不在北京”，执意去沈园。于是两人搭乘出租车，按男主角意图，去了圆明园。小说中女主角对事实与真理视而不见，听而不闻，固执地将沈园迁至北京，带有浓厚的非理性色彩。

与之类似的还有《怀抱鲜花的女人》，准备回家结婚的军官王四归途中偶遇一怀抱鲜花的女人，同在桥洞避雨时，源于某种莫名的诱惑，王四拥吻了女人，不料，女人不畏艰难，克服了所有苦难，一路追随王四，尽管王四屡次试图摆脱女子的追赶牵绊，最后，女人还是追随王四一同回了家。其结果可想而知，王四早已准备好的婚礼被取消，未婚妻离他而去，父母亲伤心欲绝，众叛亲离的王四最终与女人相拥而死。体面的王四本已有了一份与其身份相应的体面的婚约，何至于路上与素不相识的陌生女人拥吻，更何况王四根本不爱这个女人。女人又缘何允许一个陌生男子的拥吻，并不顾一切，甚至置生命于不顾地一路追随他？两人的疯狂近乎到荒诞的行为最终导致家破人亡的悲剧结局。罪魁祸首是诱惑，是欲望，是难以名状又无法摆脱的某种非理性的控制性力量。《沈园》和《怀抱鲜花的女人》两部小说都以符码化的代号“他”“她”“王四”指代人物，意涵他们的遭遇代表着多数人的人生困境，揭示荒诞的普遍性。

(二)叙事

莫言一贯看重叙事的方式和技巧，他认为，即便是一个好故事，如果叙事不够精彩，那么依然不会成功。小说创作实践中，莫言大胆尝试叙事改革，无论是叙事视角的无穷变化，还是叙事时空的纵横交错，无论是多种体裁的拼贴，还是后设与预设的运用，都驾轻就熟、出神入化。叙事视角、叙事时空、多种体裁拼贴前文都已有所涉及，以下着眼于叙事文本，着重从四个角度对莫言小说的叙事技巧展开分析。

1. 类宏大叙事①与新历史主义

“宏大叙事”是指无所不包的完整叙事，形式上具有题材宏大、主体一致、结构完整的特质，内涵上追求总体性、普遍性、共识性和宏观性。②“宏大叙事”是后现

① 王金胜：《莫言文学与“1980 年代”》，http://www.chinawriter.com.cn/n1/2020/1030/c404030-31912265.html，访问日期：2020 年 10 月 30 日。

② 汪民安：《文化研究关键词》，江苏人民出版社，2020，第 120 - 121 页。

代批评术语，由法国后现代思潮理论家利奥塔（Jean-Francois Lyotard）率先提出。利奥塔意欲消解宏大叙事，后现代思想主张以个人叙事、日常叙事、底层叙事取代宏大叙事。

莫言的小说是一种独特的介乎“宏大叙事”与底层叙事之间的“类宏大叙事”。其创作立足于具有民间基质的身体化生命，意欲借助技术—审美主义形式，重建个体与历史之间对话关系①，其小说往往携带着一种史诗气魄。

“新历史主义”这一概念最早是美国加州大学伯克莱分校教授斯蒂芬·格林布拉特1980年在《文艺复兴时期的自我塑造：从莫尔到莎士比亚》中提出的②，经海登·怀特、福柯等思想家深入辨析和大力倡导，20世纪90年代进入研究高峰。“新历史主义”注重文学文本与历史语境的联系，关注主流话语之外的边缘性声音和边缘性文本所呈现的历史面貌。

莫言自1986年发表小说《红高粱》以来，就以民间视角书写历史，也自然带着一种“新历史主义”观念的自觉，将历史邀请至民间生态语境，将历时性与共时性赋予边缘话语体系，以家族叙事的宏阔格局呈现主流话语以外的历史观测维度。

中国小说自古典以来，便有一种“思接千载，视通万里”的理性自觉和俯瞰历史、统揽全局的宏观意识，视角宏阔，格局庞大，许多小说将故事的开端追溯至“天地玄黄，宇宙洪荒”，“盘古开天”，“女娲造人”，“三皇五帝”，“尧舜禹启”，这一现象从侧面反映了中国传统文化的整体观。

莫言的小说秉承了这一传统，常有一种穿越历史、纵横古今的冲动，又将历史交予民间，基于百姓视角，聚焦宏阔历史的细微局部，临摹火热喧闹的生活场景，书写底层民众心中的欢乐与悲苦，呈现张扬生命强力，揭示人情冷暖，探察人性幽微的普世价值。

享誉海内外的小说《红高粱》以民间视角省思历史，以“我爷爷”与“我奶奶”的婚恋史关涉抗日战争史。日本侵略者对罗汉大爷的残酷脔割，对妇女儿童的疯狂奸淫，在中国土地上的烧杀劫掠，肆意凌辱，引燃了百姓心中的怒火，激发了民众的抗日情绪，在群众中间，抗日战争不仅是保家卫国、捍卫民族统一的正义之战，也是捍卫生存权利、维护生命尊严的存亡之战。

小说以新历史主义解构英雄的方式塑造英雄，“我”爷爷余占鳌骁勇善战，带

---

① 王金胜：《莫言文学与“1980年代”》，http://www.chinawriter.com.cn/n1/2020/1030/c404030-31912265.html，访问日期：2020年10月30日。

② 赵一凡等：《西方文论关键词》，外语教学与研究出版社，2017，第670页。

领队伍伏击日军大获全胜，但又不同于传统观念中的高大全式英雄形象，他年轻时先是杀害与他娘偷情的大和尚，又杀了劫持“我奶奶”花轿的匪徒，后因喜欢上“我奶奶”戴凤莲而杀死单扁郎父子。杀死大和尚姑且属于维护清理门户正当权益，杀匪徒自然是出于维护社会公共秩序的责任感和“路见不平，拔刀相助”的正义感，而杀死单扁郎父子则当属于满足个人欲求的谋杀了，一个不容忽视的细节是“我奶奶”的父亲为了得到一匹骡子才把面容姣好的女儿嫁给麻风病人单扁郎，而这一切“我奶奶”并不知情，可以说是蒙受了包办婚姻的委屈，如此说来，“我爷爷”杀死单扁郎父子这一行为还是有一点儿江湖侠义的逻辑性以及英雄救美的合理性。

隐含作者以解构权威的“呵佛骂祖”的勇气设定“我爷爷”与“我奶奶”的爱情模式，指称二人恋爱关系的确立始于高粱地里偷欢性质的野合。值得后世子孙骄傲的是“两颗蔑视人间法规的不羁心灵”有着直面爱情的勇气，更有着捍卫家园的担当。“我们村里一个九十二岁的老太太对我说：‘东北乡，人万千，阵势列在墨河边。余司令，阵前站，一举手炮声连环。东洋鬼子魂儿散，纷纷落在地平川。女中魁首戴凤莲，花容月貌巧机关，调来铁耙摆连环，挡住鬼子不能前……’”①勇敢、坚定、机智、聪慧、正气凛然的“我奶奶”在给伏击日本侵略者的“我爷爷”及乡亲们送饭途中遭遇日军突袭，中弹身亡。“奶奶的血把父亲的手染红了，又染绿了；奶奶洁白的胸脯被自己的血染绿了，又染红了。”②与千千万万在抗日战争中死难的战士一样，奶奶的牺牲悲壮而凄惨，与千千万万死于日本侵略者刀枪下的中国人一样，奶奶的死屈辱而无辜。数不胜数的烧杀抢掠，不可计数的惨烈牺牲，怎能不燃起战斗的壮志豪情。

小说《食草家族》讲述了五十余年间的三次红蝗虫患，由此牵系和关联食草家族的兴衰秘史，通过比较人类对虫患的应对和处理方式，呈现人类自然观的演变以及以科技发展为表征的社会进步，通过统揽食草家族的兴衰历程，体现对人类文明观念汰变的别样观测。有学者指出，《食草家族》是对文明与野蛮交替的历史进程的文化批判，更是个体精神的深层焦虑和主体意识充分自觉的象征。③ 以民间视角和观念审视人类文明进程的推进和社会发展的历史，在人与自然、理性与非理性的角逐中对历史与文明进行另类审思，其中所体现的内省式焦虑和主体性自觉，不失为一种崭新的历史观测态度。

---

① 莫言：《红高粱》，载《红高粱家族》，上海文艺出版社，2012，第10页。
② 同上书，第62页。
③ 从新强：《文明断裂的挽歌与焦虑——论〈食草家族〉及其含混性意义》，《齐鲁学刊》2018年第5期。

《生死疲劳》由地主西门闹六次转世经历出发，借助驴、牛、猪、狗、猴和大头儿蓝千岁的不同视角，讲述西门闹和蓝脸两个家族的繁衍变迁，反映自1950—2000年中国农村的发展历程。以来自民间的地主和农民视角观测半个世纪以来土地政策的变化，深切体察农村的发展以及农民与土地关系嬗变中的悲欢苦乐。

作品中生动鲜活的人物形象皆脱胎于真实驳杂的民间世界。

固执保守、单干到底的蓝脸身上既有顽固不化的保守，也有对土地的执着热爱与衷情，而他的保守正源于其对土地的执着热爱。这份对土地的浓烈情感到了其子蓝解放那里则演化成飞蛾扑火般奋不顾身追爱的执着。

小说以地主西门闹被击毙为开端，未正面摹写其人物性格，但从其转世宿主驴、牛、猪、狗这些动物身上，可知他正义、善良、倔强、果敢，具有开拓精神和进取意识，其子西门金龙主要继承了开拓和进取精神，敢想敢干，敢拼敢闯，但最终败在了不切实际的设想和奢侈无度的贪欲上。

村支书洪泰岳既有恃强凌弱、假公济私的一面，也有善良正义、同情弱小的一面，遗憾的是晚年时不能审时度势，直面问题，反而抱残守缺，谋求复古，沦为时代牺牲品。

《生死疲劳》中的每一个人物都是一道微缩的历史景观，他们身上映射，也透视着时代变迁与社会发展的历史进程，体现了宏大历史与个性迥异的人物化合后形成的千姿百态的多元图景，这些微观历史与主流历史在互文与对话中，彼此补充，互相映衬，汇聚为史学与诗学互融互通的语义场。

此外，长篇小说《蛙》《丰乳肥臀》《四十一炮》，中篇小说《变》《扫帚星》，短篇小说《遥远的亲人》《人与兽》等作品也都以新历史主义理念，类宏大叙事策略，以底层视角观测历史，以边缘声音讲述历史，形成了独特的民间历史视域，为历史提供了一种民间诗学读解。

2. 自然的人化与人的自然化

中国传统文化素有“天人合一”的理念，讲求人与宇宙自然的和谐共生，相和相应。

中国实践美学创始人李泽厚认为，儒家倾向于“自然的人化”，道家倾向于“人的自然化”，并解释说，儒家认为人的自然性必须渗透和符合社会性才成为人，道家则认为，必须舍弃其社会性，使其社会性不受污染，并扩而与宇宙同构才是真正的人。①

本文取其字面含义，分析莫言小说对自然的泛灵化书写和人释放天性的自然化诉求。“自然的人化”源于人对自然的敬畏和反观，“人的自然化”则出于人对自然的对照和呼应。

《红高粱》中时而“肃然默立”，时而“凄婉可人”，时而“仙风道骨”，时而哈哈大笑，时而呜呜大哭，甚至能够发出“幽怨鸣声”的红高粱，叫声忧伤的蛤蟆，哀鸣悠怅的狐狸，凶狠的雨点，萎萎缩缩的太阳，皆为人的情感对自然的映射，又何尝不是自然的人化书写。

《狗道》中绿狗发出冷笑，红狗回报冷笑，黑狗“和事佬”般的叫声，黑狗和绿狗“欺贫爱富、谄肩摇尾的媚态”②，以戏仿笔法表现自然界动物的人化。

《草鞋窨子》中小轱辘子介绍说，话皮子比黄鼠狼略小，黑嘴巴，白尾巴，说话像小喇叭。他爹亲眼见过话皮子学人说话，学人走路：“‘小话皮子’身披一件蜡那么红的小棉袄，在墙头上像人一样站起来，来来回回地走，一边走一边喊：张老三，张老三，我会走了，我会走了！”③

类似的还有《屠户的女儿》中述及“树林子里有一些穿小红袄的小毛人，拖着一根蓬蓬的、像毛谷穗一样的大尾巴，在树林里藏猫猫、过家家。”④

此类文本不胜枚举。莫言小说中常讲到话皮子、蜘蛛精、白鳝精、白兔精、红袄狐狸，而且将之人化书写，莫言曾自述个中原因：“我们胶东半岛的鬼怪故事很发达，民间口头传承的文化资源很丰富。”⑤“童年时期就听村子里的老人讲狐狸变美女啊、公鸡变青年啊、大树成精啊等等。”⑥中国乡村万物有灵的观念由对自然的敬畏和反观而来，人在自然界的动植物身上投射了情感上的同构照应关系，将观测对象情感化，形成移情效应，实现自然的人化这一诗性效果。

另外，动物与人的对话在莫言小说中屡见不鲜。如《马语》中马向“我”诉说它“瞎眼”的原委，“我”才明白原来马的“失明”是出于它对主人觅得女友感到嫉妒，有意甩掉坐在它背上的主人女友，被主人毒打，还附以“瞎马”的谩骂，遂决定不再

---

① 李泽厚：《美学三书》，天津社会科学出版社，2008，第266页。

② 莫言：《狗道》，载《红高粱家族》，上海文艺出版社，2012，第203页。

③ 莫言：《草鞋窨子》，载《白狗秋千架》，上海文艺出版社，2012，第244页。

④ 莫言：《屠户的女儿》，载《与大师约会》，上海文艺出版社，2012，第145页。

⑤ 莫言、刘琛：《把“高密东北乡”安放在世界文学的版图上——莫言先生文学访谈录》，《东岳论丛》2012年第10期。

⑥ 同上。

睁开眼睛。“马说话时柔软的嘴唇笨拙地翻动着，不时显露出被谷草磨损了的雪白的大牙。”①作者以虚实相生的写法达成亦真亦幻的超自然效果。

《野种》中父亲与他的坐骑淡黄色小母驴的对话，“她拧着头不走，嘴里还咕咕噜噜说些不中听的话……她咧着嘴哭着，跟着父亲向河中走去。”②刚烈的战斗场景中，小说增加了英武豪迈的父亲与温柔可人的母驴之间温柔缱绻、情意绵绵的对话作为情感沟通，人与驴之间的情感沟通虽有悖逆伦理之嫌，但小说处理得温润熨帖，并无污秽意味，以人与自然之间的脉脉温情给雄壮的故事平添了几分浪漫与唯美。

又如，《食草家族》中的火红马驹与小男孩穿过沼泽，因两情相悦，马驹变身为花容月貌的女子，二人成婚，生儿育女。

《屠户的女儿》中小黑狗与香妞儿对话：“香妞儿，香妞儿，跟我上街去。”③小说中的小黑狗与香妞儿是良性伙伴儿关系。《木匠和狗》和《筑路》中也都表现了狗与人的对话，但两部作品中的狗与人呈现为对抗性关系。

《生死疲劳》中两个主要叙述者，一为蓝解放，一为西门闹。西门闹经历六次转世，其中五次为动物，作为动物的西门闹在以驴、牛、猪、狗为宿主期间，以相应的动物视角展开叙事。《球状闪电》中也穿插刺猬、奶牛的视角叙事。玄幻之余，实现了自然的人化。

如果说自然的人化是出于人对自然的感应和探究，那么人的自然化则是人对自然的效法和顺应。

《神嫖》中的季范先生在每年槐花盛开的季节，都要在槐树林里游荡好几天，有时候夜里也不回去，游几天花海，要痴迷好几天，说是“花醉”。“大爷爷说，天地万物，都有灵有性，有异质的高人，能与万物相通。”④季范先生正是在漫游花海中实现了心灵的自由和天性的释放，以亲近自然，融入自然表达对自然的崇仰和敬意。

《养猫专业户》养猫专业户大响父亲就十分爱猫，大响七岁时神情几乎与猫无两，见到我家叼着老鼠的蓝猫时，大响“眯着的眼睛突然睁开，从眼里射出一道光线，绿荧荧的。手提到胸前，身体缩起来，片刻都不到，他直飞到猫前去，把那匹大

① 莫言：《马语》，载《与大师约会》，上海文艺出版社，2012，第 167 页。

② 莫言：《野种》，载《欢乐》，上海文艺出版社，2012，第 353 页。

③ 莫言：《屠户的女儿》，载《与大师约会》，上海文艺出版社，2012，第 152 页。

④ 莫言：《神嫖》，载《与大师约会》，上海文艺出版社，2012，第 78 页。

耗子截获了。"①成年后,大响成了远近闻名的养猫专业户,参照道士赠予父亲的一部秘籍,大响练就了一套与猫群共舞灭绝鼠患的神秘功夫,正是以自然之理复归自然,顺应天道,形成人天同构之势。

《丰乳肥臀》三姐上官领弟因思念恋人,变身为鸟,"她跳上石榴树梢,把柔韧的树枝压得像弓一样。母亲急忙去拉她,她却纵身一跃,轻捷地跳到梧桐树上,然后从梧桐树又跳上大楸树,从大楸树又降落到我家草屋的屋脊上。她的动作轻盈得令人无法置信,仿佛身上生着丰满的羽毛。"②

《翱翔》中的燕燕为逃脱不幸婚姻,变身为鸟,"挥舞着双臂,并拢着双腿,像一只美丽的大蝴蝶,袅袅娜娜地飞出了包围圈。"③

《球状闪电》中以女儿蛐蛐的飞翔映射蝈蝈对自由的渴望。

《屠户的女儿》中的香妞儿生就人身鱼尾,被邻居发现后,引发震惊:"他们蹲下,瞪着惊愕的眼睛,看着我那两条像鱼尾巴一样的腿。"④

《金鲤》中善良的金枝姑娘为给女作家医治伤痛,连夜游到对岸姨父家取药,返回途中力竭溺水而亡,死后化作金翅鲤鱼,仍不忘生前使命,将药包推向岸边,给女作家疗伤。

《战友重逢》钱英豪转述他爹讲蛤蟆"龟儿——呱儿"叫的原因:"两个大闺女下河洗衣裳,光顾着泼水嬉戏,让水把褂子和棒槌冲跑了。她俩下河捞,双双淹死,变成了一对儿小蛤蟆,一个叫棍(棒槌),一个叫褂。"⑤

《你的行为使我们恐惧》中以"大金牙"他爹炼丹坐化表现其融入自然、依归自然的理想信念。

《我们的七叔》结尾,在七叔的墓前,"我"看到一只黑蝴蝶,"我"希望它是七叔的灵魂,对七叔有着浓厚情感的"我"渴望七叔以化蝶的方式达成与自然融会贯通而生生不息的永恒循环。

此外,莫言作品中常有"如受伤的大鸟般""大鸟一样""蝴蝶一样""如同小兽"等比附,表现"物我两忘""万物与我为一"的超利害、无思虑的诗意境界。

3. 预设与后设

"预设"即传统意义上的伏笔或铺垫,是指对将要发生的事情通过气氛烘托、

---

① 莫言:《养猫专业户》,载《白狗秋千架》,上海文艺出版社,2012,第383页。

② 莫言:《丰乳肥臀》,上海文艺出版社,2012,第116页。

③ 莫言:《翱翔》,载《与大师约会》,上海文艺出版社,2012,第124页。

④ 莫言:《屠户的女儿》,载《与大师约会》,上海文艺出版社,2012,第153页。

⑤ 莫言:《战友重逢》,载《怀抱鲜花的女人》,上海文艺出版社,2012,第302页。

情景渲染或简略预告的方式做以预先交代，目的就本体论而言，在于增强小说的连贯性和整体性，就阅读观而言，在于提供特定暗示，以帮助读者形成一定的心理预期，增强阅读快感。

“后设”是叙述者跳出事件，以与隐含读者对话的形式揭示叙事进程或叙事方案，以边写边评的方式解构小说的似真幻觉，实现对现实主义传统的颠覆和突破。

实际上，“预设”与“后设”早在中国古典小说中既已出现，并贯穿整个小说传统。比较而言，“预设”较多，“后设”虽少，但时有出现，特别多见于话本小说，正应了莫言“讲故事的人”的自谓。

莫言小说中“预设”与“后设”的运用更多取法于中国古典话本小说。

如《枯河》以小虎死前依稀看到村里自杀而死的小媳妇，预设小虎的死：“小媳妇，死，依稀还有那条黄色小狗，都沿着遍布银灰的河底，无怨无怒地对着他来了。他已经听到了她们的杂沓的脚步声，看到了她们黑色的巨大翅膀。”①

《白狗秋千架》中“秋千架，默立在月光下，阴森森，像个鬼门关”②为后来发生的秋千事故埋下伏笔。

《红高粱》中父亲随爷爷伏击日本人，奶奶出门相送，嘱咐父亲听话，父亲“看着奶奶高大的身躯，嗅着从奶奶的夹袄里散出的热烘烘的香味，突然感到凉气逼人”③“热烘烘的香味”中突然感到“凉气逼人”预设悲情事件的发生，即奶奶的死。“相对着路两侧茂密的高粱，公路荒凉，荒唐，令人感到不祥”④，预设血腥的战斗场面和老乡们惨烈的牺牲。“大喇叭小唢呐在轿前轿后吹得凄凄惨惨，奶奶止不住泪流面颊”⑤，预设奶奶的不幸婚姻，如花似玉的奶奶在不知情的情况下不幸地嫁给麻风病人单扁郎。

《高粱酒》中由土匪味道很淡的“我”爷爷余占鳌论及高密东北乡土匪猖獗，且成分复杂，于是“我有为高密东北乡的土匪写一部大书的宏图大志，并进行过相当程度的努力——这也是先把大话说出来，能唬几个人就唬几个人。”⑥此处隐含作者不仅由小说故事中跳脱出来，甚而脱离了整部小说的叙事场域，拔高至作家的宏观创作设想，涉及其他小说的创作构思，陡增高远豪迈气魄。

---

① 莫言：《枯河》，载《白狗秋千架》，上海文艺出版社，2012，第183页。

② 莫言：《白狗秋千架》，载《白狗秋千架》，上海文艺出版社，2012，第204页。

③ 莫言：《红高粱》，载《红高粱家族》，上海文艺出版社，2012，第1页。

④ 同上书，第9页。

⑤ 同上书，第38页。

⑥ 莫言：《高粱酒》，载《红高粱家族》，上海文艺出版社，2012，第95页。

《奇死》中“要不是父亲这一声高叫，奶奶必死无疑。也是奶奶的命中注定，命中注定她不死在爷爷的手下，命中注定她死在日本人的枪弹下，命中注定她的死像成熟的红高粱一样灿烂辉煌”①，预设了奶奶的结局，回互了小说的开篇。

“二奶奶拿起小姑姑的红色小棉袄，更加吃惊地看着平日总是赖着不起床而今日主动要求起床的女孩的脸……二奶奶的心颤抖着，双手感到了红色小棉袄上扎人的寒冷……二奶奶的眼泪夺眶而出，她不敢看女儿那张带着不祥的苍老颜色的脸庞……小棉袄在跳动不安的火苗中翻卷着，犹如一面沉重的破烂旗帜，炽烈的火苗像寒冷的冰刺扎着二奶奶的手”②，以小姑姑的反常、二奶奶的不安预设即将降临的灭顶之灾：日本兵闯进家门，凶残虐杀二奶奶母女。

《老枪》中“他伸手去摸枪的时候，第一个感觉是指尖冰冷，冷感上侵至胸肋，使他良久觳觫。”③预设后来枪走火大锁毙命的悲剧。小说采用循环叙事的方式讲述同一把枪在三代人中间的流转及其引发的三出悲剧，酷似某种命定的周期律，暗含“种的退化”观念。先是持家致富的奶奶以它毙了输光家业的赌徒爷爷，继之父亲与人口角，为捍卫尊严杀人后拿枪饮弹自杀，最后大锁因饥饿打鸟吃肉，枪走火毙命。

《弃婴》中身为部队军官的“我”探家途中遇到一被遗弃的女婴，此时“我”已育有一女儿，父母妻女都盼着再生一个男孩，但因计划生育政策限定，“我”始终拒绝二胎。这时却路遇弃婴，救她可能意味着带来无限的烦恼，一是经济上本就捉襟见肘，再添上额外的奶粉钱，抚养费，负担很重。二是“我”抱回婴儿很可能对外人解释不清而被冤枉为超生。三是面临无法落户的尴尬。四是触碰家人本就敏感的神经。不救，她很可能死去，“我”良心难安。百般纠结后，把她抱回家：“我把她从葵花地里刚刚抱起来时，心里锁着满盈盈的黏稠的黑血，因此我的心情很重很沉，像冰凉的石头一样下坠着，因此我的脑子里是一片灰白的，如同寒风扫荡过的街道……我不知道是该感谢她还是该恨她，更不知道我是干了一件好事还是干了一件坏事。”④弃婴的“哭声又潮湿又阴冷”，“我的双臂似乎托不动这个用一块红绸子包裹着的婴孩”，“明亮的阳光下，包裹婴孩的红绸子像一团熊熊的火，烫着我的眼，烫着我的心，烫得我的心里结了白色的薄冰”⑤预设养育弃婴的艰难。“我跳桥时

① 莫言：《奇死》，载《红高粱家族》，上海文艺出版社，2012，第330页。
② 同上书，第317页。
③ 同上书，第219页。
④ 莫言：《弃婴》，载《白狗秋千架》，上海文艺出版社，2012，第301页。
⑤ 同上。

崴了脚，走上河堤还瘸了几十步，心想此兆非吉兆，去乡政府也未必能出手这个婴儿，但还是奔着乡政府那一片红瓦房，一瘸一颠地走得生动。”①预设去乡政府安置弃婴未果。小说结尾引用日本表现弃婴的小说《陆奥偶人》象征性结尾后，“我无法找一个这样的象征来寄托我的哀愁，来结束我的文章”②表达对各种杀婴现象的批判和不满。小说《弃婴》何尝不是对包括避孕、流产在内的弃婴现象的深切思考和隐晦批判呢。

《飞艇》中“太阳刚出，状如盛粮食的大囤，血红的颜色”③“飞艇的翅膀上涂满了阳光，好像流淌着鲜血”④，由太阳的血红色、飞艇的血红色、飞艇里三个人脸上的血红色，渲染血腥、悲凉的气氛，预设飞艇的爆炸。

《养猫专业户》中“我”去大响家，看到“他枕头边上摆着一本书，土黄色的纸张，黑线装订，封面上用毛笔字写着几个笨拙的黑字：尪鼠催猫。我好奇地翻开书，书上无字，却画着一些奇奇怪怪的花纹。也许别的页上有字，我不知道，我只看了一眼那些花纹，他就把书夺走了。”⑤大响说这本书是喜欢穿黑袍的吴道士给他爹的。后来大响带群猫做法，穿一身黑袍，“黑袍上画着怪纹。”⑥前后呼应。

《养猫专业户》中反复出现大响的“笑”，“谜一般的好像是愚蠢也许是残酷的笑容。”⑦大响“不开口说话的时候，脸上便浮现那种神秘的微笑，好像愚蠢，又好像残酷。”⑧大响家“白鼠的脸上似乎也挂着那愚蠢又残酷的笑容。”⑨“看着大响脸上那谜一般的微笑，更觉得他神秘莫测。”⑩“那种我极端熟悉的谜一般的愚蠢或残酷的微笑始终挂在脸上。”⑪“大响也不说什么，只是更加强烈了那令人难以忘却的笑容。”⑫“我总觉得群猫脸上，尤其是山猫脸上的表情与大响脸上那微笑有着密切联系，在本质上是一致的、共同的、互通的，同属于一个尚未被人类完全认识的因而也

---

① 莫言：《弃婴》，载《白狗秋千架》，上海文艺出版社，2012，第312页。
② 同上书，第322页。
③ 莫言：《飞艇》，载《白狗秋千架》，上海文艺出版社，2012，第328页。
④ 同上书，第329页。
⑤ 莫言：《养猫专业户》，载《白狗秋千架》，上海文艺出版社，2012，第386页。
⑥ 同上书，第391页。
⑦ 同上书，第384页。
⑧ 同上书，第386页。
⑨ 同上书，第387页。
⑩ 同上书，第390页。
⑪ 同上。
⑫ 同上书，第391页。

就是神秘的精神现象的朦胧范畴。"①"大响睁开眼,嫣然一笑,几乎笑破了我的心。"②全程目睹大响与群猫的神奇法事,引得老鼠悉数投河自尽,"嫣然一笑"透露着大响法事成功后的欣慰,如愿完成捕鼠任务的放松,技高人胆大的自信。"笑破了我的心"渗透着"我"对神秘法事的敬畏,对灵异现象的觳觫,对儿时玩伴此时竟身怀绝技的震惊。"我寻找着他脸上谜一般的微笑"③,"寻找"隐含着未见,大响被炒作包装,穿着西服和皮鞋,已然万般别扭,何谈从容微笑。这句交代预设了失败的结局。至此贯穿全文的大响的笑经历了愚蠢或残酷——令人难忘——神秘到达顶峰嫣然一笑以后,竟未得复见,其尴尬、局促、苦闷之情溢于言表。

《遥远的亲人》中"母亲说她心乱如麻,仿佛看到了这家人七零八落的下场"④预设八叔家的悲剧结局。

《奇遇》预设"我"后来遇见已经死去的邻居赵家三大爷与我对话:"我忽然感觉到脖颈后有些凉森森的,听到自己的脚步声特别响亮与沉重起来。我有些后悔不该单身走夜路,与此同时,我感觉到路两边的庄稼地里有无数秘密,有无数只眼睛在监视着我,并且感觉到背后有什么东西尾随着我,月光也突然朦胧起来。"⑤

《鱼市》中往日老耿小耿父子是最早来到鱼市的,可是这天大家都到了,这父子两人却迟迟不来,苦苦等待父子二人的酒馆老板娘凤珠"感到心里空空荡荡,后来又有一丝不祥之感像小蛇一样在那空空荡荡里游动"⑥,预设老耿的死。

《麻风的儿子》中"我看到张大力那只小蒲扇一样宽大的、热切切地伸向饭篓的手尴尬地僵住了。那只手骨节粗大、皮粗肉少,宛若一个被囚的响马。那只手上沾着植物的汁液,显得邪魔鬼魅,令人生畏。"⑦连饭盒也被区分对待,令刚烈、勇敢、气力过人的麻风儿子张大力气愤、痛苦又难堪,预设后续张大力的极端行为。

《球状闪电》中"急雨的间隙里,天色愈加晦暗,灰白色的云团从南边缓慢地涌过来,青草尖儿,树叶片儿,仿佛预感到灾难,战战栗栗地抖着"⑧预设蝈蝈娘所说的,也是民间广为流传的"滚地雷"出现。

---

① 莫言:《养猫专业户》,载《白狗秋千架》,上海文艺出版社,2012,第391页。
② 同上书,第392页。
③ 同上书,第393页。
④ 莫言:《遥远的亲人》,载《白狗秋千架》,上海文艺出版社,2012,第401页。
⑤ 莫言:《奇遇》,载《与大师约会》,上海文艺出版社,2012,第11页。
⑥ 莫言:《鱼市》,载《与大师约会》,上海文艺出版社,2012,第37页。
⑦ 莫言:《麻风的儿子》,载《与大师约会》,上海文艺出版社,2012,第162页。
⑧ 莫言:《球状闪电》,载《欢乐》,上海文艺出版社,2012,第50-51页。

《金发婴儿》中“面部表情显得坚毅固执，甚至有些残忍的成分时隐时现”①预设天球后来杀死金发婴儿。

《幽默与趣味》中“打眼罩远望的习惯是在农村时养成的，认识排球运动员后，她多次讥笑他这个动作像《西游记》里的孙猴子，并要求他改掉这习惯，他也试图改正，但总也改不掉。打眼罩远望时，他的腿罗圈着，背弓着，脖子前伸，下巴上扬，确实像只猴子。”②后来王三的确变成了猴子。“听到王三变成猴子的消息后，作者并没有过分吃惊，因为他曾经多次开玩笑说王三像只猴子。”③前后文形成了呼应。直接以“作者”自称，形成叙述者与作家“自我”的间离，解构了传统小说的叙事逻辑，建构了与读者同一的叙述立场。

《我们的七叔》中大量使用后设策略邀约读者入场，指涉小说的情节构置与结构安排，如“请诸位朋友跟着我想一想吧”④，引出七叔手举利斧追赶偷穿他挚爱的军服的儿子场景。另如，“你们信不信，你们不信，反正我信。”⑤“我把话头扯得太远了点，对不起你们。”⑥“但这仅仅是我的担忧，七叔怎么想的，我不知道，反正他的嘴里从来没说过草鸡话。”⑦“前面我交代过。”⑧“关于这个美丽的女同学的事我们后边再说吧。下面我偷空谈谈给手电筒对焦距的问题。”⑨“书归正传，尽管我是十分地想接着茬儿往下说郭江青的事。”⑩作者在小说创作过程中将读者可能提出的疑问在故事叙述中以边写边评、夹叙夹议的方式予以解答，并对创作思路予以披露，批评自身在故事讲述、结构设计、情节推进、语言驾驭上存在的问题和弱点，在故事文本之外，以虚设与读者对话的方式建构关于小说运筹的文本，双文本之间交错互渗，形成强大的叙事网络，增强了小说叙述的密度、幅度和力度。

《我们的七叔》以传统说书人纵横古今的铺排叙事，突显七叔用斧技艺之精湛：“古代的有名战将、真实的历史人物加上小说中的虚构人物，使斧出了名的，《隋唐演义》里有一个程咬金，《水浒传》里有一个急先锋索超，还有那个天煞星黑

① 莫言：《金发婴儿》，载《欢乐》，上海文艺出版社，2012，第121页。
② 莫言：《幽默与趣味》，载《怀抱鲜花的女人》，上海文艺出版社，2012，第388页。
③ 同上书，第401页。
④ 莫言：《我们的七叔》，载《师傅越来越幽默》，上海文艺出版社，2012，第72页。
⑤ 同上书，第73页。
⑥ 同上书，第74页。
⑦ 同上书，第77页。
⑧ 同上。
⑨ 同上书，第78页。
⑩ 同上。

旋风李逵。好像《说岳全传》里那个侵略者金兀术也是使斧头的。他们都有些笨拙，都比较鲁莽，只知道用憨力气。能将一柄板斧施展的如流星追月、星驰电掣的，只有我这人称‘七癫’的七叔了。当然，木匠鼻祖鲁班用斧的技术也不会错；那位用斧头帮人砍去鼻上白垩的楚人技术也相当高超；但比起我们的七叔，他们还差把火”①，小说中七叔用斧出神入化，空中飞行的苍蝇，被七叔一斧劈去，那些苍蝇从脊梁正中被分成两半簌簌落下。

《月光斩》表弟在信中对“我”讲锻造刀具“……散发出浓烈得让人昏迷的烧冰的香气——把冰凌放在火上烧，这是我们那里的坏小孩常玩的游戏——我知道这样写有悖物理学原理，但这是传说，姑妄言之姑妄听之。”②揭发小说征引的传说不够科学，检讨小说叙述有失周详。

《红耳朵》将读者可能产生的疑问引入小说，“写到这里，读者诸君可能会提出疑问：王百万五十得子，一定视若掌上明珠，应该食珍馐，衣锦绣，读诗书，写文章，怎么会让他像小叫花子一样在闲人堆里厮混？”③将隐含读者带入小说，并与读者展开平等对话，拓宽了小说的审美视域，丰富了读者的阅读体验。小说结尾，不断反思和检视小说的叙事策略，颠覆了传统阅读观，“我真笨，我把一个好题材给毁了。”④以对自身叙述的不满消解作者权威，一种读解是以守为攻，以退为进，最大限度地与读者达成一致与和解。另一种可能是以分别指向故事情节和小说策略的套叠式双重叙述建构多元话语空间，增殖叙事艺术，延展审美维度。

《猫事荟萃》中“这又不是好话”⑤“扯得更远了，打住”⑥，以后设的方式打破小说的似真幻觉，对小说的叙述“弊端”进行自我披露，引发读者对写作策略的关注。整部小说呈现很强的非理性主义倾向，打破严整的逻辑，以随意漫谈、不事夸张和渲染的散文笔法，凭借作者意识展开行文，以犀利、冷峻、幽默的杂文风格，表达作者的文艺观。小说故事的主体——关于“我”家那只猫的故事篇幅上约为整部小说的二分之一，位于小说尾部，意欲消解意义、弥散中心。整部小说从内容到形式，无不体现了作者颠覆传统、锐意求新的创作理念。

《扫帚星》中“这些都是后话，还不到讲述的时候，咱们还是把咱家出生的情况

---

① 莫言：《我们的七叔》，载《师傅越来越幽默》，上海文艺出版社，2012，第 88 页。

② 莫言：《月光斩》，载《与大师约会》，上海文艺出版社，2012，第 406 页。

③ 莫言：《红耳朵》，载《怀抱鲜花的女人》，上海文艺出版社，2012，第 123 页。

④ 同上书，第 160 页。

⑤ 莫言：《猫事荟萃》，载《白狗秋千架》，上海文艺出版社，2012，第 363 页。

⑥ 同上。

说清楚”①,以情节的悬搁增强悬念感和问题意识,隐含叙事者从文本背后走向前台,消弭作者与读者的界限,贴近读者的问题域与解决域,建构阅读接受的良性互动关系。

(三)结构

莫言的每一部作品都力求突破,力求既有别于他人,也不同于先前的自己。他的小说大刀阔斧地进行叙事改革和语言实验,在小说的结构上也苦心孤诣,在适切故事的前提下谋求创新与变革。他曾指出,“结构就是内容”,“结构就是政治”,好的结构可以超越故事,也可以解构故事。②

1. 圆形叙事

“圆形叙事”意即小说由一个起点出发,人物或情节经过螺旋式上升再回到逻辑起点的近似圆形的叙事模式。

以下以《老枪》《红蝗》《火烧花篮阁》《生死疲劳》《地主的眼神》为例解析莫言小说中的圆形叙事结构。

《老枪》中大锁六岁时,爹死了。娘给爹送殡回来,对他说:“你爹是让这支枪打死的,这支枪是你奶奶传下来的。你再也不要动它,我把它挂到墙上,你要天天看着他,看着他你就要想着你爹,你要好好念书,混出个人样来,给祖宗争口气”。③可大锁偏偏对这把老枪升起了浓厚兴趣,一日把玩老枪被娘发现,娘剁掉了大锁右手的食指以示警诫。疼痛和伤疤并没有熄灭大锁对枪的兴趣。后来他听说,柳公安骑车撞倒了爹,二人口角,柳公安还动手打了爹,扬言要枪毙爹,见柳公安欺人太甚,爹忍无可忍,把他倒栽葱踢进了浑水沟。称得上血性男儿的爹回家后拿着老枪饮弹自尽,应是避免柳公安报复的无奈之举。再后来,大锁听闻奶奶勤俭持家,日子渐好,爷爷却不务正业,赌博败光了家财,还声称再输就只能搭上奶奶,奶奶一气之下,以老枪击毙了爷爷。最后,大锁在饥荒时,熬不住饿,拿枪打鸟,却走火毙命。一把老枪如噩梦般缠绕,从爷爷到爹到大锁,都死于这把老枪,仿佛完成了一个回环。不同的是,爷爷因不走正道,被奶奶击毙,算是落魄,爹为了捍卫尊严,饮弹而亡,论男儿血性,可谓中兴,到了大锁,为食而亡,与爹比照,应属衰落,然而,一个毋庸置疑的问题是,温饱如若不能达成,还能奢求什么呢。

---

① 莫言:《扫帚星》,载《师傅越来越幽默》,上海文艺出版社,2012,第357页。

② 莫言:《捍卫长篇小说的尊严》,载《红高粱家族》,上海文艺出版社,2012,前言第6页。

③ 莫言:《老枪》,载《白狗秋千架》,上海文艺出版社,2012,第221页。

《红蝗》中食草家族经历了四次红蝗灾害。

第一次发生在四老爷的爷爷的那个时代,那次是铺天盖地的飞蝗。

第二次发生在四老爷统治时期,与第一次蝗灾间隔五十年。四老爷通医术,远近闻名,利用职业之便,与邻村喜着红衣的俏丽寡妇长期保持不可告人的暧昧关系,为了扫清障碍,四老爷先以治病为名致了寡妇公公的命。四老爷行医回家途中,野外排泄时目睹红蝗出土。红蝗队伍庞大,来势汹汹。四老爷按梦境指引,修叭①蜡庙祭蝗。发现蝗虫的那天晚上,四老爷终于实现了布局已久的捉奸四老妈的愿望,派遣九老爷携一纸休书打发四老妈回娘家。休掉四老妈有一个不可告人的秘密:为了与红衣寡妇维系情人关系。在修庙过程中,四老爷假公济私,公饱私囊,财色双收。四老妈却在归程中遭遇枪杀身亡。庙堂落成,祭蝗仪式开始,四老爷郑重宣读由庠生撰写的祭文,措辞庄重,仪式庄严,唯"'祈求叭蜡神率众迁移'②至河北"这一拯救本土,殃及他乡的绥靖政策呈现为有违理性的荒诞。"那群蝗虫迁移到河北,与其说是受了族人的感动,毋宁说它们吃光了河南的植物无奈转移到河北就食;或者它们预感到大冰雹即将降临,寒冷将袭击大地。迁移到河北,一是就食,二是避难,三是顺便卖个人情"③,以反讽、戏谑笔调呈现黑色幽默效果。

短暂的宁静后又一次爆发,姑且看作第三次发生。此时,九老爷与四老爷因争夺红衣寡妇打斗,九老爷获胜并取代了四老爷在家族中的统治地位。九老爷采取火攻与神助并举的方式神人配合治蝗。因族人对火的遗传性恐惧而中止火攻,最后以修筑刘猛将军庙镇住了蝗灾。

又过了五十年,第四次发生蝗灾。这一次十架飞机低空盘旋喷洒农药以治蝗。治蝗大获成功,而与此同时,食草家族也遭遇灭顶之灾。

食草家族的毁灭自然是内部原因与外部原因综合作用的结果。内部原因即家族内部的厮杀、腐化,家族成员的滥情、堕落,外部原因即农药剧毒侵袭草根催化了食草家族的灭亡。每五十年一遇的蝗灾仿佛是周期律的魔咒,更深层次的周期则是食草家族的兴衰枯荣。

《火烧花篮阁》中某市湖中央岛屿曾经六次兴建楼阁,奇怪的是,六次兴建,六次失火被焚毁,且每一次失火都在兴建后不足三个月内发生,原因多为雷电或燃放鞭炮。而更为奇异的是,每一任市长都会兴建花篮阁,失火后,市长必然升迁,走马

① 小说原文是左边虫字旁,右边八。由于文档不显示该字,以"叭"代之。

② 莫言:《食草家族》,上海文艺出版社,2012,第78页。

③ 同上书,第107页。

上任之前都会为下一任新市长备好复建花篮阁用料。此次到任的是一位建筑学博士，上任前已在省城成功主持兴建八大建筑，其中五项获得建筑界最高荣誉“鲁班奖”。市长上任后，首先对花篮阁兴建史展开了调查，并以日记形式对六次火烧花篮阁的情况做了记录：第一次发生在 1987 年 7 月，火烧花篮阁两个月后市长蒋丰年被调到省建筑设计院当院长。第二次发生在 1989 年 6 月，起火后一个月市长韩忠良被调往省城师范大学担任党委书记。第三次发生在 1992 年 3 月，起火十天后市长赵敬尧升任省计委副主任。第四次发生在 1995 年 7 月雷雨之夜，起火第二天市长方洪谟接到赴省交通厅担任副厅长的任命。第五次发生在 1999 年圣诞节前夜，马市长升迁到清波市当书记。第六次发生在最近的大年夜，秦市长升迁到省卫生厅。新任市长本不想重建花篮阁，无奈百姓不同意，他又试图以耐火材料重建花篮阁，未料又遭到反对，看起来只能延续规则，继续用上任市长备好的材料复建花篮阁。至此，小说完成了圆形叙事，给读者留下了巨大的阐释空间。

《生死疲劳》以佛教的六道轮回为基本遵循，讲述西门闹历经五次投胎为动物，在第六次转世时，终于还原为人，即患有先天性不可治愈疾病的大头儿蓝千岁。小说主要叙述者是蓝解放和以驴、牛、猪、狗、蓝千岁为宿主的西门闹。小说起始和终结于大头儿蓝千岁的同一句话：“我的故事，从一九五〇年一月一日讲起”①。从形式上看，从人出发，历经五种动物，又回到人的身份属于圆形叙事；就内容而言，驴、牛、猪、狗、猴、蓝千岁处于不同的历史时期和社会环境，其中的转变更多体现为上升式跃迁。作者将动物品质与人的性格结合，将驴的倔强、牛的执着、猪的贪婪、狗的忠诚、猴的机智融入西门闹的主人格中，在主旋律中增加了变奏曲，形成了融合复调与对话的协奏交响。

《地主的眼神》中老地主孙敬贤重尊严，爱面子，而且置地不求质量，只求数量，土地改革时期因土地多被划为地主。他的儿子孙双亮继承了他的爱面子，孙子孙来雨与拼命往城市里挤的多数农村青年不同，继承了孙敬贤的衣钵，热爱土地，已承包二百多亩土地用以耕种，还想要再承包胶河农场闲置的八百多亩土地。就内容而言，孙敬贤的两种鲜明性格分别由儿子和孙子继承，可贵的是，孙子继承了他身上最为突出的特质，即对土地的热爱。从形式上看，小说开篇述及孙敬贤的葬礼，引发隐含作者的一番回忆，小说结尾再次回到孙敬贤的隆重葬礼，中间穿插孙敬贤一家三代人的主要性格特征，结尾与开篇相互呼应，形成统贯融合的圆形叙事结构。

---

① 莫言：《生死疲劳》，上海文艺出版社，2012，第 354 页。

2. 讲述体与对话体

莫言小说常以类似说书人独白的方式或多人对话的形式讲述故事。即便是说书人独白也随时邀请读者进入小说文本,参与互动与对话。从这个意义出发,即便独白式讲述也融入了对话体成分。而对话形式,既生动活泼,又狂欢热闹,酷肖百味杂陈、复调多元的广场化叙事,真实而亲切,易于还原火热喧腾的生活场景。

《生死疲劳》中主要叙述者是西门闹和蓝解放。二人时而独立讲述,时而对话互动,共同建构了小说的叙事场域。

如,第二章"西门闹行善救蓝脸 白迎春多情抚驴孤"末尾:

"你知道谁是蓝解放吗?故事的讲述者——年龄虽小但目光老辣,体不满三尺但语言犹如滔滔江河的大头儿蓝千岁突然问我。

我自然知道,我就是蓝解放,蓝脸是我的爹,迎春是我的娘。这么说你曾经是我们家的一头驴?

是的,我曾经是你们家的一头驴。我生于一九五〇年一月一日上午,而你蓝解放,生于一九五〇年一月一日傍晚,我们都是新时代的产儿。"①

此外,小说中随处可见"你应该记得,我对你讲过……"②"你肯定没有忘记"③"接下来我对你说……"④"如果我猜得不错"⑤的对话式互动,以及"现在,有一个重要人物登场"⑥"正如前面所说"⑦"这些都是后话,暂不提它"⑧的讲述式独白。

《四十一炮》将罗小通对大和尚的回忆式讲述和讲述过程中罗小通眼之所见耳之所闻心之所感两个文本交叠贯通,即过去与现在双时空交错互进,以对话体形式形成错综复杂的网状叙事逻辑。小说中不仅时空交错,而且虚实相生,现实与幻想往往难以分辨。叙述者和主要人物罗小通现年二十岁,身形已经长得很大,但精神上还不甚成熟,爱说谎话、大话,说起话来滔滔不绝,泥沙俱下。

父亲罗通年轻时抛弃妻儿,与野骡子私奔至内蒙古生活,后因野骡子离世,带着二人的女儿返家,自身劣迹斑斑,却因妻子与他人有染,杀妻入狱,罗小通遂沦为

① 莫言:《生死疲劳》,上海文艺出版社,2012,第16页。
② 同上书,第44页。
③ 同上书,第98页。
④ 同上书,第63页。
⑤ 同上书,第91页。
⑥ 同上书,第63页。
⑦ 同上书,第211页。
⑧ 同上书,第214页。

孤儿。母亲罗玉珍吃苦耐劳，务实能干，勤俭持家，坚忍刚烈，具有与时俱进的开拓精神。罗小通则孱弱无力，见到女人，首先想到乳汁，这一形象在这一点上与上官金童形成互文。罗小通最大的追求是以吃肉满足口腹之欲，以源源不断的诉说满足控制欲和征服欲。

小说开篇即以罗小通与大和尚的对话展开："十年前，一个冬日的早晨；十年前，一个冬日的早晨——那是什么岁月？你几岁？云游四方、行踪不定、暂时寓居这废弃小庙的兰大和尚睁开眼睛，用一种听起来仿佛是从幽暗的地洞里传出来的声音，问我。"①以"大和尚，倾听我继续诉说"②启动讲述式独白。大和尚则时而以"梦呓般的嘟哝"③，时而以"目光一闪，嘴角抽动，大笑一声"④，时而以"一声冷笑"⑤作为回应。罗小通意欲通过对大和尚的讲述获得接纳，以皈依佛门，但讲述终止时，小说随之结束，罗小通的结局不得而知。

莫言小说中最有代表性的男孩形象，即是以《透明的红萝卜》中黑孩为代表的沉默式和以《四十一炮》中的罗小通为代表的倾诉式，两个截然不同的形象其实是对莫言自身的双重映射性反映。天性的滔滔不绝，以及被规诫的沉默寡言，看似矛盾的两个特质其实是互为代偿性的真实互涉。《四十一炮》以讲述式独白与对话式互动实现了对倾诉欲望的释放和扩张。进一步地，罗小通看似为所欲为的倾诉实则是工具理性与物质欲望规训下的狂欢式反抗。

另外，莫言小说中还有多视角多层次叙述，如《十三步》《球状闪电》；迷宫叙事，如《食草家族》《藏宝图》《木匠和狗》；反体裁叙事，如《天堂蒜薹之歌》《蛙》《酒国》《月光斩》。因前文已进行过较为详尽的分析，这里不再赘述。

三、审美征象

莫言小说的接受一度存在着"墙内开花墙外香"的紧张与尴尬，伴随着在海外频繁获奖以及热议与好评，莫言小说在国内得以被重新认识和考量。因此，最初对莫言的聚焦曾试图在其小说中找到世界，但却最终发现了中国。无论思想意蕴、结构层次，还是叙事逻辑，语言艺术，莫言的小说都深深铭刻着中国印记，尤其是就审

① 莫言：《四十一炮》，上海文艺出版社，2012，第1页。
② 同上书，第3页。
③ 同上。
④ 同上书，第4页。
⑤ 同上书，第29页。

美维度而言,中国古典美学特色异常鲜明。

(一)红与绿

从《透明的红萝卜》《红高粱》《红蝗》《红耳朵》到《澡堂与红床》《红唇绿嘴》,莫言作品在本然绚烂的底色上,仿佛对"红"尤为情有独钟。

中国古典美学中,"红"代表着太阳、火焰、生命,象征着血液、战争、激情,意味着浓烈、绚烂、喜庆、吉祥。民间素有"红男绿女""红官绿娘娘"的说法,意即相对于"绿"的柔和温润,"红"则体现着阳刚与壮美。原始时代,人们即以红色(火焰等)驱逐野兽,并形成了以红色驱邪除秽的传统,绵延至今。中国美学家李泽厚认为,原始时代,染红穿戴即已不仅出于鲜艳夺目的动物性生理追求,而且承载着社会性巫术礼仪的符号意义。并进一步指出,红色本身在想象中被赋予了人类社会所独有的符号象征的观念意义,就主体而言,红色令人产生愉快感觉这一官能感受本身就积淀了太多观念性、社会性的想象和理解。① 可能正是基于这一中西相通的对红色的共识性认知基础,以生命、战争、激情、原欲为基本元素的电影《红高粱》在西方世界迅速爆红。

莫言小说对红色的捕捉、呈现和理解突出表现为原始生命强力的喷薄和爆发,血脉偾张的激情,美学表征为阳刚与壮美。人物形象以余占鳌为代表。小说《红高粱家族》中,余占鳌一出场便与红色结下了不解之缘,从红花轿,到红衣新娘,到壁立的红高粱。这里,红色是爱,是激情。余占鳌先是杀了与母亲偷情的和尚,继而为救戴凤莲,杀了劫匪,又杀了单扁郎父子,这时,红色对客体而言是血液,是生命,对主体余占鳌而言是暴力,也是复仇,是开疆拓土式的生命强力的萌发。余占鳌身上最正义的部分表现在抗日的勇猛和自觉。与日本人交战时,红色是对生存权利和生命尊严的捍卫,这时勃发的激情出离并超越了个体性,扩展为民族性,也不再隶属于暴力,而是对暴力的殊死反抗。因此,红色属于余占鳌,因为他豪迈,壮阔。

红色也属于戴凤莲。虽为女流,但是可谓"女中魁首",她果敢,坚定,敢爱敢恨,敢作敢为,国仇家恨面前,她有血性,有担当。红色也是他们的爱情,他们的爱情秉领天地精华,在生机勃勃的高粱地里两颗年轻的心灵激情勃发,迸溅出蔑视人间法规的火花。

红色还属于罗汉大爷和如罗汉大爷一样忠义节烈,不畏生死,捍卫正义,保家卫国的勇士。面对日本人的脔割酷刑,罗汉大爷毫无惧色,他的忠诚与正义出自民

① 李泽厚:《美的历程》,载《美学三书》,天津社会科学出版社,2008,第5页。

间热土的培植，坚实、厚重又朴素、浓烈。

莫言作品中的绿更多体现为自然、谐和、宽厚，有时也体现为生命，不同于红色的饱含激情的生命，这是一种趋近自然而然的苍翠、蓊郁的生命。莫言笔下，“绿”在人物身上的投射更多集中于《神嫖》中的季范先生、《丰乳肥臀》《欢乐》等作品中的母亲形象。

季范先生身上体现了老庄一派的随性自然之风。一则表现在槐花盛开的季节，他悠然自得游走其间心物合一的自在。二则表现在无欲无求的飘逸。他外出凡遇乞丐，不管真假，必定布施。甚至将身上的一应穿戴都施舍出去，只余一件裤头。季范先生既不眷恋物质，不追求物欲，也不放纵情欲。大年夜请来一百个妓女，仅仅出于布施。不眷恋物质，在这一点上《红耳朵》中的王十千与季范先生是一致的。

《丰乳肥臀》中的母亲宽厚，无私，隐忍，伟大。她自己自儿时就蒙受寄人篱下之苦，继而是缠足的痛苦，嫁人后，又因丈夫不育而承担无子嗣之痛，后在姑姑的暗示下，与不同人结合以求得子嗣，家庭暴力之痛，生育之痛，战乱之苦，饥荒之苦，流离之苦……母亲承受了太多痛苦。母亲一生不仅抚养了出自不同父亲的八女一子，中年后，又承担起抚养和照料孙辈的责任。母亲的八女一子性格各异，道路各异，但都有着固执己见的鲜明个性，母亲劝说无果时，便不过多校正纠缠，而是随性自然，任由她们去做，母亲会帮助孩子们承担一切结果。《欢乐》中的母亲为了儿子齐文栋考大学，倾尽所有，还要忍受大儿媳的白眼和谩骂，甚至不惜乞讨为儿子凑学费。如大地般宽厚的母亲啊，以异常宽厚、隐忍、包容的广阔胸襟酝酿、哺育、关照、呵护每一个生命个体，春去秋来，无微不至。无助时，予以支援，愁苦时，予以慰藉。你有的，她从不剥夺，你没有的，她总是设法给予。母亲的厚德与深情，柔软与温暖，皆源于自然。如果母爱有颜色，那便是自然的颜色，希望的颜色，生命的颜色，蓬蓬勃勃，苍翠欲滴。

（二）日（鸟）与月（蛙）

中国古典神话与传说中，素有鸟与蛙的图腾崇拜传统，亦有以由鸟演变为金乌喻日，以蛙演变蟾蜍表征月亮的佳构。就此而言，莫言创作便也形成了日与月交相辉映的大写意图象，聚合了日的绚烂与月的温润，日的庄重与月的轻盈，日的跳脱与月的沉潜，日的严肃与月的戏谑，日的浓烈酒性与月的温婉诗性，日的澄明敞蔽与月的隐晦幽眇，集中了以战争和暴力为表象的狞厉与自然率性的朴拙，也凝聚了便溺和血污为征象的丑浊与香草鲜花的美善，形成了包罗万象的嘉年华式审美狂欢。

中国古代即有鸟图腾传统,《诗经·商颂·玄鸟》中有"天命玄鸟,降而生商",《山海经·大荒北经》中有"大荒之中,有山名曰北极天柜,海水北注焉,有神,九首人面鸟身,名曰九凤",如此等等,不一而足。此中"鸟"是幻想的对象,观念的产物和巫术礼仪的图腾。①

莫言小说中多处表现人变身为鸟或人因某种原因猝然具备如鸟一般的飞翔本领。如《球状闪电》中的集羽老头、蛐蛐,《翱翔》中的燕燕,《丰乳肥臀》中的上官领弟。

《球状闪电》中主人公蝈蝈本为最有考大学希望的优等生,却阴差阳错,三次高考未中后,无奈回到乡村过上了普通农民的平凡生活,劳动,娶妻,生女。但蝈蝈不甘于平庸生活,痛苦中他到村西烧酒铺喝酒,遇一收集羽毛粘翅膀的古怪老头,面对别人的质疑或打骂,他始终以一句"别打我,我要飞"渴求理解和接纳,蝈蝈与翅膀老头之间仿佛有着某种隐秘关联,翅膀老头对飞翔的渴望,正是蝈蝈对打破平庸生活,实现梦想的渴望,就此而言,翅膀老头飞翔渴望是对蝈蝈内心渴望的外在体现。

此后蝈蝈又两次与翅膀老头相遇,一次是蝈蝈把毛艳带回家时,看到翅膀老头正在蝈蝈家院中吃蜗牛,爹娘对翅膀老头十分恭敬。毛艳见到翅膀老头先是惊恐,回过神来以后,一根根拔掉了翅膀老头粘在身上的羽毛。似在暗示毛艳冲进蝈蝈的生活,打破平庸的同时虽然在一定意义上是成全,但在另一种意义上也击碎了蝈蝈的梦想,从此梦想的碎片零落跌进琐碎的生活。很多时候,实现梦想的同时也意味着它的失落。因为一旦梦想澄明显现其在场,就会被现实的去蔽所规训,正如"有"与"无"的辩证,就有形在场而言,"无"为虚空,"有"为实存,而一旦"无"落实为"有",便反而因失了虚空而降格和贬抑,如同从高空跌落的断裂。

另一次是蝈蝈被球状闪电击中昏厥,此时的老头在飞翔练习中从半空跌落,翅羽凌乱,全身脏污,其狼狈之状再一次外化了蝈蝈的处境。每逢蝈蝈在违反乡规民约的边缘试探时,蝈蝈娘常以民间通用的"天打雷劈"的因果逻辑予以规诫。即便如此,蝈蝈还是以"分家另过"、妻子之外另觅新欢忤逆父母,触犯民约,这一次应验般地被球状闪电击中,其尴尬狼狈之境可想而知。久已不见的翅膀老头这时十指蜷曲、牙齿掉光、眼睛青蓝色、脖颈细长,越发像鸟了,连叫声也变成"乜塔乌乌乌凹灰",正是对"别打我我要飞"的模糊处理,可见老头身上人的特征在减少,鸟的

① 李泽厚:《美的历程》,载《美学三书》,天津社会科学出版社,2008,第10页。

特征在增多。正当此时,毛艳骑摩托归来,来到蝈蝈面前,昏厥良久的蝈蝈奇迹般地折身坐起,与毛艳谈论球状闪电。

几乎与此同时,蝈蝈的女儿蛐蛐踮起脚尖,伸开双臂,前进后退,后退前进,如同飞翔。第二天午饭后,蛐蛐率领着十几个孩子训练飞翔,她们一起笑着唱"别打我,我要飞",随后,蛐蛐倏得像鸟一样飞起来,此时"蝈蝈托着一块秒表,聚精会神,连大气都不敢出;毛艳端着一架照相机,聚精会神,嘴里吹出鸟的叫声"①,似在隐喻蝈蝈打破平庸生活的梦想在女儿身上得以实现。

《翱翔》中的燕燕这一人物命名古诗词中有据可考。《诗经·邶风·燕燕》有"燕燕于飞,差池其羽。之子于归,远送于野"句表达送别女子出嫁的惆怅之情。另《吕氏春秋·音初》篇载最早的北方音乐即歌颂燕子的"燕燕往飞"。

《翱翔》讲述了一场因换亲引发的悲剧。母亲做主,将妹妹杨花嫁给哑巴,为四十岁仍未娶亲的麻子洪喜娶回了哑巴的妹妹燕燕。不料,婚宴中,燕燕一见洪喜的麻脸先是怔了半晌,突然哀号一声,然后往外飞跑,众人尾随追赶,逐渐逼近时,"一道红光从麦浪中跃起,众人眼花缭乱,往四下里仰了身子。只见那燕燕挥舞着双臂,并拢着双腿,像一只美丽的大蝴蝶,袅袅娜娜地飞出了包围圈。"②她落在村东老墓田中央最高最大的一株老松树上,"用尖尖的手指梳理脑后的头发,就像鸟类回颈啄理羽毛一样"③。燕燕的翱翔是对悲剧命运的挑战,是对农村换亲陋习的控诉,更是对幸福的渴望,对自由的向往,对女性解放的伸张。换亲习俗从家族繁衍这一层面观测,具有工具理性成分,但就女性个体而言,无疑是冷酷而残忍的捆绑与束缚。作者借助翱翔这一冲破传统陈规樊篱的姿态,恰如其分而又高屋建瓴地表达了生命个体对于自身价值的重审与重拾。

以化身为鸟表达生命的不屈与反抗的还有《丰乳肥臀》中的上官领弟,上官领弟与擅长捕鸟的鸟儿韩热恋,鸟儿韩不幸被俘充当劳工,二人此番别离,劳燕分飞,不知何时相见,甚至不知能否再见。悲痛中的上官领弟终日茶饭不思,以泪洗面。鸟儿韩被捉走的第三天,上官领弟轻盈地飞上树梢,恍若一只大鸟。如同化蝶的梁祝,上官领弟的化身为鸟,小说重点表现了三次上官领地如鸟般的美丽飞翔,皆是出于对生命原欲的渴求,对美好爱情的向往。作者通过这一个案揭示的是女性群体久被压抑的女性意识的张扬。

---

① 莫言:《球状闪电》,载《欢乐》,上海文艺出版社,2012,第114页。

② 莫言:《翱翔》,载《与大师约会》,上海文艺出版社,2012,第124页。

③ 同上书,第125页。

《食草家族》中以一组序列链呈现族人爱鸟、养鸟的传统：从四老爷爷的爷爷养百灵鸟，到九老爷养猫头鹰，再到族人中为避蝗灾而进城的养画眉老人，象征着食草家族的热爱自然，追求自由的生命热忱薪火相传。

《说文解字》中有“娲，古之神圣女，化万物者也。”通常认为，女娲是古代圣王，因古无文字，故以音称谓，而“娲”与“蛙”同音。按照《说文解字》的诠释，娲从女，咼声。段注娲与蛙可以相互通转，娲即蛙，女娲氏图腾应当是蛙。① 因汉代应劭的《风俗通义》中有“女娲抟黄土造人”之说，故女娲常被视为创世神和始母神。而“蛙”因繁殖力强旺，常用以表征生命与生殖。

莫言的《蛙》聚焦生育问题，以蝌蚪、蛙、娲、娃建构起多维立体又聚合统一的强大象征空间。小说以反体裁结构，将书信、小说、剧本杂糅混合，形成彼此互涉的三重叙述文本，以妇产科医生姑姑万心为焦点，反映中国六十年农村的生育状况，审视半个多世纪以来群体生命意识的变迁，省思知识分子的主体责任与个体价值。

小说中最具象征意味的对青蛙外形的表述源自对牛蛙养殖场门前的牛蛙雕像的观感：“我端详着这只巨蛙，心生敬畏。只见它脊背黝黑，嘴巴碧绿，眼圈金黄，身上布满藻菜般的花纹和凸起的瘤点。那两只突出的大眼睛，视线阴沉，似乎在向我传达着远古的信息。”②宣告蛙的图腾韵味和生命的在场征象。

小说以蝌蚪为叙述者，在小说最后的九幕话剧中以叙述者蝌蚪与姑姑对话的方式，披露和揭示了小说的命名含义：

姑姑 叫什么题目来着？

蝌蚪 《蛙》。

姑姑 是娃娃的“娃”，还是青蛙的“蛙”？

蝌蚪 暂名青蛙的“蛙”，当然也可以改成娃娃的“娃”，当然还可以改成女娲的“娲”。女娲造人，蛙是多子的象征，蛙是咱们高密东北乡的图腾，我们的泥塑、年画里，都有蛙崇拜的实例。③

这段对话明确了小说的三维象征逻辑，“蛙”“娃”“娲”，而这三者共同围绕这一个共同的主题：生命与生育。对话中，姑姑讲述了“蝌蚪”得名原因：蝌蚪出生当天，姑姑在河边洗手时，看到许多蝌蚪，联想这些蝌蚪最终成为青蛙的不过万分之一，而人类精子和卵子结合成为婴儿的只有千万分之一，蝌蚪与人类生育之间应该

① 李丹阳：《伏羲女娲形象流变考》，《故宫博物院院刊》2011 年第 2 期。

② 莫言：《蛙》，上海文艺出版社，2012，第 195 – 196 页。

③ 同上书，第 308 页。

有着某种隐秘联系。于是,姑姑给“我”取名蝌蚪。

小说中的姑姑作为妇产科医生,医术精湛,将数千个孩子迎接至人间,又忠于职守,在计划生育期间扼杀了数千个尚未成形的和即将成形的生命,因此,她既是送子娘娘,也是仇人口中的“杀人妖魔”。姑姑机智果敢,刚烈柔韧,无所畏惧,唯独惧怕青蛙,见到青蛙甚至“口吐白沫,昏厥倒地”①,退休那天晚上,酒后发晕的姑姑在回家途中甚至遭遇青蛙围攻,惊恐万状,手足无措之际,幸得郝大手搭救。此番围攻,姑姑连惊带吓生了疱疹,郝大手的绿豆汤挽救了姑姑性命,也使得姑姑蜕下了一层皮,得以脱胎换骨,姑姑嫁给了郝大手。晚年时姑姑承受着巨大的精神痛苦,有如万箭穿心,真应了她的名字“万心”,姑姑深感生活中遇到的青蛙之所以可怕,因为它们是那些未得出生的娃娃化身而来向她讨债的,于是她口述经手流产的孩子们的外貌特征,由郝大手依形泥塑,将其供奉起来,希望以此实现忏悔和救赎。

莫言小说对动物的超自然摹写还体现在《马驹横穿沼泽》《马语》中的马,《野种》中的驴,《狗道》《筑路》中的狗、《幽默与趣味》中的猴等。因前文已有所述及,这里不做赘述。

莫言,一个响亮的名字,他从山东民间沃土中走来,从中国传统文化经纬中走来,从中国文学纵深中走来,在世界文学的共时语境中,他以雄浑厚重的中国声音讲述的不仅是中国,更是世界,他传达的是来自人类内心深处最柔软地带的幽微情感,关于生命的柔韧坚硬,隐忍张扬,关于人性的复杂幽渺,神秘莫测。他的作品一如其名,在沉默与言说之间,莫(默)若不言,莫(默)不如言,含蓄而不失坦白,韵味悠长,余音袅袅,以其独特而巨大的语符场呈现着深刻的辩证与辩证的深刻。

伴随莫言作品在海内外的广泛传播和频繁获奖,莫言及其作品的影响力将继续扩大。特别是2012年获得诺贝尔文学奖以来,其作品引发海内外大量研究者瞩目。莫言旺盛的创造力,新颖奇异的感觉,亦真亦幻的故事,素朴而绚丽的语言,汪洋恣肆的讲述,丰沛淋漓的想象,言不尽道不完的丰富语义场,已经成为典型现象,有待后续更为深入的探究查考。

① 莫言:《蛙》,上海文艺出版社,2012,第181页。